本书为华东师范大学
“中国历史学话语体系建设与国际传播基地”成果

履正而行

王锐 著

现代中国的政治、思想与学术

东方出版中心

图书在版编目（CIP）数据

履正而行：现代中国的政治、思想与学术 /王锐著
. 一上海：东方出版中心，2021.11
ISBN 978-7-5473-1898-0

Ⅰ. ①履… Ⅱ. ①王… Ⅲ. ①政治思想史－研究－中国－近现代 Ⅳ. ①D092.5

中国版本图书馆CIP数据核字（2021）第202450号

履正而行：现代中国的政治、思想与学术

著　　者　王　锐
责任编辑　刘　鑫
封面设计　钟　颖

出版发行　东方出版中心
地　　址　上海市仙霞路345号
邮政编码　200336
电　　话　021-62417400
印 刷 者　上海盛通时代印刷有限公司

开　　本　710mm×1000mm　1/16
印　　张　23.25
字　　数　279千字
版　　次　2021年11月第1版
印　　次　2021年11月第1次印刷
定　　价　68.00元

自序:“政治能力”从何而来?

在政治行为当中,参与政治活动的具体的人的能力之高低,对于是否能产生好的政治结果十分重要。固然,在复杂的社会结构与社会环境里,必须要建立一套较为固定的、能满足各种政治基本需求的、有操作性的、大体能让大多数人受益的制度,但是绝不能产生一旦制度确立,政治活动便可一路顺遂之念。因为再好的制度也需要具体的人来执行。中国古人论政之时非常重视为政者的品行与见识,这绝非古代先贤只知“人治”而不知所谓的“法治”,而是他们充分意识到在古代的社会条件下,政治的良莠与参与政治的人之间具有紧密的联系,故而反复提及、不断讨论。对于现代政治而言,这一方面体现在从事政治工作的人是否熟悉这套制度的建立宗旨、基本运作逻辑、自我修复机制等关键要素;另一方面则体现在他(或她)是否具备从事政治活动的相关能力,比如知识积累的广度厚度、对社会现实的了解程度、基本心理素质、基本道德品质、分析与判断能力、组织与沟通能力以及执行能力等。如果在这些方面有缺陷,那么相应的制度体系不但不能有效运作起来,反而会产生各种各样的弊病,让政治体系陷于失调甚至停滞的危险。

抽象地谈“政治能力”过于玄远,具体的“政治能力”似可一论。对于近代以降的中国而言,除去因人而异的个人禀赋,所谓“政治能力”大体上包括以下三个要素:首先,对于中国与世界基本状况的认识。毋庸多言,近代中国的历史进程与世界形势的变动息息相关,如何认识中国,如何认识世界,如何在此基础上思考何谓好的政治,这不仅是一个知识层面的问题，更关系到如何将这套知识具体运用到政治活动当中。其次，有效解决复杂政治与社会问题的能力。近代以降，中国社会出现了十分明显的转型，产生了大量新的社会现象与社会问题，甚至这种出"新"的频率越来越快，这就十分考验为政之人是否有能力在此世变之下有效处理这些状况。一旦恪守旧章，不知变化，其后果往往不甚理想。最后，是否具有与不同群体沟通的能力。近代世界政治的基本特征就是"大众"开始进入政治活动当中，政治制度必须有效吸纳。同时，只有获得了具有真正普遍意义的"人民"的认同，一个政治体才能奠定十分坚实的根基。这就要求为政之人具有较强的与不同阶级、不同立场的群体有效沟通，将各类信息、诉求甚至情绪进行消化、处理、反馈的能力。

这些"政治能力"的培养大体而言有两种途径。一是借由学校教育以及学科培养，使相关人士掌握特定时期内被认为重要的政治知识，然后以这些知识为基础去进行各种政治实践。在现代社会，由于是否"专业化"已经成为评判各行各业从业者水平高低的重要标准，在政治领域遂也出现了对"专业化"的各种想象。在这一点上，晚清政治很有代表性。晚清中国读书人群去日本学习"法政之学"，这背后凸显的就是清政府为了施行改革，把日本的政治与法律制度作为主要模仿对象。于是上有所好，下必甚焉，产生了大量日本各色法政学堂毕业之人，他们大多填充到清末民初的各级政府之中。清政府也聘请不少日本教师来到中国，任教于各类传授专门知识的学堂。当时不少的制度与法规也是有样学样，径直把日本的相关内容给复制过来。至于这些物什是否适合中国社会，是否有助于解决当时中国所面临的基本问题，这就不是多为年纪轻轻的法政学堂学子们所考虑的事情了。因为在他们眼里，日本属于"文明国""先进国"，就像当代中国的美国想象一样。

另一种培养"政治能力"的途径就是从实践出发，在实践中认识中国,认识世界,把书本知识与实践相结合,把由实践而认识到的现象升华为理论,并且要敢于和广大民众,特别是占人口绝大多数的中国农民接触,善于听取他们对各种问题的看法,在此基础上形成从事政治活动的能力。毛泽东强调“没有调查,就没有发言权”,反对主观主义、形式主义、本本主义;反对“言必称希腊”,强调要改造学风,熟悉中国的历史;主张经风雨,见世面,从群众中来,到群众中去,与人民群众打成一片,不断解决与人民群众息息相关的各类问题;新中国成立后倡导大兴调查研究之风,开展理论问题大辩论,干部参加劳动。凡此种种,都是希望各级领导干部熟悉中国的基本国情,了解中国复杂的社会状况,具有较强的行动能力,能够与老百姓进行沟通,在立场与价值观上和他们紧密相连。

当然,这两种培养与锻炼“政治能力”的路径并非截然对立,而是应该相辅相成。就是既要具有一定的知识积累,又要善于从实践中认识问题、解决问题。毛泽东本人就多次主张要在党员干部当中开展一场“读书比赛”,不但读历史、读政治,还要读哲学、读逻辑学。但问题在于,人们往往把第一种方式视为金科玉律,把后一种方式日渐淡化。而且就算是第一种方式,获取知识的来源也多为某一时期的流行之物。比如大量关于“新加坡模式”的教材与小册子,以及西方特别是美国的公共管理教科书、经济学教科书。这些知识是否能够让人全面认识存在真实矛盾的、处于不断变化中的、具有动态历史情境的世界,这些知识中所强调的政治准则与治理模型是否真的能与中国社会接榫,是否能让大多数人从中受益,至少从实践层面来看,或许还是一个未知数。当然,这样的弊病也并非今日始。早在20世纪30年代,蒋廷黻就如是感慨:“在我们贵国的大学学市政的或者知道纽约、巴黎的市政,但北平、汉口、成都的市政十之八九是不知道的。学‘政制’的都学过英美德法的政制;好一点的连苏俄、意大利、日本的政制也学过,但中国的政制呢?大多数没有学过;就是学过,也就是马马虎虎,知其然而不知其所以然……我们的大学不是在这里为中国造人材，反在这里为英美法造人材。”或许值得今天思考的是，为什么在1957年的《论十大关系》里，毛泽东就已经在强调要正确处理好中国与外国的关系，不能在国内建设中照搬别国（主要指的是苏联）的经验，要善于借鉴和反思并存，而晚近以来在不少领域里，又能看到这些蒋廷黻所批评的现象？

一旦沾染上了这样的弊病，其危害绝不止于知识层面的优劣高低，而是会造成类似于“系统错乱”的状态。即对由政治体自身的宗旨、目的、路线而生的政治传统、政治风格、行动逻辑、考核标准及纠错机制越来越陌生、越来越疏远，甚至在那些公共管理教科书与各种刻画“彼岸”美好场景的小册子的长期“教诲”下，仿佛觉得这些政治传统、政治风格、行动逻辑、考核标准、纠错机制是一种比较“反常”的“他者”，是一种在“历史终结论”式的历史观中必将渐渐被“淘汰”的东西。因此，一旦在保留着原有的架构的政治体中进行具体操作，将很难让其像过去那样顺畅地“开动”起来，而是左支右绌、备感吃力，名词还是那些名词，符号还是那些符号，可看似那么回事，但又不是那么回事。如此这般，即便在抽象意义上很有“政治能力”者，在具体场景中也会显得“能力”有限。因为其“能力”已然不是与这个“系统”相匹配的“能力”了。

因此，或许需要回到在实践中认识中国、认识世界，把书本知识与实践相结合，把由实践而认识到的现象升华为理论的传统上来。从新的实践出发，分析其过程中出现的利与弊、得与失，重新探讨、叙述政治体自身的政治传统与运作机制，然后再以这样的记忆机制为基础，结合新的实践中出现的各种各样需要面对的问题，形成有助于培养“政治能力”的知识体系与经验参照物。更有甚者，这不仅关乎“政治能力”，还关系到政治认同。这并不是率由旧章，而是返本开新。在这个问题上，古人所说的“古来世运之明晦，人才之盛衰，其表在政，其里在学”，是很有道理的。

自然,在某种特定语境里,所谓“政治能力”指的就是巴结、讨好能决定个人前途和命运之人的能力。相信大多数人都会觉得这种“能力”一旦流行开来,将造成十分严重的政治窳败后果。这其实也要具体问题具体分析。一般而言,大多数能决定他人前途和命运的人,总是不自觉地偏向于与自己好恶相近、性情相投、利害一致并服从指令的人。此乃人性使然,虽令人生厌,却难以杜绝。但是判断政治风气是否良好,除了这些因素之外,还在于文章开篇所言的具体的“政治能力”是否能作为铨选考核的主要标准。一个良好的政治环境能在那些个人情感好恶因素之上,有更为关键且客观的标准作为决定性条件。或者说,一旦建立起良性的激励机制与考核机制,那些有助于政治发展的“政治能力”将会不断得到提升。否则,此政治风气似乎亟须改良。延安时期毛泽东强调“五湖四海”原则,主张“必须不断地提拔在斗争中产生的积极分子,来替换原有骨干中相形见绌的分子,或腐化了的分子”,从组织原则上就与当时派系林立、任人唯亲、卖官鬻爵的国民党形成了鲜明对比。

最后,对于谈政治的人,为了让所谈论的内容更具质量,似乎也应具备一定的“政治能力”。近代著名地理学家沙学俊在20世纪40年代的一篇文章中谈到,许多以“开明分子”自诩的人,“在团体活动中,他们往往胸襟狭、气量小、有学问不一定有能力,尤其是领袖能力和组织能力;他们往往过于自信,过于自尊,因而漠视纪律、轻视旁人,这就成了‘不能令,又不受命’的人”。此论引起蒋廷黻写了一篇名为《漫谈知识分子的时代使命》的文章。他认为“学者和专家,在英美社会里,并没有政治的号召能力”。因而追问:“谈政治,最忌凭空创设乌托邦或假定某一部分的人天生圣贤。人情并无别的或阶级的天生差异,我们为什么迷信知识分子在现阶段的中国能够而且应该担负特殊的使命呢?”他的答案是,“中国的知识分子大多数来自小资产阶级的家庭”,可是“他们虽不是劳动阶级的子弟,却知道稼穑之艰难”。只是不知蒋廷黻是否料及，这个预设其实很不牢靠。“知道稼穑之艰难”也是需要各种条件与机制的，一旦相应的条件与机制丧失，因“大多数来自小资产阶级的家庭”而表现出来的各种特征很可能就会更为明显，盖过“知道稼穑之艰难”。这样一来就很容易出现他所描绘的“英美社会”里的现象：“靠知识吃饭的公教人员，因其所得待遇的优裕，实是中产阶级，其利害关系与一般工商界是打成一片的。”由于“实际政治大部分是利益集团的斗争”，那么如此这般，知识分子还会不会“知道稼穑之艰难”呢？这或许是使谈政治的人具备“政治能力”的过程中必须要正视的一个问题。

基于这样的问题意识，本书收录了2017年以来所写的一些论文。主要分为章太炎的思想遗产、传统的能动性、寻找“新的政治”以及国家治理的历史脉络四个主题。而贯穿于这四个主题的核心问题意识，则是尝试探索在当代的语境下，如何认识中国的传统，如何梳理中国传统与中国革命之间的复杂关系，如何从历史的角度出发思考国家治理问题，如何理解中国革命的历史意义，以及如何总结中国近现代历史进程当中的精神遗产。笔者相信，认识历史与理解现实是一个并进的过程，广阔的历史视野既是基于不断掌握更多的历史材料，又离不开对现实生活的真切体认。

王锐

2021年8月于华东师范大学

目　录

第一部分

章太炎的思想遗产

历史国情与制度设计

——章太炎《代议然否论》再解读

章太炎的《代议然否论》一直饱受非议。近代中国的政治变革，一个明显的趋势便是追求源于近代西方的各种政治体制与政治文化，俨然中国存亡与否，立壁千仞，只争一线。除去一二对时代思潮深闭固拒的极端守旧之士，基本上各种政治力量都以实现源自近代西方的立宪政体（君主立宪或是民主立宪）作为自己的宣传与实践目标。长期以来的历史书写，特别是晚近不少带有特定政治诉求的史论，基本上是按照各类政治势力或个人追求此一体制的广度与深度来展开叙述与评价。在此情形下，在《代议然否论》里，章太炎声称在中国"代议政体必不如专制为善，满洲行之非，汉人行之亦非，君主行之非，民主行之亦非"。同时认为自己心目中的理想政体"共和之名不足多，专制之名不足讳，任他人与之称号"。[1]这在表面看来，实与近代中国政治的"主流"发展严重背道而驰。以至于在一部表彰清末立宪运动的著作里，作者如是评价："一望而知，他（按：章太炎）缺乏最起码的宪政常识，根本分不清君主专制与君主立宪是两种绝对不同的政治制度，不懂得议员与'豪右'的区别。其反对是盲目的，无道理的。"[2]更

[1] 章太炎：《代议然否论》，《章太炎全集》第4册，上海：上海人民出版社2014年版，第316、323页。

[2] 侯宜杰：《二十世纪初中国政治改革风潮——清末立宪运动史》，北京：中国人民大学出版社2009年版，第129页。

有甚者，章太炎的政治理想被今人视为“希望建立一个中华帝国，希望孙中山革命成功之后当皇帝”。[1]正所谓一切历史都是当代史。政治史，特别是近现代政治史的书写，很大程度上也是研究者个人政治立场的变相表达。今天中国的发展举世瞩目，取得巨大成就，也面临许多新的问题与挑战，同时，世界格局则愈发扑朔迷离，迥异往昔。在此背景下，需要从新的角度与理论出发重新审视近代以来中国的政治实践，总结其中的经验教训。因此，章太炎这篇饱受争议的文章，也值得再做解读，特别是着重分析：章太炎在论述制度之时主要从哪些方面进行思考？其背后的思想背景为何？以及怎样的制度设计才是他心中理想的方案？

一、历史与制度

章太炎的《代议然否论》发表于1908年，他的写作背景，一是当时日益高涨的君主立宪思潮，特别是梁启超、杨度等人在东京成立“政闻社”，宣传“实行国会制度，建设责任政府”，[2]在国内掀起了一股不小的呼吁清廷速开国会的政治运动。[3]此外，在革命党的主流论述里，反清革命成功之后，应实践民权主义，成立民主共和政府。[4]因此，章太炎在《代议然否论》一文里时常或明或暗地回应这两股政治思潮。

在进化论思潮的影响下，晚清知识分子多认为古今政治制度之间存在明显的优胜劣汰规律。时人断言：“天择物竞，最宜者存，万物莫不

[1] 张玉法：《风雨飘摇中的共和》，《传记文学》第98卷第5期（2011年5月），第66页。

[2] 梁启超：《政闻社宣言书》，吴松等点校：《饮冰室文集点校》第4集，昆明：云南教育出版社2003年版，第2237页。

[3] 关于当时的政治请愿活动，参见张玉法：《清季的立宪团体》，台北：“中研院”近史所1985年版，第353—356页。

[4] 关于革命党这方面的政治论述，参见朱浤源：《同盟会的革命理论》，台北：“中研院”近史所1985年版，第121—133页。

然，而于政体为尤著。”[1]然在《代议然否论》的开头，章太炎首先指出：“代议政体者，封建之变相。”[2]在他看来，近代西方议会中的上议院（或曰“贵族院”）成员继承了封建贵族的权力与地位，议会的架构很大程度上是先前封建制度的遗产，而非与之断裂，因此，代议制的出现，与西方中古以来的政治与社会情状息息相关。这与佩里・安德森对西欧绝对主义的论述非常相似，即看似替代了封建体制，促进新生资产阶级发展壮大的绝对国家主义，实则是“受到威胁的贵族的新政治盾牌”，带有很强的封建主义气息。[3]这也正如韦伯所言，自愿以政治事务为旨趣的真正议会制代表，“如果撇开西方所独有的身份群体与各阶级的发展不谈，所有这一切都将不可理解”。[4]反观中国，魏晋以降，具备世袭权力的封建制度日趋消失，后世某些地域虽有世袭的等级差别，但并非主流情形，社会上的平等之风远甚于西方，较之后者，此乃中国历史的优点。[5]因此，比较中西历史，“彼之去封建近，而我之去封建远。去封建远者，民皆平等；去封建近者，民有贵族黎庶之分”。[6]在这样的历史条件下建立议会制度，不但不能保障民众的权力，反而会人为地制造许多新的贵族，这明显与中国历史的走势相违背。章太炎向来主张政治应“依于历史，无骤变之理”。[7]他论述代议制度是否合理，首要的关注

[1] 竞盦：《政体进化论（节录）》，张枬、王忍之编：《辛亥革命前十年间时论选集》第1卷下册，北京：三联书店1960年版，第540页。

[2] 章太炎：《代议然否论》，《章太炎全集》第4册，第311页。

[3] ［英］佩里・安德森著，刘北成、龚小庄译：《绝对主义的国家谱系》，上海：上海人民出版社2016年版，第5—19页。

[4] ［德］马克斯・韦伯著，阎克文译：《经济与社会》第1卷，上海：上海人民出版社2010年版，第418页。

[5] 值得注意的是，在梁启超眼里，封建制度虽然不平等，但却促成民权的发展，中国社会虽有平等之风，但导致无别的权力来与君权抗衡，这一着眼点与章太炎极不相同。关于章、梁对封建制度的不同认知，参见冯天瑜：《“封建”考论》，武汉：武汉大学出版社2006年版，第191—195、199—203页。

[6] 章太炎：《代议然否论》，《章太炎全集》第4册，第311页。

[7] 章太炎：《自述学术次第》，虞云国整理：《菿汉三言》，上海：上海书店出版社2011年版，第198页。

点即从中国历史流变中分析这一制度是否适合中国社会，是否能促进中国政治的发展。

中国有极为悠久的历史编纂传统。顾炎武云："史书之作，鉴往所以训今。"[1]历史故实往往影响后世的政治行为，甚至成为制度与政策合法性的主要来源。但在晚清，随着时代危机的加剧，不少士人在寻求救亡之道的时候，深受肇自日本的新史学思潮影响，开始全盘否定中国历史典籍原有的内在体系与价值。王国维声称："自近世历史为一科学，故事实之间不可无系统。抑无论何学，苟无系统之智识者，不可谓之科学。中国之所谓历史，殆无有系统者，不过集合社会中散见之事实，单可称史料而已，不得云历史。"[2]主张国粹主义的邓实更是痛陈：

> 悲夫！中国之无史也，非无史，无史材也。非无史材，无史志也。非无史志，无史器也。非无史器，无史情也。非无史情，无史名也。非无史名，无史祖也。呜呼！无史祖、史名、史情、史器、史志、史材，则无史矣。无史则无学矣，无学则何以有国也？诸夏騃騃，神州莽莽，中区鱼烂，道术将裂。[3]

正是在这样的时代氛围里，梁启超宣扬的二十四史为二十四姓之家谱的观点能够广为传播。而新史学的要义之一，就是要在中国长期"无史"的情形里，从"国家""国民""群治"等近代政治概念出发，改造旧史，撰写一部新的中国史。[4]这背后所显现的，即中国历史自身的

[1] 顾炎武：《答徐甥公肃书》，《亭林诗文集》，上海：上海古籍出版社2012年版，第201页。

[2] 王国维：《东洋史要序》，《王国维全集》第14卷，浙江：浙江教育出版社2011年版，第2页。

[3] 邓实：《国学微论》，桑兵等编：《国学的历史》，北京：国家图书馆出版社2010年版，第32页。

[4] 王汎森：《晚清的政治概念与"新史学"》，《中国近代思想与学术的系谱》，台北：联经出版事业公司2003年版，第195—220页。

流变已经不足以成为今人思考政治问题的思想资源，甚至成为在制度建设中必欲去之而后快的消极因素。能够成为历史借鉴的，只有已经被上升为“公例”的近代西方的历史演进轨迹。章太炎的主要论敌杨度就认为：“人类自初民以至于成立国家，其间经天演而存在，所以逐渐发达，皆有一定之次第，不独中国为然，即世界各文明国之所经过，亦与吾中国有同一之性质，同一之形式。此进化一定之理而无可逃者也。故欲论社会国家，不可不先得其公例。”[1]

此外，在18世纪启蒙运动中，孟德斯鸠等人将中国的制度视为“专制”，这一观点，通过日本学者的传播，深刻影响了晚清知识分子的历史观与政治观。梁启超、孙中山等人都视中国秦以后的制度为“专制政体”，通过报刊，对之展开声色俱厉的声讨。如梁氏的《中国专制政治进化史论》开篇便言，若论“专制政治之进化，其精巧完满，举天下万国，未有吾中国若者也”。因此颇为沉痛地抱怨道：“万事不进，而惟于专制政治进焉，国民程度可想矣。”随后他依据西方政治学中的一些概念，并通过与西方的历史进行比较，进而认为中国在当时依然处于“近世专制政体”，他感叹道：“吾不敢指为行政机关之退化，吾但见为专制政体之进化而已。何也？彼桀黠之君主，不知经几许研究实验而始得此法门也。”[2]影响所及，无论是立宪派还是革命派，都将驱除专制作为自己的主要政治主张。[3]因此，中国历史，特别是政治制度的沿革，就更不足以被时人用积极客观的眼光来看待。如汪精卫为了论证革命的必要性，就质问反对革命的人：“乌有专恃历史以为国基者？”[4]

---

[1] 杨度：《金铁主义说》，刘晴波主编：《杨度集》第1卷，长沙：湖南人民出版社2009年版，第246页。

[2] 梁启超：《中国专制政治进化史论》，吴松等点校：《饮冰室文集点校》第3集，第1648、1667页。

[3] 关于“专制”这一话语在近代中国的传播，参见侯旭东：《中国古代专制的知识考古》，《近观中古史——侯旭东自选集》，上海：中西书局2015年版，第310—343页。

[4] 精卫：《民族的国民》，张枬、王忍之编：《辛亥革命前十年间时论选集》第2卷，上册第99页。

反观章太炎。他对“历史”的认知，与这些主张颇不相同。在近代追寻新史学的潮流中，章氏亦曾为要角。他1902年致信梁启超，谈及自己撰写《中国通史》的计划，目的为借此书“一方以发明社会政治进化衰微之原理为主”，“一方以鼓舞民气、启导方来为主”。[1]他当时服膺进化论，认为“物苟有志，强力以与天地竞，此古今万物之所以变”。另一面，许多生物因不明合群竞争之道，致使日益退化。[2]因此他借鉴古代典籍里叙述典章制度的体裁，用“典”这一门类来阐述合群明分之道，强调“诸典所述，多近制度”。[3]在这一点上，他并不似梁启超那般决绝，对历代史籍大加抨击，认为不足以在当下担当起涵盖政治意识的“国史”之重任。基于此，在重订本《訄书》中的《通法》一文里，章太炎回顾从周至明的政治史，摘取在他看来值得后世取法的制度与政策，比如秦政不偏袒皇族，汉制之下郡县多循吏，新莽经济政策打击土地兼并，北魏以降的均田制使民有恒产，其用意即挖掘出中国古代政治文化里保护平民利益的优良传统。[4]

1906年章太炎东渡日本，较之先前，他的思想有一大转变，即不再视源自近代西方的现代性诸面向为天经地义，开始在哲学层面从中国当时的处境出发反思、批判后者，[5]并强调“今中国之不可委心远西，犹远西之不可委心中国也”。[6]中国的发展，不应处处模仿他邦，而是应

[1] 章太炎：《与梁启超》，马勇编：《章太炎书信集》，石家庄：河北人民出版社2003年版，第42页。

[2] 章太炎：《訄书（重订本）·原变》，《章太炎全集》第3册，第191页。

[3] 章太炎：《訄书（重订本）·中国通史略例》，《章太炎全集》第3册，第334页。

[4] 章太炎：《訄书（重订本）·通法》，《章太炎全集》第3册，第245—249页。值得注意的是，在重订本《訄书》的《通法》一文里，章太炎还用汉代地方制度比附西方代议制，这和他写《代议然否论》时期的思想主张并不相同。这一点他后来也有反思。他1911年对蔡元培说：“《訄书》是曩日著，由今观之，不惬意者参半。”这其中之一便是“谓代议政体必过专制”。参见章太炎：《与蔡元培》，马勇编：《章太炎书信集》，第262页。

[5] 汪荣祖：《章太炎对现代性的迎拒与文化多元思想的表述》，章念驰编：《章太炎生平与学术》下册，上海：上海人民出版社2016年版，第710—716页。

[6] 章太炎：《国故论衡·原学》，上海：上海古籍出版社2003年版，第103页。

以本国历史与现状为根据，思考真正适合于中国自身的立国之道。关于制度问题，他1906年甫至日本，即在东京留学生为之举行的欢迎会上主张：

> 我们中国政治，总是君权专制，本没有什么可贵，但是官制为甚么要这样建置？州郡为甚么要这样分划？军队为甚么要这样编制？赋税为甚么要这样征调？都有一定的理由，不好将专制政府所行的事，一概抹杀。就是将来建设政府，那项须要改良？那项须要复古？必得胸有成竹，才可以见诸施行。[1]

在这里，虽然他依然认为中国古代制度乃“专制”政体，但也开始注意到必须仔细梳理沿革、总结得失，“改良”同时，犹有可“复古”之处存焉，这样方能为未来的制度建设奠定基础。这表明，章太炎此刻已经将对中国未来政治的思考建立在从中国历史脉络本身出发，以本国为立足点，考量本国各类制度利弊，视此为制度建设之根本。

同样，在《五朝法律索隐》一文中，章太炎从保障平等的角度对古制进行阐释。他认为五朝之法，其值得称赞之处为重生命、恤无告、平吏民、抑富人四点，这些都体现了以平等为旨归的特征。例如“重生命”一项，他举了“走马城市杀人者，不得以过失杀人论”为佐证。古时有条件乘马车者，多为富贵之人，而法律并不对之有所偏袒。在对史事进行考释之后，他笔锋一转，引申到现实，指出外国与中国租界中的电车，在撞死人之后只对司机进行罚款，并不过分追责，这是为了保护背后营运商的巨大利益。对比于“汉土法律虽敝，自昔未有尊宠富人者”之情形，他认为“汉土旧法，贤于拜金之国远矣”。[2]又例如“平吏民”一项，他具体

---

[1]　章太炎：《在东京留学生欢迎会上之演说》，章念驰编订：《章太炎演讲集》，第7页。

[2]　章太炎：《五朝法律索隐》，《章太炎全集》第4册，第73—75页。

对“官吏犯杖刑者，论如律”展开论述。指出如果官吏有违法之处，则可依刑律对之进行杖责，无论官职大小皆不能例外。这样可以对官吏的贪赃枉法行为有所震慑，以此保证民众不受官吏非法侵害。他将这一点与现实中的律令进行对比，感叹道：“故知古之为法，急于佐百姓；今之为法，急于优全士大夫。”[1]言下之意便是五朝之法足以矫正今日之偏失。而他撰写此文的原因，就是不满于“季世士人，虚张法理，不属意旧律，以欧、美有法令，可因儴之”的现象，所以才对五朝法律条款“捃摭其文，附以说解，令吏士有所取法焉”。[2]由此可见，在制度问题上，章太炎并不把近代西方的立宪政体视为唯一可行之道，而是通过梳理分析中国古代制度，思考如何汲取其中的精髓。[3]正是具备了这种眼光，所以在《代议然否论》里，章氏开篇就分析中西历史演进之异，强调制度的历史性，由此来判断彼之制度是否可以随意移植到中国。[4]

值得注意的是，在当时，严复是另一位强调政治与历史关系紧密的人。他认为：“本历史言治，乃十九世纪反正之术，始于孟德斯鸠，至于今几无人不如此矣。”历史的主要对象是“治乱兴衰之由，而为道国者所取鉴者”。因此“所谓国史，亦终成一专门科学之历史。是专门科学何？即政治之学也”。[5]19世纪西方历史主义盛行，人们强调认识几

[1] 章太炎：《五朝法律索隐》，《章太炎全集》第4册，第78页。

[2] 章太炎：《五朝法律索隐》，《章太炎全集》第4册，第72、73页。

[3] 关于章太炎对中国古代制度的阐释，参见王锐：《章太炎的典章制度之学》，《辅仁历史学报》第36期（2016年3月），第77—131页。

[4] 章太炎在晚清提倡历史之重要，另一个关照面是希望借此来激发国人的民族主义情感，因此不少论著分析章氏思想，认为他所阐释的包括理事在内的“国学”，带有极强的保守色彩，在政治上除了高唱排满革命，并无其他建树。这种观点，基本上未看到他在分析制度利弊时，历史因素是一个重要的考量，中国古代制度并非只是作为一种用以标识“国性”的符号，而是实实在在地影响着历史演进之态势，是一个不容忽视的思想资源，中国未来的制度建设，必须根植于此，继承其中的良法美意，以免随意移植外人制度，造成变橘为枳的后果。

[5] 严复：《政治讲义》，王栻主编：《严复集》第5册，北京：中华书局1986年版，第1243、1244页。

百年来所形成的局面，进而规划政治行为。同时不仅在历史中寻求可供支持、论证其政纲，或使其政纲神圣化的信息，而且尝试从历史中总结解决现实问题之方案。[1]严复的这番认识，正是在这样的历史背景中形成的。不过严复对于历史的强调，主要是相信西方在历史进化的过程中已经超前，中国亦不能外乎此一进程，只是目前中国国情所限，不能一蹴而就，只能徐图进取。究其实，此乃将西方的历史演进视为放诸四海而皆准的“规律”，中国欲求发展，也只能在这一“规律”的范围内上下求索。[2]这与章太炎对中国历史自身特色的强调差异极大。因此后者认为严复“知总相而不知别相”。[3]区分这两种不同出发点的对历史的强调，对理解《代议然否论》中暗含的政治与历史的关系不无裨益。[4]

二、国情与制度

《代议然否论》的另一个论述重点，就是分析当时中国是否有选举议员的条件，以及预测若径直举行选举，将会造成怎样的后果。在极力表彰代议制的密尔那里，“代议制政体就是这样一种手段，它使社会中现有的一般水平的智力和诚实，以及社会中最有智慧的成员的个人的

---

[1] （意）卡洛·安东尼著，黄艳红译：《历史主义》，上海：格致出版社2010年版，第91页。

[2] 杨贞德：《转向自我：近代中国政治思想上的个人》，北京：三联书店2012年版，第147—152页。

[3] 章太炎：《菿汉微言》，虞云国整理：《菿汉三言》，第50页。

[4] 竹内好认为：“东洋的近代是欧洲强制的结果。”在此情形下，“欧洲的这一自我实现运动的趋势，是被以客观法则的形态加以理解的：它理所当然地是一个高层次的文化向低层次的文化的流动过程”。参见［日］竹内好著，李冬木等译：《何谓近代——以日本与中国为例》，《近代的超克》，北京：三联书店2005年版，第184页。章太炎强调制度与历史的关系，某种程度上就是在试图挣脱这种由欧洲的历史观形塑的主从关系，拒绝单一的时间观，将中国从近代历史的被动形态转化为主动形态。关于这一问题，先略作揭示，待日后详论。

才智和美德，更直接地对政府施加影响，并赋予他们以在政府中较之在任何其他组织形式下一般具有的更大的影响”。[1]但章太炎指出，中国土地广袤，人口众多，如果举行选举，假设国会有700个议员的名额，那么置诸当时中国的人口总数，将会是六十万人中选一人。在这样的比例之下，“数愈疏阔，则众所周知者，愈在土豪”。[2]原因很简单，假设让“贤良”与“土豪”竞争，前者必不及后者富于资财，可借此掀起巨大的影响力，让民众将选票投给自己。如此一来，“选举法行，则上品无寒门，而下品无膏粱。名曰国会，实为奸府，徒为有力者傅其羽翼，使得膢腊齐民甚无谓也”。[3]资本与权力的结合，将对民众造成更大的剥削，并在具备公开选举过程这一表面的程序正义的幌子之下，进一步剥夺了民众表达自己政治经济诉求的条件，这也和中国政治传统中对豪强兼并的谴责，对均富平等的向往严重背道而驰。[4]

此外，章太炎认为，如果用是否识字作为选举标准，当时中国的识字率并不高，那么大多数不通书面表达方式的民众将无缘选举，成为“无声的大众”。[5]因此章氏推测：“满洲政府歆羡金钱，其计必以纳税

[1] ［英］密尔著，汪瑄译：《代议制政府》，北京：商务印书馆1982年版，第24—25页。

[2] 章太炎：《代议然否论》，《章太炎全集》第4册，第313页。

[3] 章太炎：《代议然否论》，《章太炎全集》第4册，第313页。

[4] 在经济问题上，章太炎戊戌前后颇青睐于西方资本主义的生产方式，强调重商与消费，希望借此来带动经济增长。1906年到日本后，与日本的社会主义者广为接触，同时反思近代西方的发展模式是否合理，开始着眼于分配的均等，关注中国在卷入全球资本主义浪潮之时，普通民众的利益是否得到保障。关于章氏经济主张的前后变化，参见王玉华：《多元视野与传统的合理化：章太炎思想的阐释》，北京：中国社会科学出版社2004年版，第289—322页。他在《代议然否论》里强调选举“土豪”，对民众利益毫无裨益，也正是与这一立场息息相关。

[5] 关于晚清的识字率，笔者见到最新的研究成果，是左松涛指出的“清代民众的识字水平并不是如后代学者所想象之低，那种占全国百分之八十的人口都是文盲的说法不能用来形容这一时代。换言之，即使到了国力衰退的晚清时期，至少在科举制度废除以前，尚难以说是一个文盲充斥的社会”。参考左松涛：《近代中国的私塾与学堂之争》，北京：三联书店2017年版，第203页。值得注意的是，这一分析与身处历史现场的章太炎等知识分子的观察似乎并不相同。关键问题或许是，后者为何会营造出一种中国大多数人不识字的言论氛围。

为权度。”[1]这一判断，其实与近代西方民主政治的发展若合符契。近代民主的出现，始于君主向贵族与新兴的资产者寻求金钱，于是后者向前者提出一系列条件，保障自己的权利。在这些讨价还价里，个人和集体对国家的要求，个人和集体在国家政权中所拥有的权利，以及国家对其公民的义务皆一一确立。[2]只是在近代中国，欲行此政，必须对中国地域广袤且经济发展极不平衡有足够清醒的认识。对此章太炎指出，中国“地有肥硗，获有多寡，不容以法令一切等画之耳”。[3]具体言之，江浙一带农商发达，此外愈往西部，则经济水平愈落后，因此富裕之地纳税繁多，其他地区则依经济水平之贫瘠而递减。如果统一制定达到选举标准的纳税数目，那么将导致“选权凑集于江浙，而西北诸省或空国而无选权也”。[4]如果抬高纳税数目的话，更会造成全国范围内只有有限的人数可以参加选举，那么民权云云，形同口号，甚至出现“代议本以伸民权也，而民权顾因之日蹙”之景象。[5]章氏分析，当时娼妓伶优财产较为立宪政治鼓吹奔走的士人尤多，若制定高额的纳税标准，那么很可能后者无缘议会，前者却可在政治上粉墨登场。如此一来，政治将沦为借酒食嬉戏引人瞩目的闹剧。凡此种种，显示出代议制度并不适合中国社会。他质问主张代议制者：“震旦尚不欲有一政皇，况欲有数十百议皇耶？”[6]

章太炎之所以反复提及中国国情的复杂，与他对知识的理解息息相关。他自言：

> 吾尝以为洞通欧语，不如求禹域之殊言；经行大地，不如省九

---

[1] 章太炎：《代议然否论》，《章太炎全集》第4册，第313页。

[2] ［美］查尔斯·蒂利著，魏洪钟译：《强制、资本和欧洲国家（公元990—1992年）》，上海：上海人民出版社2012年版，第122页。

[3] 章太炎：《代议然否论》，《章太炎全集》第4册，第313页。

[4] 章太炎：《代议然否论》，《章太炎全集》第4册，第314页。

[5] 章太炎：《代议然否论》，《章太炎全集》第4册，第314页。

[6] 章太炎：《代议然否论》，《章太炎全集》第4册，第318页。

州之风土；搜求外史，不如考迁、固之遗文。求之学术，所涉既广，必撅落无所就，孰若迫在区中，为能得其纤悉。[1]

可见，在章太炎看来，作为中国人，首要的任务是了解中国的历史与现状，这是最为重要的知识基础，也是一切政治行为的主要根据，后来他在教育领域也大力提倡“本国人有本国的常识”。[2]在辛亥革命成功之后，章太炎不像许多革命党人那样对未来信心满满，而是强调应“先综核后统一”：“诚欲统一者，不在悬拟一法，而在周知民俗，辅其自然。”否则“不先检方域之殊，习贯之异，而豫拟一法以为型模，浮文犷令，于以传电有余，强而遵之，则齷齪不适；不幸不遵，则号令不行”。设立制度与执行政策，都要建立在对中国广土众民、各地差异极大这一现实国情有充分体认的基础上，即“欲更新者，必察其故；欲统一者，必知其殊”。如果是靠一二“游学他国，讲肄科条，而于家邦庶政，什不能晓其二三”之人来主持政局，因袭一二外人之政来施于禹域，那么就是武断为政，是“新顽固党”。[3]民初政局后来一系列闹剧式的行为，可以说某种程度上印证了章太炎此处的警告。这篇文章虽然写于民国初建，但他的思想见解，则与《代议然否论》中所强调者一以贯之，从中亦可理解章太炎为何反对在中国实行代议制度。

在西方启蒙运动时代，时人对于政治的理解，不是根据对历史与现状的考察，而是视解决政治问题如同探索自然科学，后者的原理可以直接施之于前者，在理性原则的指导下，各种历史与现实的差异可以泯除，整个人类生活将呈现一种普遍性，人类问题将一劳永逸地得到解决。[4]

---

[1] 章太炎：《印度人之论国粹》，《章太炎全集》第4册，第384页。

[2] 章太炎：《常识与教育》，章念驰编订：《章太炎演讲集》，第66页。

[3] 章太炎：《先综核后统一论》，汤志钧编：《章太炎政论选集》下册，北京：中华书局1977年版，第550—552页。

[4] ［美］卡尔·贝克著，何兆武译：《18世纪哲学家的天城》，北京：北京大学出版社2013年版，第51页。

这一观点在19世纪欧洲受到历史主义的严重质疑。不过在晚清时期，许多主动接受新知的士人却依然深受影响。梁启超回忆自己在戊戌变法前后与夏曾佑等人聚谈西学的情形，他们觉得："既然外国学问都好，却是不懂外国话，不能读外国书，只好拿几部教会的译书当宝贝。再加上些我们主观的理想——似宗教非宗教，似哲学非哲学，似科学非科学，似文学非文学的奇怪而幼稚的理想。我们所标榜的'新学'，就是这三种原素混合构成。"[1]章太炎晚年在《自订年谱》中亦言：

> 时新学初兴，为政论者辄以算术物理与政事并为一谈。余每立异，谓技与政非一术，卓如辈本未涉此，而好援其术语以附政论，余以为科举新样耳。[2]

在这样的知识风气下，加上救亡图存的强烈危机感，提倡改革的士人，很难考虑到中国现实的复杂性，更忽视了西洋新说是否真的适合中国的发展。即便认识到一二，也多强调用更大改革的决心与力度便可将其克服。极力主张君主立宪的杨度就宣称：

> 今吾国为世界大势潮流所迫，一切政俗不容不变，所有旧习惯，破坏亦破坏，不破坏亦破坏，不急起而改造之，以图一劳永逸之偷乐焉，而乃苟且偷闲，暂图目前之安睡不扰，以此为有秩序，殊不知真秩序不可得，旧习惯又势难保全，长此扰扰，不动不静，反真可谓不秩序矣。故吾一言以决之，苟非有文明国家责任政府之后，所谓秩序，必非真秩序也。[3]

---

[1] 梁启超：《亡友夏穗卿先生》，杨琥编：《夏曾佑集》下册，上海：上海古籍出版社2011年版，第1150页。

[2] 章太炎：《太炎先生自订年谱》，台北：文海出版社1971年版，第6页。

[3] 杨度：《金铁主义说》，刘晴波主编：《杨度集》第1卷，第243页。

可见，在杨度眼里，当时的中国已到了非改革不可的地步（其实章太炎亦然，详下文）。他心目中的“世界潮流”“文明国家”，具体的现实形象就是当时国力强盛的欧美与日本。在此思虑之下，中国具体的国情、中国地域之间的差异，甚至中国社会自身运转的逻辑，不是被忽略不计，就是被看成有碍政治改革的“旧习惯”。[1]

近代西方代议制度出现之初，主要的意义在于分摊赋税以及为地区争取利益，随着时间推演，关于这一制度的争议也随之出现，如议员应完全关照地方利益，还是从国家整体出发决定政策，这在代议制发展史上长期争论不休。[2]此外，随着资本主义的发展，代议制下的议员，往往代表着某一资本势力的利益，许多看似充满神圣性的口号与政纲，不过是特殊利益集团意志的表现，马克思在《路易·波拿巴的雾月十八日》中对这一现象有极为辟透的分析。[3]施密特则指出，代议制丧失其内在本质，政党沦为“社会的或者经济的权力集团相互对立着，思考着双方的利益和权力潜能，并在这个事实的基础上达成妥协和联合。一个其最大效果在于呼吁人们关注眼前利益和激起热情的宣传机器争取着大众”。[4]不过由于前文所分析的时代政治心态，晚清趋新之士多视代议制度为振衰起微的良方，而或多或少地忽视了后者在运作过程中对利益、权力、舆论、资本等因素的吸纳与操纵。在彼辈眼里：

> 代议政体兴，鉴于专制政体之害，务反其道而行之，必欲使其国民者，有直接间接参与政事之权，而惟恐一国之政治，为自私自

[1]　关于晚清提倡代议制度的梗概，参见王尔敏：《晚清士大夫对于近代民主政治的认识》，《晚清政治思想史论》，桂林：广西师范大学出版社2005年版，第210—228页。

[2]　张福建：《代表与议会政治——一个政治思想史的探索与反省》，林毓生主编：《公民社会基本观念》下卷，台北：“中研院”人社中心2014年版，第479—495页。

[3]　马克思著，中共中央马克思恩格斯列宁斯大林著作编译局编译：《路易·波拿巴的雾月十八日》，北京：人民出版社2015年版。

[4]　［德］卡尔·施密特著，朱雁冰译：《议会主义与现代大众民主的对立》，《论断与概念》，上海：上海人民出版社2006年版，第51页。

利者之所把持，故特设一机关以广求舆论，则所谓议院者是也。既有议院，则国民之有政法思想者，如勇夫临战场，自喜有用武之余地。则安得不各整旗鼓，以思竞其技也。[1]

作者似未想到，代议制同样会给“自私自利”之徒假公济私的机会，而能够在议会里“有用武之余地”者，更绝非具备“政法思想”即可，而是很可能被利益集团的代言人所占据。

反观章太炎，在《代议然否论》里，他着重分析在不同的选举标准之下，不同阶层被选举为议员的概率。在他看来，靠上级政令强行整齐划一的选举，“徒令豪民得志，苞苴横流，朝有党援，吏依门户，士习嚣竞，民苦骚劳”，[2]选出来的人很可能是豪强富户，他更观察到：“夫贼民者，非专官吏，乡土秀髦，权力绝尤，则害于民滋甚。”[3]彼辈有自己特殊的利益诉求，这将会更不利于庇护细民。在这里，他已经认识到选举背后阶级、权力与利益的因素可能会导致代议制度徒有其名，特别是对广土众民、经济发展形态差异极大的中国而言，以上因素将会体现得更加明显，这无疑是对现代政治极为深刻的洞察。犹有进者，章太炎在当时已经注意到中国被卷入了全球资本主义市场，“自功利说行，人思立宪”，时人提倡代议制之风盛行，与这一时代背景紧密相连。中国资本市场形成过程中出现的现象，即“皙人又往往东走，矿冶阡陌之利，日被钞略，邦交之法，空言无施，政府且为其胥附，民遂束手无奈之何”，进而促使“富者愈与皙人相结”，在国内外资本主义的双重压迫之下，将导致“齐民乃愈以失所”。[4]而在这一过程里，代议制只会起到推波

[1]　罗普：《政党论》，杨德山编：《中国政党学说文献汇编》第1卷，北京：中国人民大学出版社2014年版，第55页。

[2]　章太炎：《记政闻社员大会破坏状》，《章太炎全集》第4册，第397—398页。

[3]　章太炎：《与马良书》，《章太炎全集》第4册，第190页。

[4]　章太炎：《〈总同盟罢工论〉序》，《章太炎全集》第4册，第403页。

助澜的作用。

三、好制度的标准

在为邹容的《革命军》作序时，章太炎认为邹容之所以使用“革命”而非“光复”，是因为中国“政教学术，礼俗材性，犹有当革者焉”。[1]这虽是对《革命军》主旨的归纳，但其实也是章太炎自己的政治主张。[2]自从立志推翻清王朝起，章氏就主张未来中国应施行民主政治。在他看来，“以合众共和结人心者，事成之后，必为民主。民主之兴，实由时势迫之，而亦由竞争以生此智慧者也”。[3]民主在中国的实践，实属势所必至。同时他对集大权于一身的君主并无好感，认为“人君者，剽劫之类，奄尹之伦”。[4]所以未来的政治领导者周围必须要有权力监督机制，以防止其肆虐民众。由此可见，章太炎反对代议制，并不代表他否定民主的价值，而是根据中国的历史与现状，思考能更有利于中国发展的制度。

在《代议然否论》里，章太炎设计了一套颇为复杂的制度体系。他强调：“代议不可行，而国是必素定，陈之版法，使后昆无得革更。”[5]具体言之，他主张总统只负责行政与国防，外交上作为国家礼仪的象征，此外不再具有其他权力。另外，司法独立，其主要负责人地位与总统匹敌，但凡政治上与社会上的案件，皆由司法部门负责，不受其他权力机构干涉，即使总统触犯法律，也可依法将其逮捕。立法不由总统干

[1] 章太炎：《革命军序》，汤志钧编：《章太炎政论选集》上册，第193页。

[2] 较之“革命”，章太炎更喜用“光复”，在他看来，这样可以激励国人的民族主义，动员更多的人参与到这场政治运动当中。不过虽说如此，这并不表示章太炎认为推翻清政府后，一切典章制度可以率由旧章。

[3] 章太炎：《驳康有为论革命书》，《章太炎全集》第4册，第184页。

[4] 章太炎：《国故论衡·原道下》，第114页。

[5] 章太炎：《代议然否论》，《章太炎全集》第4册，第318页。

涉，同时杜绝豪民富户参与，由“明习法律者与通达历史周知民间利病之士，参伍定之”。[1]除了小学与军事学校，其他教育机构皆独立，其负责人与总统地位相当，以防行政权力干预教育，因为“学在有司者，无不蒸腐殨败，而矫健者常在民间”。在任免问题上，章太炎坚持总统任命，“以停年格迁举之”，[2]按照其任官时间与功绩来按部就班地升迁。其他政府官员的正常任命不容总统置喙，除非前者有犯法与过失的行为。若总统或其他官员有渎职或受贿等罪行，人人得以上诉于“法吏”，由后者传唤嫌疑人，审理其案情，在量刑标准上，轻谋反罪，以免民众被肉食者威胁，但叛国罪则重判，特别是对割地卖国行为一律处以死刑，以示国家主权不容破坏。在政策执行上，凡必须由总统签署之政令，一定要与国务官联署，保证有过失时总统与其他官员共同承担，杜绝诿过于下。每年将政府收支情况公布于民，以止奸欺。因特殊原因需要加税时，让地方官员询于民众，可则行，否则止，若正反意见相差不大，则根据具体情况处理之。在正常情形下，民众不须推举议员，只有面临外交宣战等紧急时刻，则每县可推举一人来与闻决策。此外，他还设计了相关经济政策，如只能制造金属货币，不能制造纸币；轻盗贼之罪，以免法律沦为富人的帮凶；限制遗产继承的数目，防止经济不平等世袭化；杜绝土地兼并；工厂国有化；官员及其子弟不能经商；商人及其子弟不得为官。[3]可以说，在《代议然否论》里，章太炎粗略描绘了他心目中未来中国理想的政经制度。

章太炎强调：“吾党之念是者，其趋在恢廓民权。”[4]他否定代议制，并非质疑民主的价值，更非为旧体制饶舌辩护，而是坚信在代议制之

---

[1]　章太炎：《代议然否论》，《章太炎全集》第4册，第318页。

[2]　章太炎：《代议然否论》，《章太炎全集》第4册，第318页。

[3]　关于章太炎的经济政策，因文章主题所限，本文不做过多分析，只取其与《代议然否论》相关者顺带一提。

[4]　章太炎：《代议然否论》，《章太炎全集》第4册，第318页。

下，民权并不能真正得到伸张，所以他尝试设计一套能够真正保障广大民众基本权利，代表广大民众切身利益的制度。在他看来，这一新的制度所体现的精神，一为“抑官吏，申齐民”，一为“抑富强，振贫弱”。[1]在戊戌变法期间，梁启超等人提倡兴民权之前，先兴绅权，强调士绅应担负起救亡图存的政治责任，梁氏及其同好所任教的湖南时务学堂，就是这一思潮的具体实践。一开始，章太炎亦参与其中，鼓吹变法，认为“变郊号，柴社稷，谓之革命；礼秀民，聚俊材，谓之革政”，希望能“以革政挽革命”。[2]义和团运动之后，章太炎对清廷一系列乖张举动痛加抨击，在立志走革命之路的同时，对以士绅为代表的“秀民”“俊材”也深感失望，认为后者不能完成救国救民的时代任务。包括基本来源于士绅阶层的新式学生，他也认为不过是“知识愈开，则志行愈薄，葸怯愈甚”，[3]彼辈高谈新政不过是借《诗》《书》以发家，用来博取名利而已。因此，他将革命担当者的重任寄托到广大民众身上，在《革命道德说》等文章里，章氏强调下层的民众才最具备道德水准，最富于革命斗志，他希望的革命，是唤起广大民众共同参与的政治运动，抨击豪右、富民在政治与经济上的剥削与压迫，在这一点上，他扬弃了戊戌变法以来改革派的政治主张。[4]

此外，近代中国士人了解、接受西方代议民主制度，很大程度上是从“通上下之情”的角度来着眼的，即视其为可有效将“民情”上达天听，使君臣上下沟通无碍，达到为政以公，并在此基础上实现社会动员的有效渠道。[5]但依章太炎之见，基于从广大民众角度思考政治问题

---

[1] 章太炎：《代议然否论》，《章太炎全集》第4册，第319、320页。

[2] 章太炎：《论学会有大益于黄人亟宜保护》，汤志钧编：《章太炎政论选集》上册，第13页。

[3] 章太炎：《与吴君遂》，马勇编：《章太炎书信集》，第65页。

[4] ［日］近藤邦康著，丁晓强等译：《救亡与传统——五四思想形成之内在逻辑》，太原：山西人民出版社1988年版，第47—101页。

[5] 熊月之：《中国近代民主思想史》（修订本），上海：上海社会科学院出版社2002年版，第124—138页。

的立场，代议制度会异化为统治集团与地方豪强联合起来压迫底层平民的暴力机器，并且在形式主义的选举之下，这种压迫还披上了合法化的外衣，被视作符合历史进程的“公例”。[1]正如论者所言，在章太炎笔下，代议制原是为了扩大民权，但实则却将经济上的不平等扩大到政治上的不平等，造成新的社会等级结构，并进一步加强了国家权力对基层社会的政治与经济控制。[2]因此，章氏在制度设计中，对掌握权力与资本的群体有十分严格的限制与监督，就是要防止后者侵犯广大民众的利益，让“民权”能真正在政治行为中体现出来，此即“建国设官，惟卫民之故，期于使民平夷安稳，不期于代议”。[3]

值得注意的是，在章太炎的制度设计里，司法体系的执行者被称为“法吏”。关于这一群体，章太炎认为与中国古代的法家传统一脉相承。在他看来，太古治民之官，独有士师，随后由士师分其权，长民者谓之吏，治事者谓之司，法吏之职，由是焉出。因其擅长书契文史，故听讼决狱，亦有兼顾，公牍往来，润色文字，尤非法吏莫能为，久而久之，其地位在整个职官体系中愈显重要，同时形成了独具特色的政治传统：

> 铺观载籍，以法律为《诗》《书》者，其治必盛；而反是者，其治必衰。且民所望于国家者，不在经国远猷，为民兴利，特欲综核

---

[1] 清廷成立地方咨议局后，1910年，江苏海州等地发生严重饥荒，饥民向地方士绅开办的实业公司求食，出现焚抢事件，公司遂向饥民开枪射击，造成人员伤亡。两江总督张人骏派员前往调查，将处事乖方的地方官与下令开枪的公司经理一并革职，并缉拿放枪之人与滋事饥民。但江苏省咨议局闻后，却不顾饥民遍野，生计无着的事实，指责张人骏未严惩闹事饥民，无视咨议局，违背法律，未经其同意就单独处理此事，并强调闹事饥民乃匪徒。由此可见，在当时的历史环境下，一旦成立议会，所谓民权是有特定范围的，一般升斗细民基本无缘于此。这一事件也恰可为章太炎对代议制的否定做一注脚。关于这一事件详细本末，参见李细珠：《地方督抚与清末新政——晚清权力格局再研究》，北京：社会科学文献出版社2012年版，第303—305页。

[2] 汪晖：《现代中国思想的兴起》下卷第1部，北京：三联书店2008年版，第1006页。

[3] 章太炎：《代议然否论》，《章太炎全集》第4册，第323页。

名实，略得其平耳。是故韩、范、三杨为世名臣，民无德而称焉。而宋之包拯、明之况钟、近代之施闰章，稍能慎守法律，为民理冤，则传之歌谣，著之戏剧，名声吟口，愈于日月，虽妇孺皆知敬礼者，岂非人心所尚，历五千岁而不变耶？[1]

在章太炎看来，法家传统对中国古代政治的有效运作助益良多，特别是其中显现的“综核名实”“为民理冤”等特点，在今世真正能体现民众利益的民主制度中同样可起到积极的作用。在刊登《代议然否论》之后不久，章氏1910年在《学林》杂志上刊登《秦政记》一文，表彰秦政打击封建贵族，保障社会流动得以维系，使“宰相必起于州部，猛将必发于卒伍”，让真正有基层行政经验的人进入领导阶层，促进官员队伍的不断更新，这些观点可视为对《代议然否论》的补充与完善。[2]总之，章太炎心目中的良法美制，是将中国古代的制度传统与近代对平等、民主等政治理想的诉求有效结合，既否定了中国古代帝制，又克服了源自近代西方的代议政治之诸弊病。

在《代议然否论》里，章太炎还指出：“今之务在乎辑和民族，齐一语言，调度风俗，究宣情志”，让“民族亲如昆弟”。[3]近代中国的民族国家建设，首要任务在于维持秦汉以来的大一统国家政权，特别是清代形成的领土版图，动员广大的社会力量，抵抗帝国主义对中国领土与主权的侵蚀，让中国摆脱日益加剧的危机，走向独立自主。许多现代性因素在中国的展开，都与这一时代主题息息相关，也只有促进了这一过

[1]　章太炎：《官制索隐》，《章太炎全集》第4册，第92—93页。

[2]　当然，章太炎也意识到了法家的弊病。在他看来，韩非学说的弊病，也在于不重视人伦道德与学术发展，借用国家力量规范民众思想与习惯，此乃“以众暴寡”，没有认识到人自有其独立性，属于“有见于国，无见于人”。参见章太炎：《国故论衡·原道下》，第115页。因此他对道家，特别是庄子思想的阐扬，很大程度上就是希望克服法家思想这一缺陷，保障每一个独立个体的基本自由。关于这一问题，笔者另有专文讨论，参见王锐：《辛亥革命前后章太炎对道法政论之阐释》(未刊稿)。

[3]　章太炎：《代议然否论》，《章太炎全集》第4册，第316、317页。

程，才能具备基本的合法性。章太炎所大力倡导的民族主义，正是在这一背景下进行的。所以他强调："今外有强敌以乘吾隙，思同德协力以格拒之，推其本原，则曰以四百兆人为一族，而无问其氏姓世系。为察其操术，则曰人人自竞，尽尔股肱之力，以与同族相系维。"[1]基于此，章太炎认为如果为了推行代议制而实行美国式的联邦制，将会人为地制造中国各地相互隔阂，特别是"滨海通商之地，其民羯羠不均，顾有反贱其宗国，而厚爱欧美人者"。[2]这样的区域如果拥有过多自治的权利，中国认同将会进一步稀薄，极不利于凝聚人心，维系国家统一。换言之，民主政治的实现，应立足于中国作为大一统国家能够有效运作的基础上，而非与这一基本前提相背离。卢梭认为，民族国家的建制应塑造人民的禀赋与性格，使其区别于其他地区的人民，并激发其根植于不可消除的习性之上的爱国热情。[3]章太炎的制度设计，同样着眼于此，而对于他所阐释的"国学""国史"，也应作如是观。

四、结语

姜义华老师曾指出："章太炎批判代议制度与立宪运动，绝非企图维护保持中国古老的封建君主专制制度，恰好相反，他所追求的，乃是创建一种具有名副其实的民主精神的新的政治制度。"[4]在这一过程当中，章太炎从历史的角度分析代议制度是否适合中国。他认为代议制与西方中古时期的封建制息息相关，议员很大程度上继承了封建贵族的政治地位。而中国自魏晋以后，社会上除了君权，已基本没有世袭性

[1] 章太炎：《〈社会通诠〉商兑》，《章太炎全集》第4册，第348页。
[2] 章太炎：《代议然否论》，《章太炎全集》第4册，第317页。
[3] [法]卢梭著，崇明等译：《关于波兰政体的思考》，《政治制度论》，北京：华夏出版社2013年版，第45页。
[4] 姜义华：《章太炎思想研究》，上海：上海人民出版社1985年版，第273页。

的政治权力，因此不适合移植代议制度，人为地制造一个特殊的权力群体，他的这番思考，根植于他对历史的重视，即历史流变是思考制度问题的重要参考，是否与历史接榫也是一项制度是否具备基本合法性的重要条件。此外，章太炎认为制度建设应和中国最基本的现实国情相符，在中国广土众民、地域经济发展极不平衡的条件下，能够被选为议员的，很可能是地方上的豪右富民，他们不会真正代表民众的利益。这一观察，注意到了近代政治体系里权力、阶级、资本之间复杂的关系，制度移植需要针对基本国情具体分析，世间并无一种普遍主义的制度。这在视西方宪政体制为天经地义的清末民初，尤显空谷足音。最后，章太炎在《代议然否论》里设计了一套他理想中的制度。他认为一项好的制度，应该真正体现人民民主，而非成为新的压迫工具，应代表最广大民众的根本利益，克服近代资本主义政经体制的诸弊端，让民权思想得以名副其实地在中国生根。[1]此外，救亡图存是近代中国最主要的时代主题，任何制度设计必须顾及于此，即维系主权与领土的完整，动员广大社会力量参与国家建设，而不应人为地制造地域隔阂，撕裂民众的国家认同。

当然，在清末民初充满紧迫感的历史环境里，章太炎的这套制度设计其实并不完善。如何在限制政治权力的同时保证基本的国家能力，立法过程中所谓“周知民间利病”之士怎样推举，如何判断其是否真的“周知”，国家若不主导教育，那么如何在列强出于政治目的推行文化输出、培养在华代言人的条件下保证国民基本的政治与文化认同，凡此

[1]　最近，以研究代表制而成名的美国学者皮特金，在目睹当代美国选举制度愈发名不副实之后，撰文反省代议制是否真能体现广大人民的意志。他指出，美国的统治者“已经变成了一个自我永续的精英，统治（或更准确地说管理）消极或一盘散沙的人民。代表不再是代理人民，而是代替了人民”。参见［美］皮特金著：《代表与民主：不稳定的联姻》，王绍光主编，欧树军译：《选主批判：对当代西方民主的反思》，北京：北京大学出版社2014年版，第82页。就此而言，章太炎对代议制的批判，对于今日重新反省这一制度的利弊，以及祛除对当代有心之人对美国制度不切实际的幻想，或许不无裨益。

种种，章太炎并未加以更多的考虑。此外，这套理想的制度如何在具体的历史条件下实现，章氏亦未曾说明。不过即便如此，章太炎在制度问题上对历史与国情的反复强调，体现出他坚持必须从中国实际出发思考政治实践的特点。作为一份思想遗产，恰恰是这一点，成了后来中国革命成功的重要原因。毛泽东1949年在新中国成立前夕指出：

> 任何思想，如果不和客观的实际的事物相联系，如果没有客观存在的需要，如果不为人民群众所掌握，即使是最好的东西，即使是马克思列宁主义，也是不起作用的。[1]

正如恩格斯所说的，德国工人运动是德国古典哲学的继承者。作为近代对中国传统有全盘阐释，对中国未来有系统探索的思想家，章太炎的思想也具体而微地在中国共产党领导的革命运动中体现出来。就此而言，中国传统与中国革命之间的关系，或许还有不少值得仔细梳理之处。

---

[1] 毛泽东：《唯心历史观的破产》，《毛泽东选集》第4卷，北京：人民出版社1991年版，第1515页。

历史叙事与政治文化认同

——章太炎的“历史民族”论再检视

在近代中国的政治思潮当中，民族主义无疑具有巨大且持久的影响力。由于近代中国遭受东西列强侵略，致使山河破碎、民不聊生，因此近代中国的民族国家建设的重要任务就是确保主权完整，维系清代以来奠定的版图，反抗各种政治上、经济上、文化上的侵略，并在此基础上保障民生，实现富强。许多现代事物与现代观念在中国的流传，只有以能促进实现这些目标为前提，才能获得大多数人的认可。可以说，民族主义“作为一种政治纲领，一种理论体系，一股社会思潮，绵延不断而又高潮迭起，在近代中国社会大变动中具有举足轻重的地位，发挥了异乎寻常的作用”。[1]可以说，近代许多政治势力、社会组织、文化团体、思想流派，都曾对民族主义的思想内容、表现形式、实践方法展开分析与讨论，并以此作为表达自身政治与文化主张的不证自明之基本前提。

在近代的民族主义主要阐释者当中，章太炎的地位十分重要。他在清末发表的一系列文章，较为系统地论述了自己的民族主义主张，并且随着大众传播领域的蓬勃发展，对时人有着广泛的影响。哲学史家嵇文甫回忆辛亥年间，河南的士人评价章太炎“才比周公”，[2]由此可窥见他在当时具有怎样的政治形象。不过，由于章太炎在清末的不少文

---

[1] 姜义华：《论二十世纪中国的民族主义》，刘青峰编：《民族主义与中国现代化》，香港：香港中文大学出版社1994年版，第143页。

[2] 嵇文甫：《辛亥杂忆》，《郑州大学学报》1963年第4期，第29页。

章中用慷慨激昂的笔调呼吁排满革命，以至于长期以来，学界多认为他的民族主义具有“种族主义”的特征。如强调章氏相较于梁启超等人，主张建立“单一民族国家”；此外声称章太炎一面宣传革命，一面弘扬中国传统乃一种“文化民族主义”。在此视角下，章太炎在清末的政论名篇《中华民国解》或是被看作他在宣传“华夏为一个种族建立的国家，夷狄入据中国是破坏中国政治自立，不能允许其存在”[1]的复仇、光复主义，是为了证明“满人”不是“中国人”。[2]或是虽承认此文为章太炎对清代以后的“中国疆域问题认真思考的结果”，但究其实，他的“民族构建观着落在其他各族向汉族的‘醇化’，实质是传统文化主义的翻版，而非近代民族主义的提升”。[3]通观这些论点，基本都是以近代西方民族主义的相关概念为衡量标准，来审视章太炎在民族主义论说中的各项内容。本文要讨论的则是从章太炎思想的内在脉络出发，分析他民族主义论说中的“历史民族”概念，此乃理解章太炎民族主义思想的关键，同时也可由此出发，进一步认识章太炎为何反复强调历史的重要性，在他那里，“历史”具有怎样的具体内容。而与章氏这一思想相类似的论说，在近代中国也能窥见一二。[4]

一、“历史民族”的产生背景与具体内涵

近代民族主义兴盛于法国大革命之后，随着大革命对于王权的冲

---

[1] 张玉法：《晚清的民族主义（1895—1911）：以章炳麟为中心的考察》，《近代变局中的历史人物》，北京：九州出版社2013年版，第65页。

[2] 王柯：《中国，从天下到民族国家》，台北：政大出版社2014年版，第212页。

[3] 刘晓原：《从“五族共和”到五域统合——辛亥革命和中国国家形态近代转型》，吴淑凤等编：《近代国家的形塑》上册，台北：“国史馆”2013年版，第119页。

[4] 张志强曾分析章太炎的“历史民族”说的政治意义，强调其与所谓“文化民族”说的重要区别。这对本文极有启发。参见张志强：《一种伦理民族主义是否可能？——论章太炎的民族主义》，章念驰编：《章太炎的生平与学术》下册，上海：上海人民出版社2016年版，第1016—1035页。

击、普遍意义的国民登上政治舞台，政治认同的主要对象也随之转移至新兴的民族国家。后者由于具有更为有效的整合能力、组织能力、汲取能力与动员能力，很快就成为西方世界最为流行的政治体。在此情形下，需要用一种意识形态来对广大国民进行宣传，使之形成较为稳固的政治与文化认同，同时强调本国区别于别国的特性，为政权的建立与发展寻求合法性根基。民族主义作为一种政治意识形态，就在这样的背景下流行开来。[1]而当民族主义蔚为兴盛之后，为了巩固民族主义论说，时人常用的一个方法就是通过重新叙述与本民族相关的历史事件，用新的史观与方法论，将其整合成一个具有长时段与自洽性的历史叙事，以此来证明本民族具有悠久的历史与独特的文化。而启蒙运动时期兴起的"历史主义"思潮，无疑十分有助于这项工作的进行。借用著名的民族主义研究者史密斯的观点，对于近代的民族主义阐释者而言，"'历史主义'是一种对人群与文化的出生、成长、繁荣和衰亡过程的信仰。它作为一种探究过去与现在之间关系的框架和阐明过去与现在的事件之意义的解释原则，变得越来越有吸引力。通过将事件和人物置于适当的历史环境中，并试图对这些事件和时代的'真实面目'进行刻画，人们就能够获得对历史事件和过程的同情式理解，并明白它们是如何发展成今天的样子的"。[2]正因为如此，在19世纪，历史编纂学，特别是关于各种国别史的研究十分盛行。

---

[1] 关于近代西方民族主义的兴起过程，参见［英］霍布斯鲍姆著，李金梅译：《民族与民族主义》，台北：麦田出版公司1997年版，第21—170页。值得注意的是，霍氏在书中明言："除了少数具有悠久历史的政体之外，比方说像中国、韩国、越南、伊朗和埃及这类如果出现在欧洲，必然会被划归为'历史民族'的地区之外，其他那些打着民族运动口号追求独立的领土单位，绝大多数都是帝国主义者的发明，其历史都不超过数十载。"（第186页）他很清楚地指出，分析近代中国的民族主义，不能用"发明""想象"这样的概念去进行，因为中国具有非常悠久的历史，其民族主义特征绝非与那些晚近才被打造出来的政治体相似。而这一点，恰恰是许多学者借用霍氏观点来审视近代中国民族主义时经常有意或无意忽视的。

[2] ［英］史密斯著，王娟译：《民族认同》，南京：译林出版社2018年版，第109页。

戊戌变法之后，许多中国士人东渡日本。明治维新以来的日本，各种西学在社会上颇为流行，不少中国士人一到彼处，就立即被这些闻所未闻的新说所吸引，并渐渐地受到影响，使许多概念、名词、思想成为自己知识体系的重要组成部分。而民族主义思潮作为近代西方国家强盛的重要原因之一，也在此背景下在中国知识界与政界流行开来。正如马戎所言，“受到西方概念（如‘民族’‘民族国家’）与话语体系影响的中国各族精英群体不仅开始使用这套话语来解释中国外部的一个全新世界，也不可避免地使用这套话语解读中国近代政治史和历朝历代的族群演变与族际互动史，从而逐步由内而外、由上而下、由今及古，推动了中国社会话语体系的整体转换”。[1]按照时人的理解，“凡可以为国民之资格者，则必其思想同，风俗同，语言文字同，患难同其同也。根之于历史，胎之于风俗，因之于地理，必有一种特别的固结不可解之精神”。[2]此处所言的“风俗”“历史”“语言文字”，意在强调民族主义思潮与过去延续的传统之间具有不可或缺的关联。也正因为如此，晚清许多历史论著，都强调如何在认识历史的过程中培育爱国思想。只是与近代西方许多新兴民族国家，特别是中欧、东欧的国家不同，中国周代以来就具备了统一性的特征，[3]秦汉以降更是形成了大一统政权。汉代奉儒学为官学之后，伴随着政治与文化力量的展开，中国各地区基本上形成了较为一致的伦理道德与生活方式，使用一样的文字，精英阶层诵读相同的典籍，具有大体相似的政治与文化认同，郡县制、科举制维系并促进了古代社会条件下的社会流动与经济往来，这使得中国具有兼具政治与文化共同体

[1] 马戎：《西方冲击下中国话语转变、认同与国家重构》，《历史演进中的中国民族话语》，北京：社会科学文献出版社2019年版，第87页。

[2] 余一：《民族主义论》，张枬、王忍之编：《辛亥革命前十年间时论选集》第1卷下册，北京：三联书店1960年版，第487页。

[3] 许倬云：《西周史》（增补二版），北京：三联书店2018年版，第328—329页。

的特征。因此，当近代民族主义思潮着眼于重新审视、叙述中国历史时，不但有着极强的经验基础，还有许多可供采获的历史遗产与思想资源。

章太炎的“历史民族”论正是在这样的背景下提出的。它对于“历史民族”的论说，首见于1902年出版的重订本《訄书》的《序种姓上》一文中。章氏指出：

> 古者民知渔猎，其次畜牧，逐水草而无封畛；重以部族战争，更相俘虏，羼处互效，各失其本。燥湿沧热之异而理色变，牝牡接构之异而颅骨变，社会阶级之异而风教变，号令契约之异而语言变。故今世同种者，古或异；异种者，古或同。要以有史为限断，则谓之历史民族，非其本始然也。[1]

在这篇文章的另一处，章太炎又说道：

> 懿！亦建国大陆之上，广员万里，黔首浩穰，其始故不一族。太皞以降，力政经营，并包殊族，使种姓和齐，以遵率王道者，数矣。文字政教既一，其始异者，其终且醇化。是故淳维、姜戎，出夏后、四岳也，窜而为异，即亦因而异之。冉駹朝蜀，瓯越朝会稽，驯而为同，同则亦同也。然则自有书契，亦《世本》《尧典》为断，庶方驳姓，悉为一宗，所谓历史民族然矣。[2]

在这里，所谓的“历史民族”，不同于一种本质主义式的民族主义论说，即从抽象的层面强调某一民族之所以能够存在并发展，而是着

[1]　章太炎：《訄书（重订本）·序种姓上》，《章太炎全集》第3册，上海：上海人民出版社2018年版，第169页。

[2]　章太炎：《訄书（重订本）·序种姓上》，《章太炎全集》第3册，第171页。

眼于在历史流变中民族的定居、生活、交往、斗争、壮大、融合的过程。在这样的漫长历史变迁中，产生出一种朴素的民族观念与民族情感，共同体意识随之显现，形成较为稳固的政治与文化认同。同时，在这一“历史民族”形成的过程中，主体民族并非封闭的、强调某种排斥他者的神圣血缘，而是开放的、流动的，即可以吸纳借由新的交往与融合而加入这一民族共同体中的新成员。此外，必须强调的是，主体民族的文化与生活方式必须具有极强的生命力，否则这些历史过程将不能成为“历史民族”形成的根据。就此而言，“章太炎历史民族观念的重点在于向我们深刻揭示了历史民族的形成，从根本上讲不是一个无主体的融合过程，而是一个有主体的历史同化过程”。[1]在这个意义上，章太炎的“排满”论述，如果越过他表面上那些激越的名词与情绪的表达，他之所以持此主张，除了在庚子年间彻底认识到清廷不能挽救中国的危机之外，更基于对占中国人口极小一部分的满洲权贵支配着政治与经济资源的强烈不满，因为这对占人口绝大多数的汉人而言是不公平的，是让“主体民族”处于被支配状态的。[2]也正由于这样，在武昌起义爆发不久，章太炎立即致信留学日本的满族学生，劝他们不必因此感到恐慌，强调革命成功之后，“君等满族，亦是中国人民，农商之业，任所欲为，选举之权，一切平等”。[3]一改宣传革命之时那种极尽煽动之能的姿态。而辛亥革命之后，章太炎唯一一次担任政府职务，就是1913年出任东三省筹边使，整合当地的政治与经济力量，探索完善当地交通的办法。而众所周知，东三省正是满族的发源地。

---

[1]　张志强：《一种伦理民族主义是否可能？——论章太炎的民族主义》，章念驰编：《章太炎的生平与学术》下册，第1023页。

[2]　整个清朝历史是否如此是一回事，但章太炎如此认为却是另一回事。

[3]　章太炎：《与满洲留日学生》，马勇编：《章太炎书信集》，石家庄：河北教育出版社2003年版，第292页。

犹有进者，笔者认为值得深入讨论的是，作为晚清梁启超之外提倡新史学的另一位代表人物，[1]章太炎将如何在他所提倡的历史之学的内容里进一步证明中华民族作为一个“历史民族”能够不断地繁衍壮大。

1902年章太炎给梁启超写了一封信，谈到自己打算编撰一部《中国通史》。他声称：

> 窃以今日作史，若专为一代，非独难发新理，而事实亦无由详细调查。惟通史上下千古，不必以褒贬人物、胪叙事状为贵，所重专在典志，则心理、社会、宗教诸学，一切可以熔铸入之。典志有新理新说，自与《通考》《会要》等书，徒为八面锋策论者异趣，亦不至如渔仲《通志》蹈专己武断之弊。然所贵乎通史者，固有二方面：一方以发明社会政治进化衰微之原理为主，则于典志见之；一方以鼓舞民气、启导方来为主，则亦必于纪传见之。[2]

可见章太炎眼中符合时代需求的《中国通史》，应该做到贯通古今，使其能发挥具有国民教育性质的“国史”的作用。在内容上，重点应在“典志”，并且把晚近的新学理熔铸其中，区别于往日沾染科举策论之风的史论，这样便可以“发明社会政治进化衰微之原理”。当时他为了获取更多的新知识，阅读了许多涉及进化论与社会有机体论的日本学者的论著与译著。[3]他指出：“物苟有志，强力以与天地竞，此古今万物之所以变。”而另一面，则是许多生物因不明合群竞争之道，致使

[1] 关于章太炎在晚清新史学思潮中的地位，参见汪荣祖：《章太炎与现代史学》，台北：麦田出版公司2002年版，第181—217页。

[2] 章太炎：《与梁启超》，马勇编：《章太炎书信集》，第42页。

[3] 关于章太炎在当时所阅读的西学与东学著作之情况，参见姜义华：《章太炎思想研究》，上海：上海人民出版社1985年版，第164—165页。

日渐退化。[1]在这样的思虑之下，章氏遂认为需要在历史论述中强调能促进“合群明分”的因素。而历代典制，便是一个很好的切入点。同样，在收录于重订本《訄书》中的《中国通史略例》一文里，章太炎认为中国传统史籍中的典制之书，有助于“知古今进化之轨”，使得“一事之文野，一物之进退，皆可以比较得之”。因此在他设想撰写的《中国通史》中，“典”这一体裁占据了很大一部分内容。[2]他强调：“诸典所述，多近制度。及夫人事纷纭，非制度所能限，然其系于社会兴废，国力强弱，非眇末矣。”[3]通过论述这些规范了人事诸多面向的制度之建立与流变，章太炎希望能历史地呈现中国立国之根基所在与得以维系至今的经验教训。[4]

此外，在与梁启超的信中，章太炎认为“纪传”可以“鼓舞民气，启导方来”。因此在《中国通史略例》中，他计划撰写数篇属于传记性质的《考纪》与《别录》，以此“振厉士气，令人观感”。[5]而当1906年向东京留学生宣传历史的重要性时，章氏又在强调：“中国人物，那建功立业的，各有功罪，自不必说，但那俊伟刚严的气魄，我们不可不追步后尘。”所以“若要增进爱国的热肠，一切功业学问上的人物，须选择几个出来，时常放在心里，这是最紧要的”。[6]

由章太炎所强调的历史之学里典章制度与人物事迹的重要性，可见在他所构想的“历史民族”之形成过程中，从促进这一共同体“合

[1] 章太炎：《訄书（重订本）·原变》，《章太炎全集》第3册，第191—193页。

[2] 章太炎所设想的《中国通史》一书中的“典”，包含了种族典、民宅典、浚筑典、工艺典、食货典、文言典、宗教典、学术典、礼俗典、章服典、法令典、武备典。参见章太炎：《訄书（重订本）·中国通史略例》，《章太炎全集》第3册，第336页。

[3] 章太炎：《訄书（重订本）·中国通史略例》，《章太炎全集》第3册，第334页。

[4] 关于章太炎的典章制度之学，参见王锐：《自国自心：章太炎与中国传统思想的更生》，北京：商务印书馆2019年版，第202—251页。

[5] 章太炎：《訄书（重订本）·中国通史略例》，《章太炎全集》第3册，第334页。

[6] 章太炎：《在东京留学生欢迎会上之演讲》，章念驰编订：《章太炎演讲集》，上海：上海人民出版社2011年版，第7、8页。

群明分”的角度出发，制度与人物在其中的作用至为关键。按照这样的历史观，中国是具有一套颇为完备的政治与社会治理架构的政治共同体，而参与制定、实践、记录、传播这套政治与社会治理架构的，就是历史上各个时期的人物。制度是保障中国能够不断演进、壮大的政治基础，人物则是这一历史进程中的历史主体。借用章太炎后来在《驳建立孔教议》中的观点，受此传统熏陶，“国民常性，所察在政事日用，所务在工商耕稼。志尽于有生，语绝于无验。人思自尊，而不欲守死事神，以为真宰，此华夏之民，所以为达”。[1]正是拥有了数千年丰富的生产、交往与组织经验，“历史民族”才有可能成为具有自觉政治意识的“政治民族”。[2]如果说章太炎在清末的一系列思考是出于强烈的救亡图存意识，那么他的“历史民族”论的政治意义，也由此凸显出来。

二、“历史民族”与“文化民族”之辨

章太炎的“历史民族”论，并不仅是学理上的探讨，而且与他当时鼓吹革命息息相关。1907年，他在革命党的机关报《民报》上刊登了著名的《中华民国解》一文，较为系统地阐发了自己的革命主张。这篇文章的一个重点，就是详尽批判当时立宪派的代表人物杨度发表的

---

[1]　章太炎：《驳建立孔教议》，《章太炎全集》第8册，第200页。

[2]　章太炎的这些观点，与19世纪德国历史法学的代表人物萨维尼颇为相似。后者通过检讨当时流行于世的关于“民族”之定义，认为“笼统意义上的‘民族’并不具有任何政治权力。他们必须首先以国家的形式组织起来，在国家中他们才第一次取得了行为的人格和资格”。参见［美］梅里亚姆著，毕洪海译：《卢梭以来的主权学说史》，北京：法律出版社2006年版。但值得注意的是，在19世纪之前德国长期处于分裂的状态，并无一个与后来政治疆域大体吻合的政权，位于后来疆域内的各个邦国与自治城市，彼此之间各有其政治传统与历史记忆，这和中国拥有数千年大一统意识的历史传承并不相同。因此，思考章太炎与近代德国思想家之间的关系，应该注意到他们所面对的不同历史遗产。

《金铁主义说》一文。为了强调君主立宪的合法性，在杨度看来：

> 中国自古有一文化较高、人数较多之民族在其国中，自命其国曰中国，自命其民族曰中华。即此义以求之，则一国家与一国家之别，别于地域，中国云者，以中外别地域之远近也。一民族与一民族之别，别于文化，中华云者，以华夷别文化之高下也。即此以言，则中华之名词，不仅非一地域之国名，亦且非一血统之种名，乃为一文化之族名。故《春秋》之义，无论同姓之鲁、卫，异姓之齐、宋，非种之楚、越，中国可以退为夷狄，夷狄可以进为中国，专以礼教为标准，而无亲疏之别。其后经数千年混杂数千百人种，而其称中华如故。以此推之，华之所以为华，以文化言，不以血统言，可决知也。故欲知中华民族为何等民族，则于其民族命名之顷，而已含定义于其中。与西人学说拟之，实采合于文化说，而背于血统说。华为花之原字，以花为名，其以之形容文化之美，而非以之状态血统之奇，此可于假借令意而得之者也。[1]

基于此，杨度主张中国境内各民族，特别是满、汉之间，在拥有共同文化的基础上，本身便可视作同一民族，即"文化民族"。在此前提下，革命党人所宣传的排满革命也就不具备合理性。其实这也并非杨度一人的看法，当时康有为、梁启超等人在反驳革命党的理论时，也经常强调中国境内各民族在文化上已经趋同，以"排满"为名推翻清廷统治已无必要。如梁启超认为此时言民族主义，应宣扬"大民族主义"，其理由就是"中国同化力之强，为东西史家所同认。今谓满洲已尽同化于中国，微特排满家所不欲道，即吾亦不欲道，然其大端，历历之迹，固不

---

[1] 杨度：《金铁主义说》，刘晴波主编：《杨度集》，长沙：湖南人民出版社1985年版，第374页。

可诬矣”。[1]随后列举了历代边疆民族文化上被同化的例子。

针对杨度的这些观点，章太炎强调：

> 中国之名，别于四裔而为言。印度亦称摩伽陀为中国，日本亦称山阳为中国，此本非汉土所独有者。就汉土言汉土，则中国之名以先汉郡县为界。然印度、日本之言中国者，举土中以对边郡，汉土之言中国者，举领域以对异邦，此其名实相殊之处。诸华之名，因其民族初至之地而为言。[2]

在章氏看来，“中华”之“中”，乃是针对四周的“异邦”而言的，显示中国自身的独特性与整体性。而“华”，则是以生活在中国这块土地上的民族之最初定居生活的地域为名。根据这样的定义，章太炎梳理了中国民族定居、繁衍、发展的历史过程：最初的人们，以西北的雍州、梁州为落脚生根之地，此二州范围“就华山以定限，名其国土曰华，则缘起如是也”。随后逐渐地扩大版图范围，最后“遍及九州”。及至秦汉，“则朝鲜、越南皆为华民耕稼之乡，华之名于是始广”。所以“华本国名，非种族之号”。相似地，“夏之为名，实因夏水而得”，于是衍生为族名。最后，“汉”之所以也被视为族名，同样是缘于“汉家建国，自受封汉中始”。因此，章太炎指出：“是故华云、夏云、汉云，随举一名，互摄三义。建汉名以为族，而邦国之义斯在。建华名以为国，而种族之义亦在。此中华民国之所以谥。”[3]显而易见，《中华民国解》中章太炎对“中华”之名得以成立的历史性描述，在逻辑上就与之前在重订本《訄书》中的《序种姓》一文所叙述史事颇为相似。

---

[1] 梁启超：《政治学大家伯伦知理之学说》，吴松等点校：《饮冰室文集点校》第1集，昆明：云南教育出版社2001年版，第454页。

[2] 章太炎：《中华民国解》，《章太炎全集》第8册，第257页。

[3] 章太炎：《中华民国解》，《章太炎全集》第8册，第257—258页。

由此可知,《中华民国解》中章太炎强调“中华”之名义乃以生活在中国的民族最初定居活动的范围为名,就是彰显在具体的地域空间里,作为实践主体的中国人,建立各种规范政治与社会生活的制度,产生具有认同感与参与感的政治向心力的重要历史意义。而这种通过记载与传播流传至今的历史记录,也是作为“历史民族”一分子的仁人志士前仆后继,建立“中华民国”这一新政权之不可替代的合法性基础。同样,《中华民国解》中所谓的“夫言一种族者,虽非铢两衡校于血统之间,而必与多数之同一血统者为主体”,“容异族之同化者,以其主权在我,而足以翕受彼也”,[1]即指其他少数民族参与到“中华”的制度实践历史进程中来,在这种与大多数人的互动与交流中,成为新的“历史民族”一分子。而非用强制手段抑制、拆散、曲解“历史民族”充满政治实践感的历史记忆,致使后者的主体性隐而不彰,进而丧失担当政治救亡重任的动力。在这个意义上,章太炎在《中华民国解》中关于国名性质的定义与他对“历史民族”的申说,具有学理上的一致性。

也正因为这样,才能理解为何章太炎批评杨度“特以同有文化,遂可混成为一,何其奢阔而远于事情”。[2]在重订本《訄书》的《忧教》篇中,章太炎指出:

> 泰西之黠者,其于中国且善厚结之,如桑螵蛸而箸之,勿易其士,勿变其贴经;其举者置以为冗官,或处郡县,则比于领事;又令西士之习于华者,籀读吾经纬以号于众曰:“吾有仲尼之遗计籍焉!”若是,则西教瘉杀也,而中国自是终于左衽矣。[3]

萨义德在《东方学》一书中强调,近代西方列强所描绘的“东方”

[1] 章太炎:《中华民国解》,《章太炎全集》第8册,第258、259页。
[2] 章太炎:《中华民国解》,《章太炎全集》第8册,第259页。
[3] 章太炎:《訄书(重订本)·忧教》,《章太炎全集》第3册,第295页。

是一种具有异域风情的、长期停滞的、凸显独特文化的刻板形态，在这种论述之下，“东方”的形象被固定化了，即一直位居落后之列，消解了后者反抗压迫、寻求解放的政治诉求。甚至东方人自己也难以使用自己在长期实践中所形成的话语来自我描述，一旦摆脱西方话语，他们将处于“失语”的状态。[1]在这里，章太炎也产生了相似的担忧：在华列强借弘扬中国文化的名义，把中国传统事物从具体的历史脉络中抽离，使之成为一种不具主体意识的文化符号，以此来蛊惑中国人，打着热爱中国文化的旗号，将列强的支配合法化。此正是章氏所极力避免的“笼统无主体状态”。[2]

值得注意的是，章氏此论，置诸近代以来“文明等级论”在中国颇为流行的背景下，绝非杞人忧天之举。作为近代列强全球殖民扩张的意识形态，“文明等级论”以近代西方文明为标准，将广大的非西方地区划分为“半文明”与“不文明”两个等级，旨在“论证”西方列强对这些地区进行殖民扩张的合法性，把殖民活动打造成“教化”“规训”非西方地区的“义务”，同时强调非西方地区如若想成为“文明”社会一员，必须效仿近代西方的一整套政治、文化、社会体制。在近代东亚，福泽谕吉于《文明论概略》一书中大力宣扬这一观念，使之成为日本社会中的流行思潮。戊戌变法之后，梁启超东渡日本，阅读了不少福泽谕吉的论著，因此也时常宣扬“文明等级论”。[3]比如他认为：“泰西学者，分世界人类为三级。一曰野蛮之人，二曰半开化之人，三曰文明之人。其在春秋之义，则谓之据乱世、升平世、太平世。皆有阶级，顺序而生。此进化之公

[1] [美]萨义德著，王宇根译：《东方学》，北京：三联书店1999年版。

[2] 张志强：《一种伦理民族主义是否可能？——论章太炎的民族主义》，章念驰编：《章太炎生平与学术》下册，第1023页。

[3] 关于梁启超对于福泽谕吉学说的吸收，参见刘文明：《欧洲“文明”观念向日本、中国的传播及其本土化述评——以基佐、福泽谕吉和梁启超为中心》，《历史研究》2011年第3期，第73—74页。

理，而世界人民所公认也。"[1]同时他还接受了近代西方把中国视为"半文明"的论调，声称："以今日论之，中国与欧洲之文明，相去不啻天壤也。"[2]因此，如果以"文化"作为"中华"的主要标识，那么极有可能落入"文明等级论"的话语窠臼中，把作为政治与文化共同体的中国，视为在文明等级上低于西方的境地，中国历史的重要性也随之被消解。[3]

相似地，由章太炎1902年致梁启超的信函可知，章氏对后者当时发表的讨论中国历史学的文章十分熟悉。在《中国史叙论》一文里，梁启超认为"吾人所最惭愧者，莫如我国无国名"。因为"曰'中国'，曰'中华'，又未免自尊自大，贻讥旁观"。[4]而根据章太炎的历史论述，"中国"所代表的，是在特定疆域内创建各种政治与社会治理的制度，以及不断实践与完善这套制度的人，"中华"是对这一历史过程的承认与概括，而非一种文化意义上的"自尊自大"。所以可以这样认为，章太炎基于"历史民族"论而对"中华"所做的解释，是在反思当时各种政治思潮，特别是"文化民族"说的基础之上形成的。[5]

当然，就中国历史流变而言，"文化"与"政治"密不可分，若无政治的延续性与稳定性，以儒学为主导、具有极强实践性的文化是很难形成并处于支配地位的。反之，若无文化因素注入其中，也很难出现中国

---

[1] 梁启超：《自由书·文野三界之别》，吴松等点校：《饮冰室文集点校》第4集，第2254页。

[2] 梁启超：《中国与欧洲国体异同》，吴松等点校：《饮冰室文集点校》第2集，第769页。

[3] 也正是因为这样，章太炎在清末对近代西方的"文明"观念进行了猛烈抨击。他认为："今之言文明者，非以道义为准，而以虚荣为准，持斯名以挟制人心，然人亦靡然从之者。盖文明即时尚之异名，崇拜文明，即趣时之别语。吾土孔子为圣之时，后生染其风烈，虽奋力抵拒者，只排其阶级礼教之谈，而趣时之疾，固已沦于骨髓，非直弗击，又相率崇效之。然则趋步文明，与高髻细腰之见相去有几？诚欲辨别是非者，当取文明野蛮之名词而废绝之。"参见章太炎：《复仇是非论》，《章太炎全集》第8册，第281页。

[4] 梁启超：《中国史叙论》，吴松等点校：《饮冰室文集点校》第3集，第1621页。

[5] 黄兴涛教授也指出，章太炎"能看到在杨度等人的民族认同意识中，只是关注文化认同一点的不足"。参见黄兴涛：《现代"中华民族"观念形成的历史考察——兼论辛亥革命与中华民族认同之关系》，《浙江社会科学》2002年第1期，第132页。

历史上的政治延续性与稳定性。所以，章太炎的“历史民族”论并不排斥文化的因素，只是拒绝把这种因素本质主义化，并且将政治的因素排除在文化的范畴之外。“历史民族”论着眼于作为政治与文化共同体的中国的流动与变化过程。而记录这一流动过程的，就是中国源远流长的历史书写传统。

三、章太炎“历史民族”论式的分析框架在民国学界的延续

章太炎民族主义思想中的“历史民族”论——注重历史流变过程中塑造政治与文化共同体的具体实践，强调制度、疆域、人物事迹等奠定历史活动主体之政治基础的要素，以及由此而产生的历史记忆与历史叙事，在近代中国的民族主义思潮中其实并不占据主流位置。因为近代中国的民族主义虽然时常诉诸传统的符号与理念，但是更多的则是相信只有全面效仿西方才能达到救亡图存的目的。特别在政治观念上，梁启超《中国专制政治进化史论》中的历史观，即以近代西方对于中国古代政治实践的基本认知为标准，认为一部中国政治史，就是一部“专制政治”演进史，历史中的政治实践之主要特征就是所谓“专制手段”不断强化，“专制程度”不断加深。因此，中国的历史，特别是中国的政治史与制度史，就时常处于一种较为负面的、需要被批判或否定的状态。在此风气下，即便有心之人主张提倡中国传统的正面意义，要么就是以近代西方的相应门类为标准进行评价，要么就是刻意突出抽象的、不具历史感的“文化”因素，避而不谈具体的、在历史实践中时常显现的政治特征。例如在新文化运动期间，就有表彰中国传统的人士强调：“吾民族之可宝贵者，乃此所以形成东方文化之精神（原理），而非其所演之事迹。”[1]

[1] 陈嘉异：《东方文化与吾人之大任》，陈崧编：《五四前后东西文化问题论战文选》，中国社会科学出版社1989年版，第312页。

进一步而言，虽然章太炎在清末设坛讲学，培养了不少颇有成就的弟子，但是基本无人能在这一方面继承发扬师说。[1]不过即便如此，在民国学界，特别是史学领域，依然有类似于章太炎式的分析框架。20世纪20年代，章太炎致信吴承仕讨论重修清初历史之事，认为"南则柳翼谋于此最明"，透露出对于柳诒徵史学涵养的充分肯定。[2]正如其言，柳诒徵在新文化运动以后，目睹举世趋新之风，反复申说中国历史与文化的正面意义，希望借此来增强民族自信，发扬民族精神。从广义上讲，他的许多论著，也是近代民族主义思潮的一部分。1934年4月，柳诒徵在南京中国文化学会演讲如何认识中国文化的基本特征。其中他特别强调：

> 我们看过去的历史已可想到中国的政法就很特别，有人说古代的历史是儒家伪造，托古改制的话，现在姑且不分辨。单讲自秦朝统一中国以来，汉唐宋元明清，都是车同轨，书同文，天下一家。就政府管辖的区域而论，秦汉两代与希腊罗马疆土的广狭比较之下，那中国就大得多。唐宋几朝比英法、日耳曼、俄罗斯诸国所领

[1] 曾经与章太炎论学频繁、交往甚密的钱玄同，后来走向了激烈的反传统主义，虽然晚年一度重新肯定中国传统的价值，但也只是在日记与私人书信中有所表达，并未形成较广的影响。黄侃与章太炎在价值观层面十分相近，但用力之处却在于文学与小学。周氏兄弟思想颇为复杂，一度也走向批判传统之路。唯鲁迅晚年出版《故事新编》，表彰在中华民族发展史中肯于辛苦付出、默默奉献的人，这或许算是与章太炎的相关主张有些许一脉相承之处。朱希祖虽然主要以史学为业，并且民族主义情绪也十分强烈，但是其用力之处却在史实考订，并且相较于章太炎对于西学有较为系统的反思，朱希祖在不同时期都颇受各自流行于世的西学之影响，因而无法像乃师那样，从中国历史自身流变出发总结出具有原理性、政治性的观点。但焘20世纪20年代在《华国月刊》上发表了一系列研究中国古代制度的文章，不过见识却较为有限，很大程度上只是复制章太炎先前的观点，而少有发挥与升华。而民初与章太炎往来密切，后来也被视为章门高足的吴承仕，20世纪30年代以后成为马克思主义者，虽然对马克思主义中国化贡献极大，并且讨论古代礼制极有见地，但其学术路径较之章太炎却属另辟蹊径。

[2] 章太炎：《与吴承仕》，马勇编：《章太炎书信集》，第319页。

> 的版图又要辽阔得多了。现在物质科学昌明，一切交通的工具完备，在从前中国便没有这许多利器。今日世界各国疆域之大要推到美国，可是美国有了良好管辖的工具尚且行的是各州分治，还不能集中央之权统治全国，外交军事之外，各州政务都是自理。英国的属地虽然很多，各属邦都纷纷要求自治，苏维埃共和国也是行的社会主义的联邦政治。何以中国从前后没有许多良好的交通工具，而历代都能统驭这样广大的疆域呢？可见中国是有他特到的文化，国威隆盛，并不是侥幸苟存了几千年的。[1]

可见，在柳诒徵看来，中国文化的核心特征之一就是典章制度，此乃维系中国疆域统一与政治发展的关键，也是彰显中国之所以为中国的主要特征，其正面意义不容小觑。对于这一点，柳诒徵在其学术代表作《中国文化史》中有着更为详尽的分析。与章太炎关于中华民族起源史的论述相似，柳氏也着眼于上古文明草创之世的制度沿革与人物事迹。例如他指出应从上古时代广大劳动人民的生产实践中认识所谓的“三代之世”：

> 故洪水以前，实以黄帝时为最盛之时。后世盛称黄帝，有以也。然黄帝时之制作，或恃前人之经验，或赖多士之分工，万物并兴，实非一手一足之烈。故知社会之开明，必基于民族之自力，非可徒望于少数智能之士。而研究历史，尤当涤除旧念，着眼于人民之进化，勿认开物成务，为一人一家之绩也。[2]

又如他强调古代文化的主要根基在于前人能从生产实践中形成一

---

[1] 柳诒徵：《对于中国文化之管见》，杨共乐、张昭军主编：《柳诒徵文集》第12卷，北京：商务印书馆2018年版，第284页。

[2] 柳诒徵：《中国文化史（上）》，杨共乐、张昭军主编：《柳诒徵文集》第6卷，第16页。

套有利于组织与治理的制度规划：

> 古人立国，以测天为急；后世立国，以治人为重。盖后人袭前人之法，劝农教稼，已有定时；躔度差微，无关大体。故觉天道远而人道迩，不汲汲于推步测验之术。不知邃古以来，万事草创，生民衣食之始，无在不与天文气候相关，苟无法以贯通天人，则在在皆形枘凿。故古之圣哲，殚精竭力，绵祀历年，察悬象之运行，示人民以法守。自羲、农，经颛顼，迄尧、舜，始获成功。其艰苦愤悱，史虽不传，而以其时代推之，足知其常耗无穷之心力。吾侪生千百世后，日食其赐而不知，殊无以谢先民也。[1]

总之，柳诒徵认为在中国文化里，值得珍视与挖掘的遗产之一就是在历史进程中集众人智慧而形成的生产实践与政治实践，此乃中国历史之所以能被人所称颂的重要原因。[2]

1936年章太炎去世之后，钱穆撰文纪念，对于章氏学术，独重其史学，强调“今论太炎学之精神，其在史学乎”，称其史论“平实而能博大，不为放言高论，而能真为民族文化爱好者”。[3]而在章氏去世前，钱穆曾赴苏州与之一晤。后来他回忆，章太炎当时认为若撰写一部新国史，“列传与年表等当无何相异。惟书志一门，体裁当有大变动。即如外交志，内容牵涉太广，决非旧史体例可限。因言居沪上，深知治外交法权影响深广。如加叙述，所占篇幅必钜。其他方面更然。外交以外，食货刑法诸门皆然。所需专门知识亦更增强。惟此‘书志’一门，必当

[1] 柳诒徵：《中国文化史（上）》，杨共乐、张昭军主编：《柳诒徵文集》第6卷，第46页。

[2] 关于柳诒徵的这些观点，还值得做进一步的详尽分析，篇幅所限，本文先行揭出，更细致的研究，当以另文为之。

[3] 钱穆：《余杭章氏学别记》，《中国学术思想史论丛（八）》，台北：东大图书公司2006年版，第384、389页。

有大变动”。[1]很明显，钱穆认可章太炎的民族主义思想，并对章太炎强调典章制度的重要性印象深刻，他自己一生也以弘扬中国历史之精神、中国文化之价值为己任。

本着这样的想法，在发表于1937年的《如何研究中国历史》一文里，钱穆认为现代历史知识当中，“历代政制”应为重点：

> 希望有志于研究中国史的，多注意于其历代政制的演变上。但我们要研究政治制度，不可不连带注意到其背后的政治理想；我们要研究某一时代的政治理想，又不得不牵连注意到其时一般学术思想之大体。所以我希望有志研究中国史的，应多注意于中国历代学术思想之演变。与制度、学术有关系的，我又希望能多注意于历代人物的活动。“学术”“制度”“人物”三者相互为用，可以支配一时代的历史。[2]

众所周知，中国传统史籍中对政治制度与政治事件有大量的记载，中国历史之所以能延续不断，主要在于华夏文明具有十分丰厚的国家治理与地方治理经验，能够维系、光大作为政治与文化共同体的中国。而在近代中国，中国历史所遭受的最主要冲击也正是华夏传统政治制度被不断非议，特别是清末士人将“专制”概念从日本转译过来，以此来定义中国古代制度，致使中国古代国家治理的许多实践不再具有历史与现实的合法性。[3]按照梁启超的说法，既然现代历史教育要成为“国民之明镜”，[4]要承担维系政治与文化认同的重任，那么在“专制”

---

[1] 钱穆：《八十忆双亲 师友杂忆》，北京：三联书店2005年版，第183页。

[2] 钱穆：《如何研究中国历史》，《中国历史研究法》，第159页。

[3] 关于“专制”这一话语在近代中国的传播，参见侯旭东：《中国古代专制的知识考古》，《近观中古史——侯旭东自选集》，上海：中西书局2015年版，第310—343页。

[4] 梁启超：《中国历史研究法（正补编·新史学合刊）》，台北：里仁书局1984年版，第47页。

话语笼罩之下，中国历史很大程度上只有负面意义，而乏正面价值。由此引申，既然中国历代的史籍大部分皆为关于政治思想与政治实践的记录，那么整个中国文化就被贴上了所谓“落后”“愚昧”“奴性”的标签，如此一来，怎能指望中国历史成为良性的、正面的民族主义话语的组成部分？因此，如何通过历史教育来培养国民的爱国情感，在实践层面就必须处理如何论述中国“历代政制的演变”，以及典章制度背后的学术思想与实践这套典章制度的人。一言以蔽之，在现代历史知识中，政治史知识实为重中之重。[1]可见，钱穆关于中国古代典章制度之政治与文化意义的思考，与章太炎在清末倡导的“历史民族”论有着许多相似之处。后来钱穆的《中国历代政治得失》一书，也可视为他对这一问题的系统论述。[2]

四、余论

在清末的民族主义思潮当中，章太炎的“历史民族”论颇具特色。固然，正如他自己所说，“自从甲午以后，略看东西各国的书籍，才有学理收拾进来”，[3]他在清末的许多论学论政之作，都可以看出不少近代西学与东学的痕迹，[4]但是如要形成具有原理性、思辨性的观点，那么必须与中国的历史与现实相结合，契合中国政治与社会发展的基本状

---

[1] 钱穆的这些观点，笔者已在别处详尽讨论过了。参见王锐：《现代中国需要怎样的历史教育——钱穆的历史教育论表微》，《北京大学教育评论》2019年第3期，第147—163页。因此，本文仅揭要点，而不再做具体展开。

[2] 关于这一点，参见王锐：《钱穆的“政治史学”——以〈中国历代政治得失〉为例》，洪涛主编：《汉代经学与政治：复旦政治哲学评论（第11辑）》，上海人民出版社2019年版。

[3] 章太炎：《在东京留学生欢迎会上之演讲》，章念驰编订：《章太炎演讲集》，第1页。

[4] 关于这一点，参见［日］小林武著，白雨田译：《章太炎与明治思潮》，上海：上海人民出版社2018年版。

况。这一点，在他的“历史民族”论中有较为明显的体现。这一观点强调历史的动态过程，强调制度、疆域、人的活动与融合，对于形成民族意识与民族记忆的重要性，而历史则是维系这种认同，并赋予其政治与文化内涵的最主要载体。他之所以在清末提倡历史之学，归根结底肇因于此。同时他的这些思考也贯穿于他在清末与立宪派的论争当中。章太炎此论，在民国学界虽少有回声，但柳诒徵与钱穆的史学思想，从论述框架来看，则与章氏颇为相似，此一脉络，实为理解现代中国史学发展与民族主义思潮变迁时不容忽视的线索。当然，必须认识到，章太炎的这些论说在清末的历史语境里，并不单纯是一种学理性的探讨，而且是为了进行革命宣传。这就意味着他在学理层面的论述必然难以严谨翔实、面面俱到，而是有这样或那样的疏漏。但今天需要重视的并不是其观点的周密性，而是提出了一种思考中国历史与现实问题的视角，阐述了一种汲取近代民族主义资源并使之内化为中国自身历史与政治论述的理路。

从今天的角度来看，章太炎的这些论说对于在当代建立自洽的、稳固的政治与文化认同颇有启示意义。作为民族主义思潮兴起之后现代史学研究的先驱，兰克认为：“政治与历史的基础是相同的。没有一种完整而精确的、治理国家的知识，就没有政治——而这种知识如果没有对过去时代所发生事情的了解，则是难以想象的——而历史研究的正是这样的知识，或者是试图理解这种知识。很清楚的是，政治与历史以这种方式紧密地相连。”[1]在这里，他揭示了一个颇为重要的观点，即历史研究的重点必须是政治史，包括一个共同体有无能力造就复杂且稳定的政治组织，形成能够让大多数人服膺的政治文化，以及在此组织中是否能出现具有政治担当能力的政治家，此乃“民族精神”的核心

[1]　[德]兰克著，易兰译：《历史、政治及哲学之间的关系》，《世界历史的秘密：关于历史艺术与历史科学的著作选》，上海：复旦大学出版社2012年版，第151页。

要素。后来亨廷顿所强调的“西方文明的本质是大宪章（Magna Carta）而不是‘大麦克’（Magna Mac）”也正是此意。[1]这就启示我们，在叙述中国的“历史故事”时，如何讲好中国古今的“政治故事”，关系到国家与民族认同的巩固。章太炎在清末就相关问题给出的答案未必都正确，肯定有着各种各样的时代局限性，但是他所揭示的核心问题与呈现出来的思考框架，却是我们今天构建具有中国特色的思想与学术话语时必须予以重视的。毕竟，章太炎在清末所期盼的目标——“推其本原，则曰以四百兆人为一族，而无问其氏姓世系。为察其操术，则曰人人自竞，尽尔股肱之力”，[2]在今天依然值得我们继续为之奋斗求索。

[1]　［美］亨廷顿著，周琪等译：《文明的冲突》，北京：新华出版社2017年版，第47页。
[2]　章太炎：《〈社会通诠〉商兑》，《章太炎全集》第8册，第348页。

风俗良莠与政治兴衰

——章太炎《思乡原》的思想史解析

1906年，章太炎出狱东渡日本，主持《民报》笔政。在此期间，他撰文讲学，对于中国的政治与历史、学术与文化有大量的思考。据弟子许寿裳回忆，章太炎分析古今政治，“注意于道德节义，和同志们互相切励；松柏后凋于岁寒，鸡鸣不已于风雨，如《革命道德论》《箴新党论》二篇，即系本此意而作”。[1]关于这一问题，章太炎曾呼吁革命者要有狂者气象：

> 独有兄弟欲承认我是疯癫，我是有神经病，而且听见说我疯癫，说我有神经病的话，倒反格外高兴。为甚么缘故呢？大凡非常古怪的议论，断不能想，就能想也不敢说。说了以后，遇着艰难困苦的时候，不是神经病人，断不能百折不回，孤行己意。所以古来有大学问成大事的，必得有神经病才能做到。[2]

章氏之意，在当时革命还处于困难曲折的形势下，只有“神经病”，方能不畏艰险，奋发有为。因此，“不怕有神经病，只怕富贵利禄当面现

[1] 许寿裳：《章炳麟》，转引自汤志钧编：《章太炎年谱长编》（增订本）上册，北京：中华书局2013年版，第130页。

[2] 章太炎：《在东京留学生欢迎会上之演讲》，章念驰编订：《章太炎演讲集》，上海：上海人民出版社2011年版，第2页。

前的时候，那神经病立刻好了”。[1]“神经病”之大忌，便是假装如此这般，实则心系富贵，其行近乎伪。

犹有进者，章太炎认为居今之世，若要从古典文化中寻找立身处世之法，那么“侠”道实为一份珍贵的遗产。后者“当乱世则辅民，当治世则辅法”，所以，“今之世，资于孔氏之言者寡也，资之莫若十五儒”。[2]侠是维护社会公平正义的重要力量。他的弟子黄侃在1908年也发表《释侠》一文，表彰侠客有庇护平民、除暴安良之功。[3]正因为这样，章太炎的政治道德论被赋予极强的“狂侠”色彩，加之弟子鲁迅在五四新文化运动期间发表《狂人日记》，显示出与章太炎清末言说的一定关联性，因此，章氏的这一特征长期以来为人所重视，成为分析他政治思想与精神特色的主要切入点。

但正如章太炎自己所强调的：“兄弟所说的神经病，并不是粗豪卤莽，乱打乱跳，要把那细针密缕的思想，装载在神经病里。”[4]萧公权认为章氏论政，除了“一腔热血”，复有“一片冰心”，其思想学说的复杂性不应轻易忽视。[5]就道德问题而言，章氏在1910年发表《思乡原》上下篇，力言在当时的历史情境下，“不得中行，宁置狂狷，思乡原”。[6]且不论“乡愿（原）”在儒学的话语里长期是一个负面的形象，这一观点还与他表彰不畏流俗、刚毅进取的侠道表面上颇不一致。因此，如何理解这篇文章，关乎如何认识章太炎在辛亥革命前夕对于中国古今政治

[1] 章太炎：《在东京留学生欢迎会上之演讲》，章念驰编订：《章太炎演讲集》，第2页。

[2] 章太炎：《訄书（重订本）·儒侠》，《章太炎全集》第3册，上海：上海人民出版社2018年版，第139页。按：此处所提及的“十五儒”，指的是《礼记·儒行》篇中对于儒者的描述。章太炎认为其形象“皆刚毅特立者”，近乎侠道。

[3] 黄侃：《释侠》，《黄季刚诗文集》下册，北京：中华书局2016年版，第659—662页。

[4] 章太炎：《在东京留学生欢迎会上之演讲》，章念驰编订：《章太炎演讲集》，第2页。

[5] 萧公权：《中国政治思想史》下册，台北：联经出版公司2011年版，第932页。

[6] 章太炎：《思乡原上》，《章太炎全集》第8册，第130页。

与学术的思考，以及他与当时各种政治力量的关系。本文即从历史语境出发，通过解析章氏思想，对这一问题略做探讨。[1]

一、乡愿、狂狷与诚伪之辨

“乡愿”在儒学史上常被揭出讨论，成为定义某一种有悖道德之人的重要概念。孔子说：“乡愿，德之贼也。”朱熹如是诠释此语：

> 乡愿，乡人之愿者也。盖其同流合污以媚于世，故在乡人之中，独以愿称。夫子以其似德非德，而反乱乎德，故以为德之贼而深恶之。[2]

所谓“似德非德”，因其迹近乎伪，所以一时间难以辨别。以紫乱朱，反而更有损儒家的德行。《孟子·尽心章句下》曰：

> 万子曰：“一乡皆称原人焉，无所往而不为原人，孔子以为德之贼，何哉？”
>
> 曰：“非之无所举也，刺之无刺也，同乎流俗，合乎污世，居之似忠信，行之似廉洁，众皆悦之，自以为是，而不可与入尧舜之道，故曰‘德之贼’也。”[3]

---

[1] 关于这一问题，林少阳认为章太炎的“乡愿”论具有现实政治意味，“这是他评价朱子学、阳明学的伦理、政治前提。也就是说，他从宋明以来的朱子学、阳明学上看出两者作为晚清儒家革命理论的可能性”。参见林少阳：《鼎革以文——清季革命与章太炎“复古”的新文化运动》，上海：上海人民出版社2018年版，第336页。这是笔者所见对此问题的最新研究。作者将章太炎的论述置于理学史的流变中考察，对于认识章氏言说的历史渊源而言，具有不小的启发性。

[2] 朱熹：《四书章句集注·论语集注》，北京：中华书局1983年版，第179页。

[3] 杨伯峻译注：《孟子译注》下册，北京：中华书局1984年版，第341页。

可见，孟子也认为乡愿之害，在于处处以“似”，在表面文章之下，行为举止十分虚伪，丧失道德准则，“同乎流俗，合乎污世”，以此讨好众人，让“众皆悦之”，这有悖于孟子所提倡的“大丈夫”之道，更极不符合儒家所倡导的“直道而行”（《论语·卫灵公》）。与之相反，孔子认为：“不得中行而与之，必也狂狷乎！狂者进取，狷者有所不为也。”何晏《论语集解》引包咸之言：

> 中行，行能得其中者。言不得中行，则欲得狂狷者。狂者进取于善道，狷者守节无为，欲得此二人者，以时多进退，取其恒一者也。[1]

狂狷固然不符合中道，但在举世滔滔，伪行遍地之际，狂狷者流能坚持原则，拒绝同流合污，其“恒一”之心难能可贵，与儒家的“士志于道”异曲同工，故而值得表彰。也正因为如此，狂狷在儒学史上多呈现为正面形象，甚至不少不得志于当世的士人，也多效仿狂狷之举，以示傲然独立。

章太炎深谙中国古典，自然对儒学话语里的狂狷与乡愿之辨了熟于胸。然在他看来，今世对于狂狷与乡愿需要作出更为细致的辨析：

> 狂狷者，有进取一概之操，虽阔略杪小哉，然不舍人伦之际，百姓当家之务，父子耘瓜，华冠缊饱，以自肆志。不求其名，故不崇伪；不歆其得，故不燿世。今即反是矣。不得中行，宁置狂狷，思乡原。古之狂狷者，自才性感慨至；自唐以降之狂狷者，自辞章夸诞至。辞章之于人也，教之矜伐，予之严饰，授之抵谋，致之朋党，野人持此以游市朝，朝士又以是延进野人也。更相塓墀，而忘其

[1] 程树德：《论语集释》第3册，北京：中华书局1990年版，第1201页。

> 才之朽，故有敢谏似直，荐贤似忠，搏击似勇，廉察似慧，平反似恕，周急似任，让爵似高，一节才著，其名播于歌咏。反纠察之，留污声色，黩货无厌，内不慈于亲戚，又奸同产，外则卖朋友，其为狂者，不以为誉，即以为权藉也。[1]

依他之见，上古时代的狂狷虽然行为不合于中道，但他们却具有一些基本的为人准则，在日常行为中遵循大多数人所奉行的伦理道德，即“不舍人伦之际”。而且其之所以狂狷，主要是不想与浊世合流，而非为了借此来博取声名，引人注意。相较于乡愿之“伪”，此乃本性流露之“真”。而唐以降的“狂狷”之人，乃通过“辞章夸诞”来赢得美名，并且其目的不是为了避世，而是为了获取更为有效的“入世”捷径。“朝士”与“野人”之间，彼此互相配合，共同采获利禄。在此情形下，狂狷之行反倒是在刻意作伪，心术不正，这些行为的背后，彰显出对进入权力体系的极度向往，以及对中国社会基本伦常准则的违背。

章太炎论学论政，常从历史渊源处入手，通过探讨具体问题在历史进程中的流变来论证自己的观点。他强调：“狂狷有伪，于今则宁予乡原矣”，[2]而从历史上看，“人之文学，多与其行相傅，执礼者质而有科条，行亦匡饬。礼过故矜，平之以玄，玄过故荡”。[3]过于遵循礼法，容易使人拘谨约束；而过于喜好玄谈，则会流于放荡恣肆。以此为切入点，章氏认为可以考察中国历代士风的变迁，进而洞察狂狷与乡愿在不同时期的具体形态，以及由此凸显的历代风俗之良莠。他指出，从战国后期的宋玉开始，直至西汉的司马相如、东汉的张衡，由于辞章歌赋兴盛，致使风俗已趋于“轻嫷”。但幸亏同时期有申公、师丹、杜林、郑众、卢植、郑玄这样恪守礼法的儒者存在，他们“多耿介，好非世主”，所以

---

[1] 章太炎：《思乡原上》，《章太炎全集》第8册，第130页。

[2] 章太炎：《思乡原上》，《章太炎全集》第8册，第130页。

[3] 章太炎：《思乡原上》，《章太炎全集》第8册，第131页。

社会风俗，特别是士风，还能得到维系。魏晋南朝，同样如此：一方面文学之士层出不穷，另一方面“承汉余烈，六艺未衰”，仍有不少深明礼教者，因此在玄谈风行一时之际，犹能“辞多而行不败”。[1]及至唐代，随着进士科的兴起，是否擅长诗文成为能否登科的关键，所以越来越黜实崇伪，“风纪陵迟”。这一状况在宋代有愈发明显的表现，彼时“言亦愈庄，辞亦愈不得其诚”。最后，明代王学流行，“王守仁变其节度，又益巧，足以取世资”，风俗日益窳坏。通过扼要梳理历代风俗变迁史，章太炎认为：“能得三数乡原，犹愈于狂狷之为疢也。”[2]

可以看到，如果说孔孟之所以批乡愿，赞狂狷，是因为相比于前者的刻意作伪，后者行为更突显“真”的本色，那么章太炎之“思乡原”，在出发点上与孔孟并无不同，都是反对伪言伪行，认为其对于社会风俗、政治治理具有极大的危害。只是在章太炎眼里，从历史与现实来看，狂狷作伪的概率更大，而且更容易博取声名，故为众人所好，进而形成某种华而不实、有损德行的氛围。而恪守谨言慎行，不悖日用伦常的乡愿，反而能体现出些许本真。其庸言庸行，虽缺少壮怀激烈，但亦能为人表率，让社会不脱离基本的伦理尺度。因此，虽然在具体结论上章太炎与主流儒学论述并不相同，但在思考问题的前提与标准方面，他仍旧是在儒学义理的范围之内展开的。

在重订本《訄书》里论述汉至晋学术变迁的《学变》一文中，章太炎认为：“东京之衰，刑赏无章也。儒不可任，而发愤者变之以法家。”而法家之教，“任贤考功，期于九列皆得其人，人有其第，官有其伍”。[3]在当时推崇法家循名责实之道的著作里，徐干的《中论》颇有代表性。他批评当时的虚伪之士“假先王之遗训以缘饰之，文同而实违，貌合而

[1] 章太炎：《思乡原上》，《章太炎全集》第8册，第131页。按：关于魏晋南朝的学术与士风，章太炎在《五朝学》一文里有更为详尽的叙述。

[2] 以上引文参见章太炎：《思乡原上》，《章太炎全集》第8册，第132页。

[3] 章太炎：《訄书（重订本）·学变》，《章太炎全集》第3册，第142、143页。

情远，自谓得圣人之真也”。是风一长，“父盗子名，兄窃弟誉，骨肉相诒，朋友相诈，此大乱之道也”。[1]正因为这样，他对于乡愿行径大加抨击：“乡愿亦无杀人之罪也，而仲尼恶之，何也？以其乱德也。今伪名之乱德者，岂徒乡愿之谓乎？”[2]对于世风的忧虑，特别是对于借虚文以饰伪行的不满，章太炎具有与徐干相似的感觉。[3]清末在东京，他时常与弟子钱玄同就各类政教问题进行探讨。1909年6月12日钱玄同在日记中写道：“今日与师讲修明礼教与放弃礼法问题。”[4]而关于章太炎就此问题的意见，辛亥革命之后，钱玄同目睹民初政局乱象，在日记中如是回忆：

> 至此始知章师之言真是确论。章师固言修明礼法与放弃礼法者皆是也。然修明礼法必如颜、戴，否则流于虚伪。放弃礼法必如嵇、阮，否则流于放僻邪伪矣。夫以嗣宗之狂，容甫之介，曾有荒淫女色、优伶，流连不反之事乎？余也抱作颜、李之心，而行同嵇、阮，固有为为之。自问礼法虽放弃，而未尝敢得罪名教也。[5]

可见，关于礼教问题，章太炎并非像同时期的趋新之辈那样决绝地反对，亦非如恪守旧章之人那样百般回护，而是十分在意奉行礼教或抛弃礼教之举是否发乎至诚，一旦流于虚伪，那么皆应谴责。章太炎之所以“思乡原”，同样也可在这样的思想脉络下来理解。

---

[1] 张舜徽：《中论注》，《旧学辑存》下册，武汉：华中师范大学出版社2008年版，第863、864页。

[2] 张舜徽：《中论注》，《旧学辑存》下册，第865页。

[3] 一个例证，章太炎对于东汉末期的风俗评价并不高，很可能就是因为基于现实感而形成的历史见解，特别是对东汉末期政论中所描述的情形深有戚戚焉。参见章太炎：《五朝学》，《章太炎全集》第8册，第66—68页。

[4] 杨天石主编：《钱玄同日记》（整理本）上册，北京：北京大学出版社2014年版，第165页。

[5] 杨天石主编：《钱玄同日记》（整理本）上册，第243页。

进一步而言，章太炎之所以如此考虑，实与他对现实政治形势的感观息息相关。早在1903年，他就对好友吴君遂说道，当时的知识界“汤盘孔鼎，既不足为今世用；西方新学，亦徒资窃钩发冢，知识愈开，则志行愈薄，怯葸愈甚。观夫留东学子，当其始往，岂无颖锐陵厉者，而学成以后则念念近于仕涂”。[1]其道德品行实在难以担当大任。而在经历“《苏报》案”之后，他开始不太信任一些表面上立志于革命的士人，对他们能否真正不畏艰险地投入革命运动当中表示怀疑。[2]在发表于1906年的《革命道德说》一文里，他颇为尖锐地指出：

> 通人者，所通多种，若朴学，若理学，若文学，若外学，亦时有兼二者。朴学之士多贪，理学之士多诈，文学之士多淫，至外学则并包而有之。所恃既坚，足以动人，亦各因其时尚，以取富贵。[3]

在清末，参加革命活动之人，除了会党与海外华侨，主要就是出身士绅家庭的青年士子，以及留学海外，特别是日本的学生。他们感受世界风潮，立言往往显得热血沸腾、慷慨激昂，甚至有空泛的狂热性。[4]称之为晚近新形态的狂狷亦不为过。但按照章太炎的这番描述，他们却在道德上多有缺陷，留学海外习“外学”者，更是集士人劣根性之大成，因此他们很容易被“富贵”所裹挟。职是之故，章太炎心中理想的革命参与者，是身处社会底层的农民、工人与小商人。他呼吁“平民革

---

[1] 章太炎：《与吴君遂书》，汤志钧编：《章太炎政论选集》上册，北京：中华书局1977年版，第225页。

[2] 特别是对吴稚晖。章太炎一直觉得他自己和邹容之所以身陷牢狱，与吴稚晖向清廷告密极有关系。

[3] 章太炎：《革命道德说》，《章太炎全集》第8册，第290页。

[4] 章开沅：《论1903年江浙知识界的新觉醒》，《辛亥前后史事论丛》，武汉：华中师范大学出版社1990年版，第184—187页。

命”，号召革命者不要沾染上流社会的种种恶习。[1]特别是惯于作伪的习性，前文提及他倡导的“疯子”之论，其要义也不外乎此。

此外，在政治言说方面，章太炎当时的主要任务之一就是回应、批判作为政治对手的立宪派之主张。在发表于1906年的《箴新党论》一文里，他声称：

> 综观十余年之人物，其著者或能文章矜气节，而下者或苟贱不廉与市侩为伍，所志不出交游声色之间。人心不同，固如其面，吾亦不敢同类而共非之，特其竞名死利则一也。[2]

章氏在戊戌变法期间曾和后来成为立宪派的士人关系密切，在一段时间内甚至还在张之洞的幕府中活动过。庚子事变之后，他毅然走上反清革命之路，但即便如此，他依然在梁启超主编的《新民丛报》上发表文章。所以他此刻对于立宪派的描述，固然有主观情感的因素，但也不能说纯属臆断，毫无根据。这里所谓的“文章矜气节”，如果单从儒学论述来看，其实也可算作“狂”的体现，但章太炎强调的恰恰在于，此类“狂”，其最终目的是“竞名死利”。

晚清以降，随着新学涌入，以及资本主义生产方式在中国大量出现，过去一些行之已久的道德原理与价值准则渐渐失去规范社会的效用。按照梁启超的说法，“今日中国之现状，实如驾一扁舟，初离海岸线，而放于中流，即俗语所谓两头不到岸之时也”。具体到社会风俗层面，“既厌三纲压抑虚文缛节之俗，而未能研究新道德以代之”。[3]对此章太炎则认为：“中国士民流转之性为多，而执著之性恒少，本无所谓顽

[1] 章太炎：《民报一周年纪念会上之言说》，章念驰编订：《章太炎演讲集》，第51页。
[2] 章太炎：《箴新党论》，《章太炎全集》第8册，第301页。
[3] 梁启超：《过渡时代论》，吴松等点校：《饮冰室文集点校》第2集，昆明：云南教育出版社2001年版，第711页。

固党者。特以边陬之地，期月之时，见闻不周，则不能无所拘滞，渐久渐通，彼顽固党又流转为新党。”[1]如果说古人之所以称赞狂狷是因为后者能持“恒一”之道，那么在章氏眼里，当时的国人所欠缺的正是坚持己见，不随流俗。具体到立宪派：

> 彼新党者，犹初习程墨者也，是非之不分，美恶之不辩，惟以新为荣名之归，故新党之对于旧党，犹新进士之对于旧进士，未有以相过也。原其用心，本以渴慕利禄之故，务求速化，一朝摈弃，率自附于屈原、韩愈之徒。[2]

在清末的政治论争中，除了具体政见，革命党与立宪派还时常就对方的道德问题进行批判。章太炎之所以于1906年发表《革命道德说》，一个很重要的直接原因就是回击梁启超对于革命者道德品质的质疑。[3]而随着1907年政闻社的建立，立宪运动在海内外蔚为风潮。相比之下，革命势力却显得难有进一步的突破，1909年7月至8月间，章太炎与孙中山、黄兴等人发生严重冲突，更是造成革命党内部大分裂。在此背景下，章太炎抨击立宪派的一个有效策略，或许就是从道德层面展开批判，强调参与其中者多为趋名好利的诈伪之徒，这样易于引起世人对立宪运动的恶感。因此，所谓新学、旧学，在章太炎眼里，无非就是彼辈借以“渴慕利禄”的工具。特别是在清末视讲求新学新政为时髦的喧嚣氛围里，更容易出现假盛名以哗众之士，似狂而实伪。如此一来，政治风气将会败坏，民德亦随之而衰。谨守人伦日用之道，安于

[1] 章太炎：《箴新党论》，《章太炎全集》第8册，第297页。

[2] 章太炎：《箴新党论》，《章太炎全集》第8册，第297页。

[3] 张勇：《“道德”与“革命”——〈新民丛报〉与〈民报〉时期梁任公与章太炎的“道德”交涉》，刘东主编：《中国学术（第33辑）》，北京：商务印书馆2013年版，第113—146页。

本分的“乡原”，反而显得难能可贵，可借之以“惩猖狂，检情貌”。[1]

二、乡愿与良政

对于清末的舆论场，章太炎在晚年曾回忆：“我在日本主《民报》笔政，梁启超主《新民丛报》笔政，双方为国体问题辩论得很激烈，很有色彩，后来《新民丛报》停版，我们也就搁笔。”[2]其实不止就“国体”问题，清末章太炎与梁启超之间的论争，涉及中国历史与现实的许多面向。[3]在梁启超看来，“苟有新民，何患无新制度，无新政府，无新国家？”[4]所以在《新民说》一书里，他极力鼓吹塑造符合时代需求的新国民道德。此书各章写作时间不一，1903年梁启超赴美游历，目睹美国资本主义的状况与华埠的面貌，开始反思先前那种对于旧道德的激烈否定态度，在书中的《论私德》一章里，极力挖掘中国古代道德理念中的遗产。在他看来，“东汉节义之盛，光武明章之功，虽十之三，而儒学之效，实十之七也”。此外，“晚明士气，冠绝前古者，王学之功，不在禹下也”。[5]他分析“中国历代民德升降”，认为东汉时期“尚气节，崇廉耻，风俗称最美”。明代“发扬尚名节，几比东汉”。而当下则是“浑浊达于极点，诸恶俱备”。[6]

对于当时社会道德的焦虑，章太炎与梁启超并无不同，表彰中国传统道德理念中的优良之处，这一点也是章氏十分认同的。但从他强调

[1] 章太炎：《思乡原上》，《章太炎全集》第8册，第132页。
[2] 章太炎：《国学十讲》，章念驰编订：《章太炎演讲集》，第138页。
[3] 关于章、梁之关系，参见王锐：《章太炎与梁启超》，《新旧之辨：章太炎学行论》，桂林：广西师范大学出版社2017年版，第161—191页。
[4] 梁启超：《新民说》，台北：文景书局2011年版，第2页。
[5] 梁启超：《新民说》，第167页。
[6] 梁启超：《新民说》，第171、172页。按：梁启超表彰东汉时期的民风，很大程度上是受到顾炎武论述的影响。参见顾炎武著，黄汝成集释：《日知录集释》中册，上海：上海古籍出版社2006年版，第752—753页。

辨析诚伪的角度出来，梁启超所称赞的那些时代其实颇值得商榷。特别是东汉末期的士人，《后汉书·党锢列传》称赞他们“匹夫抗愤，处士横议，遂乃激扬名声，互相题拂，品核公卿，裁量执政”，其行为颇有狂狷之风。但在《思乡原下》中，章太炎却指出：

> 后汉可慕，盖在《独行》《逸民》诸传，及夫雅俗孝廉之士而已，其党锢不足矜。然则孝弟通于神明，忠信行于蛮貊，居处齐难，坐起恭敬，道途不争险易之利，冬夏不争阴阳之和，见利不亏其义，见死不更其守，此后汉贤儒所立，著于乡里，本之师法教化者也。[1]

这里首先要认识章太炎为何强调东汉末期“党锢不足矜”。在与《思乡原》上下篇撰于同一时期的《五朝学》一文里，章太炎大量征引东晋葛洪《抱朴子》中《汉过》与《刺骄》两篇文章，以及汉末王符《潜夫论》中对于时代风气的描述，以此论证东汉末期党人末流的虚骄夸诞习气。[2]可见，他所在意的是一旦那种“激扬名声，互相题拂”的风气流行开来，对社会风气造成的不良后果是十分严重的，会出现许多借此来获取声名的伪言伪行。东汉末期真正值得表彰的是不求闻达、不务虚名、独居避世的《独行传》《逸民传》中记载的人物。“顺、冲以下，皇纲解纽，则死节之士作。然诸可称颂者，朝社小小，不过一端，犹以草野为众。”[3]而之所以有这样的人物出现，并非由于貌似慷慨激昂的狂狷之行，而是由于长期的“师法教化”，社会上形成一套稳固的、有效的伦理准则，它维系着基本的社会关系与社会道德。而这一点，正是章太炎眼中谨守伦范的“乡愿”所体现出来的特征。判断一个时代是否风

[1]　章太炎：《思乡原下》，《章太炎全集》第8册，第134页。
[2]　章太炎：《五朝学》，《章太炎全集》第8册，第66—67页。
[3]　章太炎：《思乡原下》，《章太炎全集》第8册，第134—135页。

俗淳美，应该以此作为主要标准，否则难免流于浅陋。

此外，梁启超认为明代尚气节，值得表彰。章太炎则指出：

晚明风烈，独有直臣，直臣可式，独有杨继盛，其余琐琐，皆党人矣。党人者，市朝之士，立行于朝，亦各政化文质所致。忿悁之心迎于前，圈属之议驱其尾，虽桀、跖则可以为烈士。[1]

章氏分析明代士风，区分“直臣”与“党人”两种不同的类型，前者独有在嘉靖年间弹劾权臣严嵩的杨继盛可当之，而被后世称道的晚明士人，则被归为“党人”，他们很大程度上是由于具有“忿悁之心”才广为人所知，而非体现深厚的儒学教化之熏染，因此并不值得被表彰传颂。[2]

章太炎之所以要辨析这些史事，一个更为主要的原因是为了论证何谓良好的政治秩序、政治风气。他以明代为例，分析当时为何会有许多“党人”出现：

夫含血之性，生而自矜，亟遭挫辱，则壮厉之心生。一加诸膝，一坠诸渊，而不平故弥甚。明太祖始尊儒行，又往往暴谴责之。后嗣勋伐，既不如祖宗，其善谴责犹如故。且诸生在乡曲，则姿之跛扈以长其骜；比邻为辅，则呼之先生以尊其礼。一失上意，大谴大呵，谚然出刑书外。以无功之主，遇不平之臣，不为戎首则幸矣！忿不上渫，故假儒言以责难，终以诟厉。主复冯怒，愈催其臣，侇幸中涓，又假借焉。鼻德参会，旋湍宕复，欲不以死怼上，不能也。诸党人者，其始藉众以要君，亢权贵，盟约既成，劫之以势，隐之以陒，怚之以选举，鳍之以箠击，叱咤使其朋，所以要利者，非危言犯上无

[1] 章太炎：《思乡原下》，《章太炎全集》第8册，第134页。

[2] 及至晚年，章太炎复撰文专门分析东林党人对于朝政的破坏，参见章太炎：《论东林误国事》，《章太炎全集》第9册，第119页。

由，虽少偄者，不得独弛焉。[1]

关于一般意义上的人性，章太炎认为“民者生而性恶”，[2]除了“好真、好善、好美而外，复有一好胜心”。[3]而明代的政治风气，一方面君主权力过分集中，并在尊崇程朱理学为官学的名义下，以理学的教条规范来监督、防范、苛责臣子；另一方面儒生在地方上享有特权，养成跋扈恣肆的习气。这两方面因素一旦发生冲突，就表现为君主言辞愈发严厉，臣子行为愈发激越，两相激荡，使臣子必须经常表现出亢奋、激昂的不平之气，以此彰显自己的所谓“气节”，将“危言犯上”变成一种带有表演性质的常态，众多的“党人”也于是焉生。在章太炎看来，这样或许能为史籍增华彩，成为被后人瞩目的事迹，但这样的政治却有名无实，远远达不到良政的标准。

基于此，章太炎指出：

> 夫建国宰世者，期于百姓得职，不期于孳殖忠臣。忠臣者，自国家混乱招之。诚令刑赏已诺，仿乎版法，官人守要，君不身践，献言者虽不用，终不得罪，不得罪而直谏，与对策等矣。若君擅其威，臣殉其忿，苟以相复，犹狗豨之门也。虽宁位之下，攘袂而危言，请室之间，纍纍而臾死，只以刻华表，醮国殇，为檠人祠官羸其既禀耳，亦何益于烝民乎？若夫礼义之度，授受之际，日用于民，其亟于朝事远矣。[4]

《老子》曰：“六亲不和，有孝慈；国家昏乱，有忠臣。”章氏对老学

[1] 章太炎：《思乡原下》，《章太炎全集》第8册，第135页。
[2] 章太炎：《〈中国秘密社会史〉叙言》，《章太炎全集》第10册，第358页。
[3] 章太炎：《俱分进化论》，《章太炎全集》第8册，第408页。
[4] 章太炎：《思乡原下》，《章太炎全集》第8册，第136页。

颇为青睐。[1]在这里他对于何谓良政的定义，很大程度上与老子的这段话吻合。在他看来，“臣殉其忿”的前提常是“君擅其威”，这样其实已经表明整个政治环境趋于恶化，因此并不值得过分推崇。犹有进者，所谓好的政治，应该是社会稳定，政治系统运作正常，能保证“百姓得职”。在制度建设良好的情形下，日常政治行为就会渐入轨道，刑赏之间有法可循，官吏作为合乎规范，这样也就不需要大量以狂者面目出现、激愤放言的“忠臣”了。由此可见，在清末的舆论环境里，章太炎固然有倡导儒侠之风、激励民德的一面，但对于中国古今政治的思考，他更多时候是从如何建立一个稳定的政治架构与符合大多数民众心理的政治道德出发，并认为这才是让中国长治久安之道，这其实也是他比同时代的革命党人在学理上更为成熟的地方。

犹有进者，从思想源流上看，章太炎对于乡愿的分析，虽然未曾脱离儒学话语的范畴，但由此引申而出的政治思考，实则带有比较明显的法家色彩。他认为：“法家者流，则犹西方所谓政治家也，非胶于刑律而已。”[2]在政治风格上，“夫法家者，辅万物之自然而不敢为，与行己者绝异”。[3]按照章氏所诠释的法家要义，思考政治必须要从如何建立能够行之久远的政治规范入手，政治举措要符合大多数民众的基本利益，政治风气不应违背社会的基本道德原则。因此，所谓良政，其主要特征为各个部门之间能够有条不紊地运作，有助于社会安定，而非因政治紊乱致使时常涌现出激越慷慨的“党人”。“盖行商君之法，怯夫可以为贲、育；随明太祖之化，虽下士能为比干、泄冶。”[4]总之，章太炎所构想的政治秩序，是应能够体现“常道”而非“诡道”或“邪道”。

[1]　王锐：《辛亥革命前后章太炎对道法政论之阐释》，《华中师范大学学报（人文社会科学版）》2018年第1期，第133—136页。

[2]　章太炎：《訄书（重订本）·商鞅》，《章太炎全集》第3册，第263页。

[3]　章太炎：《释戴》，《章太炎全集》第8册，第121页。

[4]　章太炎：《思乡原下》，《章太炎全集》第8册，第135页。

三、程朱理学与乡愿

在《思乡原》上下篇中，章太炎涉及的另一个重要问题，就是如何看待程朱理学。清代继承明代的科举制度，尊奉程朱之学为官学，最高统治者如康熙任用了一批“理学名臣”，以示右文之治。随着近代国势衰微，理学也成为不断被质疑的众矢之的，不少士人认为正是理学话语和伦范的巨大约束，导致中国社会丧失活力，民气衰弱，忽视实学，不谙时务。因此，近代域外新学在中国的传播，很大程度上伴随着对于理学的严厉抨击。在晚清知识界负有盛名的宋恕就指出：“洛闽讲学，阳儒阴法：谈经则力攻故训；修史则大谬麟笔；诬贞诗为邪淫，丑诋夏《序》；恶《礼运》之圣论，敢摈游《传》；自谓接孟，实孟之贼！”理学“流毒”所披，“贪禄位而毁高隐，畏刑戮而毁孤直，惮读书而毁通人，短用武而毁良将”。造成“虚矫益甚，诈伪益多，廉耻全亡，恻隐尽绝”的不良风气。[1]高旭在叙述中国历代学术沿革时亦言：“二程、朱子，其立说多主重实践，不重空谈，固为颠扑不破之论。要之其主静主敬，使人形如槁木，心如死灰，而人类活泼泼地之真精神，几使历百年而尽行消灭。”[2]在《新民说》中，梁启超认为当时中国人私德败坏，很大程度上“由于学术匡救之无力也”。在这一点上，清代理学堪称祸首：

> 李光地、汤斌，乃以朱学闻。以李之忘亲背交、职为奸谀；汤之柔媚取容、欺罔流俗，而以为一代开国之大儒，配享素王，末流所鼓铸，岂待问矣！后此则陆陇其、陆世仪、张履祥、方苞、徐乾学辈，

[1] 宋恕：《六字课斋卑议（印本）·贤隐篇》，胡珠生编：《宋恕集》上册，北京：中华书局1993年版，第128页。

[2] 高旭：《学术沿革之概论》，桑兵等编：《国学的历史》，北京：国家图书馆出版社2010年版，第66页。

以媕婀夸毗之学术，文致其奸。其人格殆犹在元许衡、吴澄之下。所谓《国朝宋学渊源记》者，殆尽于是矣。[1]

从学术本身来看，章太炎也认为“清世理学之言，竭而无余华”，并无多少创新之处。[2]不过在分析乡愿的社会角色时，章太炎认为宋代理学自有其意义在。他指出：

乡原者，多持常训之士，高者即师洛、闽。洛、闽之学，明以来稍敝蠹，及清，为佞人假借，世益视之轻。然刁苞、应扐谦、张履祥辈，修之田舍，其德无点。至今草野有习是者，虽陋，犹少虚诈。大抵成气类则伪，独行则贞，此廪廪庶几践迹君子矣！虽有矫情，未如饰狂狷者甚也。属之以事体，而无食言，寄之以财贿，幸而无失，期会无妄出入，虽碌碌无奇节，亦以周用。[3]

在这里，章太炎把乡愿与理学结合在一起，认为后者所主张的日常伦理规范很大程度上形塑着前者的行事风格。理学作为官学自然有不少弊端，并且易于被伪儒所假借，但理学的洒扫应对之道却并非一无是处。相较狂狷的夸饰，体现程朱理学色彩的乡愿反而能够慎独其身，不越绳尺，践行社会基本道德，维持日常秩序。而这一点，某种程度上也正是处于时代思潮激荡、社会戾气横行的中国所最为需要的。因此他声称：“是故辅存程朱者，将以孳乳乡原，上希庸德，令邑有敦诲之贤，野有不二之老，则人道不夷于鹑鹊，利泽及乎百世，非欲苟得狂狷，为史书增华也。”[4]

[1] 梁启超：《新民说》，第168页。
[2] 章太炎：《訄书（重订本）·清儒》，《章太炎全集》第3册，第154页。
[3] 章太炎：《思乡原上》，《章太炎全集》第8册，第130—131页。
[4] 章太炎：《思乡原下》，《章太炎全集》第8册，第136页。

进一步而言，章太炎强调，从历史上看，程朱理学对于政治社会风俗的作用也不应被忽视：

> 洛、闽所以拙者，以其生长于长吏闻人之间，不更稼穑，不知人情隐曲，故节行不及中庸，徒谨敕寡过，事君以诚，上希萧何，下乃拟万石君。若夫管宁、胡昭、翟汤、朱冲者，无一民尺土之藉，政不逮下，而奸佻数万化之，明非程颐、杨时、李侗、朱熹之所至也。然其玄德高行，间世拔生，常人莫能从其步骤，相与驶骇，故犹赖洛、闽以承其乏。程、杨、李、朱者，可谓乡原之秀，中行则未也。[1]

清末革命党的革命纲领中，有“平均地权”一项，旨在保障平民权益。作为革命党的机关报，《民报》上也刊登了不少介绍社会主义思潮，剖析中国社会矛盾的文章。章太炎亦强调莅民理政，要务之一便是“均配土田，使耕者不得为佃奴”，以此达到“豪民庶几日微，而编户齐人得以平等”的效果。[2]秉此原则，他遂认为宗尚程朱理学者“不更稼穑，不知人情隐曲”，处于“长吏闻人”的地位，难以体会民生多艰，因此称不上“中道”。在这一点上，其实体现了章氏对于帝制时期士绅支配局面的否定。[3]但理学强调修身，使得彼辈养成了“谨敕寡过”的习惯，这对于维系政治稳定具有一定的益处。而且这些道德准则能够在大多数人中间传播，不像“玄德高行”之士那样使人难以效仿，因此其历史意义值得肯定。

值得一提的是，晚清之际，无论是立宪派还是革命党，在社会道德

[1] 章太炎：《思乡原上》，《章太炎全集》第8册，第132页。

[2] 章太炎：《五无论》，《章太炎全集》第8册，第454页。

[3] 关于这一点，参见王锐：《莅民理政之要——〈五朝法律索隐〉的政治思想史解读》，《杭州师范大学学报（社会科学版）》2019年第1期，第53—56页。

上都主张应有所变更。特别是随着伦理学这门学科在中国的流传，不少人皆认为应该汲取近代西方的道德要目，在中国进行普及宣传。一些翻译或改写自日本的伦理、修身教科书也渐渐被有心追求新知者所关注。例如当时与章太炎论学极为契合的刘师培，就编撰了一本《伦理学教科书》，一方面对中国传统道德规范进行批判性的分析，一方面介绍近代资本主义体制下一些新的行为伦范。而对于这一问题，章太炎却有自己的见解：

> 陆子静所说的："东海有圣人焉，此心同，此理同也。西海有圣人焉，此心同，此理同也。"都是凭空妄想的话。实在各国道德不同，既做了中国人，承中国的习惯，自然该守中国的道德。若说中国所守，只是古道德，不是新道德，现在世不相宜，那倒不然。中国的道德说，从三代两汉到现在，总是渐渐变来，并不纯和古代一样。就偶然还有不惬意处，也只该由自己想法子改正，不必照别国的法子改正。别国的道德纵然好，也只好照庄子说的："水不可用车，陆不可用舟。"更何况有许多可笑可鄙的么。[1]

很明显，章太炎固然认为中国的道德准则需要不断改进，但改进的前提应是在中国自身的历史文化脉络中来进行。之所以如此，更是因为在章氏看来，中国古代的道德原理并非一成不变，而是随着时代不同而前后有异，如果按照简单的中西之别，自然会认为中国传统道德是一个固定的、不变的、陈旧的"他者"，但思考中国的文教问题，却不应采取这样的视角，而是应当将晚近的变局置于中国历史的长时段进程中来审视。正因为具有这样的分析意识，章太炎才会去思考自宋代以来

[1]　章太炎：《经的大意》，章念驰编订：《章太炎演讲集》，第74—75页。

影响中国社会至深的程朱理学对于维系社会日常道德的重要意义，以及为什么遵守日常道德的乡愿，较之颇成气类的狂狷，更有助于塑造能行之久远、符合芸芸众生对生活的期待之“常道”。

值得一提的是，章太炎认为程朱理学虽有益处，但也只能与乡愿比肩。之所以这样认为，是因为在他看来道德修养不能仅靠诵读经籍来培育。他指出：

> 立德自情不自慧。不自慧，故虽智如挈瓶，辩如炙毂，无补益；自情，故忻望怨慕之用多。好德之慧，乃比于士女衽席之私，爱而不见，犹乡往之……古之化民者，兴则在《诗》，立则在《礼》，成则在《乐》。《礼》以检式其身，《诗》乃可慕，《乐》或无文辞，徒有声音，此宁有性命之议，仁义之辩哉？知立德依于情，不依于慧，是故其教不肃而成也。[1]

1908年起，章太炎开始给在东京的中国留学生讲学。据朱希祖记载，是年3月22日，“太炎讲人之根性恶，以其具好胜心，二物不能同在一处，即排斥性也，而断定文明之人愈恶，愈野蛮其性恶愈减”。[2]在与《思乡原》上下篇著于同一时期的《国故论衡》之《辨性》篇中，他也在反复申说此意。[3]按照这样的逻辑，诵读经籍可使知识日增，自然也愈趋于“文明”，那么“恶”的根性也就体现得越明显。所谓“立德依于情”，却与知识水准的高下并无直接联系。至于如何培育情感，进而增进道德，这自然不是强调戒慎恐惧的程朱理学所能胜任的了。因此他坚信“六籍之化人，犹滑稽之称说”。[4]在这一点上，章太炎体现出不同

[1]　章太炎：《思乡原下》，《章太炎全集》第8册，第137页。
[2]　汤志钧编：《章太炎年谱长编》（增订本）上册，第168—169页。
[3]　章太炎：《国故论衡·辨性下》，上海：上海古籍出版社2011年版，第141—147页。
[4]　章太炎：《思乡原下》，《章太炎全集》第8册，第138页。

于传统儒学义理之处。[1]

四、结语

钱穆尝言："太炎早岁奔走革命，故论史亦每与世事相发，而论政俗尤深切。"[2]章太炎一反历代儒学常态，嫉狂狷，思乡愿，体现出他对于中国古今政治与社会的深入思考，以及对晚清政治形势的冷静审视。在他看来，当时政治社会所面临的一个主要任务就是要分辨诚伪。宗尚新学、激越昂扬虽然符合时代潮流，但其中有多少是发乎至诚，有多少是迎合时势，需要进行仔细辨析，否则社会风气将会被败坏。相较之下，恪守基本道德规范、不求闻达的乡愿，在这样的氛围里实难能可贵，因此反而显得更为真诚。章太炎并非认为乡愿为道德境界最高者，而是强调在一个喧嚣的时代里，需要这样的人存在，让社会保持基本常态，日用伦常得以维系。进一步而言，这也是政情稳定、制度得以有效运作的良政之基础。而欲收此效，强调修身慎独、力倡束身寡过的程朱理学实有可资汲取之处。可见，章太炎固然在清末倡导儒侠之道，表彰"疯子"性格，但在规划中国未来政治社会秩序方面，他其实更着眼于建立能够保证长治久安、符合芸芸众生心理期待的"常道"。在这一点上，传统与革命的辩证关系体现得尤为明显。而从中国近现代史上来看，20世纪中国革命必须面对的主要问题之一就是如何让革命理想在中国社会真正扎根，这涉及全面理解"变"与"常"的关系。20世纪50年代，毛泽东在组织阅读讨论苏联《政治经济学教科书》时谈道："保守和进步，稳定和变革，都是对立统一，这也是两重性。生物的代代相传，就有而且必须有保守和进步的两重性。"因为"如果只有进步的一面，

[1]　关于这一问题，需要另辟专文进行分析。

[2]　钱穆：《余杭章氏学别记》，《中国学术思想史论丛（八）》，合肥：安徽教育出版社2004年版，第336页。

只有变革的一面，那就没有一定相对稳定形态的具体的生物和植物，下一代就和上一代完全不同，稻子就不成其为稻子，人就不成其为人了。保守的一面，也有积极作用，可以使不断变革中的生物、动物，在一定时期内相对固定起来，或者说相对地稳定起来”。[1]这段话十分扼要地阐明了“保守”与“进步”各自的作用与彼此间的联系，这也是马克思主义中国化之所以能促使中国革命成功的重要原因。由此可见，章太炎与毛泽东，他们根植于中国大地思考中国问题，其中所共同具有的思想特征，在今天值得仔细挖掘、体会，以此加深对于现代中国变革的认识。

[1] 中华人民共和国国史学会编：《毛泽东读社会主义政治经济学批注和谈话》(简本)，北京：中华人民共和国国史学会2001年版，第66页。

章太炎对民初政局的批评及其内在困境

1911年武昌起义爆发后不久，1906年以来一直在日本东京从事革命与讲学的章太炎乘船回国，参加新政权的建设。对此革命党的喉舌之一《民立报》发表社论："章太炎，中国近代之大文豪，而亦革命家之巨子也。正气不灭，发为国光，文字成功日，全球革命潮，呜呼盛矣。一国之亡，不亡于爱国男儿，文人学士之心，以发挥大义，存系统于书简，则其国必有光复之一日，故英雄可间世而有，文豪不可间世而无，留残碑于荒野，存正朔于空山，祖国得有今日，文豪之力也。今章太炎已回国返沪矣，记者谨述数语以表欢迎之忱，惟望我同胞奉之为新中国之卢骚。"[1]虽然辛亥前夕的章太炎论学论政不喜比附西洋，此处称他为中国之卢梭不知是否符合其本意，但由此可见时人对章氏归国满怀期待。

但十余年后，在章门弟子鲁迅的记忆里，乃师在民初的一系列言行却饱受争议，被人以"疯子"视之："民国元年章太炎先生在北京，好发议论，而且毫无顾忌地褒贬。常常被贬的一群人于是给他起了一个绰号，曰'章疯子'。其人既是疯子，议论当然是疯话，没有价值的了，但每有言论，也仍然在他们的报章上登出来，不过题目特别，道：《章疯子大发其疯》。有一回，他可是骂到他们的反对党头上去了。那怎么办呢？第二天报上登出来的时候，那题目是：《章疯子居然不疯》。"[2]从表

---

[1] 《欢迎鼓吹革命之文豪》，转引自汤志钧编：《章太炎年谱长编》上册，北京，中华书局1979年版，第361页。

[2] 鲁迅：《补白》，《鲁迅著译编年全集》第6卷，北京：人民出版社2009年版，第281—282页。

面看，章太炎在当时的许多举动确属反常：作为鼓吹革命的重要人物，却公开反对孙中山与黄兴，一度对袁世凯颇为期待；在引进西方民主政治的呼声尘嚣直上之际，却公开质疑民初政治体制与《中华民国临时约法》是否具备合法性；在革命党与前清官吏之间，章太炎频繁质疑前者，主张应任用后者担任新政府官吏。民初的中国面临十分严峻的政治整合问题，即如何从传统的王朝成功过渡为近代的民族国家，如何在制度建设上维系政治与社会的基本稳定，如何将分化的社会利益与社会力量纳入行政运作之中。[1]作为对中国未来政治发展有着系统深入思考之人，章太炎的这些言行当然不能简单归于个性使然，而是应置诸民初的历史场景当中，从章氏自身思想脉络出发，分析其相关言说的具体意涵，呈现他如何思考与评析所面对的时代问题。这不但有助于更为详尽地理解章太炎的政治思想与政治实践，也可通过他的视角，来审视民初政治的面貌与特征。[2]

一、担忧新政权能否巩固国权

庚子年间，章太炎毅然走向革命之路，其最主要原因便是在他看来，“满洲弗逐，欲士之爱国，民之敌忾，不可得也。浸微浸削，亦终为欧

[1] 关于清末民初的政治整合问题，参见汪晖：《革命、妥协与连续性的创制（下篇）》，《社会观察》2011年第12期，第14—16页。

[2] 关于章太炎在民初的活动与言行的梳理，参见姜义华：《章太炎思想研究》，北京：中国人民大学出版社2009年版，第365—426页。张玉法爬梳了章太炎在民初的人际网络，对理解章氏言行也极有助益。参见张玉法：《民国初年章炳麟的人际关系（1912—1916）》，《近代变局中的历史人物》，北京：九州出版社2013年版，第70—89页。在思想分析方面，杨天宏就章太炎的“革命军起，革命党消”之论展开探讨，借章氏之言审视以孙中山为首的革命党人为何未能开启宪政之局。参见杨天宏：《政党建制与民初政制走向——从“革命军起，革命党消”口号的提出论起》，《近代史研究》2007年第2期，第18—39页。特别需要说明的是，本文旨在探讨章太炎批评与反思民初政局的内在思路，而非对章氏在当时所提议的每一项政见进行评析。

美之陪隶已矣”。[1]反清的最终目的是建立新政权，抵抗帝国主义列强对中国的侵吞，保障国家领土与权益的完整。[2]而他心中的革命场景就是“人人自竞，尽尔股肱之力，以与同族相维系”，使得“民知国族，其亦夫有奋心，谛观益习，以趋一致”。[3]通过共赴革命，让各地民众形成统一的政治认同。因此与之相似，在中华民国成立之后，章太炎所最为焦虑的，还是如何在中国目前国力孱弱的情形下，能够有效维护国家的统一，避免东西列强趁火打劫。1911年11月，章氏与程德全发起成立“中华民国联合会”，其主旨即为联络各方，共谋统一、巩固新政权之道：

> 当困居专制政体之下，其功在于破坏；而在今日已脱离旧政府之羁绊，所重尤在建设。虽起义之初，事变仓卒，但能各自为计，粗维秩序，省、府、州、县不尽联合，势固其所。一旦大局粗定，即不可不速谋建设统一之机关。倘或划分界限，各竞权利，纷扰错杂，无有纪极，不独内政、外交无统一之办法，势必分崩离析，一变而为东周、晋、唐之末造，重酿割据之乱，致招瓜分之惨，此后危险将有不可胜言者。[4]

在章太炎看来，在此情形下，政府的施政方针也应以“国土之保全为重，民权之发达为轻”。[5]他参与成立统一党，也强调“伸张国权为吾

[1] 章太炎：《訄书（重订本）·客帝匡谬》，《章太炎全集》第3册，上海：上海人民出版社2014年版，第120页。

[2] 汪荣祖：《章太炎排满缘起》，《章太炎散论》，北京：中华书局2008年版，第47页。

[3] 章太炎：《〈社会通诠〉商兑》，《章太炎全集》第4册，第348、349页。

[4] 章太炎：《中华民国联合会启事》，《章太炎全集·太炎文录补编》上册，上海：上海人民出版社2017年版，第374页。

[5] 章太炎：《与黎元洪（1912年）》，马勇编：《章太炎书信集》，石家庄：河北人民出版社2003年版，第383页。

党唯一之政见”。[1]当然，同一时期像康有为、梁启超等人，也都基于相似的理由，主张“主权在国论”，希望借此维系新政权的完整性。[2]

在民初的政治局面下，章太炎认为应采取哪些措施来巩固国权？晚清以降的中国政治一个明显的趋势，便是追求源于近代西方的各种政治体制与政治文化，俨然中国存亡与否，立壁千仞，只争一线。清季展开立宪运动时，被派往出使德国考察立宪的于式枚观察到：“当光绪初年，故侍郎郭嵩焘尝言西法，人所骇怪，知为中国所固有，则无可惊疑。今则不然，告以尧、舜、禹、汤、文、武、周、孔之道，汉、唐、宋、明贤君哲相之治，则皆以为不足法，或竟不知有其人。近日南中刊布立宪颂词，至有四千年史扫空之语，惟告以英、德、法、美之制度，拿破仑、华盛顿所创造，卢梭、边沁、孟德斯鸠之论说，而日本所模仿，伊藤、青木诸人访求而得者也，则心悦诚服，以为当行，前后二十余年，风气之殊如此。”[3]在民国建立之后，效仿西洋诸国的政治组织形式、以后者的法律为蓝本来从事立法、根据“文明”之风尚并以法律形式改革中国旧俗，更是成为大多数人讨论政治问题时不证自明的前提。

反观章太炎。自从1906年东渡日本主持《民报》笔政以来，章太炎分析中国政治问题基本从以下两点出发：首先，他认为中国具有悠久的历史，且这种历史的积淀绝非抽象意义上的“文化”与“道德”，而是在社会演进过程中形成一套组织、治理政治与社会形态的制度模式，在这样的制度模式基础上，才形成具有中国自身特色的行为规范与道德标准。因此思考中国未来的政治建设，必须对中国过去的制度流变有清晰认知，总结其中内在的运作逻辑，而非视之为可以轻易丢弃或

[1] 章太炎：《在统一党南通县分部成立大会上之演说》，章念驰编订：《章太炎演讲集》，上海：上海人民出版社2011年版，第118页。

[2] 关于康有为、梁启超等人倡导的“主权在国论”及其理论意涵，参见章永乐：《万国竞争（1911—1917）》，北京：北京大学出版社2016年版，第99—128页。

[3] 《出使德国考察宪政大臣于式枚奏立宪不可躁进不必预定年限折》，故宫博物院明清档案部编：《清末筹备立宪档案史料》上册，北京：中华书局1979年版，第306页。

不屑一顾的包袱，这样才能使新的制度得以保持基本稳定，让相关政策得以有效执行。[1]其次，章氏非常强调在分析中国的政治与社会问题时，应充分注意到中国广土众民且各地经济发展不平衡的特点。在此基础上，许多看似符合“时代潮流”的制度设计，往往只是体现了某一地域中某一特定阶层的利益，并不能保证所有地域民众皆可从中获益。例如以纳税数额来决定是否有选举权，那么在东西部经济差距极大的情形下，很可能导致“选权凑集于江浙，而西北诸省或空国而无选权也”。[2]如此这般，致使各地政治参与感落差极大，反倒不能保证国权之稳定。[3]当然，这并不表示章太炎一味率由旧章，拒绝革新。只是他坚持在推翻帝制及其政治符号之后，如何在充满复杂性的现状之下建设新的制度，确保新政权在列强环伺之局面下得以立足，这项工作绝非简单效仿、移植域外理论或制度就能完成。这两点是他思考新政权建设问题时的思想基础。[4]

正是在这样的考虑下，关于对新政权的施政原则，章太炎便有自己

[1] 在1906年甫至日本的演讲中，章太炎就强调：“我们中国政治，总是君权专制，本没有什么可贵，但是官制为甚么要这样建置？州郡为甚么要这样分划？军队为甚么要这样编制？赋税为甚么要这样征调？都有一定的理由，不好将专制政府所行的事，一概抹杀。就是将来建设政府，那项须要改良？那项须要复古？必得胸有成竹，才可见诸施行。”参见章太炎：《在东京留学生欢迎会上之演讲》，章念驰编订：《章太炎演讲集》，第7页。

[2] 章太炎：《代议然否论》，《章太炎全集》，第4册第314页。关于章太炎对代议制的批评，笔者另有专文详论，参见王锐：《历史国情与制度设计——章太炎〈代议然否论〉再解读》，《华东师范大学学报（哲学社会科学版）》2018年第2期。

[3] 因此在获取知识方面，章太炎认为：“吾尝以为洞通欧语，不如求禹域之殊言；经行大地，不如省九州之风土；搜求外史，不如考迁、固之遗文。求之学术，所涉既广，必摦落无所就，孰若迫在区中，为能得其纤悉。”此即着眼于能否真正全面地了解中国政治与社会现状。参见章太炎：《印度人之论国粹》，《章太炎全集》第4册，第384页。

[4] 也正因为这样，他在民初并未对时人所热议的集权制与联邦制问题发表专门的言论。或许他在这一时期认为，这个问题很大程度上也是基于时人对近代西方政治思潮的不同理解，并非一个针对中国实际而生的问题。当然，到了20世纪20年代，在联省自治运动中，他极力宣扬联邦制。那时他主要是不满北洋政权颟顸卖国，担心若将所有权力集中于中央，就给予了后者更多出卖国家利益的机会，因此主张分权于地方。

的一番理解。在《大共和日报》的“发刊辞”中，他建议：

> 民主立宪、君主立宪、君主专制，此为政体高下之分，而非政事美恶之别。专制非无良规，共和非无秕政。我中华国民所望于共和者，在元首不世及，人民无贵贱，然后陈大汉之岂弟，荡亡清之毒蜇，因地制宜，不尚虚美，非欲尽效法兰西、美利加之治也。[1]

从中可知，在章氏看来，新政权的政治合法性除了革命党一直以来强调的推翻“异族”统治之外，主要是建立在“元首不世及”与“人民无贵贱”二者之上，前者体现对帝制的扬弃，后者则体现民众地位因新政权而改变，过去由于职业身份、政治特权与民族差异而生成的不平等将不复存在。他希望新政权应“因地制宜，不尚虚美”，聚焦于“政事”之美恶，而非抽象地追寻“政体”之高下。章太炎回溯历史，认为一种政治制度起源于特定的历史环境之下。君主立宪肇始于英国，然后其他国家起而效仿，但已“形式虽同，中坚自异”，近代的民主政体为美国、法国所首创，中国虽然师法其基本形式，废除帝制，但在具体建制方面，“当继起为第三种，宁能一意刻画，施不可行之术于域中”。[2]因此他声称：“政治、法律，皆依习惯而成，是以圣人辅万物之自然而不敢为，其要在去甚、去奢、去泰。若横取他国已行之法，强施此土，斯非大愚不灵者弗为。”[3]总之，必须从中国自身的现状出发思考政权建设问题，这是做到“巩固国权”的重要前提。

进一步而言，依章太炎之见，欲收“巩固国权”之效，在具体政策的制定与实施方面更应立足于充分了解中国的现状，然后在此基础上进行政治治理。在发表于1912年1月的《先综核后统一论》一文里，章太

[1]　章太炎：《〈大共和日报〉发刊辞》，《章太炎全集·太炎文录补编》上册，第396页。
[2]　章太炎：《〈大共和日报〉发刊辞》，《章太炎全集·太炎文录补编》上册，第397页。
[3]　章太炎：《〈大共和日报〉发刊辞》，《章太炎全集·太炎文录补编》上册，第396页。

炎指出新政权是建立在武昌起义之后，各省通电宣告独立，然后再推举代表商议建国事项之上的，所以统一的基础其实并不稳固。他警告新政府：

> 以电报统一易能也，惟实际统一为难。不先检方域之殊，习惯之异，而豫拟一法以为型模，浮文犷令，于以传电有余；强而遵之，则化龃龉不适；不幸不遵，则号令不行。在位者胡可不矜慎哉！[1]

章太炎的这番观感并非无的放矢。张奚若回忆，武昌起义之后"在上海住了半年多，曾到南京去看过临时政府的情形，也感觉很失望"。"当时我颇感觉革命党人固然是富于热情、勇气和牺牲精神，但革命成功后对于治理国家、建设国家，在计划及实行方面，就一筹莫展。因此除了赶走满人，把君主政体换成所谓共和政体之外，革命是徒有其表的。皇帝换了总统，巡抚改称都督，而中国并没有更现代化一点。'破坏容易建设难'一句格言，不幸完全证实。"[2]

所以章太炎强调，主政者面对纷繁复杂的政治与社会局面，"欲更新者，必察其故；欲统一者，必知其殊"。[3]新的政策是针对现实状况而设置的，后者是立法与施政之时必须要面对的重要前提。中国的统一也是建立在各地之间的巨大差异基础上的，一旦不能有效分析、协调不同地区的各种诉求，强行划一地推行相关政策，那么将会造成"徒能以电报统一耳，安望其实际遵行耶？"[4]章氏以新政府颁布推行阳历与限制各省练军二事为例：前者未曾考虑到民间长期使用阴历，实与农业

[1] 章太炎：《先综核后统一论》，《章太炎全集·太炎文录补编》上册，第404页。
[2] 张奚若：《辛亥革命回忆录》，《张奚若文集》，北京：清华大学出版社1989年版，第463—464页。
[3] 章太炎：《先综核后统一论》，《章太炎全集·太炎文录补编》上册，第405页。
[4] 章太炎：《先综核后统一论》，《章太炎全集·太炎文录补编》上册，第405页。

生产息息相关，阴历的计算方式根据每一时期的农耕要务而定，是长期生产实践的产物。后者只看到江苏一省军费浩繁，却未考虑其他各省的军力分布情形，贸然限制练兵，将会导致不少地区武备空虚。此外，赋税与法律，“其事细如牛毛，其乱棼如讨羽。顺而理之。后或可以渐革；逆而施之，在今日已跛踬不行矣”。[1]这些关系到政治与社会稳定的问题一旦处理失当，将会导致政府运作紊乱，人心渐失，侵蚀新政权的统治根基。

最后，他认为必须重视新政权中各级官员的政治素质问题，特别是他们是否具备从中国现实出发进行政治治理的能力，这也关乎能否更好地“巩固国权”。章太炎建议新政府应派遣十余名特使前往各省，充分调查政治与社会现状，明晰当地的具体情形，然后将意见反馈回中央，让后者能够“周知天下之故”。此外，清廷许多虽然离职但却“审知向日利病”的官吏，新政府应“引为顾问”，议会也应时常向其咨询。这些建议的背后，凸显出章太炎对新政权的大小官吏非常不信任，认为他们对于政治只具备“游学他国，讲肄科条”的书本知识，对中国的现实状况反而知之甚少，所以在政治实践方面“妄以校中师授，谓仓卒可见诸施行，顾未知何者宜取，何者宜舍也”。[2]

出于同样的理由，在新政府各部首脑的任用上，章太炎主张：“总理莫宜于宋教仁，邮传莫宜于汤寿潜，学部莫宜于蔡元培。其张謇任财政，伍廷芳任外交，则皆众所公推，不待论也。”此外，“若求法部，惟有仍任沈家本，为能斟酌适宜耳。诸妄主新律者，皆削趾适履之见，虎皮

---

[1] 章太炎：《先综核后统一论》，《章太炎全集·太炎文录补编》上册，第405页。

[2] 章太炎：《先综核后统一论》，《章太炎全集·太炎文录补编》上册，第405页。这一认识其实也延续了在清末的观察。清末大量中国士人留学日本，进入各类法政学堂，学习现代政治与法律知识。但在章太炎眼里，这些人的知识结构很有问题，因为他们只知道一些西学皮毛，却不了解中国的历史与现实。此外，在政治素质方面，章太炎认为这一群体有着浮夸、喧嚣、趋名等恶习。关于这些问题，他在《箴新党论》《非黄》《留学的目的和方法》《常识与教育》等发表于辛亥革命前夕的文章中有详细的论述。

蒙马之形，未知法律本依习惯而生，非可比附他方成典。故从前主张新律者，未有一人可用”。[1]在这里，他所重视的同样是上述诸人的行政经验与能力，而非各自所属的党派与政团。章太炎认为了解中国历史与国情，体察社会民隐，此乃为政关键，也是能够真正保障国权的基础。[2]在政治实践上，他与清末立宪派合作组党，一时间对颇具政治手腕的袁世凯抱以极大期望，也与此息息相关。[3]但他或许并未意识到，武昌起义之后，许多士绅与前清官员之所以能迅速认同新政权，主要是在彼辈看来，在此变革之际，自己可以通过过去的政治与经济权力来获取更多的利益，让士绅与由士绅脱胎而成的资本家成为新政权的支配者，所谓熟悉国情、老成持重，归根结底是为了这一目的。[4]而这也为他后来在政治上处处碰壁，最终以失望收场埋下伏笔。

二、质疑民初议会能否真正代表民意

武昌起义之后，宣告独立的几个省份共谋组织联合议政机关。与此同时，在程德全、汤寿潜、陈其美等人的建议下，于上海设置临时议会，各省都督派一名代表赴沪讨论政治军事诸事宜。随后黎元洪在武昌组织成立临时政府，各省复派遣代表赴武昌商议临时政府组织事项，

[1] 章太炎：《宣言九》，《章太炎全集·太炎文录补编》上册，第391页。

[2] 基于这样的立场，章太炎对当时政府中人无甚好感。在他看来，“国家初造，典章未成，谈者一切不计实状，空引法理，比附成言……东人之窥我议院者，既以法政研究会相诮矣”。参见章太炎：《参议员论》，《章太炎全集·太炎文录补编》上册，第413页。

[3] 值得注意的是，孙中山在当时也认为政府成员应“惟才能是称，不问其党与省也”，并且建议要“收罗海内名宿”。参见孙中山：《复蔡元培函》，《孙中山全集》第2卷，北京：中华书局1982年版，第19页。但相比于在中国推行西方政治制度的孙中山，章太炎对“才”的界定却与之不尽相同。章氏所强调的为政标准，自清季起便一以贯之，在革命党中也颇属异数。

[4] 关于这一问题，周锡瑞有十分详尽的分析。参见［美］周锡瑞著，杨慎之译：《改良与革命：辛亥革命在两湖》，南京：江苏人民出版社2007年版，第267—318页。

同时与留驻上海的代表保持联络。及至南京临时政府成立，孙中山出任临时大总统，随即便通告各省派议员来南京组织参议院，开启了民国的议会政治。不久孙中山让位于袁世凯，后者定都北京，参议院遂移至北京，继续行使政治职能。此时随着民主政治的呼声尘嚣直上，各种政党团体也纷纷成立，据张玉法的统计，当时共有312个政治性党会，其中具有较为健全政纲或具体政治主张的仅有35个。在人员方面，不少时彦名流一人横跨数党，拥有多重党籍。在党纲方面，许多政治团体的口号主张皆大体雷同。[1]

在清季的政治论说中，章太炎就开始反思代议制是否适合中国。他认为根据中国当时的社会条件，能够被选为议员的大抵为富户土豪，并不能体现广大民众的诉求。在此情形下，议院就成了议员与政府官吏狼狈为奸的场所，彼辈“挟持门户之见，则所计不在民生利病，惟便于私党之为。故议院者，国家所以诱惑愚民，而钳制其口者也”。[2]民国建立之后，章太炎在参与新政权建设的过程中，虽然并未依旧抱着否定代议政治的态度，但他出于思考如何在政治行为中真正体现民众的利益，故一直对议院与政党持十分警惕的态度，避免其成为败坏政治组织的祸首、压迫民众的新工具。

民国建立之后，章太炎依然对实行议会制度产生质疑。清末同盟会与光复会分裂，章太炎、陶成章等光复会领袖与孙中山、黄兴等人一度势同水火。而民国建立没多久，陶成章就被暗杀。因此从人际关系与政治派系分野来看，他在民初的这一政治立场，和他对鼓吹议会政治的革命党，特别是孙中山、黄兴等革命党领袖的强烈不满极有关系。虽然身为革命党的一分子，章太炎却对一些昔日同志身上的秘密会党作风与党同伐异习气极为反感。他认为：“民国成立，不可不有政党以

[1]　张玉法：《民国初年的政党》，长沙：岳麓书社2004年版，第34—39页。

[2]　章太炎：《五无论》，《章太炎全集》第4册，第454页。

为政府之辅助”，但“一国若仅一政党，恐限于专制”。[1]这一主张明显是针对欲在新国会中占据多数席位的同盟会而发。目睹孙中山等人在南京临时政府的一系列政策，章氏指责“南京政府既成，任用非人，便佞在位，私鬻国产，侵牟万民，无一事足以对天下者”。致使“海内视同盟会，盖与贵胄世卿相等”，[2]成了脱离民众的革命新贵，与民意渐行渐远。正是在这样的思虑之下，章氏主张“革命军起，革命党消”。[3]这也成为革命党人眼中不可轻饶的“罪状”。戴季陶斥责章氏“牺牲中华民国全国之国民，甘心为袁世凯作走狗”。其言论“变本加厉，竟不惜以向日民党之主张，置诸脑后，另换一副面具，主张专制，排斥民党”。[4]因此戴氏声称：“直可认为著《訄书》之章炳麟，已与邹味丹同死，其至于今日存在者，并非章炳麟，特禽兽而冠人名者耳。”[5]胡汉民后来甚至断言章太炎“以革命名宿自居，耻不获闻大计。其在东京破坏军器密输之举，党未深罪之，章仍不自安，阴怀异志。江浙之立宪派人，如张謇、赵凤昌、汤寿潜之属，阳逢迎之。章喜，辄为他人操戈，实已叛党”。[6]

除了人际方面的原因，章太炎还关心民初的议会是否真正能成为表达民意的机关，各个角逐其中的政党，又在多大程度上体现了广大民众的根本利益。在武昌起义之后，章氏甫归国即强调：

---

[1] 章太炎：《在统一党南通县分部成立大会上之演说》，章念驰编订：《章太炎演讲集》，第117页。

[2] 章太炎：《与张继（1912年）》，马勇编：《章太炎书信集》，第461页。

[3] 关于当时章太炎对革命党的具体观感，参见杨天宏：《政党建制与民初政制走向——从“革命军起，革命党消”口号的提出论起》，《近代史研究》2007年第2期，第20—22页。

[4] 戴季陶：《哀章炳麟》，桑兵、黄毅、唐文权合编：《戴季陶辛亥文集》下册，香港：香港中文大学出版社1991年版，第828页。

[5] 戴季陶：《章炳麟之丑史》，桑兵、黄毅、唐文权合编：《戴季陶辛亥文集》下册，第842页。

[6] 胡汉民：《胡汉民自传》，《革命开国文献·第一辑史料一》，台北：“国史馆”1995年版，第142页。

> 今虽急设中央政府，兵事未已，所布犹是军政，虽民政官亦当受其节制。各处咨议局议员，只当议及民政，无参预军国建制之事。盖自地方自治说兴，而省界遂牢不可破。咨议局员，保守乡曲之见者多，绅士富商，夜郎自大。若令议及大事，必至各省分离，排斥他人而后已。是则中国分为十数土司，正堕北廷置宣慰使之术中矣。[1]

冯友兰回忆："辛亥革命的一部分动力，是绅权打倒官权，就是地主阶级的不当权派打倒地主阶级的当权派。"[2]正如其言，武昌起义爆发后，各省士绅出于自保，参与15省的独立，并由于彼辈在地方上掌握实权，便实际上主导了各省之后的政治局面，掌控了新政权在地方上的主要机构，革命党与一些起来造反的下层民众反倒成为配角。[3]在这样的背景下，章太炎认为这些主要由地方士绅所组成的各省咨议局，其各项建议本质上并不能代表大多数民众的意愿，很大程度上体现革命之后地方绅士富商为保全各自利益而采取的政治考量。因此对其权力行使范围应加以限制，凡涉及新政权基本政治建制的议题，不应让这一群体轻易涉足。[4]

1912年3月南京临时参议院制定《中华民国临时约法》，其中为了制约袁世凯，将先前孙中山所主张的总统制改为内阁制，同时出于从立法上限制政府首脑之职权，还赋予参议院极大的权力。与之相对，"行

---

[1] 章太炎：《宣言三》，《章太炎全集·太炎文录补编》上册，第389页。

[2] 冯友兰：《三松堂自序》，南京：江苏文艺出版社2011年版，第34页。

[3] 汪荣祖：《士绅与民国肇建》，黄兴涛、朱浒主编：《清帝逊位与民国肇建》上册，北京：社会科学文献出版社2016年版，第113—129页。

[4] 近藤邦康认为，章太炎在清末继承了康有为在戊戌变法时期的救亡课题，同时也扬弃了戊戌年间盛行的"申民权先申绅权"之主张，把救亡的主体从士大夫群体转移到"万民"身上，由此开辟了新的革命愿景。参见［日］近藤邦康：《从一个日本人的眼睛看章太炎思想》，《社会科学战线》1984年第2期，第167页。按照这一分析，前文所论的章太炎质疑各省咨议局之权限，同样也是他否定戊戌以来的政治理念的组成部分。

政如何反过来制约立法没有任何具体规定”。[1]这样造成政治权力偏向立法一方，反而难收立法、行政与司法互相制衡之意。然而在国民党人看来，这部约法虽然现实目的是为了限制袁世凯专权，但在法理上却体现了民意。例如，王宠惠就宣称从理论上讲议院乃全体国民的代表机关，后者的意志由前者代为表达，议院与政府之间的交涉体现了民众对待政府的态度，这样国家主权就属于全体国民。[2]但在现实层面，正如民初政治的亲历者李剑农所述，当时所有政治团体“都是没有民众作基础的政团，政团不过是读书绅士阶级的专用品”。因此参议院中的政党“都与民众不生关系，都成了水上无根的浮萍”。[3]而这一点恰是章太炎所极力抨击的。

为什么他会极力抨击？从思想源流上看，虽然章太炎在民初强调政治建设也应以国权为重，但他在宣扬革命之时亦明言“吾党之念是者，其趋在恢廓民权”。[4]并且在哲学层面，章氏认为“个体为真，团体为幻”。[5]因此他讨论政治，始终不忘聚焦于作为个体的民众在政治共同体中的真实地位与权益。犹有进者，章太炎在清末时就指出：“议院者，受贿之奸府；富民者，盗国之渠魁。专制之国无议院，无议院则富人贫人相等夷。及设议院，而选充议士者，大抵出于豪家。名为代表人民，其实依附政党，与官吏相朋比，挟持门户之见，则所计不在民生利病，惟便于私党之为。”[6]他十分警惕代议制度会异化为统治集团与地方豪强联合起来压迫底层平民的暴力机器，并且在形式主义的选举之下，这种压迫还披上了合法化的外衣，被视作符合历史进程的“公例”。

---

[1] 杨天宏：《北洋政治的乱与治》，王建朗、黄克武主编：《两岸新编中国近代史（民国卷）》上册，北京：社会科学文献出版社2016年版，第45页。

[2] 王宠惠：《中华民国宪法刍议》，《王宠惠法学文集》，北京：法律出版社2008年版，第18—19页。

[3] 李剑农：《中国近百年政治史》，武汉：武汉大学出版社2006年版，第283—284页。

[4] 章太炎：《代议然否论》，《章太炎全集》第4册，第318页。

[5] 章太炎：《国家论》，《章太炎全集》第4册，第485页。

[6] 章太炎：《五朝法律索隐》，《章太炎全集》第4册，第75页。

因此，辛亥革命之后，在参与建立“中华民国联合会”不久，他便公开呼吁：“共和政治之精神，在伸张民权，而伸张民权之机关，即在民选议院，此诚今日所当亟，而不可草率将事者也。”用此标准来审视临时参议院，“仅有各都督府代表之参事院，无代表人民之参议员，则仅足以代表各省都督府，而不能代表全国人民之总意也”。[1]

本此见解，在《临时约法》颁布之后，章太炎并不像国民党人那样认为此法之目的在于体现民权，而是质疑其中的关键条款，否认其正当性。他指出：

> 国民为共和国主人，有主权者。参议员为都督府差官，无主权者。故国民对于参议院之《临时约法》，有不承认之权，此最简明之理由也。[2]

可以看到，章氏认为《临时约法》为临时参议院所制定，而后者的成员究其实只是各省独立之后所派遣的代表，只能体现各省首脑的意志，并不能真正代表作为“共和国主人”的全国国民。如果按照主权在民的理论，那么国民就有不承认此约法的权利。根据同样的理由，章太炎认为《临时约法》第二条所规定的“中华民国之主权，属于国民全体”实难成立。因为“今日足以代表国民者，为参议员乎？而参议员为都督所派，绝非民选。为遵照此次《约法》之选出者乎？而第十八条之选派方法，由各地方自定。假令又有都督选派，甚或有自署为参议员者，亦《约法》所许。以此组织参议院，果足代表人民全体而行使主权乎？稍有政治常识者，必不谓然”。[3]可见，章太炎所在意的，是参议员

[1] 章太炎：《中华民国联合会呈请组织参议院文》，《章太炎全集·太炎文录补编》上册，第394页。

[2] 章太炎：《否认〈临时约法〉》，《章太炎全集·太炎文录补编》上册，第419页。

[3] 章太炎：《否认〈临时约法〉》，《章太炎全集·太炎文录补编》上册，第419—420页。

是否真正能代表民众，此实则亦显示出他对武昌起义之后由士绅及其代言人所主导的政治局面颇不认同。章太炎的这一批评，其实道出了民初议会政治的重要缺陷，就是虽然号称"民权"，但广大的中国民众，特别是占中国人口绝大多数的普通农民却并不能在这样的政治与经济结构中发出自己的声音，能够有机会参与到议会政治中的，主要还是昔日的士绅，以及脱胎于士绅的新式知识分子和工商业者。

此外，章太炎还质疑议会中的参议员的地位与作用。《临时约法》第四条曰："中华民国以参议院、临时大总统、国务员、法院行使其统治权。"对此章太炎反驳道：

> 夫第二条既言主权在国民全体，而此条行使统治权，乃由非国民所选之参议院，殊不可解。主权绝对不可分离者也，属于国民全体，其行使不必国民全体可也，断不可不由国民所委任之机关。今之参议员，非由国民委任，何能有此特权？此第二条与第四条互相抵触也。[1]

此处章氏声称主权属于国民全体且不可分离，很容易让人想到卢梭的理论。卢梭认为主权是公共意志的体现，如果只是一部分人的意志，那么就只是一种行政行为或一道命令，不能体现主权。同样，卢梭强调主权也不能被代表，因为意志不能被代表，只能是此意志或彼意志，绝不存在中间物。[2]章太炎曾称赞卢梭"能光大冥而极自由"，复于清季的政论中时常借用卢梭的学说。[3]他在清末对代议制的批判，在思考逻辑上和卢梭的这些主张极为相似。此处为了论证参议员不具合

[1]　章太炎：《否认〈临时约法〉》，《章太炎全集·太炎文录补编》上册，第420页。

[2]　[法]卢梭著，何兆武译：《社会契约论》，北京：商务印书馆2003年版，第33、120页。

[3]　朱维铮：《〈民报〉时期章太炎的政治思想》，《复旦学报（社会科学版）》1979年第5期，第43页。

法性，他会很自然地再次援引卢梭之论。不过他同时主张主权的行使不必经由国民全体，只需国民委任的机关由国民选举出来即可，这与卢梭所强调的主权不可被代表又不尽相同。之所以有这样的差别，或许是由于他仍然在考虑国权问题，即如何保证政治秩序的稳定，所以他对卢梭的直接民权说有所保留。

最后，从“巩固国权”这一现实目标出发，章太炎更是认为扩大议会的权力无助于实现这一目标。法学家阿克曼认为，在共和政体下，一旦宪法未能处理好总统与国会的关系，那么二者之间互相对立的权力会运用宪法所赋予它们各自的权能来互找麻烦，国会不断攻击行政机关，总统不放过任何可以摆脱国会束缚的机会，由此形成恶性循环，导致“治理能力的危机”。[1]章太炎所观察到的民初政局在某种程度上正好印证了这一观点。在制定《临时约法》时，国民党人希望借扩大参议院的权力来限制袁世凯，对此章太炎洞若观火。出于“巩固国权”的立场，他指出《临时约法》规定大总统任命国务员及驻外人员须经参议院同意这一条款极不合理，易于导致“以立法院而干涉行政部之权，该院万能，不啻变君主一人之专制，而为少数参议员之专制，且同意之标准难定，稍有才智之士，鲜不为人猜忌，自非乡愿不能通过”。同样，该法规定国务员一旦受参议员弹劾，大总统应免其职，此举将使参议员“滥用此非常之大权”，势必造成“国务员更换之频繁，虽灶下烂羊，亦将膺选，何暇谋政治之进行乎？”[2]在经历了一段时间的议会政治后，他对黎元洪痛陈：“中国之有政党，害有百端，利无毛末”，在参议院中忙于政治博弈之辈“皆人民之蠡蠹，政治之秕稗，长此不息，游民愈多，国是愈坏”。[3]由此可见，章太炎认为名实不副的议会政治不但无补于伸张民

[1] ［美］阿克曼著，聂鑫译：《别了，孟德斯鸠：新分权的理论与实践》，北京：中国政法大学出版社2016年版，第18页。

[2] 章太炎：《否认〈临时约法〉》，《章太炎全集·太炎文录补编》上册，第421—422页。

[3] 章太炎：《与黎元洪（1912年）》，马勇编：《章太炎书信集》，第384页。

权，而且会影响政治稳定，对国权造成极大损伤。

三、内在困境

在参与建立统一党的过程里，章太炎希望其能成为一个实事求是、为民请命、具备良好政治素养的团体。他从平民的角度出发，控诉政府中人“国门以外，赋税几许，官制如何，土田安在，几无有过问者”。同时“光复以来，号称平等，而得志者，惟在巨豪、无赖。人民无告，转甚于前，茹痛含辛，若在囹圄”。[1]如果说章太炎希望借综核名实来确保国权、实现名副其实的共和政治来伸张民权的话，在民初的政治环境下，这两者俨然双双落空，特别是后者，让章太炎感到民众的权益在新政权里根本难以得到保障。所以他对统一党的期许便是“代达民隐，无专为一二钜子讼冤”。可他所设想的实现方式却是“犹赖贤良长吏之提携，纵有武健严酷之治，而反足以佐百姓者，本党亦不应与之反对”。[2]

从这里可以看到章太炎民初的政治言说中一个难以调和的内在困境。他从“恢廓民权”的角度出发，认为国家主权属于全体国民，并且不能被分割，因此认为没有民意基础的临时参议院与它所制定的《临时约法》不具政治合法性，对参议院中假民意以立法的行为甚为不满。但另一方面，他认为当时的中国需要“巩固国权”，建立一个能够有效行使政治权力的政府，欲臻此境，则需“先综核再统一”，让执政者充分了解根植于中国历史与现状之上的复杂性，这样才能实事求是、对症下药。因此在用人方面他青睐于具有行政经验的旧官吏，认为后者能够

[1]　章太炎：《统一党暂行总理章炳麟宣言书》，《章太炎全集·太炎文录补编》上册，第426页。

[2]　章太炎：《统一党暂行总理章炳麟宣言书》，《章太炎全集·太炎文录补编》上册，第426页。

以稳健的态度莅民施政。但问题在于，这一群体在法理上又如何体现作为政治主权者的全体国民？况且，这一群体在深谙社会情状的同时，是否本身也沾染上了许多辄需祛除的旧俗弊病？

在发表于1906年的《革命道德说》中，章太炎指出当时社会各阶层，“知识愈进，权位愈申，则离于道德也愈远”。[1]而后在《箴新党论》一文里，他更是宣称“综观十余年之人物，其著者或能文章矜气节，而下者或苟贱不廉与市侩伍，所志不出交游声色之间”。[2]对整个士绅阶层几乎进行了全盘性的否定。直至武昌起义爆发后，他为了提醒革命党人切勿对立宪派与旧官僚期望过高，专门发表《诛政党》一文，警告将来若“睹暧昧之利，而不见显哲之祸，托命此曹，亦犹鹈鸠之巢苇苕也”。[3]但没过多久，他却和这类他先前不断谴责的群体展开政治合作，成立“中华民国联合会”，稍后又扩大其规模，更名为“统一党”。在章太炎自己，或许出于对革命党人身上的党同伐异之风深感失望，于是设想能借助这些曾经的政治对立面之政治经验与地方声望来迅速稳定政局，保证新政权能够有效掌控全国局势。但据旁人观察，章太炎的这番良好愿望却很大程度上被立宪党人与旧官僚利用，以图借机上位，在新政权里扩大影响力。[4]盛先觉就对梁启超说：“微闻章太炎左右数人，嚣张浮华，专事阿谀，颇有视太炎为奇货可居之慨，而章太炎亦似竟为所蒙蔽者然。甚矣哉！君子可欺以方，小人无往而不在也。”[5]后来事态的发展也印证了这一观察。统一党成立后，原来的立宪党人自感羽翼丰满，便与章太炎日渐疏离。张謇等人利用章太炎因故无法出席

[1] 章太炎：《革命道德说》，《章太炎全集》第4册，第292页。

[2] 章太炎：《箴新党论》，《章太炎全集》第4册，第301页。

[3] 章太炎：《诛政党》，《章太炎全集·太炎文录补编》上册，第386页。

[4] 辛亥南北议和之后，许多北方的旧官僚希望在新政权中继续保持权位，致使当时官吏任用问题纷争不断，如何在“新旧”与“故旧”之间取舍，成为政争的焦点之一。清末立宪派在民初的一系列活动，就是在这一背景下展开的。参见桑兵：《接收清朝与组建民国》，《近代史研究》2014年第2期，第29—33页。

[5] 丁文江、赵丰田编：《梁启超年谱长编》，上海：上海人民出版社2009年版，第373页。

的机会，主持统一党与其他四政团合并事，伺机选举张謇为统一党理事长，此举无异于将章太炎架空。章氏试图控制局面，但毫无效果，遂独自宣布脱党，昔日借助其招牌的同党之人也听之任之，并未挽留，此举不啻将章太炎一脚踢开。[1]

目睹斯景，章太炎开始反思是否能依靠立宪派与旧官吏来行综核名实、保障民生之政。1912年12月，他发起创立"根本改革团"，希望从根本上洗刷弊端，改革政治。关于其主旨，章太炎说道：

> 所谓政治革命者，非谓政体形式之变迁，易君主为民主、改专制为立宪也。亦非以今为假共和而欲有所改更也。民之所望，在实利不在空权；士之所希，在善政不在徒法。[2]

很明显，这一分析政治的思路依然与章太炎之前所强调的"综核名实"，在"巩固国权"的同时确保民众基本权益等主张相一致。他所致力于的是实现"善政"，让民众享有"实利"。与先前不同的是，章氏开始反思往昔自己所寄予希望的政治群体，认为后者才是导致政风紊乱、政局动荡的主要祸首：

> 立宪党成立以后，政以贿成，百度废弛，具文空罥，有若蛛丝，视戊戌、庚子以前转甚。至于新朝蒙清余烈，政界之泯纷贪渎又弥甚于清世。一二良材，逃荒裹足，其联袂登庭者，皆斗筲之材也……逮乎燕京统一，向之媚子不知幸予矜全为非分，更欲飞跃以超人上，涵濡卵育，日有孳生，而革命党亦渐染其风，变本加厉。然则暴乱者，革命党之本病也；贪险者，立宪党之本病也。变暴乱之

[1] 姜义华：《章太炎思想研究》，第397—399页。
[2] 章太炎：《发起根本改革团意见书》，《章太炎全集·太炎文录补编》上册，第457页。

形，而顺贪险之迹者，革命党被传染于立宪党之新病也。[1]

这一观感，基本上回到了辛亥革命之前章太炎对立宪派与清廷官吏的态度。犹有进者，章太炎所谓的“先综核后统一”带有很强的法家色彩。章氏自言“寻求政术，历览前史，独于荀卿、韩非所说，谓不可易”。[2]法家思想一直以来就是章太炎审视古今政治、分析与批评时局的重要思想资源。[3]因此，章太炎运用相似的思路，将“综核”之方向从充分认识中国的复杂现状，转移到在政治上激浊扬清。他主张：“非举政治革命，大治贪墨以正刑书，大选贤良以持钧石，缳首赭衣者遍于阁部，封轺聘币者逮于细微，不足以惩方来而荡旧秽。”如此这般，庶几“人心已革，则大政日新，流民国之岂弟，荡亡清之毒螫，然后昔之图谋革命，其事始完”。[4]

值得注意的是，当时康有为、梁启超、严复等昔日与章太炎在思想上频繁互动者，也对民初政局深感忧虑。康有为主张靠建立孔教会、将孔教立为国教，以维系道德、挽救颓风；梁启超希望由国中“优秀分子”构成的“中坚阶级”来担负起政治上的重任；严复则强调从政之人须有“士君子之分”，并借提倡读经以培育之。[5]他们的共同点便是都聚

[1] 章太炎：《发起根本改革团意见书》，《章太炎全集·太炎文录补编》上册，第458页。

[2] 章太炎：《菿汉微言》，虞云国整理：《菿汉三言》，上海：上海书店出版社2011年版，第71页。

[3] 关于章太炎在辛亥革命前后如何阐释与运用法家学说，参见王锐：《辛亥革命前后章太炎对道法政论之阐释》，《华中师范大学学报（人文社会科学版）》2018年第1期，第129—139页。

[4] 章太炎：《发起根本改革团意见书》，《章太炎全集·太炎文录补编》上册，第459、460页。

[5] 关于康有为在民初的政治与文化主张，参见唐文明：《敷教在宽：康有为孔教思想申论》，北京：中国人民大学出版社2012年版，第174页。关于梁启超相关言行的分析，参见张朋园：《梁启超与民国政治》，台北：“中研院”近史所2011年版，第18—21页。关于严复在民初的道德论述，参见林爵编：《严复合集·严复文集编年（三）》，台北：辜公亮文教基金会1998年版，第716—723页。

焦于道德方面，希望在皇权解纽之后依然能够保持昔日作为中国社会基本伦理的儒家道德伦理，来约束、规范政治活动中的各党派。与以上诸人不同，章太炎则认为“今京师污染已深，非峻刑酷法，不足以起其弊。欲以学说正人心、厉风俗，鄙意为非计”。[1]但由谁来推行严刑峻法，以正风气？章太炎此时想起的依然是与旧官吏、立宪派有千丝万缕联系的袁世凯。他希望“大总统淘汰阁员，任用良吏，总揽大权，屏绝浮议”。[2]同时“事贵实行，法宜信必，文告先导，诛罚踵行”，做到“诛除赃吏，用弥盗源”。[3]

但不久之后，章太炎就发现自己所托非人。黄远庸观察到，“盖袁公者，利用之手段有余，爱国及独立之热诚不足。又其思想终未蜕化，故不能于旧势力外，发生一种独特的政治的生面也”。[4]严复也指出袁世凯“固为一时之杰，然极其能事，不过旧日帝制时一才督抚耳”，指望其“转移风俗，奠定邦基，呜呼！非其选尔”。[5]宋教仁的遇刺，开始让章太炎怀疑袁世凯，日渐发觉正是后者运用手腕、纵横捭阖，才使得大小“赃吏”得以混迹政坛。他对人言“项城不去，中国必亡”。[6]同时章氏也和昔日的革命同志重归旧好。他声称：“北方受了腐败专制的遗传病，较诸南方革命的激烈病，其流毒更甚”，这导致“民国非维持现状也，乃维持现病耳”。他主张“吾革党对于建设民国一问题，当仍以猛进的手段，循文明的步调，急求破坏专制恶根，拼命力争共和二字，此后方有建设可言”。[7]“昔日为民权激战时期，今日为民党与官僚激战

[1] 章太炎：《与张謇（1912年）》，马勇编：《章太炎书信集》，第413页。
[2] 章太炎：《发起根本改革团意见书》，《章太炎全集·太炎文录补编》上册，第460页。
[3] 章太炎：《与袁世凯（1913年）》，马勇编：《章太炎书信集》，第444、445页。
[4] 黄远庸：《社会心理变迁中之袁总统》，《远生遗著》卷1，上海：上海书店1988年影印版，第1页。
[5] 严复：《与熊纯如书（二十四）》，王栻主编：《严复集》第3册，北京：中华书局1986年版，第624页。
[6] 章太炎：《与伯中（1913年）》，马勇编：《章太炎书信集》，第482页。
[7] 章太炎：《在国民党上海交通部欢迎会上之演说》，章念驰编订：《章太炎演讲集》，第129页。

时期。”[1]

章太炎认为民初政治乱象必然不得人心，一旦国民党重整旗鼓，定能获得全国大多数民众的支持：“国民良心尚存，不患不赞成吾党，吾党共和目的不患不能达到。”[2]但现实情形却是，袁世凯手握重兵，并且将参议院中的反对党逐个清除，国民党发动“二次革命”，起兵举义，终究难敌袁世凯的北洋军。章太炎不顾个人安危，进京面斥袁世凯，遂被后者软禁。直至袁氏称帝失败病亡后才重获自由。章太炎通过亲身经历，认识到虽然明晰中国历史与现状是从政的重要条件，但旧官吏与立宪派却不足以担此重任。只是他所强调的作为主权拥有者的全体国民，在民初的政争当中并未能有任何作为，甚至难以真正发声。章氏摒弃旧官吏与立宪派，可依靠的政治力量只剩下昔日的革命同志，但后者无权无兵，难以真正改变政治局面。章太炎所期望的在根据中国现实条件的基础上，建立一个能够真正体现国民意志、保障国民利益的政治制度，至此完全落空。在“国权”与“民权”方面，中华民国皆一无斩获。

四、结语

在被袁世凯软禁期间，章太炎将旧作《訄书》修改为《检论》，目睹民初一系列政坛变动最终以袁世凯妄图帝制自为收场，章氏在书中颇为悲观地说道：“斯土也，凝之甚难，而判之甚易。”[3]对在当下中国进行

---

[1] 章太炎：《在国民党上海交通部茶话会上之演说》，章念驰编订：《章太炎演讲集》，第131页。

[2] 章太炎：《在国民党上海交通部欢迎会上之演说》，章念驰编订：《章太炎演讲集》，第130页。

[3] 章太炎：《检论·近思》，《章太炎全集》第3册，第645页。章氏在《检论》一书中，有不少反思辛亥之后的政治状况之篇章，对此笔者另有专文详论。参见王锐：《时势变迁下的历史反思——论章太炎的辛亥记忆》，《苏州大学学报（哲学社会科学版）》2018年第1期，第182—190页。

有效的政治整合颇有无能为力之感。武昌起义爆发之后，章太炎回国参与新政权的建设，他目睹当时盛行的参照西洋各国政治建制来探讨未来中国的制度建设，强调为政者应做到“先综核后统一”，即对中国广土众民且地域发展不平衡的状况有充分的认知，在明晰基本国情的基础上，实事求是、对症下药，通过有效的政治治理，来“巩固国权”，维护中国的领土完整，避免列强染指。因此他对讲求西学的政坛新锐极不信任，希望能任用清末的立宪派与清廷的旧官吏，依靠他们的行政经验来稳固政治与社会局面。另一方面，基于实现民权的理想，他对新成立的临时参议院与其制定的《临时约法》展开批评，认为这些并不能真正代表民众意志。《临时约法》赋予参议院极大的权限，章氏则强调全体国民才是国家主权的所有者，参议院中的参议员并非根据民意而当选，既如此，后者的政治行为无异于越俎代庖，因此在法理上并不具备合法性。章太炎的这些言说，有助于今天更为全面地认识民初政治的特征，尤其是看到当时所谓“民权”的实质其实只是绅权及其衍生品而已。

但章太炎的基本困境在于，他曾希望借助旧官吏与立宪派的政治经验来根据中国现状施政，但对后者的真实面目有所认识之后，便寄希望于作为国家元首的袁世凯能厉行法治，制裁贪渎败政之徒。一旦发觉袁世凯实为此辈的最大庇护者，章太炎又开始与昔日的革命同志共谋大计。可国民党当时无权无兵，非但不能改变现状，反而因“二次革命”失败致使实力大损。在章氏的政治视野里，作为主权所有者的广大国民始终是“沉默的大多数”。章氏所仰赖的政治实践主体，只是从立宪派与旧官吏到国民党人之间转换而已。无法找到新的政治主体；无法借由组织动员新的政治主体自下而上地彻底推翻旧的政治毒瘤，重建政治组织，达到政治整合；更无法在这一过程中通过不断实践来真正认识中国社会的复杂性，总结出一套既能符合中国现状，又能让大多数新的政治主体获得参与感与翻身感的政治理论——这或许就是章太炎在民初政争中处处碰壁的根本原因，也是他在民初的政治主张的主要局限性，更是作为政治实践者的章太炎留给后人的最大教训。章太炎所期待的借助革命来达到“人人自竞，尽尔股肱之力，以与同族相维系”，虽然在辛亥革命中并未实现，但在20世纪中国的另一场波澜壮阔的革命里，另一个革命党以“组织起来”为口号，强调“同群众相结合”“走到群众中间去”，充分发动成千上万的底层农民，在此基础上成功建立起一个新政权。[1]就此而言，这两场革命当中的批判与继承关系，非常值得进行仔细梳理。

---

[1]　毛泽东：《组织起来》，《毛泽东选集》第3卷，北京：人民出版社1991年版，第933页。

第二部分

传统的能动性

《地球新义》与廖平的中外形势论

晚清以降，西学伴着列强的坚船利炮进入中国，对中国传统的政教体制与文教实践造成极大的冲击。1895年，目睹前一年清廷在甲午之战中惨败于日本的康有为，在《上清帝第二书》中痛陈："窃以为今之治，当以开创之势治天下，不当以守成之势治天下；当以列国并立之势治天下，不当以统一垂裳之势治天下。盖开创则更新百度，守成则率由旧章。列国并立则争雄角智，一统垂裳则拱手无为。言率由则外变相迫，必至不守不成；言无为而诸国交争，必至四分五裂。"在此情形之下，"中国大病，首在壅塞，气郁生疾，咽塞致死。欲进补剂，宜除噎疾，使血通脉畅，体气自强。今天下事皆文具而无实，吏皆奸诈而营私。上有德意而不宣，下有呼号而莫达。同此兴作，并为至法，外夷行之而致效，中国行之而益弊者，皆上下隔塞，民情不通所致也"。[1]正如其言，近代中国面临的是一种新的"列国并立"形态。而在此之前，中国对待周边国家有一套行之久远并日趋于成熟的制度体系。在此体系之下，中国历代王朝与周边国家进行各种类型的交往，并从由这些具体政治和经济实践中产生出来的政治文化，自理论层面对中国与周边国家的关系进行论述、定义。即便其中有些许制度或实践方面的变动，也是在这一套政治文化逻辑之下的变动。换言之，古人借以怀柔远人的基

---

[1] 康有为：《上清帝第二书》，姜义华、张荣华编校：《康有为全集》第2集，北京：中国人民大学出版社2008年版，第37、44页。

础——中国传统政治文化的那些核心要素，其合法性并未遇到猛烈而全面的攻击。

当时的儒者面对如此形势，除了要探求现实层面的富国强兵之道，更需要思考如何在时代变局之下维系儒学的政治与文化合法性。其中，基本上有两种思路，一种是以西学为标准重新裁量儒学，使之成为承认西学普遍性之下的一种补充性知识，其基本合法性来自西学的"承认"，这与在政治、经济、法律上成为全球资本主义体系中的一分子是相一致的；而另一种则是坚持儒学自身所蕴含的普遍性，把儒学典籍中的相关言说给原理化，使之成为一种不局限于家庭伦理或血缘共同体的政治与历史学说，于中西交通之世，在儒学的基本视角下重新审视、定义世界秩序。[1]就后者而言，廖平无疑是其中的代表人物。廖氏治学，一生多变，在第三变中，他有感于"《王制》《周礼》，一林二虎，互斗不休，吾国二千年学术政治，实深受其害，合之两伤，甚于洪水猛兽"，所以认为"以《王制》治内，独立一尊，并无牵制；而海外全球，所谓三皇五帝之《三坟》《五典》者，则全以属之《周礼》，一如虬髯公与太原公子，分道扬镳"。如此一来，"一小一大，一内一外，相反相成，各得其所，于经学中开此无疆之世界"。[2]《地球新义》一书于是焉生。[3]他希望用这样的处理方式来重建儒学的普遍性，并且能有效地回应西学的冲击。

此外，当时的中国读书人已经能比较普遍地接触到较为精确的世

[1] 汪晖：《现代中国思想的兴起》下卷第1部，北京：三联书店2008年版，第378页。

[2] 廖平：《经学六变记》，舒大刚、杨世文主编：《廖平全集》第2卷，上海：上海古籍出版社2015年版，第889页。

[3] 《地球新义》最早于1898（戊戌）年出版，1900（己亥）年又出版了一个版本。但这两个版本在编次与文字校勘上皆有不少问题。1936年廖平嫡孙廖宗泽将两个版本合一，重新加以校对出版，堪称《地球新义》的定本，世称"丙子本"。本文所征引的《地球新义》，以"丙子本"为准。关于《地球新义》的成书过程与各版本之间的具体差别，参见刘继元：《廖平〈地球新义〉成书研究》，《蜀学》第9辑（2014年版），第239—244页。

界地图，并且当时的一些早期报纸，如《实务报》《申报》等，也基本上能第一时间报道国际时事新闻，虽然内容还比较简略。这就使中国士人在思考救亡之道时，开始注意到如何构想一个有利于中国发展的地缘政治环境。固然，他们接触到的信息没有今天丰富，但近代的信息与今日的信息在内容和性质上也有巨大差异，比如关于19世纪的国际格局与政治潮流，当时的中国人或许没有许多详尽的了解渠道，然而他们与今人最大的不同，大概就是未受冷战期间与冷战结束后的全球意识形态话语制约，因此在思想上反而有一些“片段式的洞见”。又比如对于近代西方的殖民、扩张、帝国，即便没有很繁复的理论论证，仍有一些后来者反而不易体会到的真实感知，特别是可以从现实出发，察觉到列强的政治与经济逻辑。廖平在《地球新义》中就设计了他心目中理想的世界秩序，置诸晚清的历史语境下，“廖平很可能是中国近代最早最大的地缘政治学家”。[1]就此而言，《地球新义》与廖平在那一时期的其他相关论著，值得进行详尽分析。[2]

一、小、大之辨

清嘉、道以降，今文经学日渐兴起。1873年，张之洞出任四川学政，创办尊经书院。1879年，宗尚今文经学的王闿运在时任四川总督的丁宝桢支持下担任尊经书院山长，致使该处学术风气丕变，今文经

[1] 刘小枫：《重思“中国与世界”的关系》，中国人民大学国际关系学院主办：《中国政治学》（2018年第二辑），北京：中国社会科学出版社2018年版，第239页。

[2] 崔海亮认为《地球新义》是在近代中西文化冲突背景下一种非常激越的民族主义思想之表现，这固然有一定道理，但这一解释似乎过于浮泛，未能深入探究此书的意蕴。参见崔海亮：《中西冲突背景下传统经学的困境——以廖平的〈地球新义〉为中心》，《西华大学学报（哲学社会科学版）》2011年第4期，第27—31页。魏彩莹分析了廖平如何从经学义理出发，构想以中国为中心的世界蓝图，这些论述在经学史上有何意义，其观点颇具启发性。参见魏彩莹：《经典秩序的重构：廖平的世界观与经学之路》，台北：联经出版公司2018年版。

学成为学术主流。廖平即在此背景下开始思考经学问题。[1]他治经之初，强调区分今古。在《今古学考》一书中他强调："今、古之分，全在制度，不在义理，以义理今、古同也。"[2]在制度上，今文经学以《王制》为主，古文经学以《周礼》为主。在疆域沿革方面，"如九州之制，《王制》所言共五千里，《周礼》所言则万里，此今、古礼制之分也。特二学皆就春秋制度言之，不必通说四代也"。[3]在研究方法上，虽然宗尚今文经学，但廖平基本是在继承乾嘉朴学的治经之法，即通过钩沉考证古制，以明经学流变大略。这一点甚至被恪守古文经学传统的章太炎所认可："余见井研廖平说经，善分别古今文，盖惠、戴、凌、刘所不能上。"[4]但是这种治经方法，虽然可以在经学内部树一新说，却并不能由此来"通经致用"，特别是根据经学义理来回应世变，维持经学（儒学）的生命力。治学第三变之后，廖平自己也认识到了这一点。他自言：

> 今首发明《王制》《周礼》皇王疆域小大之分，开拓心胸，使知全球三万里，早在《周礼》经营已久，民胞物与，化其种族之偏见，排外之思想。《王制》为内史所掌之王伯，《周礼》为外史所掌之皇帝，一小一大，互相为用。王者王五千里，《周礼》以五千里为一州，故诸公封方五百里，大于《王制》者二十五倍。《周礼》所略，可由《王制》而推，照加倍数；《王制》所阙，亦可借用《周礼》以推补。二者交相为用，而不相妨害，务使典制分明，勾心斗角，易于施

[1] 晚清蜀学的整体风气变迁，参见傅正：《今古之辨：蜀学今文学与近代革命》，上海：华东师范大学出版社2018年版，第14—42页。

[2] 廖平：《今古学考》，舒大刚、杨世文主编：《廖平全集》第1卷，第60页。

[3] 廖平：《今古学考》，舒大刚、杨世文主编：《廖平全集》第1卷，第69页。

[4] 章太炎：《程师》，《章太炎全集》第4册，上海：上海人民出版社2014年版，第139页。

行。就《地员》以推六方，以求辨方正位、体国经野之精意。[1]

《周礼》云："惟王建国，辨方正位，体国经野，设官分职，以为民极。"政治制度的建立与对疆域版图的规划是同步进行的。在廖平看来，这部儒家典籍所设计的职官与秩序，绝非仅就中国本身而言，而是具有普遍性格，儒学"民胞物与"的仁政理想在近代中外往还日益频繁的时代里反而有真正践行的可能性。这就需要运用阐释义理而非饾饤名物的方式，于经学典籍当中发潜德之幽光。所以他在构想的"新经学宗旨"中强调"以经为新经，为万世立法，非古人之陈迹"，以此区别于"旧学"的"专以史读经为述古"。此外，相较于"旧学"以"六经为中国一隅之旧法"，"新经学"则主张"六经各主一时代，小大深浅各不相同"。[2]《地球新义》正是在这样的方法论基础上展开论述的。

《地球新义》以《周礼》与《王制》为主，旁及其他儒家典籍与经史著作。论证古代《周礼》等典籍所言乃皇帝之疆域，为"大统"；《王制》等典籍所言乃王伯之疆域，为"小统"。后者专就中国内部的政治与地理秩序而发，前者规划的是全球政治与文化格局。廖平声称："若第就中国言，恐不免重复之嫌，而经文所言中国四方之异气，更不得其解。今以全球说之，觉难解之结，古今之纷，一旦通释，值此舟车大通之世，环游地球一周者不乏其人，当不至以邹衍谈天讥其荒渺也。"[3]率由旧章，仅局限于"小统"来思考经籍之言，将难以明晰圣人微言大义，必须放在更为广阔的空间内来弘扬圣人之道。如他认为《诗经》中的《商颂》篇为"五帝之遗法，大一统之诗也"。具体言之：

《商颂》之大一统，非实指殷商之版土，乃谓百世以后，法帝主

[1] 廖平：《群经总义讲义》，舒大刚、杨世文主编：《廖平全集》第2卷，第779页。

[2] 廖平：《经学改良表》，舒大刚、杨世文主编：《廖平全集》第11卷，第812页。

[3] 廖平：《地球新义（丙子本）》，舒大刚、杨世文主编：《廖平全集》第10卷，第185页。

> 商而王，合九大州而大一统之商言也……行远必自迩，登高必自卑，治天下者必先治国，治其国者必先齐家，齐其家者必先修身。圣人设教，先诸夏然后夷狄，此其例也。盖言小球者，中国禹贡之小九州也；言大球者，合大九州言之全地球也。[1]

此外，孔子曰："《诗》三百，一言以蔽之，曰'思无邪'。"历代对于"思无邪"的解释多从道德教化的角度切入。廖平则认为"邪"与"涯"古字相同，所以"无邪"就是"无涯"；"思"与指代疆域范围的"五服"之"服"同义，故"思无邪"意为"服无涯"，即"中国之外，东西南北四海之外，无不归入版图，定为侯甸"。由此可推，"《诗经》以大一统为纲领"。而之所以用诗的形式来表达此意，盖"《诗》言百世以后大一统之制，无征不信，不能实指明言，故托之于《诗》，讽咏比兴，言在此而意在彼"。推而广之，"如《公羊》之所谓'大一统'，庄子之所谓'游于四海之外'，《中庸》之所谓'凡有血气者，莫不尊亲'，一言以蔽之，曰'思无邪'。学者苟能知此，则于诗教思过半矣"。[2]

廖平后来回忆他首次透露上述观点时，"见者大哗，以为穿凿附会，六经中绝无大地制度，孔子万不能知地球之事，驰书相戒者不一而足"。[3]在廖平去世之后，章太炎在为他所撰写的墓志铭中也直言不讳地指出，廖氏"推《周礼》以为治地球之书，岂未考古今尺度有异耶？"[4]戊戌前后正是西方自然科学在禹域逐渐流行之际，[5]"时新学初兴，为

---

[1] 廖平：《地球新义（丙子本）》，舒大刚、杨世文主编：《廖平全集》第10卷，第97、98页。

[2] 廖平：《地球新义（丙子本）》，舒大刚、杨世文主编：《廖平全集》第10卷，第209、210、211页。

[3] 廖平：《经学六变记》，舒大刚、杨世文主编：《廖平全集》第2卷，第888页。

[4] 章太炎：《清故龙安府学教授廖君墓志铭》，《章太炎全集》第5册，第298页。

[5] 关于晚清科学知识的流行状况，参见［美］艾尔曼著，原祖杰等译：《科学在中国（1550—1900）》，北京：中国人民大学出版社2016年版，第405—444页。

政论者辄以算术物理与政事并为一谈”。[1]用近代实证主义式的科学眼光来看，廖平此论自然是“荒诞不经”。但如果考察西方地缘政治与政治地理学的流变，就会发现廖平的论述自有其意义在。政治地理学的兴起与现代民族国家、科层体制和统计学的发展息息相关，为了建立现代的、高效率的行政机制，新兴的民族国家统治者必须熟知疆域内部的土地状况、城镇分布、人口数量，于是地图学开始流行。到了19世纪殖民扩张的时代，为了有效地治理、规训殖民地，向本国国民展现殖民地被“文明化”的过程，凸显本国在诸国林立的世界的位置，近代地理学的作用更凸现出来。[2]更为重要的一点是，如果说近代自然科学让基督教的教义黯淡许多，那么近代自然科学直接服务的对象——民族国家，却与看似蒙昧、落后的基督教有着千丝万缕关系。施密特指出，在西洋诸国大航海扩张的时代，代表宗教势力的教宗往往为占领殖民地提供宗教上的合法性论证，并将其作为一种“国际法”确认下来，教区的划分与航海和贸易的界分息息相关，“基督教的王侯与子民有权从教宗那里受领传教任务，在传教的过程中占有非基督教的土地”。因此，“教宗授予的传教任务实际上就是地理大征服的法律基础”。[3]这是一个充满斗争与冲突的过程，“地理学本身的中立性未能阻却一场政治斗争的开场，这是一场围绕地理概念而旋即上演的政治斗争”。[4]著名的“子午线”就并非客观中性的，而是跟英国人和法国人之间在制海权与世界主宰权上的争夺有关。简单说，宗教在近代史上承担着为民族国家形成与殖民扩张背书的任务。如果儒学在中国历史上的地位类似于基督教在西方历史上的地位，那么廖平在这一“数千年未有之变

---

[1] 章太炎：《太炎先生自订年谱》，台北：文海出版社，1971年，第6页。

[2] ［法］克拉瓦尔著，郑胜华等译：《地理学思想史》，北京：北京大学出版社2015年版，第52—54、89—90页。

[3] ［德］施米特著，刘毅、张陈果译：《大地的法》，上海：上海人民出版社2017年版，第61、83页。

[4] ［德］施米特著，刘毅、张陈果译：《大地的法》，第57页。

局”下运用儒学典籍中的名词与概念来构想全球秩序，其意义就在于彰显了儒学在这一时代变局下仍有话语权与解释权，“民胞物与”的理想仍具生命力。

就此而言，为了避免儒学没落，必须回应已然成为强劲话语的以欧洲为中心的“全球知识”，特别是需要在儒学内部发展出容纳、解释这一新的“全球知识”的框架。[1]作为长期研究儒学，同时关心世变的儒者，廖平十分敏锐地洞察到了这一点。他指出：

> 如小畜大畜、小过大过、小康大康、小国大国、小球大球、小共大共、小者为小九州，大者为大九州。每以小加大者，由中以及外，非以小加大，颠倒尊卑之比。知衍说之出于大一统，则《禹贡》九州之为小一统明矣。且周天三百六十度，今地球度数由中起点，四面皆九，四九合为三百六十，与衍说亦同。但由汉至今，说九畿者皆囿于中土，自瀛海五洲之论出，儒者震而惊之，以为《禹贡》弹丸，未能囊括四海，圣经幅员，未能包举六合，海外诸邦，既不在六艺疆宇之内，虽同此覆载，同此照坠，固不妨各尊所闻，各行所知。所有疆域，惟此区区五千里乃在圣人胞与之中，海邦不必自外，圣人已先外之。将来有大一统之日，中国纵不改孔子教，《中庸》所谓“凡有血气，莫不尊亲”，必无其事。岂六艺之教，有时而穷，声名洋溢蛮貊，竟成虚语哉？[2]

在这里，廖平提出一个颇为尖锐的问题，“瀛海五洲之论出，儒者震而惊之”，近代西方的地理观念传入中国，对中国士人造成极大的冲击。既然儒家理想中的政治秩序具有普遍性格，就像《尚书·大禹谟》中说

---

[1]　汪晖：《现代中国思想的兴起》下卷第1部，第743页。

[2]　廖平：《地球新义》(丙子本)，载舒大刚、杨世文主编：《廖平全集》第10卷，第143—144页。

的“皇天眷命，奄有四海，为天下君”，《礼运》所言“圣人能以天下为一家”，那么在近代西学面前，儒学只沦为相较于西方文明，用来体现中国文明主要特质的“地方性知识”，这就表示儒学的义理出现巨大的漏洞，即“六艺之教，有时而穷，声名洋溢蛮貊，竟成虚语”。因此，能否用儒学的话语与视角来解释世界形势，就成为维系圣人之道的关键环节。更何况自儒学“民胞物与”的观点视之，西人的殖民与扩张行为充斥着暴力与剥削。在今日中国或许暂时在兴衰之势上屈于西方之下，但在廖平看来，儒家之道本有“空言”与“行事”两类，前者“就五帝及百世以后之天下立说，所谓因革损益，百世以俟圣人”。[1]那么未来如若中西实力对比发生转变，则以全球作为思考对象的“大统”未尝没有实践的机会，在阐释表彰其微言的过程中，各种典籍皆可左右采获。总之，廖平相信：“古《周礼》之说者，大一统之嚆矢也。论者因其与《周礼》不合，谓皮之不存，毛将安附。今欲广大一统之义，取邹衍之说以为纲领，即录其说以为节目，发明大统全球制度，虽未足以尽其量，古义废坠，存者无多，披沙检金，往往见宝，固说大一统不可废之书也。”[2]

二、文质递嬗

虽然廖平着力论证儒学具有规划全球秩序的重要意义，但当时的现实状况却是中国国力远远落后于西方，也落后于效法西方而崛起的日本。对此，廖平认为从长远的眼光来看，目前的中西强弱之分并非于中国完全不利，他说道：

> 咸同以来，外强内弱，然外夷不强，则五洲不通，不通则孔教

[1] 廖平：《地球新义（丙子本）》，舒大刚、杨世文主编：《廖平全集》第10卷，第144页。
[2] 廖平：《地球新义（丙子本）》，舒大刚、杨世文主编：《廖平全集》第10卷，第119—120页。

只被腹地，未能波及远人。天于是特使之强，强则能通上邦，闻经义，自悟其穷兵黩武之非，翻然改变，岁事来辟，以成大一统之制。是外国日强，即圣经版图日廓之兆也。西人所著《百年一觉》，穷极美善，屡叹大同。夫大同者，非即《礼运》所言古帝大一统之治哉？化兵革，齐贫富，人不自私，各享乐利。然则今日之讲生聚，铸枪炮，乃我开通五洲之具。[1]

廖平相信从长期的历史进程来看，近代西方"穷兵黩武"的内外政策终有出现弊病的一天，那时就体现出儒学"民胞物与"理想的优越性，如果没有坚船利炮作为后盾，西方诸国也难以与中国发生较为密切的关系。就此而言，中西冲突其实是传播儒学的契机。

但回到现实，面对中国国势衰微的局面，以儒家文明担当者自居的廖平，自然不忍坐视作为儒家文明诞生地的中国一步一步走向沦亡。为了振衰起微，就必须正视近代西方得以富强的几大要素——武器、技术、具有高效组织与动员能力的法政制度。为了论证这一点，廖平想起了儒家的"文质"论。《汉书·严安传》云："政教文质者，所以云救也。当时则用，过则舍之，有易则易也。"《白虎通义·文质篇》云："王者必一质一文者何？所以承天地。顺阴阳。"借"文质"递嬗以言世运更替和救政教体制之弊乃儒家论政之要义。

在初次刊刻《地球新义》的戊戌（1898）年，廖平发表了《改文从质说》一文。他宣称："中国由秦汉以至今日仍一尊尊之治法，二千余年，积重弊生，别求一质家救其弊者而不可得。"[2]这透露出来的是在近代变局之下，于中国政治传统内部寻找"质"的因素已经非常困难，所以必须把"文质"论的涵盖范围扩大，在全球范围内寻找新的"质家"。

[1]　廖平：《地球新义（丙子本）》，舒大刚、杨世文主编：《廖平全集》第10卷，第146页。
[2]　廖平：《改文从质说》，舒大刚、杨世文主编：《廖平全集》第11卷，第522页。

因此他认为:“质家者何?今之泰西诸国是也。”[1]参照《地球新义》中的“大九州”“小九州”之说,整个世界属于“大九州”的范围,“中国为黄帝所司之中央之极,方万二千里,则四帝四极之地不皆在海外乎?”[2]如此这般,象征世运更替的文质递嬗,在内容上就不再局限于古人所谓的“法夏”还是“法周”了。廖平指出:

> 中国尊君,以上治下,西人多主民政,贵贱平等;中国妻为夫义不二斩,西人男妇平等、彼此自由;中国天子郊天,统于所尊,西人上下同祭,人各父天;中国坐次以远于主人为尊,西国尚亲,则以近者为贵;中国内外有别,女绝交游,西人则主妇陪宾,携手入坐;中国冠履之分别最严,西人则手足视同一律;中国以青为吉、白为凶,西人则以白为吉、青为凶……孔子论质之弊曰野,野者鄙陋,与都士相反。泰西不重伦常,绝于名教,极古今中外之变,而求一与文相反之质,非泰西而何?文弊不指东周,则质之不主春秋明矣。[3]

在这里,廖平并不掩饰西方文明与中国之间的巨大差别,而是将这种差别涵盖于文质递嬗的理论当中。这样当中国处于“文弊”之时,引入“质”的因素来调节、中和,此乃势所必至之事,这与“夏”之道救周“文”之弊一样。可见,廖平在《地球新义》中阐释的小、大之辨,不但张扬了儒学的普遍性格,还成为一种为“自改革”进行合法性论证的富有调适性与自洽性的学说。[4]

---

[1] 廖平:《改文从质说》,舒大刚、杨世文主编:《廖平全集》第11卷,第522页。

[2] 廖平:《改文从质说》,舒大刚、杨世文主编:《廖平全集》第11卷,第524页。

[3] 廖平:《改文从质说》,舒大刚、杨世文主编:《廖平全集》第11卷,第522—523页。

[4] 这里的“自改革”系借用龚自珍的说法。其详情参见龚自珍:《乙丙之际箸议七》,樊克政编:《中国近代思想家文库·龚自珍卷》,北京:中国人民大学出版社2015年版,第29页。

在那一时期，认识到中国须向西方取法的议论其实已经不少了，一些士人甚至将英美的政治比作古之三代，中国反而成了夷狄。但是在廖平的视域里，用质救文绝非丧失中国文明的主体性。孔子说："郁郁乎文哉，吾从周。"在性质上，"质"虽有纠偏之用，但并非居于正位，"文"才是政教体制的根本所在。而中国采纳西学中的富强之术以救"文"弊，在另一方面来看，也是在用中国的"文"去消解西方重"质"之失：

> 今遽以华夏自居，屏西人于门墙之外，是犹方一登岸，遂绝后来之问津；我既果腹，遂御外人之学稼，可乎？天心仁爱，五行缺一不可，黄种先生元子，圣教遍中国，而忍使泰西数千万之生灵不入圣国，长为不教之民乎？其来也，天启之；天又不使其轻易得闻圣教也，使之讲格致，谋资生，课农工，治战守，合海外诸国男女老幼竭精殚思，前后相继考求，始得一定之法，以投贽于中国，束脩之仪不可谓不厚。中国文弊已深，不能不改，又不能自创，而仰给于外人；亦如西人灾患已平，饱暖已极，自新无术，而内向中国。中取其形下之器，西取我形上之道。日中为市，交易得所而退，文质彬彬，合乎君子。此文质合通，百世损益之大纲也。[1]

廖平认为，中国需要借鉴西方的是"讲格致，谋资生，课农工，治战守"，即让中国走向国富民强的物质基础与军事技术。正如论者所言，廖平的"文质"之论所隐含的一个意思就是，中国与西方，由谁来主导这些致富强之术，是中国的"民胞物与"式的仁政理想，还是西方以武力征服与殖民扩张为手段的帝国主义政策？[2]将中国视为"文"，西方

---

[1] 廖平：《改文从质说》，舒大刚、杨世文主编：《廖平全集》第11卷，第524页。

[2] 刘小枫：《"诗言志"的内传理解——廖平的〈诗纬〉新解与中国的现代性问题》，《安徽大学学报（哲学社会科学版）》2018年第3期，第23页。

视为“质”，从长远的角度看，同样是在用“文”来制约“质”，守住华夏文明的基本底线，不至于让“质”破坏“文”所蕴含的政治美德。

犹有进者，19世纪西方的全球扩张，除了坚船利炮与资本主义，在意识形态上主要借助“文明论”，即将全球按照西方的标准划分为“文明”“半文明”“不文明”三个地区。非基督教与非欧洲国家，只能处于后两者的位置。而所谓“国际法”在这个时代面临的主要问题，就是判断这些地区是不是“自由的”与无政府的，那些处于文明论视野中低等级地位的人民，是否应当成为身处高等级地位之人的附属。[1]清末以降，源自近代西方的“文明论”话语经日本传入中国，许多士人渐渐接受西方列强对中国所贴的“半文明”标签，希望以后者为样板，跻身文明之列。[2]在这个背景下，廖平的观点就显得极具时代意义。他把西方在中国的扩张视为“投贽于中国”，把“讲格致，谋资生，课农工，治战守”视为西方为了认识中国的圣人之道而给予中国的“束脩”。言下之意，从“大统”的眼光观之，中西之间的互动就不是按照“文明论”叙事展开的，而是中华文明自身通过用质救文来达到自我更生。叙事方式的扭转，其现实意涵在于审视寰宇形势的立足点与标准发生变化。一言以蔽之，对中国而言，主动权仍操之在我。

廖平此番论说，绝非昧于时势的自我安慰。在他看来，中西之间的“文质交易”，“彼处其难，我处其易；彼得者少，我得者多；彼得者虚，我得者实。彼之所得，我应之也裕如；我之所得，皆其历困苦焦劳而始获者也”。[3]他坚信中国的政教体制与政治理想自有其优越性在，所缺者只是近代西方的富强之术，而西方立国渊源本与中国不同，那么即便

[1]　[德]施米特著，刘毅、张陈果译：《大地的法》，第113页。

[2]　关于近代西方“文明论”的真实意涵与政治目的，参见唐晓峰：《地理大发现、文明论、国家疆域》，刘禾主编：《世界秩序与文明等级：全球史研究的新路径》，北京：三联书店2016年版，第15—42页。

[3]　廖平：《改文从质说》，舒大刚、杨世文主编：《廖平全集》第11卷，第525页。

中西之间有“交易”，中国所获皆应时救世之物，西方却难以真正理解中国的圣人之道。按照“文质”论的循环，质胜文则野，位于“质”的阶段的西方，已经发展到了“自新无术”的阶段，如果不能及时引入“文”的因素来调节，那么不久之后也会变成和当下的中国一样出现各种弊端。因此廖平展望未来，相信久而久之“我日臻于实用，彼日肆于虚文；我既日以强，彼必日以弱。外强内弱之天下，变而用强干弱枝之天下，转移之机，要在彼此相师耳”。[1]今天大概很难用实证的方式去考察廖平究竟通过哪些渠道来获取关于近代西方的信息。但不可否认的是，在他写下这些话近20年后，第一次世界大战爆发，更是象征19世纪蒸蒸日上的西方文明面临巨大危机，维持19世纪世界秩序的维也纳体系寿终正寝。而在这之前，象征着颓废、荒诞、无望的“世纪末”思潮与强调文明没落的历史哲学在西方颇为流行，这也是对先前充满乐观心态的进步主义的抗拒与捉弄。[2]反观近代中国，一直以富国强兵为目标，时至今日已然彻底扭转了晚清以降的颓势。而这背后的主要精神动力，不正是中国数千年文教传统所孕育出来的政治德性么？

三、全球秩序

正是由于廖平对中华文明充满信心，因此他不但着眼于论证其优越性与合法性，并且尝试从中国的视角出发，勾勒出一幅不同于近代西方的全球政治版图，于此基础上论述新的全球秩序。他在《治学大纲》中指出：

皇帝王伯之分，由疆域大小而出，欲明三五大同之学，不得不

[1] 廖平：《改文从质说》，舒大刚、杨世文主编：《廖平全集》第11卷，第525—526页。

[2] 孙隆基：《“世纪末”的鲁迅》，《历史学家的经线》，北京：中信出版社2015年版，第178—190页。

先言舆地，盖风土政治皆由舆地而出；欲明皇帝之学，不得不先考疆域，与王伯大小之不同。此学人用功本末次第之级。皇帝政教，调和阴阳，化育万物，其说多为师儒所诧怪，惟地球既通，世界之说言皆征实，先考定皇帝疆域，然后政教之说有所附丽，此经传子纬所以于此门独详。[1]

清代道光年间，由于感到俄国对中国边疆地区的巨大压力，西北史地之学兴起，不少士人或是实地勘察，或是考定旧籍，研究西北地区的疆域沿革与地貌状况，探索治理该地区、解决边疆危机的对策。[2]此后，随着西学东渐，以近代西方为标准的世界地理知识传入中国，使中国士人在分析政治问题时具有了基本的全球政治地理概念，并且借由对世界政治地理的初步认识，进一步认识到中国处于颇为险恶的国际环境。廖平在这里所谓的“风土政治皆由舆地而出”，从思想史的角度看是处在这样的脉络之下的。

不过问题在于，如果按照近代西方的政治地理版图规划，中国其实处于非常尴尬的地位：要么沦于被列强瓜分，丧失主权；要么努力成为列强所希望的样子，勉强进入由后者所主导的国际体系。但正如瑞典著名地缘政治学家契伦所说，近代国际法体系并无新来者的地位，因为“已建立起来的制度，拥有灵巧的分配和细致平衡的法律体系，但终究必须重新安排，以腾出空间给新来者。在国际法和国际舆论的眼中，每个新国家的诞生显然是一种丑闻，在国际法的登记册中，这个新生儿将被视为一个私生子”。[3]晚清被视为开新之人的钟天纬也观察到：“所

[1] 廖平：《治学大纲》，舒大刚、杨世文主编：《廖平全集》第11卷，第628页。

[2] 关于西北史地之学的经世意涵，参见郭丽萍：《绝域与绝学：清代中叶西北史地学研究》，北京：三联书店2007年版。

[3] 契伦：《作为生命形式的国家》，转引自图南德著，方旭译：《为了新世纪的瑞典–德国地缘政治学——契伦的〈作为生命形式的国家〉》，娄林主编：《地缘政治学的历史片段》，北京：华夏出版社2018年版，第49页。

谓《公法》者，本视国之强弱为断，而并非以理之曲直为断也。夫仁义与富强，本不判为两事。国富且强，则仁义归之，庄子所谓窃国者王，而侯之门仁义存也；国贫且弱，则外侮加之，《书》所谓兼弱攻昧，孔子所谓天下之恶归之也。”[1]所以说，中国无论怎么主动“融入”列强所主导的世界体系，其实都要以丧失自身权益为代价，或者说，一个真正独立富强的中国绝非列强所乐见。清末民初的许多中外交涉，归根结底都可以在这个逻辑之下来理解。

因此，廖平所谓的“考定皇帝之疆域”，按照“大统”“小统”的思路，就必须从儒家“民胞物与”的政治理想出发，重新思考、规划全球秩序。依他之见：“夫治经者贵通其意，帝王不相沿袭，制度典章在于润色，固不必过拘成文，特其中有当随时损益者，有百世不变者。”[2]因此，从经籍中可以运用其基本义理来推论、设计未来的政治制度。他指出：

> 有王者起，以中国作留京，如周之西京，《乾》之“潜龙”是也。以阿富汗地作行京，如周之东都，所谓《坤》之“黄裳”也。由孔子起数，前之远者帝，近者王。由后而推，近者王，远者帝。即《论语》“其或继周，百世可知”之说也。今时与古折算，正当帝运，正当大九州。将来以阿富汗为行京，就亚洲分两京，如周东西通畿之故事。中国为居，为上，为天，为衣，为玄；阿富汗为行，为下，为地，为裳，为黄；俄为北，为黑，为恒；欧与北美为西，为白，为华；非与南美为南，为赤，为衡；澳与中国为东，为青，为泰。《觐礼》：王者朝诸侯，设方明，上玄下黄，东青南赤，西白北黑，合两京四岳为六合。方明之制，即地球也。[3]

[1] 钟天纬：《公法不足恃论》，薛毓良、刘晖桢编校：《钟天纬集》，上海：上海交通大学出版社2018年版，第141页。

[2] 廖平：《地球新义（丙子本）》，舒大刚、杨世文主编：《廖平全集》第10卷，第113页。

[3] 廖平：《地球新义（丙子本）》，舒大刚、杨世文主编：《廖平全集》第10卷，第99页。

在另一处，他又详细说道：

> 中国据薛京卿日记，东南以海为界，西北以瀚海为界，其地在赤道北四十余度，寒燠适中，抗渤海之利权，擅亚洲之清淑，商务为五洲之最，矿产甲地球之中，论稼穑则先开，论人伦为创始，言王道则源于尧舜汤文，言教化则宗乎仲尼、孟子。父子君臣，秩然不紊，贞廉孝弟，朗若列星。虽富强不及他人，而民心固于磐石。诗云："邦畿千里，惟民所止。"传者引为止至善之喻。言中国当为邦畿，其教化常为六合之民所共止也。下文止仁、止敬、止慈、止孝、止信，亦即此意。圣人复起，以中国为留，必无疑也。阿富汗为行地，东连英属，西接波斯，北控西域回部，南北相距千四百四十余里，东西千五百里。他日金轮铁轨，遍于环区，朝会诸侯，莫便于此。[1]

此外，廖平按照经籍中所言的"四岳""八伯""十二牧"，将欧洲、美洲、非洲、地中海地区、西伯利亚地区纷纷纳入其中，赋予相应的名称。他设想这样规划全球秩序，将会"兵革不兴，天下一家，中国一人"，为万世开太平。[2]当然，在廖平的这个设计里，尤为引人瞩目的是所谓"两京"的规划。他将阿富汗定为"行京"，按照他的解释，"行京"的性质乃"地宜居中，为朝会之所，所言'中天下而立'者以此"。[3]

很明显，在廖平看来，阿富汗的地理位置正好在全球的中部，"东连英属，西接波斯，北控西域回部，南北相距千四百四十余里，东西千五百里"，具有极高的地缘政治价值，它恰好与中国广袤的西部地区毗邻。如果说近代西方的扩张是以海洋为凭借的话，那么廖平的视角则是以中国的腹地作为基本立足点，辐射周边地区思考全球秩序。如果中国

[1] 廖平：《地球新义（丙子本）》，舒大刚、杨世文主编：《廖平全集》第10卷，第149页。
[2] 廖平：《地球新义（丙子本）》，舒大刚、杨世文主编：《廖平全集》第10卷，第150页。
[3] 廖平：《地球新义（丙子本）》，舒大刚、杨世文主编：《廖平全集》第10卷，第148页。

日后能摆脱颓势，走向富强，那么阿富汗所在的中亚地区的重要战略意义就凸显出来了，即成为“朝会诸侯”——与东西两方面建立政治、经济、文化联系的枢纽。其实早在清中叶，龚自珍就已经意识到这一地区对于中国的重要性了。他指出：“西域者，释典以为地中央，而古近谓之为西域矣。”从西域来看四周，一旦“开拓西边”，则“天将遂通西海乎？”[1]其地缘政治的意义便是，在作为与近代西方列强接触的最前哨的东南沿海之外，很可能又寻找到一条通向海洋的道路，处于沟通西海（印度洋）与东海（太平洋）的核心地位，启示世人以西域为出发点，观察时代变迁，思考未来方略。[2]而往后来看，据长期从事外交工作的耿飚回忆，20世纪50年代新中国遭遇以美国为首的帝国主义国家的全球封锁，美国一手策动了“东南亚条约组织”与“巴格达条约组织”，试图在中国的西面与南面形成一个弧形的军事包围圈。当时毛泽东就敏锐地观察到，与阿富汗大致处于同一地理位置的巴基斯坦在地缘政治上十分重要，“它连接西亚和东南亚，因此，帝国主义把它作为对我国实行军事包围的重要环节，而中巴友谊则有助于打破这个反华军事包围圈”。[3]由此可见，从龚自珍、廖平到毛泽东，他们对于这一片地区战略意义的思考，虽然所面对的具体历史语境不同，但实有一脉相承之处。

此外，在廖平撰写《地球新义》的大致同一时间，1904年麦金德发表了著名的“历史的地理枢纽”的演讲。他将广袤的亚洲内陆（包括在廖平眼里位置极其重要的阿富汗）视为地球的“心脏地带”，“欧亚大陆上那一片广大的、船舶不能到达，但在古代却任凭骑马游牧民纵横驰骋，而今天又即将布满铁路的地区，不是世界政治的一个枢纽区域吗？那里从古到今，一直拥有适合一种具有深远影响而又有局限性质的军

[1] 龚自珍：《西域置行省议》，樊克政编：《中国近代思想家文库·龚自珍卷》，第66页。

[2] 汪晖：《两洋之间的文明（上）》，《经济导刊》2015年第8期，第13—18页。

[3] 耿飚：《耿飚回忆录》，北京：人民出版社2017年版，下册第74页。

事和经济力量的机动性的各种条件”。[1]在他看来，如果能控制这一片区域，就能够进而控制全世界。他的这个观点，无疑改变了长期以来英国人重视海洋而轻视陆地的战略思维，背后显示出的是对俄国崛起的巨大危机感。从英国的立场出发，他担忧“现在俄国取代了蒙古帝国。它对芬兰、斯堪的纳维亚、波兰、土耳其、波斯、印度和中国的压力取代了草原人的向外攻击”。[2]由此可见，1900年前后，廖平与麦金德分别从不同的政治视角出发，看到了这一片地区重要的战略价值，认为一旦本国影响力辐射到这一片地区，就有可能改变全球的政治形势，形成新的全球秩序。只是不同之处在于，麦金德认为人类的历史充满为生存而进行的斗争。他说：“正是在外来野蛮人的压力下，欧洲才实现它的文明。”“在非常真实的意义上说，欧洲文明是反对亚洲人入侵的长期斗争的结果。”[3]可以说，正是因为在每一个时期都有具体的敌人存在，欧洲文明才得以确立自我的形象与内容。这种“敌我关系论”致使在麦金德的视域里，全球秩序无非就是为控制“心脏地带”而展开的斗争与角逐。反观廖平，他借助儒家的文质论来叙述不同文明之间的消长与交流，所谓“文质交易”“文质合通”，并非一个你死我活的零和游戏，而是一个彼此“损益”对方之所长，不断自我更生的过程。这个过程的主导思想便是儒家的“民胞物与”，其最终目的是实现“兵革不兴，天下一家”。从实践层面来看，以廖平与麦金德为代表的这两种中西之间截然不同的全球秩序思维，在20世纪的全球政治史中具有十分明显的差别。

---

[1] ［英］麦金德著，林尔蔚、陈江译：《历史的地理枢纽》，北京：商务印书馆2016年版，第67—68页。

[2] ［英］麦金德著，林尔蔚、陈江译：《历史的地理枢纽》，第68页。关于麦金德战略构想的具体意涵，参见强世功：《地缘政治战略与世界帝国的兴衰——从“壮年麦金德”到“老年麦金德”》，中国人民大学国际关系学院主办：《中国政治学》（2018年第二辑），第65—114页。

[3] ［英］麦金德著，林尔蔚、陈江译：《历史的地理枢纽》，第52页。

四、结语

在发表于1907年的《三五学会宗旨》一文里，廖平指出："经传政治，有为今日中外所以通行者，有必须数千百年乃能见之行事"，"六经非一国一时之私书，乃天下万世之政治。旧专就中国一隅言六艺，所谓未睹宗庙之美，百官之富"。[1] 自从他治学"三变"之后，他就在思考如何在体现普遍性的意义上表彰儒学，《地球新义》与相关论著就是这一思路的具体实践。廖平通过论述"大统""小统"之别，尝试从儒学的义理出发思考全球政治秩序，回应近代西方的全球扩张及其强势意识形态话语。此外，在廖平的论述里，对于中国传统的阐扬并非率由旧章，而是借助儒家的"文质"论，分析近代中国如何向列强取法富强之术，此乃华夏文明自我更生的关键所在。最后，廖平构想未来的全球秩序，特别强调中亚地区在地缘政治上的重要位置，具有极为敏锐的战略眼光，可与麦金德在同一时期的"心脏地带"论相媲美，并且较之后者，更彰显了儒家"民胞物与"的政治理想，为世人想象一个更为理想的世界格局提供了十分丰富的思想遗产。

必须指出的是，廖平的这些政治思考是在儒学的话语之下进行的。如若按照简单的新旧之分与所谓实证主义的视角来看，廖平的学说自然显得"荒诞不经"，更与现代意义上的国际关系学、国际关系史的表述方式格格不入。但这些标准化的学科之诞生，也是源于特定的政治与经济背景，体现着近代西方对于如何支配、控制全球的相关构想。[2]

---

[1] 廖平：《三五学会宗旨》，廖平：《改文从质说》，舒大刚、杨世文主编：《廖平全集》第11卷，第766页。

[2] 最典型的例子就是美国的政治学。虽然它长期宣称自己具有"客观性"，但其实在不同历史时期它与美国的国家安全部门关系紧密，根据国情需要，不断地论述、寻找美国的敌人，进而宣扬美式政治体制的合法性。参见［美］奥伦著，唐小松等译：《美国和美国的敌人：美国的对手与美国政治学的形成》，上海：上海人民出版社2004年版。

如果把它们看成一种意识形态话语的话，自然可以进而分析其论述方式与思考逻辑，衡量其得失；可一旦将其视为天经地义、亘古不变、具有权威性的"学科范式"，当成衡量一切前人思考的标准，那么就失之远矣。当然必须承认，廖平的观察在当时很难有实践的可能，所用的名词也与今天的习惯用语相隔很大，但他的观点之意义在于提供了一种视野，可以思考中国近代思想史更为复杂的面向，以及近现代中国人认识国际关系问题时一些有延续性，但一直隐而不彰的内容，更为重要的是，可以打开更多的中国近代史叙事之可能性。因此在今天中国与世界格局都发生深刻变化的时代里，打破简单的中西新旧之分，从历史与现实的实践出发，挖掘、阐释前人严肃、深刻的政治思考，摈弃一种将其视为"博物馆"里文物的心态，进而形成新的历史叙事与政治叙事，使之成为思考中国未来发展的理论资源，这是一件十分迫切也十分有意义的时代课题。

钱穆的历史教育论表微

钱穆（1895—1990）的著作在今天不断再版，非常流行，堪称各行各业的人们了解中国历史的重要凭借。如果说《国史大纲》一书乃钱穆的代表作的话，那么翻开这本书的第一页，会看到这样一段话：

> 一、当信任何一国之国民，尤其是自称知识在水平线以上之国民，对其本国已往历史，应该略有所知。
>
> 二、所谓对其本国已往历史略有所知者，尤必附随一种对其本国以往历史之温情与敬意。
>
> 三、所谓对其本国已往历史有一种温情与敬意者，至少不会对其本国已往历史抱有一种偏激的虚无主义，亦至少不会感到现在我们是站在以往历史最高之顶点，而将我们当身种种罪恶与弱点，一切诿卸于古人。
>
> 四、当相信每一国家必待其国民具备上列诸条件者比较渐多，其国家乃再有向前发展之希望。[1]

钱穆此书撰于抗战初期。那一时期的形势，中国国运俨然不绝如缕。当时大后方不少国民党大员与主流知识分子对于抗战前途备感悲

---

[1] 钱穆：《凡读本书者请先具下列诸信念》，《国史大纲》上册，台北：台湾商务印书馆1995年版，第1页。

观，手握大量文化资源如胡适者，也和“低调俱乐部”的成员眉来眼去、志同道合。国统区政治实践者的政治德性，在此刻显得不堪闻问。或许是有感于此，《国史大纲》虽然肇始于自己长期在北京大学讲授“中国通史”的讲稿，但钱穆心中所预设的主要读者，似乎并非在大学历史系就学、工作的专业研究者。因此他开篇就对“知识在水平线以上之国民”喊话，呼吁后者应对中国历史“略有所知”。他坚信，只有达到这一标准的国民数量越来越多，“其国家乃再有向前发展之希望”。由此可见，关于广义的“历史”，钱穆所重视的是历史教育，即将什么样的历史知识，用什么样的方式传授给“一国之国民”。也正因为这样，在完成《国史大纲》之后，钱穆的许多著作都来源于他在各种场合所做的演讲汇编，其意涵就在于从不同的角度向“知识在水平线以上之国民”进行历史教育。像《先秦诸子系年》这样的考据之作，他几乎再也没有涉足。

20世纪中国史学的转型，很大一部分内容就是关于历史教育问题的论争，这与近代中国被卷入19世纪以降的资本主义全球体系息息相关。面对列强环伺的局面，中国人需要重新在时间与空间上进行自我定位，同时重塑一整套符合近代民族国家标准的知识体系，形成稳固的国家认同与民族认同。其中，历史知识显得尤为重要。钱穆本人十分推崇梁启超，认为后者以新眼光“为一般中国人介绍一批标准的有意义有价值的中国书，使从此认识了解中国文化的大义和理想，而可能在目前中国的政治、社会各方面都有其效益与影响”。[1]不过梁启超在中国现代学术史、思想史上更大的影响在于他积极倡导“新史学”。梁氏指出：

史学者，学问之最博大而最切要者也，国民之明镜也，爱国心之源泉也。今日欧洲民族主义所以发达，列国所以日进文明，史学

[1]　钱穆：《近百年来诸儒论读书》，《学龠》，北京：九州出版社2011年版，第142页。

之功居其半焉。然则但患其国之无兹学耳，苟其有之，则国民安有不团结，群治安有不进化者？[1]

在晚年所撰的《中国历史研究法》中，他更是直言：

今日所需之史，则“国民资治通鉴”或“人类资治通鉴”而已。史家目的，在使国民察知现代之生活与过去未来之生活息息相关，而因以增加生活之兴味，睹遗产之丰厚，则欢喜而自壮；念先民辛勤未竟之业，则矍然思所以继志述事而不敢自暇逸；观其失败之迹与夫恶因恶果之递嬗，则知耻知惧，察吾遗传性之缺憾而思所以匡矫之也。[2]

在撰写《新史学》期间，梁启超还发表了一系列审视20世纪初期国际局势的文章，如《灭国新法论》《世界将来大势论》《国家命运论》《论民族竞争之大势》等，揭示出彼时列强进行全球资本主义扩张的政治与经济逻辑，以及帝国主义国家对落后地区或显或隐的操控之术。[3]他意在警示中国人，如果不了解这些基本的世界大势，那么将很难真正掌握救亡之术，使中国摆脱危局，走向独立富强。之所以要倡导“新史学”，之所以要编写新时代的“国民资治通鉴”，就是以这样的时代意识为根基，向广大民众进行基本的历史教育，让历史成为“国民之明镜”，受到教育的国民能“念先民辛勤未竟之业，则矍然思所以继志述事而不敢自暇逸”，爱国之心油然而生，通过不懈奋斗，让中国“日进文明”。

[1] 梁启超：《新史学》，吴松等点校：《饮冰室文集点校》第3集，昆明：云南教育出版社2001年版，第1628页。

[2] 梁启超：《中国历史研究法（正补编·新史学合刊）》，台北：里仁书局1984年版，第47页。

[3] 关于这一点，参见汪晖：《世纪的诞生——20世纪中国的历史位置（之一）》，《开放时代》2017年第4期，第15—21页。

就此而言，在现代中国，历史的重要性，很大程度上乃历史教育的重要性。

在这个意义上，钱穆充分继承了梁启超的思考。他在《国史大纲》中认为“中国为世界上历史最完备之国家”，历史典籍非常丰富，但是“中国最近，乃为其国民最缺乏国史智识之国家”。[1]言下之意即强调现代中国的历史教育出现很大问题，不能提供给广大国民符合时代需求的历史知识。钱穆十分担心缺少历史知识所造成的不良后果：

> 若一民族对其以往历史无所了知，此必为无文化之民族。此民族中之分子，对其民族，必无甚深之爱，必不能为其民族真奋斗而牺牲，此民族终将无争存于并世之力量。[2]

在这里，“无历史”并非指历代典籍被毁于一旦，而是指历史教育出现重大弊病，导致人民群众没有合适的历史知识。而在钱穆看来，这种历史知识能保证国人在现代世界形势中“争存”。这凸显出在对国际局势的理解上，他同样充分继承了梁启超的观点——正因为国与国之间充斥着竞争与搏斗，所以才需要“争存”。就此而言，是否具备良好的历史知识就与中国的前途命运联系起来了。从这个角度出发，或许可以进一步理解、分析钱穆关于历史教育问题的论述。

一、历史知识诸要素

梁启超在20世纪初期强调“新史学”的重要性。在他的论述里，

[1] 钱穆：《国史大纲》上册，引论第1页。
[2] 钱穆：《国史大纲》上册，引论第2页。

欲求史学之“新”，则必须先批判中国的“旧史学”。他抨击中国传统史学乃“二十四姓之家谱也”，致使“从来作史者，皆为朝廷上之君若臣而作，曾无有一书为国民而作者也”。[1]如果说现代性的表现之一是大众政治的兴起，那么在梁启超笔下，中国传统史籍几乎不能提供给广大国民任何有用的历史知识，作为知识门类的中国历史是否具有基本合法性也成为一个巨大的疑问。所以在梁启超的影响下，时人经常感叹“中国无史矣”。[2]

基于此，既然历史知识是现代国民必须具备的基本素养之一，那么在梁启超看来，如果说历史知识也是一种“常识”的话，对于“常识”的界定就应如是：

> 然则常识竟无标准乎？曰：有之。凡今日欧美、日本诸国中流以上之社会所尽人同具之智识，此即现今世界公共之常识也。以世界公共之常识为基础，而各国人又各以本国之特别常识傅益之，各种职业人又各以其本职业之常识傅益之，于是乎一常识具备之人出焉矣。[3]

在这里，他认为中国人所需要的“常识”，首先是存在于欧美及日本中上层社会之中的“常识”，然后才到本国的相关知识。梁氏自言之所以如此界定，是因为“个人而常识缺乏，则其人不能自存于世界；一国之人而皆常识缺乏，则其国不能自存于世界。此自然之数、必至之符，无可逃避者”。[4]但在这样的逻辑下，既然中国的历史记载皆

---

[1] 梁启超：《新史学》，吴松等点校：《饮冰室文集点校》第3集，第1629页。
[2] 邓实：《史学通论一》，《政艺通报》第12期第23张。
[3] 梁启超：《说常识》，吴松等点校：《饮冰室文集点校》第2集，第742页。
[4] 梁启超：《说常识》，吴松等点校：《饮冰室文集点校》第2集，第743页。关于梁启超对于“常识”的具体认识及其实践，参见夏晓红：《梁启超的“常识”观》，《天津社会科学》2014年第1期，第109—122页。

为“二十四姓之家谱”，这岂不在暗示其不能成为国民必备的“常识”么？而如果只对“世界公共之常识”感兴趣，那么中国之所以为中国的特征又在哪里？中国会不会渐渐成为一个无具体所指的抽象概念？并且这种“世界公共之常识”，其形成过程离不开近代西方资本主义的全球扩张，其之所以能成为“公共”，说到底与近代全球政治经济的巨大变动息息相关。如果没有对这一过程进行学理上的追问，没有用新的形式将中国历史知识在国民教育中予以实践，则中国国民的“国民之明镜也，爱国心之源泉也”又从何而生？

从清末民初教育变迁的角度来看，梁启超的这些观点影响极为深远。[1]而钱穆关于历史知识与历史教育问题的论述，很大程度上就是从反思这些观点出发。1933年，钱穆在自己的大力争取下，被允许独自一人在北京大学完整讲授“中国通史”课程。[2]从这时起，他开始较为系统地思考什么样的历史知识是现代中国国民所必备的。

对此，钱穆在发表于1936年的一篇文章中指出：

> 一往不变者，乃历史之“事实”。与时俱新者，则历史之“知识”。中国历古相传之史籍，使其与现代种种问题有其亲切相联之关系，从而指导吾人向前，以一种较明白之步骤。此等历史知识，随时代而与化俱新；固不能脱离以往之史料，惟当在旧存之史料中耐心检览。今日中国处极大之变动时代，需要新的历史知识为尤亟。凡昔人所宝贵获得之知识，吾人或嫌不切当前需要；而我人之所欲探索寻求者，昔人或未必注意及之。故中国虽为历史最完备之国家，而今日之中国，却为最缺乏历史知识，同时最需要

[1]　在清末，章太炎曾经提出另一种对于“常识”的定义，强调对于中国人而言，中国的历史与现状才是最主要的“常识”，但影响其实极为有限。参见王锐：《〈教育今语杂志〉与章太炎的学术实践》，《现代中文学刊》2018年第1期，第96—97页。

[2]　钱穆：《八十忆双亲 师友杂忆》，北京：三联书店2005年版，第164页。

整理以往历史知识之时期。[1]

可以看到，钱穆将中国历代史籍以“史料”视之，其隐藏的意涵就是认为它们的内在文本逻辑与价值意义在今天需要重新予以审视，不能率由旧章，只能作为有待后人整理的材料，从中形成新的历史叙事，作为“随时代而与化俱新”的基本历史知识。这种思考方式，其实与梁启超在《新史学》一文里对中国旧史的批判态度在逻辑上有些许相似之处。不过他却认为当时中国十分缺乏用来进行历史教育的“历史知识”，正是由这一点出发，他与梁启超式的论述之巨大差异凸显出来。

钱穆认为现代中国处于“极大之变动时代”，这种“变动”在教育领域的最明显表现就是伴随西力东侵而来的西学东渐。从学制设定、学科划分到教材内容，时人基本是在努力与自己所理解的域外状况接榫。而这恰恰是钱穆所担心的。在发表于1937年的《历史与教育》一文里他批评：“中国现在的教育，似乎只有留学教育而无国家教育”，因为“国家教育的最高责任，早就托付在外国。全国青年的最高希望，亦是归宿于外国”。[2]对于当时教育领域中的西化现象之批评，其实并非钱穆一人如此，但他更为在意的是在此风潮下中国的历史教育可能出现重大弊病：

中国人研究中国史，尤其是中国国家教育其国民的“本国史”科目，其态度和意味，应该与外国人眼光中的中国史，以及外国学校里讲述到的中国史，绝不相同。此所谓不同者，并非抹杀历史事实，或伪造历史事实之谓。而是历史事实上之轻重、先后、大小、缓急之分。尤其是映照在事实上的一点感情之有无或向背之分。现

[1] 钱穆：《略论治史方法》，《中国历史研究法》，北京：九州出版社2011年版，第146—147页。

[2] 钱穆：《历史与教育》，《中国历史研究法》，第161页。

在中国教育界对其本国史，正可谓无情感，甚至抱有一种相反的恶情感。对其本国史的态度，不幸而令人疑其像是一个外国人。这正是现中国人所极端崇拜的所谓“客观主义”，而并不是像一个中国人在指导其本国青年所应具备的本国史智识。[1]

新文化运动以降的史学思潮，强调历史研究中的客观性。曾经留学德国的傅斯年于1928年创办中央研究院历史语言研究所，其主旨即在“客观地处理实在问题”。而之所以选择研究中国历史，在傅斯年看来也只是由于“中国的材料到我们的手中方便些”，以及“这些材料或已经有了些研究，以后堆积上研究去方便些”，并非因身为中国人故对本国史特别重视。[2]今人时常论证傅斯年如何受到被视为现代实证主义史学先驱的兰克影响，但在历史教育方面，当兰克于1854年向巴伐利亚国王马克西米利安二世做历史讲座时，他却强调要充分理解历史上的“主导理念”，即“在每一个时代中占统治地位的趋势”，而“历史学家应该区分各个时代中的大趋势并展示人类的伟大历史”，进而认识到“国家主权是体现着时代趋势的”。[3]显而易见，这样的思路哪里是傅斯年等人所理解的“客观”？

因此，在很大程度上钱穆反而具有类似于兰克的观点。他强调中国教育中的“本国史”应该体现出对于作为主权国家的中国的基本感情，并且能有效地将这种感情影响于受教者。从史学规范上来说，历史教育并非为了体现感情而刻意扭曲史实，但当下更为严峻的问题是在历史教育中严重缺乏这一基本感情。钱穆认为中国人教中国史应有别

[1] 钱穆：《历史与教育》，《中国历史研究法》，第162页。

[2] 傅斯年：《历史语言研究所工作之旨趣》，欧阳哲生编：《傅斯年文集》第3卷，北京：中华书局2017年版，第10—11页。

[3] ［德］兰克著，杨培英译：《历史上的各个时代——兰克史学文选之一》，北京：北京大学出版社2010年版，第9、167页。

于域外汉学或中国学式的观点与立场，通过讲授国史，让广大国民对于中国有一个具体而生动的认识，使历史知识能充分契合当下中国的处境，进而形成基本的国家与文化认同。正像兰克所揭示的，"如果没有对现在的熟悉，那么对过去的知识也是不完全的"。[1]但钱穆或许未曾料到，如今在大众阅读与教学参考方面，各种海外中国学著作与通史著作十分流行，有视中国为张牙舞爪之帝国者，有运用解构主义拆解中国史叙事者，还有以19世纪的"文明等级论"视角卑视中国历史者。他所担忧的"对其本国史的态度，不幸而令人疑其像是一个外国人"，在这样的大众传播与阅读风气下，就绝非无中生有之论。

正如毛泽东所批评的，五四新文化运动的一个弊病在于"对于现状，对于历史，对于外国事物，没有历史唯物主义的批判精神，所谓坏的就是绝对的坏，一切都坏；所谓好的就是绝对的好，一切都好"。[2]因此，这一运动伴随着激烈的反传统主义。当钱穆写下上述思考的时候，文化界正风行"全盘西化"的论调。[3]钱穆担心在此风气下的历史教育，会导致"全国各知识界，乃至各界领袖分子，于其本国以往之文化与历史，全不认识。试问从何而生了解？既不了解，更何从而有感情？然则其对于本国民族与文化传统之爱护，何能望其深切而真挚？"[4]因此，在历史教育中就要大力扭转此弊。如果说近代中国历史教育之根源在于近代的"新史学"运动，那么在钱穆看来：

> 中国新史学之成立，端在以中国人的眼光，来发现中国历史

[1] [德]兰克著，易兰译：《历史、政治及哲学之间的关系》，《世界历史的秘密：关于历史艺术与历史科学的著作选》，上海：复旦大学出版社2012年版，第152页。

[2] 毛泽东：《反对党八股》，《毛泽东选集》第3卷，北京：人民出版社1991年版，第832页。

[3] 关于当时"全盘西化"思潮的来龙去脉，参见赵立彬：《民族立场与现代追求：20世纪20—40年代的全盘西化思潮》，北京：三联书店2005年版。

[4] 钱穆：《略论治史方法》，《中国历史研究法》，第148页。

> 自身内在之精神，而认识其已往之进程与动向。中国民族与中国文化最近将来应有之努力与其前途，庶亦可有几分窥测。[1]

真正符合当下中国境况的“新史学”，应该是借由挖掘影响历史进程的关键点，用历史叙事的方式，彰显出中国未来“应有之努力与其前途”。虽然钱穆并不像胡适、傅斯年等人刻意凸显与西学接轨，但他的思考却与现代西方历史学与历史教育的发展路径若合符节。如果说源自近代西方的现代性诸面向深刻影响着世界进程，那么钱穆反复提及中国处于“极大之变动时代”，他也确实洞察到了这个时代所体现出来的文教特征。1865—1885年间，同样被视为现代史学先驱的布克哈特在瑞士巴塞尔大学讲授历史。他声称：“我们的主题是那种显然关乎当今、关乎未来的过去，我们的指导思想是文明的进程”，因此“我们自己的时代和文化与之一脉相承的那些历史事实的确应该特别加以强调”。[2]现代东西著名史家对于时代特征的深刻把握，于此可见一斑。而历史教育也必须契合于这样的时代观察。

本乎此，在发表于1937年的《如何研究中国历史》一文里，钱穆认为现代历史知识当中，“历代政制”应为重点：

> 希望有志于研究中国史的，多注意于其历代政制的演变上。但我们要研究政治制度，不可不连带注意到其背后的政治理想；我们要研究某一时代的政治理想，又不得不牵连注意到其时一般学术思想之大体。所以我希望有志研究中国史的，应多注意于中国历代学术思想之演变。与制度、学术有关系的，我又希望能多注意于历代人物的活动。“学术”“制度”“人物”三者相互为用，可以

[1] 钱穆：《略论治史方法》，《中国历史研究法》，第145—146页。

[2] （瑞士）布克哈特著，刘北成、刘研译：《历史讲稿》，北京：三联书店2009年版，第2页。

支配一时代的历史。[1]

众所周知,中国传统史籍中对政治制度与政治事件有大量记载,中国历史之所以能延续不断,主要在于华夏文明具有十分丰厚的国家治理与地方治理经验,能够维系、光大作为政治与文化共同体的中国。而在近代中国,中国历史所遭受的最大冲击也正是华夏传统政治制度被不断非议,特别是清末士人把“专制”概念从日本转译过来,用以定义古代制度,致使中国古代国家治理的大量实践不再具有历史与现实的合法性。[2]按照梁启超的说法,历史教育要成为“国民之明镜”,那么在“专制”话语的笼罩之下,中国历史很大程度上就只有负面意义,而无正面价值。因此,如何通过历史教育来培养国民的爱国情感,在实践层面就必须处理如何论述中国“历代政制的演变”,以及典章制度背后的学术思想与实践这套典章制度的人。一言以蔽之,在现代历史知识中,政治史知识实为重中之重。

钱穆的这番认识,除了对于时代大势的观察,还与他的个人经历有关。20世纪30年代,钱穆想在北京大学开设“中国政治制度史”一课,却遭到实际把控系务的傅斯年反对,后者认为中国古代制度只是“君主专制”,没什么值得讲授的。钱穆辩称:“言实际政治以前制度可不再问。今治历史,以前究属如何专制,亦当略知,乌可尽置之不问。”[3]却仍不被傅氏应允。最终反而是北大法学院认为该课值得讲授,让钱穆去政治系开设该课。可以设想,如果说当时的北大是培养未来全国各行各业领袖的地方,那么在这样的历史教育风气下,莘莘学子极有可能流于钱穆所担心的那样,“于其本国以往之文化与历史,全不认识。

[1] 钱穆:《如何研究中国历史》,《中国历史研究法》,第159页。

[2] 关于“专制”这一话语在近代中国的传播,参见侯旭东:《中国古代专制的知识考古》,《近观中古史——侯旭东自选集》,上海:中西书局,2015年,第310—343页。

[3] 钱穆:《八十忆双亲 师友杂忆》,第162页。

试问从何而生了解？既不了解，更何从而有感情？”因此，如何把中国古代政治讲清楚，祛除笼罩在历史认知上的各种迷障，关乎未来中国人能否具备良好的价值观与政治素养。

犹有进者，既然涉及政治，则不得不讨论参与政治的人。对此钱穆主张：

> 就人事部分而论，“人物”自为其重要之一端。人物即是有力推动人事的，而人事随着人物转移。注重人物，应该能识别其“贤愚”“忠奸”。人物的贤愚忠奸，影响到人事之成败利害。任何一个时期人事的最后责任，即属于其时代之人物；人物应切实负人事之重责。当知东方文化亦足自存，封建社会亦可图强，只有全国人的思想上，没有辨别贤愚忠奸的习惯，不能痛切感觉个人对国家社会应有之责任，则是一个不可救药的死症。[1]

按照现代史学的“规范”，古代史籍当中对于人物的忠奸贤愚之辨极易被看作“落后”之物，但如果把政治史视为历史教育的主要内容，那么就不能忽视告诉受教者如何分辨政治行为之良莠，如何培养他们具备良好的政治品格。按照施特劳斯的说法，史学首先是“政治史学”，它强调“政治活动及其重要”，要探讨何谓“最佳政制”，要叙述为了维系庞大政治共同体而进行“最伟大的奋斗”的“政治生活”，从而让参与公共生活的人具有政治德性与政治智慧。[2]借用这一观点，钱穆之所以强调要在传授历史知识的过程中分辨历史人物的贤愚忠奸，就是着眼于未来政治参与者是否能拥有爱国家、爱人民的优良品质。

---

[1]　钱穆：《历史与教育》，《中国历史研究法》，第166页。

[2]　［德］施特劳斯著，彭磊译：《修昔底德：政治史学的意义》，［美］潘戈编，郭振华等译，叶然校：《古典政治理性主义的重生——施特劳斯思想入门》，北京：华夏出版社2017年版，第128页。

特别在这一西学大量涌入，中国传统遭受巨大危机的时代里，年轻一代通过历史知识认识到何谓“忠”，何谓“贤”，也就能渐渐汲取中国古代政治中的优秀传统，承担“对国家社会应有之责任”，成为新的政治担当者。从反面来说，钱穆如是设问：

> 若将来中国的青年，只知今日的郑孝胥是一个书法家或诗人，而不知其在“满洲国”做些什么勾当；或是我们将来中国的教育家，只教青年知道郑苏戡是一位民国的诗人或书法家，而不向他们讲他在东三省的一段丑历史；试问大家对此感想如何？此等历史知识要得要不得？此等历史教育，该当不该当？[1]

今天盛行关于吃喝玩乐的“新文化史”，盛行在貌似“价值中立”的幌子下挖掘近代“知识人”的所谓“困境”。在此局面下，再来看钱穆这段话，也许更能体会到他的深刻洞见。而历史教育一旦沦落到这般境地，或许才真是国家民族的悲哀。就此而言，钱穆对于历史知识的反复辨析，值得予以充分重视。

二、通史编撰与历史教育

钱穆晚年回忆自己在北京大学讲授“中国通史”的经历时提及，当时国民政府规定“中国通史”为各大学必修课，但在北大，中国通史课常由几位教师按照时代划分各自讲授，对此钱穆批评“我们的通史课实一大不通”，因为“我今天在此讲，不知前一堂何人在此讲些什么，又不知下一堂又来何人在此讲些什么。不论所讲谁是谁非，但彼此实无一条线通贯而下。诸位听此一年课，将感头绪纷繁，摸不到要领”。[2]

[1] 钱穆：《历史与教育》，《中国历史研究法》，第168页。
[2] 钱穆：《八十忆双亲 师友杂忆》，第164页。

几经交涉之后，北大校方终于同意让钱穆独自一人担任“中国通史”的授课教师。

这段回忆十分清楚地表明钱穆对于中国通史的理解。所谓“通史”，并不是将古今历史知识通盘讲授给学生，增加历史教育中的知识积累。而是要通过有头绪、有线索、有主旨的讲授，让听者能够对中国历史的来龙去脉形成一以贯之的整体认知，在历史教育中培养成体系的历史思维方式与历史价值观。而欲收此效，在知识载体上就需要有一部合适的“中国通史”著作，作为日常国民历史教育的主要凭借。关于这个问题，1934年钱穆在为夏曾佑撰于清末的《中国古代史》写书评时指出：

> 以中国疆域之广大、种姓之复杂、年代之悠远，而史乘完备，举世无匹。一部二十四史，从何说起，宜乎令人有汪洋向若之叹。今又值旷古未有之新局，民族存亡绝续之交，新旧之嬗递，方不知蜕获之所届。鉴古知今，端赖历史。今日所缺，则并非以往积存历史之材料，而为今日所需历史之知识。良以时代变则吾人所需历史之知识亦变。古来历史亦时时在变动改写之中。今日所急需者，厥为一种简要而有系统之通史，与国人以一种对于已往大体明晰之认识，为进而治本国政治、社会、文化、学术种种学问树其基础，尤当为解决当前种种问题提供以活泼新鲜之刺激。[1]

由这段话可以看到，前文所征引的《国史大纲》开篇之语，钱穆早在1934年就已有类似的见解。钱穆之所以强调需要一部新的通史为广大国民提供“今日所需历史之知识”，其隐含的一个前提就是认为中

---

[1] 钱穆：《评夏曾佑中国古代史》，《中国学术思想史论丛（九）》，北京：九州出版社2011年版，第251—252页。

国古今之间的延续性大于断裂性。只有承认现代中国的各种特征是充分继承了古代中国的种种遗产，并且这种遗产绝非仅是消极负面，而是在列国林立的时代里彰显中国之所以为中国，能为今人提供历史智慧与政治智慧，使之大体明晰各项典章制度、学术思想、社会伦理、乡里实践的渊源与流变，才能“为进而治本国政治、社会、文化、学术种种学问树其基础，尤当为解决当前种种问题提供以活泼新鲜之刺激”。如果历史教育中缺少基本的通史教育，那么将很难形成整体的中国认识，以及培养思考问题时由中国自身状况出发的习惯。对此钱穆警告世人：

> 但是要吸收外面的养料，却不该先破坏自己的胃口。近代的中国人，也有笑林文忠为顽固糊涂，捧耆善、伊里布为漂亮识大体的。这无异于站在外国人的立场，代表外国人说话。中国人自己不知道中国事，便不爱中国。不知道中国、不爱中国的人，如何算得上是一个真正的中国人！事实上是一个真正的中国人，而理论上却又决不能算他是一个中国人，如此般的人，到处皆是，岂不可痛？岂不可惊？[1]

钱穆的这段话，很明显是针对当时出版《中国近代史》这一被今人不断赞誉的“通史”著作，与国民党官方联系紧密的“自由主义者”兼近代史专家蒋廷黻而言的。从著作体裁上看，蒋廷黻的书自然也算是一种“通史”，但在钱穆看来，蒋氏为了凸显近代中国的变局，大概比较缺少对中国历史传统的基本感情，所以就会从单纯的现实利害角度出发，用一种貌似“客观”的语气认为：

> 外交的元素不外“理”与“势”。鸦片战争的时候，中英各执

[1] 钱穆：《历史教育几点流行的误解》，《中国历史研究法》，第175页。

其理,各是其是。故中英的问题,论审势,论知己彼的功夫,琦善无疑地远在时人之上。[1]

在这里,蒋廷黻的逻辑是只谴责“彼时中国不明国际公法及国际的惯例”,[2]却无意进一步去追问这种“公法”与“惯例”形成、辐射的历史过程,更未从中国的角度出发去追问鸦片战争期间英国的所作所为是否侵害了中国与中国人的基本利益。正因为缺少了这些思考,蒋廷黻才会觉得“鸦片战争的时候,中英各执其理”。钱穆担心,这样的历史叙事一旦借教育之力成为时代风气,那么很可能会导致各种“不爱中国”的人占据各行各业的位置,影响到政治社会之运转。

其实在近代,正是由于中国历史传统遭受巨大冲击,各种域外价值不断涌入中国,亲近域外成为一些中国人形成自我定位的重要标准。流弊所及,很容易出现钱穆所论的“站在外国人的立场,代表外国人说话”之现象。其实这也并不只是向国民党政权靠拢的蒋廷黻等人如此。据时人回忆,毛泽东曾如是批评“言必称希腊(苏联)”的王明:“问题的关键、症结之所在,就是他对自己的事(指中国革命问题)考虑得太少了,对别人的事却操心得太多了!”[3]无独有偶,与钱穆集中思考历史教育和历史知识大致同一时期,正在致力于将马克思主义中国化的毛泽东也在强调要将“爱国主义和国际主义结合起来”,要认识到“今天的中国是历史中国的一个发展;我们是马克思主义者的历史主义者,我们不应割断历史。从孔夫子到孙中山,我们应当给以总结,继承这一份珍贵的遗产”,形成具有“中国作风与中国气派的”

[1] 蒋廷黻:《琦善与鸦片战争》,《中国近代史新编》,北京:中华书局2016年版,第190页。

[2] 蒋廷黻:《琦善与鸦片战争》,《中国近代史新编》,第169页。

[3] 师哲口述,李文海著:《在历史巨人身边:师哲回忆录》,北京:九州出版社2015年版,第195页。

革命理论。[1]在这一号召下，师从太炎门生黄侃，具有深邃旧学功底的范文澜，在延安组织同好编撰中国通史。1939年在修改周扬的一篇文稿时，毛泽东把文稿中的“老中国”改为“自己的中国”“自己民族自己国家”，并在旁批注：“单拿一个旧字来表现一切，不妥。”[2]今天已很难考证钱穆是否知晓当时延安的这些学术思想活动，但由此可以看到，真正从中国立场出发思考问题的人，虽然在实践层面存在差异，但在历史危局里努力弘扬爱国主义、维系国家民族认同方面，具有不小的共性。

1943年，钱穆撰文纪念刚去世不久的史家张荫麟。后者也立志于撰写通史，可惜英年早逝，其遗著《中国史纲》只写到汉代。钱穆通过缅怀张氏，进一步论述自己心目中理想的通史体例：

> 凡一历史事件，莫不有其相当之持续性，而其间复有积极、消极之分。积极者，乃此历史大流之主潮；消极者，乃此历史大流之漩洑。更有泡沫浪花，虽亦历史大流之一相，而实无当于大体。然则为吾中国历史之主要大流者何？曰：此必为吾国家民族文化之绵历与发皇，吾国家民族文化之奋斗与争存。舍此皆不足以当吾历史之主流。此一事活跃现在，而自有文字记载以来，辜较言之，得此总纲，则千条万缕，纵经横纬，无不入扣。故研究历史者，其最要宗旨，厥为研究此当前活跃现在一大事，直上直下，无过去，无将来，而一囊括尽。非此不足以语夫历史研究之终极意义而克胜任愉快。[3]

---

[1] 毛泽东：《中国共产党在民族解放战争中的地位》，《毛泽东选集》第2卷，第520、534页。

[2] 陈晋：《毛泽东阅读史》，北京：三联书店2014年版，第99页。

[3] 钱穆：《中国今日所需的新史学与新史家》，《中国历史研究法》，第183页。

可见，理想的中国通史是能够在历史叙事当中凸显出“中国历史之主要大流”，告诉读者“吾国家民族文化之绵历与发皇，吾国家民族文化之奋斗与争存”，让广大国民能够充分吸收国家民族文化的优良品质，为未来中国继续“奋斗”与“争存”。钱穆回忆童年时代所受的小学教育，老师常以“欧洲英法诸国”之状况来警醒学生，并认为中国历史“走上了错路”。这让钱穆深感“东西文化孰得孰失，孰优孰劣，此一问题围困住近一百年来之全中国人”。[1]而历史教育的主要任务之一就是通过完整讲授有主旨、有脉络的中国通史，帮助人们认清这一问题的本质，并借由回溯中国历史的发展进程，从中寻找解答这一问题的理论资源。

正因为有着这样的考虑，在那部对广大国民喊话的《国史大纲》里，钱穆在全书结尾处强调：

> 文化与历史之特征，曰“连绵”，曰“持续”。惟其连绵与持续，故以形成个性而见为不可移易。惟其有个性而不可移异，故亦可谓之有生命、有精神。一民族文化与历史之生命与精神，皆由其民族所处特殊之环境、所遭受特殊之问题、所用特殊之努力、所得特殊之成绩，而成一种特殊之机构。一个民族所自有之政治制度，亦包融于其民族之全部文化机构中而自有其历史性。所谓“历史性”者，正谓其依事实上问题之继续而演进。问题则依地域、人事种种实际情况而各异。一民族政治制度之真革新，在能就其自有问题得新解决，辟新路径。不管自身问题，强效他人创制，冒昧推行，此乃一种“假革命”，以与自己历史文化生命无关，终不可久。[2]

---

[1]　钱穆：《八十忆双亲 师友杂忆》，第46页。

[2]　钱穆：《国史大纲》下册，第911页。

在钱穆眼里，由中国通史叙事所彰显的民族文化与历史生命，最终要能为“政治制度之真革新”提供参考，教育社会的实践者们在变革时代里能充分认识到“自身问题”之所在，开辟一条符合中国自身发展轨迹的“新路径”。而非教条主义地简单搬用域外理论，以至于忽视中国现实，人为地制造出许多“假问题”。他在发表于1940年的一篇文章里批评道：

> 我常细听和细读近人的言论和文字，凡是有关主张改革现实的，几乎无一不牵涉到历史问题上去，这已充分证明了新的改进，不能不有旧的认识。只可惜他们所牵涉到的历史问题，又几乎无一不陷于空洞浅薄乃至于荒谬的境界。这是事实告诉我们，我们这一时代，是极需要历史知识的时代，而又不幸是极缺乏历史知识的时代。[1]

韦伯在1895年发表的就职演讲中强调，作为新兴国家的德国要在政治经济实践中培育“政治成熟性”，即“能够把握本民族长远的经济政治‘权力’利益，而且有能力在任何情况下把这一利益置于其他任何考虑之上”。因此，“对我们每个人来说，最严肃的责任莫过于自觉地意识到这个政治教育的任务并在我们自己的专业领域致力于民族的政治教育”。[2]在这个意义上，钱穆所倡导的历史教育其实也正是一种契合于中国现实的“民族的政治教育”。他著于抗战时期的《国史大纲》，包括后来的《中国历代政治得失》这样的通史著作，无疑堪称与之配套的民族政治读本。

---

[1] 钱穆：《革命教育与国史教育》，《文化与教育》，北京：九州出版社2011年版，第254页。

[2] ［德］马克斯·韦伯著，文一郡、甘阳译：《就职演说：民族国家与经济政策》，甘阳选编：《民族国家与经济政策》（修订译本），北京：三联书店2018年版，第108、117页。

三、历史教育与世界视野

20世纪中国“新史学”运动的兴起，在内容上离不开对于近现代世界变迁的探索与分析，希望通过研究历史准确地把握当代国际政治经济的基本特征，从中国自身的角度出发，形成一套分析寰宇形势的理论。梁启超在1901年就明白指出：

> 自乾隆末年以至于今日，是为世界之中国，即中国民族合同全亚洲民族，与西人交涉竞争之时代也；又君主专制政体渐就湮灭，而数千年未经发表之国民立宪政体，将嬗代兴起之时代也。次时代今初萌芽，虽阅时甚短，而其内外之变动，实为二千年所未有。[1]

既然要与“西人交涉竞争”，而不是甘心于被殖民被压迫，那么就必须具有一定的国家意识与民族意识。1936年章太炎去世，钱穆撰文纪念，称其学术特色为“民族主义之史学”“文化主义之史学”“平民主义之史学”，许为“能真为民族文化爱好者，诚近世一人而已”。[2]其实钱穆这些称赞章太炎的话语，很大程度上也是他对于自己学术主张的基本定位。他回忆抗战期间自己任教于成都华西大学时，

> 又一日，冯芝生（按：即冯友兰）忽自重庆来成都，华西坝诸教授作一茶会欢迎，余亦在座。不知语由何起，余言吾侪今日当勉做一中国人。芝生正色曰，今日当做一世界人，何拘拘于中国人

[1]　梁启超：《中国史叙论》，吴松等点校：《饮冰室文集点校》第3集，第1627页。

[2]　钱穆：《余杭章氏学别记》，《中国学术思想史论丛（八）》，合肥：安徽教育出版社2004年版，第336、339页。

为。余曰，欲为世界人，仍当先作一中国人，否则或为日本人美国人均可，奈今日恨尚无一无国籍之世界人，君奈之何。芝生无言。漱溟语不忘国，芝生自负其学，若每语必为世界人类而发。但余终未闻其有一语涉及于当前之国事。[1]

这里所谓的“世界人”，离不开一套对于中国与世界的基本认知。从哪个立足点去看世界，更需要进行一番知识上的拷问。在钱穆看来，假如连当一个合格的中国人都称不上，哪还谈什么“世界人”，特别是在抗战时期，国难当头，如果未有“一语涉及于当前之国事”，对中国自身的问题视而不见，不图救亡富强之道，却只是大而化之地“为世界人类而发”，那么很有可能只是在发表某种欺人哗世之论。

因此，历史教育另一个希望达到的目的，就是让人们在了解中国历史渊源流变的同时，能够正确地从中国的立场出发去认识世界，特别是对中国在世界上的位置有一个清晰的认识与判断。对此钱穆指出：

民国以来之中国人，一面既厌弃昧失其自本自根之旧历史，故一面虽面对世界，而亦不能认识其真相。此由目眩神昏，故视而不见。欲复苏其神智，则当先从大漩涡中救出，使能卓然自立，勿再任此狂涛怒浪吞咽挟卷而去。然而此狂涛之流力过猛，使人虽欲自拔而不获。中国人民失足倒入此极险恶之漩涡中，则几已百年于此矣。[2]

依他之见，如果对中国历史模糊不清，那么也很难洞察世界大势，因为中国古今状况是现代中国人形成世界视野的立足点。据钱穆回

[1] 钱穆：《八十忆双亲 师友杂忆》，第243—244页。

[2] 钱穆：《新时代与新学术》，《文化与教育》，第97页。

忆，抗战期间傅斯年曾如是评价他："向不读钱某书文一字。彼亦屡言及西方欧美，其知识尽从读《东方杂志》得来。"[1]但从钱穆的视角来看，尽管傅斯年，包括傅斯年十分服膺的胡适，曾经留学欧美，在表面上屡受西洋文明熏陶，但在他们的受教过程中恰恰缺少符合现代中国需要的历史知识，致使面对世界大势"目眩神昏"，终而"失足倒入此极险恶之漩涡中"。钱穆相信，通过良好的历史教育，国人对中国历史与文化产生深厚感情，认清中国的时代症结，知晓本国利害所在，这非但不会有碍于放眼世界，反而由于在知识积累上能够"卓然自立"，更易于对世界形势有较为客观、冷静的分析。

按照钱穆的历史视野，欲探究现代世界形势，必须先对近代中国的历史变局有较为清晰的认知，在近代中西交涉的背景下来理解西方列强的基本行为逻辑。他认为：

> 西洋中古时期的耶稣教，本已包揽着许多政治社会上的尘世事务。海通以还的耶稣教士，更变性质，几乎成为帝国主义资本主义之先驱。他们把到非洲与北美洲的经验态度来到中国，他们不仅来宣传教理，却往往干涉中国之内政，激起中国之民变，与往古印度高僧纯以宗教真理来相感召之精神显有差别。而西洋商人之牟利政策，如鸦片强卖等，更招中国人之恶感。近世中西交通史上，鸦片战争前后，不断的教案，以及连续的强占土地强索赔款等事项，其是非曲直，大可待有志研究全世界人类文化史而抱有明通观点之公平判断。[2]

前文提到，钱穆自言东西文化孰优孰劣问题困扰他一生。近代西

[1] 钱穆：《八十忆双亲 师友杂忆》，第218页。
[2] 钱穆：《革命教育与国史教育》，《文化与教育》，第257页。

方列强在政治、经济、军事上以资本主义、帝国主义的方式向全世界扩张，而其意识形态支撑很大程度上就是宗教。按照深谙现代地缘政治的施米特的说法，在西洋诸国大航海扩张的时代，代表宗教势力的教宗往往为占领殖民地提供宗教上的合法性论证，并将其作为一种“国际法”确认下来，教区的划分与航海和贸易的界分息息相关，“基督教的王侯与子民有权从教宗那里受领传教任务，在传教的过程中占有非基督教的土地”。因此，“教宗授予的传教任务实际上就是地理大征服的法律基础”。[1]在这个意义上，钱穆本乎现代中国人的立场，深刻地洞察到了近代西方政教扩张的某种本质。这从另一个角度证实了钱穆所倡导的历史教育是多么重要。

既然钱穆认为现代历史教育的核心目的之一是让中国人形成分析中国政治的良好视角，而随着近代中国被卷入世界资本主义体系，中国内部的变化与世界形势的变化关系紧密。如果说钱穆的史学主张能够对中国自身的问题提出相关因应之道，那么其结论得以成立的前提之一就是能否对世界局势有清楚的判断，以及从什么样的立场与观点出发去形成这样的判断。1942年，当抗战还在最为艰苦的阶段时，钱穆就已经开始预测日本被击败之后的世界格局了：

> 照我们中国人立场论之，此次战争，直可名为一种“开辟世界新文化”的战争，或简称“新时代战争”，以区别于以前时代之传统旧文化的战争。自此以前四百年，世界文化传统为欧洲中心之传统。此种文化，以四百年来欧洲各国新兴中层资产阶级为主干，其对内为争得代议制度，对外为殖民地之经营。那时的战事，大体言之，对内则为民主政体之革命战争，对外则为殖民地扩张与殖民

[1]　［德］卡尔·施米特著，刘毅、张陈果译：《大地的法》，上海：上海人民出版社2017年版，第61、83页。

地分配战争，而莫不以欧洲为中心。此次战争之第一收获，则将为殖民地经营之阻抑与停止，以及殖民地统治制度之解放。此后世界新文化将为世界平等，而非欧洲中心，于是而有一种新国际。

四百年来之世界旧文化，另换一面看，则为资本帝国主义之文化。若殖民地经营阻抑，殖民地统治解放，则资本帝国主义失其凭藉，而四百年来传统中产阶级，既不能向外榨取殖民地财富以自封殖，其在国内之优势亦将不能持久。于是各国政治体制，亦将依随变进，成为一种"全民平等"，而非财富中心，或阶级专政，于是而有新政体。内部的新政体与外面的新国际，交织而成世界之新文化，为世界别创一个新时代。[1]

很难判断钱穆在写下这番话之前是否阅读过关于帝国主义问题的论著。他在这里分析世界局势的视角，基本上与现代批判帝国主义的理论非常相似，将中国的抗战置于全球反帝反殖运动中来审视。他预测随着广大殖民地的解放，西方资产阶级就不能像19世纪那样支配全世界了。如此一来，在各国内部也就出现了"全民平等"的政治体制之可能性。这些观点其实具有很明显的泛左翼色彩。在今天大众文化的渲染下，不少人一面推崇钱穆，一面又表彰胡适，但在对世界局势的基本判断上，二人之间却截然相反。1922年，在回应中国共产党发表的关于反对帝国主义的宣言时，胡适声称："我们要知道，外国投资者的希望中国和平与统一，实在不下于中国人民的希望和平与统一。"比如在民初，"外人所以捧袁（即袁世凯），大部分是资本主义者希望和平与治安的表示。我们可以说他短见，但不能说这全是出于恶意"。在巴黎和会之后，列强又召开了华盛顿会议，"中国的国民外交和美国的舆论竟能使华盛顿会议变成一个援助中国解决一部分中、日问题的机会"。

[1]　钱穆：《战后新世界》，《文化与教育》，第66—67页。

而列强之所以干涉中国内政，是由于“国际投资所以发生问题，正因为投资所在之国不和平，无治安，不能保障投资者的利益和安全”。所以，“我们现在尽可以不必去做那怕国际侵略的恶梦。最要紧的是同心协力地把自己的国家弄上政治的轨道上去。国家的政治上了轨道，工商业可以自由发展了，投资者的正当利益有了保障了，国家的投资便不发生问题了，资本帝国主义也就不能不在轨道上进行了”。[1]在胡适笔下，帝国主义、资本主义势力反而成了替中国命运操心的“国际友人”，照此逻辑，钱穆所期许的反帝反殖运动，也就显得多此一举了。钱穆与胡适之间的差别，也可视为两种不同历史知识与历史观之间的巨大差异，这进一步凸显出钱穆所倡导的历史教育在现代中国何其关键。

钱穆的这种世界视野，终其一生少有变化。1978年，经历近三十年艰苦奋斗的建设后，中国开启改革开放的历史进程。此时钱穆应香港中文大学之邀进行系列讲座。或许是有感于中国与世界在这几十年所发生的巨变，钱穆颇为自信地声称：

> 这个世界不再是由一个两个强大的国家来领导来宰制的世界。美国、苏联都没有这个资格。今天这个世界，照我个人的意见，是一个解放的世界。我们中国的民族，也是被解放的一个。波兰人可以照波兰人自己要跑的路跑，印度人可以照印度人自己要跑的路跑，我们中国人亦可以照我们中国人自己要跑的路跑。总之，绝不会再亡国，绝不会再瓜分。诸位信不信？[2]

虽然钱穆晚年没有机会回到大陆，但他在这里提及的中国不会再

---

[1] 胡适：《国际的中国》，欧阳哲生编：《胡适文集》第3卷，北京：北京大学出版社1998年版，第383—385页。

[2] 钱穆：《从中国历史来看中国民族性及中国文化》，北京：九州出版社2011年版，第11页。

亡国，不会再瓜分，按照整段话的内容来理解，特别是强调“解放的世界”，所指的很明显不是退守孤岛的蒋氏政权，而是经历了革命与建设，正在进行改革的新中国。可以推论，钱穆之所以有这样的底气，不正是因为1949年以来中国真正在国际舞台上站起来了么？而只有经过这一历史过程，钱穆1942年关于世界局势的预测才真正有实践的可能。这就带来两个值得人们思考的问题：如果说良好的历史教育能够让国人具备追求民族独立与平等政治的世界视野，那么在中国成为国际政治中的重要力量之后，这样的历史教育及其背后关怀是否还需要继续保持？如果想实现“国人亦可以照我们中国人自己要跑的路跑”，那么是否还需要不断产生符合这一时代诉求的历史知识？钱穆对此并未给出明确答案，但他对历史教育与历史知识的反复论说，无疑可以给后人思考这些问题提供绝佳的理论参考。

四、结语

自从1912年在三兼小学任教起，钱穆一生绝大多数时间都是在各类学校中教书。因此，他的历史著作与史学思想很大程度上都是在辨析现代中国需要什么样的历史教育与历史知识。他希望能根据现代中国的具体情势，为广大国民提供合适的历史知识，使其能知晓中国历史的来龙去脉，形成热爱国家、热爱民族的基本情感，并能把这些知识内化为思考中国现实政治的重要参考。就此而言，在历史著作方面，这个时代最需要一部能达到以上要求的中国通史。这部理想的中国通史能够在历史叙事当中凸显出“中国历史之主要大流”，告诉读者“吾国家民族文化之绵历与发皇，吾国家民族文化之奋斗与争存”，让广大国民能够充分吸收国家民族文化的优良品质，为未来中国继续“奋斗”与“争存”。最后，这样的历史教育并非恪守旧章，而是在此基础上形成从中国立场出发的世界视野，思考出现全球范围内反帝反殖运动，达到政治平等的可能性。

钱穆的这些言说在今天有无价值？或许可以借用当代美国的例子略作说明。在出版于2011年的著作里，当代美国战略学家布热津斯基颇为担心地认为，当前所谓“美国梦”持续衰落的一个表现就是“美国人对基本的世界地理、时事甚至重要历史事件的了解少得惊人，出现这种状况与公共教育体制的缺陷是分不开的”。尤其是历史，“最近的调查显示，只有不到一半的高年级大学生知道北约当初成立的目的是对抗苏联的扩张，30%的美国成年人列举不出美国在二战时的两个交战国”。[1]布热津斯基称此为一种“自我蒙蔽”。以此为鉴，中国是一个十分重视历史的国家，绵延不断的历史记载乃中国文化的主要特色。历史之于中国具有十分重要的意义。它不但是人们政治与文化认同的主要载体，还给人们提供了大量经验教训，不断丰富人们的心智。因此，一旦出现那种类似于美国国民历史教育中的“自我蒙蔽”，对中国而言将会是一个十分严峻的政治与社会问题。因此，国家必须重视历史教育，必须不断提炼正确的、自洽的历史知识。在这个意义上，钱穆当年的思考实应在当代的历史教育实践中得到足够的重视。借用韦伯的话，我们的历史教育应该念念不忘的是下一代“将成为什么样的人”，要培养“那些我们认为足以构成我们人性中伟大和高贵的素质”。[2]而钱穆学说的价值，或许就在于此。

---

[1] ［美］布热津斯基著，洪漫等译：《战略远见：美国与全球权力危机》，北京：新华出版社2012年版，第52、53页。

[2] ［德］马克斯·韦伯著，文一郡、甘阳译：《就职演说：民族国家与经济政策》，甘阳选编：《民族国家与经济政策》（修订译本），第100页。

钱穆的“政治史学”

钱穆尝言：“东西文化孰得孰失，孰优孰劣，此一问题围困住近一百年来之全中国人，余之一生亦被困在此一问题内。”[1]这番话的言下之意正是强调中国传统在近代遭受到巨大的危机，许多行之已久的制度框架、行为规范与价值体系都备受冲击，以至于评判优劣得失让人倍感纠结。而在1970年前后给学子讲授中国历代史籍时，钱穆引申回忆自己一生所目睹的政治现象：“我们今天最看不起的，便是自己的传统政治。凡属从政的人，若要他讲一些英美的政治，他还可能知道。若要他讲一些中国以往的，那么就如我以前在北京大学所遭遇，‘现在还要讲历史上的政治吗？’认为此等是一文不值了。”[2]而这一现象所导致的结果，“中国历史上自己原有的一套，是不要了。这是一件最可怕的事。为什么中国自己原有的一套全该不要呢？其中道理，却就大家不知。今天的中国，老实说，全部政治都已外国化”。[3]在这里，关键的问题与其说是中国政治“全部外国化”，不如说是中国人自己对于传统政治为何“全该不要”缺少理性的、自觉的认知，这样将导致中国未来的政治建设缺乏扎实稳固的根基。

如果把钱穆晚年的这些思考视为贯穿他一生学思历程的关键所在，那么钱穆留下的大量史学著作，都或显或隐地体现出一种以中国

[1] 钱穆：《八十忆双亲 师友杂忆》，北京：三联书店2005年版，第46页。

[2] 钱穆：《中国史学名著》，北京：三联书店2018年版，第196页。

[3] 钱穆：《中国史学名著》，第206页。

古今状况为基本立足点，强调政治活动在共同体中的重要性，具有鲜明教育意涵和实践导向的“政治史学”之意味。[1]而据他自己回忆，20世纪30年代在北大任教时曾想在历史系开设“中国政治制度史”一课，但被实际把持系务的傅斯年强烈拒绝，最终只能移席法学院讲授。[2]及至1952年，钱穆在台湾演讲“中国历代政治得失”，把之前一系列关于中国古今政治问题的思考贯穿其中，最终以讲稿为基础整理出版，成为他的“政治史学”的代表作。最近二十余年来，此书在大陆不断被重印再版，堪称当代历史爱好者与实际政治工作者了解中国历代政治的入门读物之一，具有强烈的历史教育意义。而这本书的要义何在？如何把握全书的主旨？此乃分析钱穆史学时不能忽视的问题。

一、认识中国政治

中华文明在长期的历史演进过程中形成一套十分成熟的制度体系。在社会层面，主要是以宗族、宗法为核心的乡里秩序。长幼有序、敬宗收族、老有所养、幼有所安、守望相助、劝耕兴学是这一制度的基本伦理准则。它维持着基本的社会秩序。在政治层面，自秦以降，郡县制维系中央与地方关系，保证中央政令能够直达地方，地方信息得以上达中央。全国范围内有一套颇为细致、完备的官制系统，虽然具有一些难以克服的弊病，但大体上能够制定出比较合理化、客观化的政策，并实施于四方。在官员选拔上，韩非所言的“宰相必起于州部，猛将必发于卒伍”成为历代铨选的基本前提。隋唐以后，科举制日益盛行，形成一

[1]　关于“政治史学”的定义与特征，参见［德］施特劳斯著，彭磊译：《修昔底德：政治史学的意义》，［美］潘戈编，郭振华等译，叶然校：《古典政治理性主义的重生——施特劳斯思想入门》，北京：华夏出版社2017年版，第126—140页。

[2]　钱穆：《八十忆双亲 师友杂忆》，第162页。

套具有客观标准、体现一定社会流动的选拔机制，让地方上具备政治能力的人有机会进入官僚系统，保证执政集团一定程度上能够周知民情、更新换代。

这套制度体系在近代西方列强的威胁之下越发显得千疮百孔、难以为继。伴随着农村经济的凋敝，乡里秩序面临解体的危机。在资本主义生产方式下，“一切封建的、宗法的和田园诗般的关系都破坏了”。[1]乡村解体的结果，便是出现大量巧取豪夺的劣绅，农村的剩余劳动力要么成为城市底层劳工，要么成为流民、会党，要么被迫加入地方武装，成为之后军阀混战中的炮灰。而在政治制度方面，近代西方资产阶级民主制使得国家的动员、汲取、宣传能力大为提高，能够迅速集结经济与军事力量进行海外扩张，资本家在政府中具有很大的发言权，国家全力支持殖民扩张，掠夺世界各地的生产资料与劳动力。相较之下，中国传统政治制度讲求低成本、低赋税的稳定，强调“君民不相扰”，在“皇权不下县”的政治传统下，组织与动员能力非常有限。加之清中叶以后，政治风气愈发败坏，出现大规模的官吏贪污、滥权，而官僚系统内部却缺乏根治的机制。一些有识之士，如洪亮吉、龚自珍、沈垚等人都十分深刻地揭示了这一点。在此情形下，中国政治制度运作出现种种弊端，不能有效抵御外侮，必须改弦更张。

在此背景下，近代启蒙运动中孟德斯鸠等人将中国的制度视为“专制”的论述，通过明治时代日本学者的传播，深刻影响了晚清知识分子的历史观与政治观。梁启超、孙中山等人都视中国秦以后的制度为“专制政体”，通过报刊，对之展开声色俱厉的声讨。如梁氏的《中国专制政治进化史论》依据西方政治学中的一些概念，并通过与西方的历史进行比较，进而认为中国在当时依然处于“近世专制政

[1] 马克思、恩格斯：《共产党宣言》，中共中央马恩列斯著作编译局编译：《马克思恩格斯选集》第1卷，第403页。

体”。[1]影响所及，无论是立宪派还是革命派，都将驱除专制作为自己的主要政治主张。[2]中国历史，特别是政治制度的沿革，就更不足以被时人用积极客观的眼光来看待。

在钱穆看来，这正是现代中国人难以对中国古代政治产生清晰认识，进而从中国历史与现实出发进行政治实践的主要障碍。《中国历代政治得失》一书基本上就是通过条分缕析地叙述自汉迄清中国政治制度的演变，论证中国古代政治为何不能简单用“专制”二字来概括。他强调：

> 要研究中国文化，绝不该忽略中国传统政治。辛亥前后由于革命宣传，把秦以后政治传统，用专制黑暗四字一笔抹杀。因于对传统政治之忽视，而加深了对传统文化之误解。我们若要平心客观地来检讨中国文化，自该检讨传统政治，这是我想写中国政治制度史之第一因。再则我认为政治制度，必然得自根自生。纵使有些可以从外国移来，也必然与其本国传统，有一番融合媾通，才能真实发生相当的作用。[3]

按照一般的认知，钱穆的这一观点容易被理解为在替中国古代政治“辩护”，刻意忽视其中的弊病。其实若将包括《中国历代政治得失》在内的一系列论著放在近代思想学术的语境中审视，恰恰可以发现，在近代各种对中国古代政治进行负面化处理的历史叙事里，钱穆的论著反而具有开启世人用更为平恕的眼光看待中国古代政治实践，进

[1] 梁启超：《中国专制政治进化史论》，吴松等点校：《饮冰室文集点校》第3集，昆明：云南教育出版社2001年版，第1648页。

[2] 关于“专制”这一话语在近代中国的传播状况，参见侯旭东：《中国古代专制的知识考古》，《近观中古史——侯旭东自选集》，上海：中西书局，2015年，第310—343页。

[3] 钱穆：《中国历代政治得失》，北京：三联书店2018年版，序言第1页。

而为思考中国未来政治建设提供自洽的本土视野的功用。更为关键的是，钱穆并非率由旧章之辈。他基于对时代变局的体认，强调："今日中国处极大之变动时代，需要新的历史知识为尤亟"，但现实则是"中国虽为历史最完备之国家，而今日之中国，却为最缺乏历史知识"。[1]正因为身处转型时代，所以更为需要一套基于中国自身状况的历史叙事，而这一点绝非简单复制域外理论就可以应付。所以，具体到政治问题，钱穆认为："就历史经验论，任何一制度，绝不能有利而无弊。任何一制度，亦绝不能历久而不变。历史上一切已往制度俱如是，当前的现实制度，也何尝不如是。"基于此，就必须看到，"其实中国历史上已往一切制度传统，只要已经沿袭到一百两百年的，也何尝不与当时人事相配合？又何尝是专出于一二人之私心，全可用专制黑暗四字来抹杀？"[2]

在代表作《国史大纲》中，钱穆开篇便向"知识在水平线以上之国民"喊话，呼吁后者应对中国历史"略有所知"。他坚信，只有达到这一标准的国民数量越来越多，"其国家乃再有向前发展之希望"。[3]可见，他的史学著作具有十分强烈的实践导向。钱穆在1940年指出："我常细听和细读近人的言论和文字，凡是有关主张改革现实的，几乎无一不牵涉到历史问题上去，这已充分证明了新的改进，不能不有旧的认识。"[4]正是由于在具体的政治生活中离不开历史知识，所以更要把中国历代政治实践给说清楚，让政治工作者能够形成清晰自洽的历史认识。正因为这样，在叙述完中国历代制度流变之后，钱穆于《中国历代政治得失》一书的结尾处呼吁："我们现在将如何酌采西方的新潮流，

---

[1] 钱穆：《略论治史方法》，《中国历史研究法》，北京：九州出版社2011年版，第147页。

[2] 钱穆：《中国历代政治得失》，序言第2页。

[3] 钱穆：《凡读本书者请先具下列诸信念》，《国史大纲》上册，台北：台湾商务印书馆1995年版，第1页。

[4] 钱穆：《革命教育与国史教育》，《文化与教育》，北京：九州出版社2011年版，第254页。

如何拿自己以前的旧经验，来替自己打开一出路，来创新法，运新才，这当然是我们这一代人的责任。”[1]

需要特别指出的是，钱穆自言此书缘于1952年应国民党大员何应钦之邀在台湾对有关人士进行的演讲。但在那一时期，钱穆却绝非把所有的政治认同都投射到蒋政权身上。在发表于1950年的《中国社会演变》一文里，钱穆强调："若我们要真个期望有一个真正中国的新社会出现，必先有针对中国自己社会的一番新智识与新理想。”马克思主义在苏联的实践，是“经过列宁、斯大林诸人针对俄国国情的好几番变动”，所以同理，“中国至少也该有中国自己的列宁与斯大林，这至少是在中国热心马克思思想运动的志士们所首先憬悟的”。若就政治建设而言，“今天中国大陆所热切希望拼命追求的，无可讳言，只是一套苏维埃现成的理想和方案。我们若先承认中国是中国，苏维埃是苏维埃，则至少该有一个取舍从违”。[2]很明显，既然将大陆的政治担当者视为“志士”，那么可以证明至少钱穆对于新中国的实践是抱以期待的态度。而他的这一主张，仅从原理层面分析也与《论十大关系》中分析“中国和外国”关系的思路颇为相似。就此而言，如何认识中国政治，在钱穆那里也就有了较之过去一般认知而言更为复杂的现实指向。

二、扬榷得失的标准

钱穆指出，《中国历代政治得失》一书主要着眼于“政府的组织”“考试和选举”“政府的赋税制度”“国防与兵役制度”，认为这四个方面基本涵盖了中国古代政治的主要面向，许多政治活动都在此范围之内进行。[3]钱穆的这个叙述框架，基本上是在中国社会内部的整体

[1]　钱穆：《中国历代政治得失》，第180页。
[2]　钱穆：《中国社会演变》，《国史新论》，北京：九州出版社2011年版，第35、36页。
[3]　钱穆：《中国历代政治得失》，前言第5页。

变革之中来思考制度问题，涉及政府机构的设立、人才铨选的社会基础、经济与政治的关系、军事与政治的关系等关乎国计民生的重大议题。就此而言，钱穆是希望通过叙述中国历代制度流变，将其变迁史迹给“原理化”，形成一种审视中国政治的视角或标准。

其实从晚清以降，时人在思考中国传统政治时也尝试过为其赋予某种“原理化”的色彩。比如梁启超式的以“专制”政治不断“进化”作为叙述中国政治变迁的标准；雷海宗借助“文化形态史观”将中国历史分为第一周、第二周，并在此基础上探讨政治形态的特征；早期马克思主义史家在分析中国社会性质的基础上评价古代国家机器的作用。与这些观点不同，钱穆强调：

> 某一制度之创立，决不是凭空忽然地创立，它必有渊源，早在此项制度创立之先，已有此项制度之前身，渐渐地在创立。某一制度之消失，也决不是无端忽然地消失了，它必有流变，早在此项制度消失之前，已有此项制度之后影，渐渐地在质变，如此讲制度，才能把握得各项制度之真相。[1]

章太炎在民初曾言，对于政治问题应“依于历史，无骤变之理”，批评当时尘嚣直上的师法域外之论。[2]钱穆与章太炎在思考中国制度流变问题上颇具共识[3]，他也认为中国历代制度有其内在的变化特征，要审视得失，必须寻其源流，探其影响，尤其需要认识到“任何一制度之创立，必然有其外在的需要，必然有其内在的用意，则是断无可疑的。

[1]　钱穆：《中国历代政治得失》，前言第2页。

[2]　章太炎：《自述学术次第》，虞云国整理：《菿汉三言》，上海：上海书店出版社2011年版，第198页。

[3]　王锐：《自国自心：章太炎与中国传统思想的更生》，北京：商务印书馆2019年版，第246—249页。

纵然事过境迁,后代人都不了解了,即其在当时,也不能尽人了解得,但到底这不是一秘密”。[1]

要做到这一点,就必须区分评判历代制度的“历史意见”与“时代意见”。前者指的是“在那制度实施时代的人们所切身感受而发出的意见。这些意见,比较真实而客观”。后者则是“该项制度早已消失不存在,而后人单凭后人自己所处的环境和需要来批评历史上已往的各项制度”。[2]历史叙述不能完全与研究者本人的意识形态基础相脱离,所以“时代意见”并非不重要,但钱穆所强调的却是“我们不该单凭时代意见来抹杀已往的历史意见”。[3]“时代意见”必须以“历史意见”为基础,这样才能较为全面地审视历代政治得失。

因此,在《中国历代政治得失》一书中,钱穆基本就是在把“历史意见”与“时代意见”相结合,对中国传统政治实践进行考察。比如在他看来,理解历代中央政治必须注意到“皇权和相权之划分,这常是中国政治史上的大题目”,因为“拿历史大趋势来看,可说中国人一向意见,皇室和政府是应该分开的,而且也确实在依照此原则而演进。皇帝是国家的惟一领袖,而实际皇权则不在皇室而在政府。代表政府的是宰相”。[4]钱穆的这番认识自然极有可能受到黄宗羲、赵翼关于古代制度问题论述的影响,但他其实更希望探讨的是中国历代政治除了皇权之外,是否还有一套较为理性的运作机制。以“相权”为代表的士人官僚集团在政治实践中或许具有更为重要的地位,因为在常态之下,政令的颁布与实行都离不开这一群体。梳理其在历代政治制度中的地位与作用以及这一群体的构成方式与铨选标准,就有可能形成一个考察中国历代政治得失的内在视角。

[1] 钱穆:《中国历代政治得失》,前言第2页。
[2] 钱穆:《中国历代政治得失》,前言第3页。
[3] 钱穆:《中国历代政治得失》,前言第3页。
[4] 钱穆:《中国历代政治得失》,第3页。

在笔者看来，最能体现钱穆把“历史意见”与“时代意见”相结合来考察中国古代制度的例子就是对宋代制度的论述。按照一般印象，宋代“重文轻武”，士人地位颇高。但在钱穆看来，如果从皇权和相权关系的角度来看，“宋代的最高政令之最后决定权在皇帝，而不在宰相，至少皇帝就不仅有同意权，而有参加意见之权了。宰相不过是奉命行事，所以君权就重，相权就轻了”。[1]在此情形下，表面上看起来宋代施行右文之政，但士人地位的高涨却不能表明其对皇权有了更多的制约。皇帝为笼络士人，提高谏官的政治地位，使之脱离门下省，不再隶属宰相，“于是谏官遂转成并不为纠绳天子，反来纠绳宰相”。在皇权的操纵之下，有声望有影响的士人以担任谏官为荣，以不附和宰相为自我标榜之举，“这一来，却替政府设立了一个只发空论不负实责的反对机关。他们尽爱发表反对政府的言论，而且漫无统纪，只要是谏官，人人可以单独发表意见。政府却不能老不理他们的意见”。[2]这一现象如果仅凭“时代意见”而论，自然类似某种“公共舆论”之雏形，但以“历史意见”观之，它反而破坏了汉唐时期制度分工的精髓，打破了某种政治平衡，造成一定程度上的政治紊乱。由此可见，钱穆虽然极力表彰士人在中国传统政治结构中的重要意义，但他并非把后者表面上地位的高涨视为良政的象征，而是深入制度的渊源流变之中去具体分析不同政治群体的实际地位与作用。

早在抗战前于北大讲授秦汉史时，钱穆就指出“富民豪族之兼并，贫富之不均，社会经济所形成之阶级”乃“西汉二百年最大待解决之问题”，而西汉王朝却未能克服此弊，致使“社会贫富之不均，豪家富民之侵夺兼并，乃至习若固然”。[3]很明显，虽然钱穆对马克思主义史学持保留意见，但他在思考历史问题时却同样带有很强的社会经济视角，着眼于分析历代社会等级与经济分配状况。或许也正因为这样，对于历代经

[1] 钱穆：《中国历代政治得失》，第80页。
[2] 钱穆：《中国历代政治得失》，第84—85页。
[3] 钱穆：《秦汉史》，北京：三联书店2018年版，第318页。

济制度的梳理占据《中国历代政治得失》一书中不小的篇幅，其评价标准也和《秦汉史》中所论一脉相承。比如他认为汉代制度的首要缺点就是“土地问题没有解决，形成兼并，富者连阡陌，贫者无立锥之地，使政府的减轻租税政策，全失功效”。[1]但汉代至少在国家政策方面还在努力减轻土地兼并。及至唐代中叶以后，为了保证国家税收，开始施行两税法。在钱穆看来，此举固然能维系唐王朝的日常开支，但“政府为着财政收支以及征收手续之方便起见，而牺牲了历史上传统相沿的一项经济理想，即土地平均分配的理想”。其后果，“自然会引起土地兼并，贫富不均等，耕者不能有其田，而奖励了地主的剥削”。[2]可见，钱穆在叙述中国历代制度流变时，并非仅着眼于政府机关的沿革、人事安排的变动，而是很在意某一制度所造成的社会经济后果，而他衡量此后果的标准便是能否有助于“均贫富”，实现社会平等。联系到钱穆撰述此书的时间，不得不承认他对历史与时代的思考深具洞察。这也是今人阅读钱穆论史论政作品时必须注意的一点。也只有认识到了这一点，或许才更能理解钱穆在20世纪80年代这一全球社会主义运动出现低潮的岁月里，却依然称赞大陆倡导建设“中国特色社会主义”乃“甚有思路”，并强调：“中国之社会经济，终必归于通财共产，以大群一体为主。”[3]如果对比一下当时海峡两岸甚嚣尘上的对社会主义经济建设的污蔑之辞，以及某位自诩为著名钱门弟子的人士在反复大谈明代儒学如何与近代资本主义文化神似，钱穆此论无疑更能说明在他眼里，何谓政治之“得”。

三、必须克服的政治弊病

钱穆扬榷中国历代制度流变之得失，自然不是为了一味凸显中国

[1]　钱穆：《中国历代政治得失》，第28页。
[2]　钱穆：《中国历代政治得失》，第66页。
[3]　钱穆：《略论中国社会主义》，《国史新论》，第64、78页。

传统政治的华美，而是希望能从历史实践出发，看到由于历史流衍而不断堆积的基本问题，让政治实践者能够探本寻源，对症下药。在《国史大纲》中他就呼吁："一民族政治制度之真革新，在能就其自有问题得新处决，辟新路径。不管自身问题，强效他人创制，冒昧推行，此乃一种'假革命'，以与自己历史文化生命无关，终不可久。"[1]而《中国历代政治得失》的要义之一便是通过叙述历史来彰显现代中国所必须面对的真实存在的基本政治问题。

在钱穆的叙述里，汉武帝以降中国政治的主要参与者便是士人，"士人政府"乃中国区别于同时期各国的主要特征，中国文化之所以能绵延不断，也与此息息相关。但钱穆同时指出，正因为士人群趋而入仕途，导致官场之路异常拥挤，结党营私、门阀世家等弊病也随之而生。特别是在唐代实行科举制后，"全国知识分子，终于求官者多，得官者少，政府无法安插，只有扩大政府的组织范围。唐代前后三百年，因政权之开放，参加考试者愈来愈多，于是政府中遂设有员外官，有候补官，所谓士十于官，求官者十于士，士无官，官乏禄，而吏扰人，这是政权开放中的大流弊。此项流弊，直到今日仍然存在"。[2]在这样的政治文化里，固然可以让天下英才汇集于朝廷，但另一方面，也导致国家机器越发臃肿繁复，行政效率难以得到保证。此乃中国政治的痼疾之一。

在抗战时期，左派史家王亚南在《中国官僚政治研究》一书里批评钱穆对中国古代过于粉饰，有"歪曲历史"之嫌，特别是忽视了官僚政治这一中国历史演进中的痼疾。[3]其实钱穆并未回避中国历史上的官僚政治问题。由于希望进入仕途的士子人数众多，加上各个职官之间互相掣肘监视的现象愈演愈烈，这就造成在制度设计上叠床架屋。

[1]　钱穆：《国史大纲》下册，第911页。

[2]　钱穆：《中国历代政治得失》，第58页。

[3]　王亚南：《中国官僚政治研究》，北京：商务印书馆2017年版，38—39页。

宋代以降中国政治中就出现了“冗官”的现象，之后一直难以根治。官僚政治的主要特征就是形式主义，用钱穆的话来讲，“现代一般人，都说中国人不讲法，其实中国政治的传统毛病，就在太讲法，什么事都依法办。一条条文进出，一个字两个字，往往上下往复，把紧要公事都停顿了。胥吏政治之又一面，便是今天所谓的文书政治”。[1]在这里，钱穆所指的“法”，自然不是那些规定国家根本制度与组织架构的文本，而是指由于因袭已久而不断出现的规章法令，在这些条条框框的束缚之下，日常政令，特别是需要改弦更张的举措往往难以有效推行。对此他痛陈道：

> 此后的我们，如果不能把这种传统积习束缚人的繁文琐法解放开，政治亦很难有表现。刚才我们讲，中国社会上想从政做官的人太多了，但又加上这些法令制度的繁密，来重重束缚他，这就是中国政治没有起色的根源。[2]

很明显，钱穆此论已非局限于历史研究领域，而是通过叙述历史流变彰显历史中堆积而成的重要问题，提醒后人必须予以解决。“中国之将来，如何把社会政治上种种制度来简化，使人才能自由发展，这是最关紧要的。”[3]在这里，历史叙述是政治实践的知识基础，政治实践是历史叙述的最终目的。

此外，在钱穆看来，较之行之已久的官僚风气，中国政治更为严重的问题是近代以来政治重心的缺失。在抗战胜利前夕他提醒国人：“中国传统政制，虽为今日国人所诟詈，然要为中国传统之政制，有其在全

[1]　钱穆：《中国历代政治得失》，第129页。
[2]　钱穆：《中国历代政治得失》，第177—178页。
[3]　钱穆：《中国历代政治得失》，第179页。

部文化中之地位，无形中仍足以支配当前之中国。”[1]如果说中国是一个政治与文化共同体的话，那么好的政制（制度）对于维系此共同体至为重要，脱离了政治因素而谈文化，宛如沙上筑塔。但与此同时，文化因素对于政治建设也十分关键，近代中国之所以动荡不止，一个主要原因就是文化失范导致政治与社会认同趋于紊乱。在《中国历代政治得失》的结尾处，钱穆指出：

一个国家的政治，到底还脱离不了权。而政治权之稳固，一定要依赖于一种为社会大众所共同遵守、共同信仰的精神上的权。那个权推翻了，别个权一时树立不起来，一切政治也就不能再建设……这不是制度本身的力量，也不是政治上其他力量所压迫，而是社会上有一种共尊共信的心理力量在支持。当知一切政治，一切制度都如此。[2]

对于现代中国而言，政治建设中的深层次问题就是如何重建一套主导性意识形态，否则即便制度设计颇为精良，如果作为政治实践者的人缺少对这套制度及其背后的立国精神的自发认同与信仰，甚至对这些要素阳奉阴违，那么很可能难以真正做到根基牢固与长治久安。钱穆坦言：“中央威信如何能建立，这就成为辛亥以来政治上一个大问题。我们若拿不出一个为全国人民共尊共信的东西来，这工作自会感觉到困难。”[3]对于这个问题，自然可从历史研究中寻找解决的思路。但正所谓知难，行亦不易，这更需要具有政治与文化担当意识的政治实践者时常予以注意，不断探寻如何树立稳固的文化领导权。

---

[1] 钱穆：《中国传统政治与五权宪法》，《政学私言》，北京：九州出版社 2011 年版，第 11 页。

[2] 钱穆：《中国历代政治得失》，第 171—172 页。

[3] 钱穆：《中国历代政治得失》，第 178 页。

四、余论

虽然在《中国历代政治得失》一书中对中国政治的基本问题多怀隐忧，但钱穆却颇为乐观地认为："若我们更大胆地说一句，也可说整个西方人在政治经验上还比较短浅。能讲这话的只有中国人。中国政治比西方先进进步，这是历史事实，不是民族夸大。"[1]这番话在近现代的历史语境里，大概会招来许多不以为然的嘲讽。但如果从《中国历代政治得失》的整体脉络来看，钱穆此意也不那么难以理解。他认为中国有着十分悠久的国家治理经验，虽然面临过各种各样的大小问题，但作为政治与文化共同体的中国却依然能延续至今，这本身就彰显出中国古代的政治智慧不容小觑。而今日的当务之急与其说是以某种域外理论为标准对中国古代政治进行教条式的抨击，不如尝试拨开近代新旧思潮纠缠不清所造成的迷雾，从中国自身的历史演进过程中去探寻中国历代政治的得与失。特别是"失"，必须置诸历史的背景之下来看待，明晰各种痼疾绝非一朝一夕所形成，而是积年累月渐渐凸显出来，其复杂性需要仔细考量。其实钱穆并不反对革命，他认为当一个力量在阻碍历史的进程时，"非把此力量打倒不可。这个非打倒不可的情势，就逼成了革命"。[2]但是革命之后的建设却不应忽视中国历代政治实践中所显现出来的良法美制，要把握其创立与运作的内在逻辑，重视其具有原理性的内涵，让新的政治架构能够与之接榫，进而夯实根基。在这个意义上，包括《中国历代政治得失》在内的钱穆史学论著，就已经不再局限于历史学的范畴了，而是蕴含着深刻的政治教育意义。钱穆的著作在当代中国十分流行，而是否能从这个角度去理解钱穆，窃以

---

[1] 钱穆:《中国历代政治得失》,第180—181页。

[2] 钱穆:《中国历代政治得失》,第170页。

为对于当下的文化建设意义重大。而是否能从钱穆的这些思考出发，进一步发展出具有中国气派与中国作风的“政治史学”，也同样是当代史学发展中必须正视的议题。

吕思勉的中国政治变迁论

近代中国，遭逢世变。为了在新的历史环境中振衰起微、救亡图存，除了必须尽可能地了解近代以降的世界形势之基本特征，还需重新认识、思考中国政治、文化、社会的基本特征。其中，如何基于现实感来理解中国历代政治，进而思考未来的政治建设问题，实为正确认识中国历史与现实的重中之重。

随着近代西方政治学在中国的传播，特别是辛亥前十年旅日学人译介了大量日本学者运用近代西方政治学理论撰写的作品，许多中国知识分子在知识结构上发生了较为明显的变化，形成一套新的关于中国历代政治的认知。古人论政所常用的概念，如封建、郡县、大一统、风俗、人心等，渐渐地为源于亚里士多德、在近代启蒙运动中被重新发挥的政体分类学所替代，专制、共和、民主等新概念成为时人探讨中国古今政治得失的基本理论。到了五四新文化运动期间，马克思列宁主义在中国流传开来，经济基础与上层建筑、国家机关的阶级性与暴力性、国家的出现和消亡等历史唯物主义中的重要命题，又被中国知识分子广泛汲取，并运用于对中国古代政治的分析当中。

这就带来一个问题，分析中国古今政治变迁，应由中国历史的基本特征出发，探寻其中的内在脉络，还是把各种域外理论作为亘古不变、四海皆准的原理，以此来解释中国政治？近代以来关于中国历代政治变迁的不同观点，除了研究者具体的政治与经济立场之外，很大程度上就是源于这两种不同的思考路径。如果说近代中国必须直面汹涌而来的西学，率由旧章只是一种被动的回避，那么如何把西学内化为思考中国问题的良性资源，使之“中国化”，就成为判断相关研究结论之高下的重要标准。

在近代中国的政治认识史上，史家吕思勉的一系列论著十分值得重视。一方面他对中国历代典籍十分熟悉，具备从中国历史脉络出发探讨问题的能力；另一方面他现实感极强，许多历史论著有着极为敏锐的问题意识，同时由于他重视汲取社会科学理论，因此其历史论著颇具框架性与理论性，能够提供许多思考中国古今变局的视角。吕思勉1935年12月在上海光华大学关于“中国政治思想史”的一系列演讲，由女儿吕翼仁记录整理成《中国政治思想史十讲》，较为集中地呈现出吕思勉对于中国古今政治变迁的思考，在吕思勉的著作中具有一定代表性[1]。本文即以此为基本分析文本，佐之以吕思勉在同一时期撰写的其他论著，探讨他对于中国政治变迁的分析框架与基本观点，进而思考他的思想遗产对于建设具有中国特色的政治学有何助益。[2]

一、“政治”的出现及其意义

吕思勉对于中国历史的研究，除了掌握大量史料之外，更明显的特征在于他强调社会科学在历史研究中的重要性。严耕望指出吕思勉重视唯物史观，“认为这一观点有助于对史事的了解”，并且“他这种意

[1] 必须指出的是，《中国政治思想史十讲》是今人整理吕思勉文集时所起的名字。原名《中国政治思想史》，1935年12月起连载于《光华大学半月刊》（第4卷第5期至第5卷第4期），署名为“吕思勉讲，吕翼仁记”，不过吕思勉自言曾对记录稿进行“订补”（参见吕思勉《中国政治思想史十讲》自序，载《中国文化思想史九种》下册，上海：上海古籍出版社2009年版，第743页）。

[2] 基于同样的问题意识，笔者曾经分析过吕思勉对于影响中国历史甚巨的儒法两家政论的阐述。参见王锐《如何治理中国？——吕思勉对儒法政论的阐述》，《历史教学问题》2019年第3期。

识萌发很早”[1]。此诚为确论。吕思勉在写于新中国成立之后的自述中说道：

> 年四十七，偶与在苏州之旧同学马精武君会晤。马君劝予读马列主义之书，尔乃读之稍多。于此主义，深为服膺。盖予夙抱大同之愿，然于其可致之道，及其致之之途，未有明确见解，至此乃如获指针也。[2]

吕思勉47岁，正值1930年。当时各种左翼文学与社会科学作品在出版界十分流行，沸沸扬扬的中国社会性质论战更是向知识界普及了许多历史唯物主义的基本常识。因此，吕思勉在此时接触到马列主义著作也是十分自然的，而这对他的历史研究产生了巨大的影响。在撰于20世纪30年代的《先秦史》中，他认为：“史也者，所以求明社会之所以然者也。”[3]欲收此效，必须有社会科学作为理论支撑。因此在出版于1945年的《历史研究法》中，他强调：“马克思以经济为社会的基础之说，不可以不知道”，因为马克思主义“以物质为基础，以经济现象为社会最重要的条件，而把他种现象，看作依附于其上的上层建筑，对于史事的了解，实在是有很大的帮助的”[4]。而在《中国政治思想史十讲》中，吕思勉就借鉴了不少历史唯物主义的基本原理，来作为分析中国政治变迁的基本框架。

吕思勉认为，生产方式的变化是理解人类社会演进的重点。在远

---

[1] 严耕望：《治史答问·通贯的断代史家——吕思勉》，《治史三书》，上海：上海人民出版社2011年版，第177页。

[2] 吕思勉：《自述》，《吕思勉遗文集》上册，上海：华东师范大学出版社1997年版，第441页。

[3] 吕思勉：《先秦史》，上海：上海古籍出版社2005年版，第1页。

[4] 吕思勉：《历史研究法》，《史学与史籍七种》，上海：上海古籍出版社2009年版，第37、38页。

古时期，人类分为以渔猎、游牧、农耕三种社会生活形态为生的部落。最初生产方式与社会组织较为简单，社会内部有一种原始意义的平等与民主，尚未出现阶级差别。随着彼此之间的不断征伐，出现了征服者与被征服者。起先二者之间，地位悬殊，分为贵族、自由民、奴隶三种阶层，彼此不相往来。但随着时代的变迁，各种交往联系日渐增多，贵族集团不断垄断政治与经济资源，于是贵族和自由民相去渐远；自由民和奴隶却越发接近，渐渐开始彼此通婚，进而混合为一。在此情形下，贵族地位日显增高，权力欲望也随之增加，开始向外扩张，吞并其他部落。吕思勉认为，上古封建之世，从社会学的角度来看，实肇因于此[1]。

随着统治集团拥有更多的政治与经济权力，统治疆域日渐广阔，私有财产产生，内部分工与交换日趋复杂，作为统治机关的"国家"就出现了。"一个部落之内，有征服者和被征服者两个阶级对立；征服者治人而食于人，被征服者治于人而食人，就成为现代国家的起源了。"[2]"从社会组织上看，则因前此良好的制度逐渐废堕；人和人相互之间的善意逐渐消失；而至于酿成病态。于是有所谓政治者，起而对治之。政治是药，他是因病而起的，亦是想治好病的。"[3]对于这一点，在出版于1936年的《中国制度史》中，吕思勉有更为详尽的论述：

> 国之初，盖源于氏族。氏族之长，固有权以治其众。夫其所以治其众者，乃由于亲属，非世所谓政治也。人类最初之结合，盖以亲属为限。然同处一地者，势不能皆为亲属。非亲属不能无争。其和亲者，亦有公共之事，势不能无所听命。其所听者，或以

---

[1] 吕思勉：《中国政治思想史十讲》，《中国文化思想史九种》下册，第750—752页。这一观点，吕思勉在1935年前后所撰写的不少论著里都有表述，如《大同释义》《中国社会变迁史》《先秦史》等。可见此乃吕思勉分析上古社会的基本观点。

[2] 吕思勉：《中国政治思想史十讲》，《中国文化思想史九种》下册，第750页。

[3] 吕思勉：《中国政治思想史十讲》，《中国文化思想史九种》下册，第755页。

> 为德为众之所归；或以为智为众之所信；或其力为众之所慑；或则以小族听命于大族，而大族之长，遂为小族所尊；皆事所可有者也。此为众所听命之人，其所治者，不以亲属为限。凡同处于一地方者，皆受治焉，则始有土地人民，而其所代表者，遂为国家之主权矣。[1]

在马克思主义著作中，对于国家起源问题有较为详细探讨的当属恩格斯的《家庭、私有制和国家的起源》。恩格斯认为："古代氏族制度被滥用来替暴力掠夺财富的行为辩护。所缺少的只是一件东西，即这样一个机关，它不仅可以保障单个人新获得的财富不受氏族制度的共产制传统的侵犯，不仅可以使以前被轻视的私有财产神圣化，并宣布这种神圣化是整个人类社会的最高目的。"这一机关"不仅可以使正在开始的社会划分为阶级的现象永久化，而且可以使有产阶级剥削无产者的权利以及前者对后者的统治永久化。而这样的机关也就出现了。国家被发明出来了"[2]。虽然今天无法得知吕思勉在接触到马列主义著作后，具体读的是哪些书，但他对于国家起源的叙述，却和恩格斯的观点十分相似，即国家一开始是作为统治阶级用暴力手段进行统治与剥削的机关而出现的。值得注意的是，吕思勉虽然经常回忆清末革命派与改良派的政论对自己的影响[3]，但当时关于国家的认知，很大程度受19世纪斯宾塞社会学的"国家有机体"论，或是黑格尔式的颂扬国家之尊严神圣，坚信国家之万古长存这些学说的影响，而在这一点上，吕思勉却与当时的许多论述极为不同。由此也可窥见马克思主义对吕思勉的

[1] 吕思勉：《中国制度史》，上海：上海教育出版社2005年版，第263页。

[2] 恩格斯：《家庭、私有制和国家的起源》，《马克思恩格斯选集》第4卷，北京：人民出版社1972年版，第104页。

[3] 吕思勉：《三十年来之出版界（1894—1923）》，《吕思勉遗文集》上册，第373—377页。

影响。

马克思主义的国家学说，在强调国家的专政特征时，还认为随着生产力的不断发展，进入共产主义社会，国家走向消亡，代之以自由人的联合体。对此，吕思勉也有相似的主张。他认为："我们现在固然很需要国家，我们非极力保存我们的国家、扩张我们的国家不可。然而，国家并不是我们终极的目的。照我们现在的希求而逐渐向上，国家终究是要消灭的。"与此同时，"所谓政治，就是国家所做的事情，国家既是社会发展到某程度应运而生的东西，政治自然也是社会发展到某种程度应运而生的现象"[1]。在撰写于20世纪30年代初期的《大同释义》及其白话文版本《中国社会变迁史》中，吕思勉详细阐述了国家如何走向消亡，国家机器不复存在的"大同"之世终将到来的理论。在他看来，儒家所谓的"大同"世在历史上是存在的：

> 农耕的共产小社会，内部的组织，最为合理；相互的关系，亦极平和。孔子所谓大同，老子所谓郅治，实在就是指这一种社会言之。自为游牧之民所征服，于是发生阶级。上级之人，剥削下级的人以自养。其善者，不过小康之治。并此而不能维持，就入于乱世了。[2]

因此，吕思勉相信既然"大同"于古有征，那么根据社会科学的理论，做到农业机械化、合理的经济分工、限制消费等举措，经济剥削与政治压迫就会大为减少，就可以使"人与人之利害，全然一致。人对物，亦因抗争之力强了，只蒙其利而不受其害。因此，人与人，固然惟是互相亲爱，即其对物，亦无复憎恶、畏怖之念"。使得"人就只有快乐，更

[1]　吕思勉：《中国政治思想史十讲》，《中国文化思想史九种》下册，第747页。
[2]　吕思勉：《中国社会变迁史》，《中国文化思想史九种》下册，第655页。

无苦痛”[1]。“大同”之世也就到来了。吕思勉的这一立场，其实没必要予以过多的表彰或批评，只是需要注意到，他在论述中国政治变迁时，往往是以此为基本评价标准的。

尤有进者，与马克思主义国家学说相似，吕思勉也强调国家内部的阶级冲突。他说：“因为社会上先有了所谓恶意，然后有政治出来矫正他。所以矛盾不消灭，政治也不消灭。而政治实际上没有单代表公心的，总兼代表着私心，他所以跃居治者的地位，就有一部分是要表达其私意之故。”[2]既然国家是社会矛盾的产物，那么在维持国家的运作过程中，必然涉及如何处理阶级问题。他指出：

> 国家和社会的利害，不是全然一致的，又不是截然分离的。因为国家的内部，有阶级的对立：凡国家的举动，总是代表治者阶级，压迫被治阶级的；所以国家和包含于国家中的人，利害总不能一致。然而在或种情形之下，则国家和全体社会的利害，是一致的；尤其是在对外的时候。因为别一个国家，侵入或加压迫于这一个国家，则最大多数的国民，必同蒙其不利。所以当这时候，国民应当和国家协力以对外。国家所要求于国民，不都是正当的——如为治者阶级的利益的时候——但因对外之故，而对于国民有所要求，则为合理。[3]

吕思勉区分国家与社会，认为二者利害不尽一致，很容易让人理解成后冷战时代颇为流行的“国家-社会”二分法。但在《中国制度史》一书中，吕思勉在讨论财产制度变迁时梳理古今贫富不均的演进史，以及历代王朝遏制贫富不均的努力与成效，彰显阶级问题在中国古代的

[1] 吕思勉：《中国社会变迁史》，《中国文化思想史九种》下册，第739页。
[2] 吕思勉：《中国政治思想史十讲》，《中国文化思想史九种》下册，第748页。
[3] 吕思勉：《中国政治思想史十讲》，《中国文化思想史九种》下册，第807页。

普遍性[1]，因此他这里所谓的“社会”，与“国家–社会”二分法中的内容并不一样。而国家机关中的执行者，恰恰是产生于社会之中（详下文）。此外，与早期的马克思主义强调“工人无祖国”不同，吕思勉虽然承认国家内部有阶级压迫，但他认为面对外患之时，国内各阶级应当体现一致性，共同抵御外敌，因为国家主权完整保障了大多数人的利益。由此可见清末以来十分盛行的民族主义思潮对他的影响。也正因为这样，他的史论才更具有现实感[2]。

以上就是吕思勉在《中国政治思想史十讲》等论著中对于政治问题的总体思考。他对中国政治变迁的具体分析，就是在这样的基础之上展开的。

二、历史变迁之中的官僚集团

关于政治学的研究对象，与吕思勉同时代的政治学家浦薛凤认为：“无论‘为政’或‘致治’，一切成败皆以统治阶级为关键，一切责任只有统治阶级应负荷。所谓人民，笼统抽象不能作行动主体。例如人民绝不喜欢内战亦绝不欲容忍贪污，然而内战或贪污之所以有时不免者，其关键与责任全在统治阶级；而内战之可以避免，可以结束，或贪污之可以铲除，其关键责任亦只在统治阶级。又例如‘历史势力’与客观环境，此固非统治阶级所能招致，所能负责；然而如何应付客观环境，如何调和历史势力，此则唯统治阶级能负责而亦必负责。”[3]撇去其中极为强烈的精英主义不论，他指出了分析政治，必须注意到统治阶级

[1] 吕思勉：《中国制度史》，第38—62页。

[2] 值得注意的是，吕思勉在《中国民族史》等著作中论述中国古代的民族问题时，常常把少数民族入主中原看作近代民族国家之间的侵略行为，这一点其实并不符合历史实际。因本文主要目标并非分析吕思勉的民族史论述，因此对这一问题点到为止，不做具体展开。

[3] 浦薛凤：《西洋近代政治思潮》序言，北京：北京大学出版社2007年版，第7页。

的基本构成、活动方式、历史作用。这一点吕思勉在《中国政治思想史十讲》中同样有所涉及。早在辛亥革命之后的第二年，吕思勉就发表了《论文官考试之宜严》一文，强调吏治问题的重要性，主张吸取帝制时代吏治流弊的教训，严格选拔有道德、有能力的官吏，保证政治秩序的维系[1]。可以说，吏治问题（或曰"官僚问题"）是吕思勉持续关注的一个对象。

五四新文化运动期间，随着批判中国传统的风潮日益流行，人们开始反思中国历史上的士绅支配，揭露其中表现出来的不平等与不人道，同时随着工人阶级登上政治舞台，知识分子开始进行自我反省，批判自身存在的等级意识，检讨为何缺少劳动能力。极有可能受此思潮影响，吕思勉也开始批判中国的官僚集团及其后备队伍。他指出：

> 自科举制度兴，所谓"治者阶级"者，其所占据之物质，固尚较常人为丰富。然此阶级，人人可入而据之，据此阶级之人，失其地位也较易，其生活遂起恐慌而不安定。又以人之求入此阶级，较前此为易也，于是志望为此阶级之人者骤多。虽未能得入此阶级，固自以为此阶级中人矣。其既尝入据此阶级而失之者，又时时希望得复其地位，而不肯遂入于他阶级矣。夫如是，故所谓"官"及"与官相辅之人"其数有限。而志望为"官"及"与官相辅之人"者，其数乃远过之。凡未尝为"官"及"与官相辅之人"，而社会上称之为"读书人"者，皆此曹也。夫此曹也，固时时有生活之困难临乎其头上，而望其皆有暇日以受相当之教育，不汲汲于治生，而又时时能出所余以润泽人，焉能得之？此中国之士阶级，不仁不智之所由来也。[2]

---

[1] 吕思勉：《论文官考试之宜严》，《吕思勉遗文集》上册，第295—298页。

[2] 吕思勉：《士之阶级》，《吕思勉诗文丛稿》下册，上海：上海古籍出版社2011年版，第551页。

吕思勉自己也是士人家庭出身，而在这里他却痛骂士阶层“不仁不智”，可见其批判力度之猛烈。而他坚信“天下之大势，恒自不平而趋于平”，主张政权应“由人民自起而掌握之”，不再寄托于士绅、贵族与军阀，这样才能建设良好的政治[1]。

在《中国政治思想史十讲》中，吕思勉虽然仍有这样的政治理想，但随着对史料的更为熟悉，以及有马克思主义作为理论参考，他对中国的官僚政治问题便有了更为深刻且冷静的分析。

吕思勉认为，官僚集团的出现，与春秋战国时期诸侯国国君的性质变化有关。在之前的封建政治之下，国君的权力比较有限，必须和与自己有远近亲缘关系的大小贵族妥协。古人所谓“亲亲”“尊尊”即指此。社会上分为贵族、自由民、奴隶三个阶级。在生产方式上，每一贵族都拥有一定的土地，指挥奴隶为其耕种。而每一政权的疆域也比较有限。因此，那一时期，所谓“政治”，其内容并不复杂，主要是保证各种礼仪活动正常进行，君主能够团结大小贵族。而这样的政治形态，也影响着儒家的政治思想。孔子所谓的“小康”之世，就是以古代封建制度初期作为蓝本，其中还保留着一些雍容平和之气，贵族身上也体现出些许勇武重名的美德[2]。

到了战国时期，随着激烈的社会转型与政治冲突，“一方面，都市的工商业家，乡下的大地主，新阶级兴起了；一方面，则因战争的剧烈，亡国败家者相随属，而封建时代的贵族，日益沦落；于是贵族的阶级渐平，贫富的阶级以起。然而当这时代，国家的政治权力，不是缩小了，反而是扩大了。因为政治是所以调和矛盾，也可以说是优胜的一个阶级用来压迫劣败的阶级的。社会的矛盾，日益加甚，自然政治的权力，日益加大。但是这时候，代表政治上的权力的，不是从来拥有采地的封建

[1]　吕思勉：《士之阶级》，《吕思勉诗文丛稿》下册，第561页。

[2]　吕思勉：《中国政治思想史十讲》，《中国文化思想史九种》下册，第751—753页。

主，而是国王所信任的官僚”[1]。前文谈到，吕思勉认为国家的本质是统治阶级用来维护政治经济利益的暴力机关，而他在分析战国时期政治形势变迁时，就是从社会矛盾加深，国家权力扩张的角度论述的。而官僚集团就是有助于统治者扩充权力，提升政治效率的重要群体。他们或是出身于新兴的地主与工商业阶级，或出身于没落的旧贵族。前者因财富的集聚而有条件获取学问，后者虽然社会身份发生巨变，但世袭而来的知识却未丢失[2]。后世的中国官僚集团，也深深地打上了这两个群体基本行为特征的烙印。

到了秦汉以后，君主基本上是与官僚集团合作来治国。吕思勉认为，对于后者，需要从他们的基本行为特征入手进行剖析。他运用类似于马克思主义的阶级分析理论，认为：“凡一阶级，当其初兴之时，其利害，总是和大多数被压迫的人一致的。及其成功，即其取敌对阶级的地位而代之之时，其利害，便和大多数人相反了”[3]。这番话不禁让人想起马克思与恩格斯在《德意志意识形态》中的著名论断：“每一个企图代替旧统治阶级的地位的新阶级，为了达到自己的目的就不得不把自己的利益说成是社会全体成员的共同利益，抽象地讲，就是赋予自己的思想以普遍性的形式，把它们描绘成唯一合理的、有普遍意义的思想。”可在获得政治地位之后，“非统治阶级和正在进行统治的阶级之间的对立也发展得更尖锐和更深刻”[4]。由此入手，吕思勉认为：

> 凡社会总有两条心的：即（一）公心，（二）私心。私心虽是要自利，公心总是要利人的。贵族虐民，而官僚阶级出来和他反

---

[1] 吕思勉：《中国政治思想史十讲》，《中国文化思想史九种》下册，第754页。

[2] 吕思勉的这番认识，与当代关于战国时期社会流动的研究颇为吻合。参见许倬云著，邹水杰译：《中国古代社会史论——春秋战国时期的社会流动》，桂林：广西师范大学出版社2006年版。

[3] 吕思勉：《中国政治思想史十讲》，《中国文化思想史九种》下册，第781页。

[4] 马克思、恩格斯：《德意志意识形态》，《马克思恩格斯选集》第1卷，第53、54页。

> 抗，就是公心的表现。然则到官僚阶级转而虐民的时候，这种公心，到什么地方去了呢？不错，公心是无时而绝的，但是公心要有一条表现的路。在从前贵族阶级跋扈时，法术之士——即官僚阶级的前身，是作为君主为代表公心的机关，教他行督责之术，去打倒贵族阶级的。[1]

可见，与五四新文化运动时期的慷慨激昂不同，此时吕思勉已经开始从官僚集团的政治功能与历史作用入手对其展开分析。如果说郡县制替代封建制是一种历史进步的话，那么官僚集团在此过程中是作为君主的助力而存在的，其存在的合理性也正在于此。吕思勉的这一看法，其实和当时与之后的许多马克思主义史家对于战国时期政治改革的论述极为相似，即新兴地主阶级代言人登上政治舞台，替代了代表落后生产力的封建贵族。

但是，一旦官僚集团的地位稳固下来，他们自身的惰性与自利性就会显露出来。由于他们是郡县制国家不可或缺的重要力量，因此必然会在此政权内尽可能地为自己捞取更多的利益。吕思勉通过总结历代官僚集团的基本面貌，认为：

> 凡阶级，总是要以其阶级的利益为第一位的；而且总有一种理由，替维持阶级利益做辩护。官僚阶级里并不是没有好人；尽有顾全公众的利益，而肯牺牲自己的，但是总不免为其所处的地位所局限；以为欲维持公益，非维持其时的社会组织不可，不肖的更不必说了。所以官僚阶级的性质，从理论上说，往往是如此的：（一）所尽的责任，减至最小限度。（二）所得的利益，扩充至最大限度……所以怠惰和贪污，乃是官僚阶级的本性，不足为怪。天下

[1]　吕思勉：《中国政治思想史十讲》，《中国文化思想史九种》下册，第781页。

> 尽有不怠惰不贪污的官,此乃其人不但具有官僚性质,而无害于官僚阶级的性质,实系如此,犹之天下尽有不剥削生产者和消费者的商人,然以商业性质论,总是要以最低的价格买进,最高的价格卖出的。[1]

关于何谓“官僚集团”,吕思勉认为不能只限于现任官吏,还应包括志愿为官之人、与官僚相结托以谋利的人、在日常政务中辅佐官僚之人。后两类人自然是官僚权力的衍生品。不过第一类人在吕思勉眼里,却绝非只是作为官僚的后备队伍这么简单。他指出,任何政治力量都需要为本集团进行合法性辩护的意识形态,历代的读书人很大程度上担负着制造各种维护官僚统治的理论之任务。因此,历代的政治思想,固然有为平民着想的部分,但也大量存在旨在论证官僚统治乃天经地义的言说[2]。关于中国古代的士人政治,不应忽视从这一角度进行观察。

既然官僚集团在政治结构中不可或缺,同时却具有天然的“怠惰和贪污”倾向,那么要想降低其为害的概率,只有用其他的力量去制约它。在古代的社会条件下,这样的力量只能是君权,因为君权固然有其自私性,但为了延续王朝的统治,不得不在一定条件下维护大多数民众的利益,避免后者铤而走险。但是古代技术条件有限,君主为了维持政权,必须倚仗官僚处理日常复杂的政务,赋予他们或多或少的权力,结果就导致君主只能与官僚集团做妥协。吕思勉认为人们常说中国古代容易流于庶政废弛,这一点也与此有关。由于官僚的谋私谋利本质,制定越多的政策,很可能给予他们越多从中获利的机会。因此为了不让官僚骚扰百姓,历代统治者多采取放任之政,避免大事兴革,造成弊上

[1]　吕思勉:《中国政治思想史十讲》,《中国文化思想史九种》下册,第780页。

[2]　吕思勉:《中国政治思想史十讲》,《中国文化思想史九种》下册,第780—781页。

加弊的后果[1]。此正如政治学家芬纳（S. E. Finer）所论，官僚政治之下容易导致一种“决策制定和决策执行的病态关系”，即本应作为决策制定者的君主被作为决策执行者的官僚裹挟，由于后者处于行政上的优势地位，君主极易把决策权也让渡给他们，使后者的利益贯穿于政治过程之中[2]。总之，吕思勉认为理解中国官僚集团的基本特征，十分有助于认识中国古代政治的主要症结。而这些症结，也是导致“大同”之世难以再现的重要原因。

三、历代政治改革的名与实

近代以来，不少知识分子目睹西方自启蒙运动以降的变迁，就习惯于拿中国历史与之对比，认为中国历史长期没有明显的变化。特别是孟德斯鸠、黑格尔式的历史哲学在中国的传播，使得他们宣称的包括中国在内的东方社会“停滞论”也开始在中国流行起来。比如萧公权虽然在其代表作《中国政治思想史》中对中国历代政治思想流变进行了分期，承认其中有某些变化，但他依然认为中国政治思想之特点为“多因袭，少创造”，除了先秦诸子颇有争鸣气象，“由秦汉至明清二千余年之中，君统无改，社会少变。环境既趋固定，思想自多因袭”[3]。不过在吕思勉看来，既然历史之目的在于“研究人类社会之沿革，而认识其变迁进化之因果关系”[4]，那么对于中国历史，就应当从其内在脉络出发，

---

[1] 吕思勉：《中国政治思想史十讲》，《中国文化思想史九种》下册，第804—805页。关于君主在古代政治结构中的地位问题，吕思勉在发表于1946年的《中国文化诊断一说》一文里有更为详细的分析。不过基本结论与《中国政治思想史十讲》中所论一致（参见吕思勉《中国文化诊断一说》，《吕思勉遗文集》上册，第316—337页）。

[2] ［英］芬纳，王震、马百亮译：《统治史》第一卷，上海：华东师范大学出版社2014年版，第72—73页。

[3] 萧公权：《中国政治思想史参考资料绪论》，《中国政治思想史》，北京：新星出版社2005年版，第589页。

[4] 吕思勉：《白话本国史》上册，上海：上海古籍出版社2005年版，第3页。

借助社会科学理论，分析历史进程中的各种变迁现象。在其中，吕思勉尤为关注历史上的政治改革。

众所周知，先秦诸子兴盛于战国时期，面对当时混乱的政治与社会面貌，提出了各自的改革方案。此乃中国历史上第一次出现影响深远的改革思潮。而吕思勉则认为，要审视先秦诸子的改革方案，必须注意到他们各自关于理想社会图景的来源。因为诸子各派之间的差异，很大程度上是他们把不同的历史时期作为理想社会的范本，希望在当时得以实践。比如农家与道家以上古原始社会为榜样，儒家奉西周封建体制为圭臬，只有法家与兵家比较意识到东周时期政治与社会变动的重要性。在这个意义上，"先秦诸子的思想，都是落伍的"[1]。特别是儒家，汉代以来被奉为独尊的官学，这导致历代政治改革具有比较明显的内在缺陷。

其中，吕思勉尤其重视西汉时期儒者的改革论。他认为西汉一朝的贫富问题与阶级问题始终十分突出，《史记》等典籍所记载的西汉文帝、景帝时期的富足景象只是表明生产从先前的战乱中恢复而已，从分配的角度而言，官僚、商人与豪强占据了大量社会财富，农民时常处于破产的边缘。因此对于所谓西汉初期奉黄老之学而实施的无为政治，不应予以过高评价。他指出："大抵什么时代都有个不受人注意的阶级，他就再困苦熬，大家还是不闻不见的。所谓政简刑清，所谓人给家足，都只是会开口的、受人注意的阶级，得些好处罢了。"因此，"历代的放任政策，其内容，是包含着无限的丑恶的"[2]。这一观点虽然阶级意识鲜明，但在当时绝非空谷足音。像钱穆20世纪30年代在北京大学讲授"秦汉史"时，就指出"富民豪族之兼并，贫富之不均，社会经济所形成之阶级"乃"西汉二百年最大待解决之问题"，而西汉王朝却未能克服

[1] 吕思勉：《中国政治思想史十讲》，《中国文化思想史九种》下册，第756页。
[2] 吕思勉：《中国政治思想史十讲》，《中国文化思想史九种》下册，第787页。

此弊，致使“社会贫富之不均，豪家富民之侵夺兼并，乃至习若固然”[1]。

在此情形下，汉儒反复呼吁采取相关政策进行改革。“汉代儒家的思想，可以分为两大端：一为均贫富，一为兴教化。他们的均贫富，还是注意于平均地权，激烈的要径行井田，缓和的则主张限民名田。”[2]对此，吕思勉在撰写于20世纪30年代的其他著作如《秦汉史》《大同释义》《中国社会变迁史》中都着重分析过。他认为，汉代的改革主张体现出儒家对于古代封建体制的向往，对私有制导致的贫富分化极为不满。但是问题在于，儒家心目中的理想社会，疆域范围不大，内部结构较为简单，统治阶级多少都有亲缘关系，所以可以运用国君的力量进行管理。而到了汉代，疆域版图极为辽阔，政治结构日趋复杂，各地之间具有差异性，因此需要大量的官僚来执行日常政务。如此一来，改革之议要想实践，就显得颇为困难。其原因在于，“国家推行一种政策，势必藉手于官吏。但官吏亦久已成为一种谋生的职业。人的普通性质，权力没有限制，总是要滥用的；利总是要尽量攫取，愈多愈好的。官吏是权力在手，可利用之以牟利的人，所以做官与作弊两个名词，几乎常相连带”[3]。在吕思勉看来，汉儒在西汉中期以后不谈井田，而主张限田，就是意识到改革的困难性而做出的妥协式调整。但随着西汉末期社会矛盾的加剧，不少儒者都呼吁要进行全盘的改革，实现儒家的政治理想。王莽在当时能获得十分广泛的支持，其“群众基础”就在于此。他篡汉之后立即推行一系列改革措施，有些名目十分激进，比如耕地收归国有，平均分配；不得擅自买卖奴婢；商业由朝廷管制，平抑物价；盐、铁、酒等日常用品收归官营。吕思勉指出，王莽虽然践行了汉儒的政治理想，但这些举措在古代的社会条件下很难有实现的机会，仅凭官僚来实施更无异于与虎谋皮，因此很快就出现了社会动乱。但王莽的失败，

[1]　钱穆：《秦汉史》，北京：三联书店2018年版，第318页。

[2]　吕思勉：《中国政治思想史十讲》，《中国文化思想史九种》下册，第788页。

[3]　吕思勉：《中国社会变迁史》，《中国文化思想史九种》下册，第724页。

绝不仅是其个人政治生命的终结，而且是整个儒家政治思想的挫败，可视为中国古代政治变迁的重要转折点：

> 大同之世，去之久矣；虽小康之治，亦云遥矣，人皆挟自为之心，习私产之俗，徒恃在上者之力，操刀代斲，未有能善其后者也。新莽之败，非新莽一人之败，乃先秦以来言社会改革者之公败。何也？莽所行，非莽之私见，乃先秦以来言社会改革者之成说，特假手于莽耳。自此以降，无复敢言根本改革者，皆委心任运，听其迁流之所届耳。其善者，不过弥缝补苴，去其泰甚，而成否犹视乎其所遭；成不成，乃其幸不幸耳，非必其善不善也。而"治天下不如安天下，安天下不如与天下安"之语，遂为言政治者之金科玉律。[1]

在近代，随着传统史学中的"正统论"日渐式微，时人对于王莽多有新的评价。章太炎在《訄书》的《通法》篇中认为王莽实行的平均土地、解放奴婢政策值得后人借鉴[2]；胡适则称赞王莽堪称古代的社会主义者[3]；陶希圣声称王莽改革"确有废止豪家大族操纵社会经济的倾向"[4]；蒙文通强调"王莽所为，又一切无不本之经说也"[5]。这些观点都与吕思勉所论极为相似，体现出近代知识分子对于中国古代社会症结与改革教训的某种共识。不过值得注意的是，虽然吕思勉认为王莽的失败不可避免，汉儒的政治主张具有缺陷，但他并未因此而否认通过政

[1]　吕思勉：《大同释义》，《中国文化思想史九种》下册，第628页。

[2]　章太炎：《訄书（重订版）·通法》，《章太炎全集》第3卷，上海人民出版社2017年版，第246—247页。

[3]　胡适：《王莽（一千九百年前的一个社会主义者）》，欧阳哲生编：《胡适文集》第3卷，北京大学出版社1998年版，第19—24页。

[4]　陶希圣：《中国政治思想史》上册，北京：中国大百科全书出版社2009年版，第451页。

[5]　蒙文通：《汉代之经济政策》，《儒学五论》，桂林：广西师范大学出版社2007年版，第127页。

治手段取消贫富不均,实现社会平等的理想。而且正如前文所论,他坚信这样的理想——“大同”之世在未来一定能实现。

除了王莽改革,吕思勉在《中国政治思想史十讲》中还着重分析了宋代的相关史事,特别是著名的王安石变法。与王莽当政时的社会氛围相似,在王安石之前,宋儒也开始思考各种解决社会问题的方案,封建论与井田论的流行就是其中的显例。王安石变法的出发点是为了改变北宋积贫积弱的现状,但遭到以司马光为首的旧党的强烈抵制。对此,吕思勉认为:

> 新党的所长,在于看透社会之有病而当改革,而且有改革的方案;而其所短,则在于徒见改革之利,而不措意于因改革所生之弊。旧党攻击因改革所生之弊,是矣,然而只是对人攻击,而自己绝无正面的主张,然则当时的政治是好了,不需改革了么?明知其不好,只得听其自然了么?我们倘使提出这个问题来,旧党亦将无以为对。[1]

所谓“改革所生之弊”,同样是吕思勉反复强调的官僚问题。由于官僚集团的基本特征,任何新的政策都可能流于他们为非获利的凭借,因此,政治权力如何实施,必须要考虑到官僚集团从中谋私的问题。吕思勉以王安石的《度支副使厅壁提名记》一文为例,指出王安石虽然认识到社会上兼并之风甚炽,但他的解决之道在古代的政治结构下很难奏效:

> 他所谓阡陌闾巷的贱人,就是土豪和有商业资本的人。他深知他们是与平民处于对立的地位的,彼此利害不相容,非有以打倒

[1] 吕思勉:《中国政治思想史十讲》,《中国文化思想史九种》下册,第807页。

之不可。然所恃以打倒他们的却是吏，吏也是和人民处于对立的地位的，其利害，也是彼此不相容。固然，现在政治上不能不用吏，然而吏是离不开监督的，一离开监督，就出毛病。所以政治家最要的任务是：自量其监督之力所能及。在此范围之内，则积极进行，出此范围以外，则束手不办。[1]

在近代中国，由于变法、改革成为许多人追求的目标，因此对王安石也有许多新的评价。如梁启超在清末撰写的《王荆公传》，就把王安石塑造为中国古代的大政治家、大改革家。这一叙事影响深远，使王安石成为儒家改革主义的代表。吕思勉并不反对变法本身，而是要追问为何王安石变法最初行于一地收效良好，推行于全国则窒碍难行之处频生。归根结底，还是官僚的本性使然。总之，通过梳理中国历代的改革得失，吕思勉指出：

中央政府控制的力量有限；而行政是依赖官僚，官僚是无人监督就要作弊的；与其率作兴事，多给他以舞弊的机会，还不如将所办的事，减至最小限度的好。这是事实如此，不能不承认的。所以当中国的政治，在理论上，是只能行放任主义的；而在事实上，却亦以放任主义为常，干涉主义为变。变态就是病态，人害了病，总是觉得蹙然不安，要想回复到健康状态的，虽然其所谓健康状态的，或者实在是病态。[2]

这一观点贯穿于吕思勉的许多历史著作当中。既然中国政治有此特点，那么“中国政治上的制度，是务集威权于一人，但求其便于驾驭，

[1] 吕思勉：《中国政治思想史十讲》，《中国文化思想史九种》下册，第811页。
[2] 吕思勉：《中国政治思想史十讲》，《中国文化思想史九种》下册，第820页。

而事务因之废弛，则置诸不问，这是历代政治进化一贯的趋势，所以愈到后世，治官的官愈多，治民的官愈少，这也怪不得什么一个人的”[1]。而依此政治架构，当中国遭遇组织、动员、汲取、军事能力都极高的近代西方列强时，遭遇一系列的失败，也就不足为奇了。

四、余论

在《中国政治思想史十讲》以及写于同一时期的其他论著中，吕思勉一直在思考中国政治变迁的基本特点。他借助社会科学理论，分析中国古代国家的起源、中国历史进程中的官僚集团、中国历代改革得失等关键问题，指出中国历代改革思想的内在缺陷、中国官僚集团的历史作用与基本弊病，不但体现了史家之卓识，而且具有极强的政治判断力。

吕思勉说："历史是维新的证佐，不是守旧的护符。"[2]因此他在探讨中国古代政治的得失时，其实也在思考未来中国政治建设问题。他强调："中国的官吏，都只能奉行故事；要他积极办事，兴利除弊，是办不到的。要救此项弊窦，非将政治机构大加改革不可。"[3]他所说的"改革"，却并非点滴改良，而是离不开革命。"我们所以要革命，只因旧的势力，障碍得太厉害了，不将他推翻，一切新的事业，都不容我们做，所以不得不把他先行打倒；然而打倒他，只是消极的举动，既把旧势力打倒之后，新事业自然要逐渐举办的。"[4]这就带来一个问题，依靠谁去打倒"旧势力"？既然吕思勉反复强调官僚集团的弊病，同时指出豪绅、

[1] 吕思勉：《中国近世史前编》，《中国近代史八种》，上海：上海古籍出版社2008年版，第151页。

[2] 吕思勉：《历史研究法》，《史学与史籍七种》，第41页。

[3] 吕思勉：《中国政治思想史十讲》，《中国文化思想史九种》下册，第824页。

[4] 吕思勉：《中国政治思想史十讲》，《中国文化思想史九种》下册，第806页。

士人、胥吏很大程度上都依附于前者，那么真正的革命动力，其实就在于“人民自行觉悟奋起”[1]。这里所说的“人民”，联系吕思勉撰写于那一时期的许多论著，应该指的是在古代政治机构中处于“失语”状态的广大平民。所谓的“大同”之世也应以保障他们的利益为主要特征。就此而言，吕思勉在他的历史论著中，至少从逻辑上已经点出了中国现代革命史上的重要问题，即如何依靠人民群众的力量去反对官僚主义，克服官僚集团的弊病，真正在中国的历史进程中实现符合中国自身状况的、名副其实的人民民主。

[1] 吕思勉：《中国政治思想史十讲》，《中国文化思想史九种》下册，第783页。

第三部分

寻找“新的政治”

五四前后陈独秀对于国家问题的思考

有论者言，自1850到1949年，“从史实看，在这个‘屈辱的世纪’里，种种转机预示了中国在我们这个时代的崛起。中国政府不断在军事、经济、政治和科技领域推进改革以寻求富强，与其他国家比肩”。之所以如此，原因之一便是“过去一个半世纪里，中国政治家们所秉持的意识形态虽然各不相同，但他们都在追寻富强，以求重获甚至提升和扩大其国家主权”。[1]可以说，近代中国的首要任务就在于维持秦汉以来的大一统国家政权，特别是清代形成的领土版图，动员广大的社会力量，抵抗帝国主义对中国领土与主权的侵蚀，让中国摆脱日益加剧的危机，走向独立自主。许多现代性因素在中国的展开，都与这一时代主题息息相关，也只有促进了这一过程，才能具备基本的合法性。

就此而言，作为对现代中国影响深远的事件，五四运动的思想言说中固然具有一面宣扬民族主义，一面憧憬世界主义的“两歧性”。[2]但正如论者所言，对五四一代知识分子而言，“民族主义仍是理解他们言行的重要概念工具”，即便曾设想世界主义的未来图景，他们的“民族主义情感，或应说是潜藏而不是丧失”。[3]而民族主

[1] ［美］哈尔西著，赵莹译：《追寻富强：中国现代国家的建构，1850—1949》，北京：中信出版社2018年版，序言第1页。

[2] 张灏：《重访五四：论五四思想的两歧性》，《时代的探索》，台北：联经出版公司2004年版，第132—136页。

[3] 罗志田：《理想与现实：清季民初世界主义与民族主义的关联互动》，许纪霖、宋宏编：《现代中国思想的核心观念》，上海：上海人民出版社2011年版，第366、353页。

义在现实层面的最主要表现，便是对国家形态与内外秩序的不断探讨。五四新文化运动期间关于社会、世界主义、思想文化、个人等问题的讨论，可以说是源于对中国所面临的危机之反思基础上的。同样，对于新的社会形态之憧憬、新的个人面貌之展望，归根结底，与希望由此而产生新的国家组织形式、合理的制度安排息息相关。而所谓世界主义式的国际秩序之所以能实现，中国改地换天，呈现新貌，进而影响东亚格局，可以说是其中的重要一环。因此，思考五四新文化运动，窃以为不能忽视当时参与者对国家问题的强烈关注，即怎样才能构建一个好的国家，而非用一种反国家、去政治的视角来看待这些问题，忽视五四新文化运动期间各类议题之间的内在联系。

基于这样的问题意识，本文意在结合思想语境与相关史事，讨论陈独秀（1879—1942）关于国家问题的论述与思考。陈氏在五四新文化运动中的地位，已毋庸多言。他的许多言论，不但风行一时，影响深远，还极有时代典型意义。深入分析其思想，或许可以抓住五四新文化运动中的一些关键问题。

一、悲于歧路：对民初政治的感观

辛亥革命爆发之时，陈独秀正在杭州教书。故乡安徽的新政府成立后，他受旧交孙毓筠之邀，来到安庆，出任都督府顾问。在任内，他参与“全皖工振筹办处”，致力于安徽省内遭受水患地区的灾民赈济工作。同时他向都督府提出政治改革意见，主张清除政府机构中的旧官僚，革除不利于革命事业的弊政。关于辛亥革命之后的一般政治情形，正如汪荣祖老师所论，当革命爆发之际，“革命党未能指导群众运动，更勿论动员人民”。而革命之后，随着中央政权的瓦解，士绅在地方上的独立性更为突出，以至于“民国的各级地方政府几全赖士绅的经济支持，根本不能冒犯包括‘劣绅’在内的士绅阶级”。[1]因此，陈独秀的政治改革计划自然难以实现。1913年，宋教仁遭到暗杀，孙中山等人认定此乃袁世凯所为，于是召集同志，宣布起兵讨袁。在此之前，安徽都督已由柏文蔚担任，陈独秀一度出任省民政长。因此，当柏氏加入讨袁军的行列之后，陈独秀也积极响应，替前者撰写了一篇极富批评性的讨袁檄文。当然，由于实力差距过大，讨袁军难以对抗袁世凯的部队，连连败退，陈独秀遭到倪嗣冲的通缉，险遭逮捕，最终流亡上海，通过与同乡汪孟邹的合作，在后者经营的“亚东图书馆”编写出版文字学著作，借此维持生计。[2]总之，民初的陈独秀，所经历的是一系列政治上的挫败。

与之相应的，便是自从民国成立以来，和先前所期待的种种美景绝不相同，所呈现于世人眼前者，乃是乱象频频的场景。特别在政治上清季士人所热望的民主共和之制并未出现，而是武人与政客结合，致使政风污浊卑劣，丑闻不断，此一现象，至袁世凯帝制自为而趋于极致。对新政权的期待与乐观，不旋踵遂变成极度抑郁与苦闷。对陈独秀而言，政治上的失意，加上政局每况愈下，特别是清末所极力鼓吹的口号、反复宣传的愿景，在民初不但未曾实现，反而成为大盗窃国的凭依，种种景象，难免使他具有一种强烈的幻灭感。他开始质疑那些自己曾经不懈追求的政治理念。他深怀“国家社会过去未来之无限悲伤”，回忆起昔日的革命同志，觉得自己苟活于世，“堕落不堪，愧对亡友”，称自己为“不祥之人”，咒斯世为“不祥之社会”。[3]

陈独秀非但在情绪上十分低落、消极，甚至开始从学理上否定

---

[1] 汪荣祖：《士绅与民国肇建》，黄兴涛、朱浒主编：《清帝逊位与民国肇建》，北京：社会科学文献出版社2016年版，上卷第128页。

[2] 以上关于陈独秀活动的描述，参考唐宝林：《陈独秀全传》，北京：社会科学文献出版社2013年版，第111—123页。

[3] 陈独秀：《〈双枰记〉叙》，任建树主编：《陈独秀著作选编》，上海：上海人民出版社2009年版，第1卷第144、145页。

清末以降风行一时的爱国主义、救亡图存等政治思潮。在《爱国心与自觉心》一文里，他指出，中国人所理解的“爱国”，基本等同于“忠君”：

> 盖以此国家，此社稷，乃吾祖吾若宗艰难缔造之大业，传之子孙，所谓得天下是也。若夫人民，惟为缔造者供其牺牲，无丝毫自由权利与幸福焉，此欧洲各国宪政未兴以前之政体，而吾华自古讫今，未之或改者也。近世欧美人之视国家也，为国人共谋安宁幸福之团体。人民权利，载在宪章，犬马民众，以奉一人，虽有健者，莫敢出此。欧人之视国家，既与邦人大异，则其所谓爱国心者，与华语名同而实不同。[1]

陈独秀说这番话时，恰逢袁世凯不断扩张自己的政治权力，因此陈氏有感而发，认为正因为中国人的帝制思想根深蒂固，才助长袁氏专权乱政。作为现实感极强的人，陈氏此论，意有所指。但更为重要的是，陈独秀对“欧洲各国”——作为与中国状况进行对照的“他者”——的想象，很大程度上决定了他如何分析中国的政治状况。在清末，他曾参加章太炎、刘师培等人发起的“亚洲和亲会”，与日本的无政府主义者、社会主义者多有往来。[2]而后者在引介、宣传社会主义、无政府主义之时，时常以此为视角，审视当时资本主义国家内部的政治与经济状况。刘师培等人从社会主义、无政府主义的视角出发，看到的世界不再只是由西方资本主义国家主流话语所宣称的那样，充斥着文明、进步与繁荣，而是观察到了资本主义政经体制在全球范围内的支配所带来的社会矛盾与冲突，听到了被主流话语所压制的声音。因此，他们思考中国

[1] 陈独秀：《爱国心与自觉心》，任建树主编：《陈独秀著作选编》第1卷，第146页。
[2] 唐宝林：《陈独秀全传》，第85页。

问题时，就具备了更为复杂的视角。而这些面向，在此刻陈独秀的思虑里，似乎并未有明显的表现。

不过即便如此，近代西方政治思想之于陈独秀，还是给他提供了不少批判中国现实的“炮弹”。他认为：“土地，人民，主权者，成立国家之形式耳。人民何故必建设国家，其目的在保障权利，共谋幸福，斯为国家成立之精神。”可见，相比清末，他进一步定义了国家的内涵。而以此为标准，“吾华未尝有共谋福利之团体，若近世欧美人之所谓国家也”。[1]因为中国政治传统中的“国家”，“凡百施政，皆以谋一姓之兴亡，非计及国民之忧乐”，如此，“若而国家实无立国之必要，更无爱国之可言”。因为“其爱之也愈殷，其愚也益甚”。[2]总之，在他看来：

> 爱国心，情之属也。自觉心，智之属也。爱国者何？爱其为保障吾人权利、谋益吾人幸福之团体也。自觉者何？觉其国家之目的与情势也。是故不知国家之目的而爱之则罔，不知国家之情势而爱之则殆，罔与殆，其蔽一也。[3]

在当时，陈独秀最主要的政治情绪，自然是对袁世凯与北洋集团所作所为感到极度愤恨。于是他感到辛亥革命之后所建立的这个政权，实为替袁氏掌权张目，或者说，此政权成立时的初衷，在现实中根本难以实现。因此，这里所说的“国”，一方面固然指的是此刻正存在于世间的那个“政权”，但是联系上下文的脉络，既然他认为中国历史上从未有“共谋福利之团体”，那么不正表明，作为代表了历史与文化延续性的“国家”，其自身也不具备合法性吗？如此一来，生活于这片疆域内的芸芸众生，不论是从历史流变中来看，还是从现实处境来看，皆不

[1]　陈独秀：《爱国心与自觉心》，任建树主编：《陈独秀著作选编》第1卷，第147页。
[2]　陈独秀：《爱国心与自觉心》，任建树主编：《陈独秀著作选编》第1卷，第147页。
[3]　陈独秀：《爱国心与自觉心》，任建树主编：《陈独秀著作选编》第1卷，第147页。

具有在陈氏眼里“合法”的政治身份。但是，从清末以降，“合群”的观念开始深入人心，许多论者都相信，人之异于禽兽者，在于能将社会组织成一“有机体”，分工协作，互济互通。那么，被纳入“中国”这一没有合法性基础的实体中的民众，他们应如何自处？是孑然一身，还是另寻符合陈氏标准的“国”？

不过，陈独秀毕竟是参与过现实政治的人，政治环境的复杂性与残酷性，迫使分析政治形势的人，必须具有更为全面的观察视角。当时世界的主要支配者，自然是“近世欧美人”，以及效法“近世欧美人”而臻于富强之境的日本人。但是他们的作为，固然有让陈氏甚为歆羡的一面，但同时还有愈显狰狞的另一面：

> 为他人侵犯其自由而战者，爱国主义也。为侵犯他人之自由而战者，帝国主义也。爱国主义，自卫主义也，以国民之福利为目的者也，若塞、比是矣。帝国主义，侵略主义也。君若相利用国民之虚荣心以增其威权为目的者也，若德、奥是矣。日本维新以来，宪政确立，人民权利，可得而言矣。一举而破中国，再举而挫强俄，国家威权莫或敢侮矣。若犹张皇六师，日不暇给，竭内以饰外，赋重而民疲，吾恐其国日强，其民胥冻馁以死。强国之民，福利安在，是皆误视帝国主义为爱国主义，而供其当局示威耀武之牺牲者也。[1]

陈独秀到底还是参与过清末革命并加入“亚洲和亲会”的。该会主旨即有感于“百余年顷，欧人东渐，亚洲之势日微，非独政权兵力，浸见缩朒，其人种亦稍稍自卑”，因此辄需“反对帝国主义而自保其邦族”，通过“反抗帝国主义，期使亚洲已失主权之各民族，各得独

---

[1]　陈独秀：《爱国心与自觉心》，任建树主编：《陈独秀著作选编》第1卷，第147页。

立”。[1]在此主张之下，一种不同于殖民主义意识形态逻辑的世界视野得以显现，即从否定帝国主义支配合法性的角度出发，思考一种新的区域关系。[2]并区分被压迫地区借以反抗侵略者的“爱国主义”，与殖民者为了将其扩张合法化而宣扬的“爱国主义”。这些往事虽已时过境迁，但难免对陈独秀还有些许影响，让他在抨击中国的“国家”一无是处的同时，能够保持些许清醒，不会非此即彼，把对中国现状的不满转化为对域外的无限赞美。所以他还有区分“为他人侵犯其自由而战者，爱国主义也。为侵犯他人之自由而战者，帝国主义也”的意识，认识到帝国主义国家固然国力强盛，但其内部同样存在“赋重而民疲”的情形，这一点是值得中国人清醒认识的。

但是，正如论者所言，在民初的政治风气里，“当眼光向外时，更容易体现国与民的一致；而眼光一旦内转，便可能看到国与民的对立”。[3]面对让他万分失望的国内政局，更容易引起陈独秀联想的，是将中国与那些有类似处境的国家相提并论。“亚洲和亲会”那样的分析视野又被遮蔽了。他认为：“不知国家之情势而爱之者，若朝鲜、土耳其、日本、墨西哥及中国皆是也。”这里需要分疏的是，墨西哥效仿美式共和，政治基础长期不稳，致使国内时局动荡，不但陈独秀有见于此，康有为更是时常举此例作为中国不能行共和政体之证。[4]土耳其内有民族认同的危机，外临列强环伺的地缘政治，其状况确可为中国之鉴。但最值得注意的是陈独秀对已被日本殖民的朝鲜之论述：

---

[1] 章太炎：《亚洲和亲会约章》，《章太炎全集·太炎文录补编（上）》，上海：上海人民出版社2017年版，第279页。

[2] 关于“亚洲和亲会”的来龙去脉及其政治诉求，参见林少阳：《鼎革以文——清季革命与章太炎“复古”的新文化运动》，上海：上海人民出版社2018年版，第177—224页。

[3] 罗志田：《他永远是他自己——陈独秀的人生和心路》，《道出于二：过渡时代的新旧之争》，北京师范大学出版社2014年版，第108页。

[4] 章永乐：《万国竞争：康有为与维也纳体系的衰变》，第153—158页。

朝鲜地小民偷，古为人属，君臣贪残，宇内无比。自并于日本，百政具兴，盗贼敛迹，讼狱不稽，尤为其民莫大之福。然必欲兴复旧主，力抗强邻，诚见其损，未睹其益。[1]

按照这一认识，陈氏进一步申论：

海外之师至，吾民必且有垂涕而迎之者矣……失国之民诚苦矣，然其托庇于法治国主权之下，权利虽不与主人等，视彼乱国之孑遗，尚若天上焉，安在无国家之不若恶国家哉！其欲保存恶国家者，实欲以保存恶政府，故作危言，以耸国民力争自由者之听，勿为印度，勿为朝鲜，非彼曲学下流，举以讽戒吾民者乎？夷考其实，其言又何啻梦呓也。夫贪吏展牙于都邑，盗贼接踵于国中，法令从心，冤狱山积，交通梗塞，水旱仍天，此皆吾人切身之痛，而为印度、朝鲜人之所无。[2]

根据陈独秀的意思，首先，朝鲜自古政治状况就极为恶劣，而自从被日本殖民之后，治理结果反而有所好转，因此彼处反抗殖民统治的活动实无必要，否则“见其损，未睹其益”。其次，既然中国的国内现状与被殖民以前的朝鲜不相上下，那么宣传爱国，只会延续这一具有历史与现实连贯性的，类似于有“原罪”的“恶国家”。既然现状如此无可救药，不如让中国人“托庇于法治国主权”。这一思考逻辑，固然和他服膺的“团体之成立，乃以维持及发达个体之权利耳，个体之权利不存在，则团体遂无存在之必要”[3]这样的政治理念一以贯之，但是更和他对中国历史与现状的理解，以及对世界政治经济局势的认识息息相关。

[1] 陈独秀：《爱国心与自觉心》，任建树主编：《陈独秀著作选编》，第1卷第148页。
[2] 陈独秀：《爱国心与自觉心》，任建树主编：《陈独秀著作选编》，第1卷第150页。
[3] 陈独秀：《〈双枰记〉叙》，任建树主编：《陈独秀著作选编》，第1卷第145页。

换言之，如何保障个体权利，如何组合成团体，这本身并非一个抽象思辨的议题，而是关乎个人心中蕴含着怎样的中外政治现实图景，对后者的具体认知，直接影响到设想前者的诉求应如何践行。

对帝国主义深有洞察的章太炎曾说：“志存兼并者，外辞蚕食之名，而方寄言高义，若云使彼野人，获与文化，斯则文野不齐之见，为桀跖之嚆矢明矣。”放眼世界，“今之伐国取邑者，所在皆是”。[1]正如其言，近代列强的全球扩张，在占取经济资源、海外市场与政治利益的表象背后，是一套颇为精致的“教化”工程，涉及街道分布、学制设定、知识分类、生活习俗、监狱管理、法律诠释、治理程序等各个方面，让被殖民地区的知识分子与民众渐渐深信这些举措乃进化之阶梯、文明之实践，“规训”他们在一个由欧美列强支配的世界里，应如何规范自己的行为。甚至通过精心打造的教育体制，培养出一批符合殖民者统治标准的本地文化精英。[2]

但在陈独秀所处的环境里，此理却并非如此清晰。这就使得他对中国现状感到绝望时，很难从感知与学理层面抗拒帝国主义意识形态话语，特别是在后者占据话语权的情形下，基本掩盖了袁世凯政权其实也是在列强的大力支持下才得以维系，甚至中国政治破碎、经济丧失自主权、政权运作急需向外国银行团借款，这些现状，反而有助于列强的在华利益。换言之，从现实角度出发，列强需要一个袁世凯式的中国。而这一切，只有当陈独秀拥有了更具批判性的理论武器之后，才能逐步体会到。

陈独秀虽然强调“国家者，保障人民之权利，谋益人民之幸福者也。不此之务，其国也存之无所荣，亡之无足惜”[3]，但是国家并

[1]　章太炎：《齐物论释》，《章太炎全集》，第5册第46、47页。

[2]　关于这些面向在近代中国的具体展开，参见[美]何伟亚著，刘天路、邓红风译：《英国的课业：19世纪中国的帝国主义教程》，北京：社会科学文献出版社2007年版。

[3]　陈独秀：《爱国心与自觉心》，任建树主编：《陈独秀著作选编》第1卷，第150页。

非空洞之物，内部一定包含了生活于其中的国民。自晚清以降，无论革命派、立宪派，都主张向民众宣传国民意识，动员后者参与到国家建设中来。因此，从以启蒙者自居的知识分子之思考习惯上来讲，在经历了革命之后，国家若还破败不堪，那么很容易就会将反思重点从袁世凯那样的当权者，转移到全体国民身上来。于是陈独秀指出：

> 盖一国人民之智力，不能建设共和，亦未必宜于君主立宪，以其为代议之制则一也。代议政治，既有所不行，即有神武专制之君，亦不能保国于今世，其民无建设国家之智力故也。民无建国之力，而强欲摹拟共和，或恢复帝制，以为救亡之计，亦犹瞽者无见，与以膏炬，适无益而增扰耳。夫政府不善，取而易之，国无恙也。今吾国之患，非独在政府。国民之智力，由面面观之，能否建设国家于二十世纪，夫非浮夸自大，诚不能无所怀疑。然则立国既有所难能，亡国自在所不免，瓜分之局，事实所趋，不肖者固速其成，贤者亦难遏其势。[1]

在清末，陈独秀还相信“我们中国地大人众，大家要肯齐心竭力办起事来，马上就能国富兵强”。[2]但当他经历了民初政治的挫败之后，他开始感觉到，之所以至此，不只是革命党或袁世凯集团的问题，而应该由全国民众共担其责。因为全体国民没有践行代议政治的“智力”，才让国事败坏，回天乏术。陈独秀之所以对爱国感到消极，质疑像中国这样的国家有无存在的合法性，依笔者之见，归根结底，缘由在此。

陈独秀此文，刊登于章士钊创办的《甲寅》杂志。据后者透露，此

[1] 陈独秀：《爱国心与自觉心》，任建树主编：《陈独秀著作选编》第1卷，第149页。
[2] 陈独秀：《瓜分中国》，任建树主编：《陈独秀著作选编》第1卷，第22页。

文一出，“愚获诘问叱责之书，累十余通，以为不知爱国，宁复为人”。[1]如果说陈独秀撰写此文，意在将自己悲观失望的情绪展现出来，引人注意的话，那么根据章士钊收到的回应来看，无疑它引起了时人极大的关注，虽然几乎没有完全认同其观点者。于是章士钊希望从学理层面回应陈独秀的观点。他借用的卢梭“社会契约”学说，区分“亡国”与“解散国家”。认为国家建立，基于由全体国民“总意”而形成的“民约”，此“民约”的重要体现即为立法权。一旦主政者违背“总意”，则构成此“总意”的每一个人民都可以视其为违法，不再认可其权威，重新回到自然状态。“解约之后，人人即复其自由，即重新谋所以建国之道，再造总意，复创新约。”所以即便国家解散，“立国之权，犹操在我，我欲其国方之则方之，我欲其国圆之则圆之”。[2]总之，章士钊希望借此理论，来消解陈独秀去国之论所产生的弊病，并赋予再造一个合理的政府以学理上的论证。

不过在具体实践层面，章士钊却并未将此重任像学理分析那样，寄托于全体国民。他认为维持政治底线，“苟读书明理，号称社会中坚之人人不忘其我，而不或纾或迳以逢迎之”，那么政治犹有挽救余地。因为“历观改革之事，无不以少数人握其枢机”。[3]这就引出了一个问题，既然改革政治在于“社会中坚”是否努力，那么反过来说，政治败坏至此，哪个群体才是真正的祸首？一旦找到答案，或许陈独秀此文的洞见或盲点，都能凸显出来。

作为深度介入政治的政坛老手，梁启超一下子就抓住了这一核心问题。他承认，面对各种政治乱象，“吾不知有国之优于无国者果何在也？”但他坚信，冤有头，债有主，谁造祸，谁负责：

---

[1]　章士钊：《国家与我》，《章士钊全集》第3卷，上海：文汇出版社2000年版，第508页。

[2]　章士钊：《国家与我》，《章士钊全集》第3卷，第512、513页。

[3]　章士钊：《国家与我》，《章士钊全集》第3卷，第514、515页。

> 吾国人民究为善良耶？为非善良耶？吾敢迳答曰：大多数地位低微之人民，什九皆善良者也；少数地位优越之人民，什九皆不善良者也。故中国将来一线之希望，孰维系之？则至劬瘁、至质直之老百姓其人也。而此一线之希望孰断送之？则如我辈之号称士大夫者即其人也……官僚蠹国，众所疾首也，谁为官僚？士大夫也。党人病国，众所切齿也，谁为党人？士大夫也。国家曷为设官？位置士大夫而已。国家曷为费财？豢养士大夫而已。[1]

梁启超此论，一语中的。辛亥革命之后，建立共和政体，但就大多数“读书人”而言，所引为典范的，仍是以士绅支配为主的“贤人政治”，或如论者所言，乃“披着人民主权外衣的士绅共和国”。[2]因此政治之良莠，很大程度上取决于这一阶层的思虑考量与纵横捭阖。即便真有陈独秀所想象的“海外之师至，吾民必且有垂涕而迎之”，按照当时的政治支配格局，也很可能仅为“士大夫”者流“垂涕而迎之”。不对这一阶层有深入的批评性反思，国家现状能否有所改观，才真是未知之数。真正占人口大多数的、处于无声状态下的大众，在民初的历史舞台上显得如此边缘。因此，陈独秀把他们也纳入导致中国不足以让人爱的共犯之列，实在太不客观、太不厚道了。不过反过来看，他至少开始注意到这群人也可能会影响政治，这无疑为他之后思考国家问题埋下伏笔。

二、仰慕远西：憧憬近代“新国家”

1915年9月，陈独秀在上海创办《青年杂志》(后更名为《新青

---

[1] 梁启超：《痛定罪言》，吴松等点校：《饮冰室文集点校》第4集，第2406—2407页。

[2] 高波：《追寻新共和：张东荪早期思想与活动研究（1886—1932）》，北京：三联书店2018年版，第136页。

年》)，希望借此来改变当时的文化气氛。在他看来，“青年之于社会，犹新鲜活泼细胞之在人身，新陈代谢，陈腐者无时不在天然淘汰之列”。[1]“吾人首当一新其心血，以新人格；以新国家；以新社会；以新家庭；以新民族；必迨民族更新，吾人之愿始偿，吾人始有与晳族周旋之价值，吾人始有食息此大地一隅之资格。”[2]而欲将此“新鲜活泼细胞”传播到像中国这样弊病丛生的社会里，则必须将长期以来“陈腐者”所形塑的各种不合时宜的“偶像”给彻底清除。所以他呼吁：“破坏！破坏偶像！破坏虚伪的偶像！吾人信仰，当以真实的合理的为标准；宗教上、政治上、道德上、自古相传的虚荣，欺人不合理的信仰，都算是偶像，都应该破坏。”[3]或许是秉持之前的观点，他认为国家也属于那种人为构建出来的“偶像”：

> 国家是个什么？照政治学家的解释，越解释越教人糊涂。我老实说一句，国家也是一种偶像。一个国家，乃是一种或数种人民集合起来，占据一块土地，假定的名称；若除去人民，单剩一块土地，便不见国家在那里，便不知国家是什么。可见国家也不过是一种骗人的偶像，他本身并无什么真实能力。现在的人所以要保存这种偶像的缘故，不过是藉此对内拥护贵族财主的权利，对外侵害弱国小国的权利罢了。世界有了什么国家，才有什么国际竞争；现在欧洲的战争，杀人如麻，就是这种偶像在那里作怪。我想各国的人民若是渐渐都明白世界大同的真理，和真正和平的幸福，这种偶像就自然毫无用处了。但是世界上多数的人，若不明白他是一种偶像，而且明白这种偶像的害处，那大同和平的光明，恐怕不会

[1] 陈独秀：《敬告青年》，任建树主编：《陈独秀著作选编》第1卷，第158页。
[2] 陈独秀：《一九一六年》，任建树主编：《陈独秀著作选编》第1卷，第198页。
[3] 陈独秀：《偶像破坏论》，任建树主编：《陈独秀著作选编》第1卷，第423页。

照到我们眼里来。[1]

在这里，陈独秀谈及当时正在惨烈进行之中的欧战，或许有睹于此，他开始质疑国家存在是否能给普通人（而非“贵族财主”）带来幸福。但从思想传承来看，陈独秀曾对人言：“杨、康、章（章太炎）、梁诸先生，皆吾辈之先觉。”[2]陈独秀的这番国家为人造的偶像之论，与章太炎在清末所撰的《国家论》极为相似。章氏指出：“国家既为人民所组合，故各各人民，暂得说为实有，而国家则无实有之可言。”“欲于国家中求现量所得者，人民而外，独土田山渎耳。然言国家学者，亦不以土田山渎为主体。则国家之为主体，徒有名言，初无实际，可知已。”[3]虽说如此，但他同时强调，从现实层面来说，“爱国之念，强国之民不可有，弱国之民不可无”。[4]因为一旦“弱国”也受此学理熏染，觉得国家乃一虚幻的“偶像”，存废与否，无关紧要，那么结局很可能沦为被“强国”所吞并，自己所属的“偶像”固然不复存在，但却造就了一个更为强势的“偶像”，于寰宇之中张牙舞爪。这一点陈独秀亦有所感知。所以他认为“世界上多数的人，若不明白他是一种偶像”的话，那么国家消亡，全球畛域“大同”的景象，“恐怕不会照到我们眼里来”。

因此，陈独秀此时关于国家问题的思考，虽有理想主义的一面，但更多的还是立足于现实，探索如何能让中国变成一个更好的国家。他指出：“第衡之吾国国情，国民犹在散沙时代，因时制宜，国家主义，实为吾人目前自救之良方。”[5]而欲达此效，关键在于，什么样的国家才是中

[1]　陈独秀：《偶像破坏论》，任建树主编：《陈独秀著作选编》第1卷，第423页。
[2]　陈独秀：《答李大魁（佛教）》，任建树主编：《陈独秀著作选编》第1卷，第188页。
[3]　章太炎：《国家论》，《章太炎全集》第4册，第484—485、486页。
[4]　章太炎：《国家论》，《章太炎全集》第4册，第491页。
[5]　陈独秀：《今日之教育方针》，任建树主编：《陈独秀著作选编》第1卷，第173页。

国应孜孜以求的？

关于创办《青年杂志》，陈独秀曾自白：“介绍西方学说，改造社会，此固本志唯一之宗旨。出版以来，一字一句，皆此物之志也。”[1]因此，想象一个理想的“新国家”，在陈独秀那里，离不开对他所理解的“西方学说”中有关国家的描述。一方面，这种描述给予陈氏一种思想视角，让他来审视、批判中国历史与现实中的国家状况；另一方面，他依据这种描述，来设计如若欲创造一个“新国家”，应采取哪些步骤、重视哪些面向。

在陈独秀看来，居今之世，思考包括国家问题在内的一系列关乎中国前途的问题，必须具有一套全新的历史观。他指出：

> 可称曰“近世文明”者，乃欧罗巴人之所独有，即西洋文明也；亦谓之欧罗巴文明。移植亚美利加，风靡亚细亚者，皆此物也。欧罗巴之文明，欧罗巴各国人民，皆有所贡献，而其先发主动者率为法兰西人。[2]

这种诞生于“欧罗巴”的“近世文明”，除了位于时间轴上的最高点，还有一种普遍主义的特征：

> 各国之制度文物，形式虽不必尽同，但不思驱其国于危亡者，其遵循共同原则之精神，渐趋一致，潮流所及，莫之能违。于此而执特别历史国情之说，以冀抗此潮流，是犹有锁国之精神，而无世界之知识。[3]

[1]　陈独秀：《答孔昭铭（介绍西学）》，任建树主编：《陈独秀著作选编》第1卷，第276页。
[2]　陈独秀：《法兰西人与近世文明》，任建树主编：《陈独秀著作选编》第1卷，第164页。
[3]　陈独秀：《敬告青年》，任建树主编：《陈独秀著作选编》第1卷，第161页。

而此“潮流”在政治领域的具体特征，陈独秀认为：

古今万国，政体不齐，治乱各别。其拨乱反正者，罔不舍旧谋新，由专制政治，趋于自由政治；由个人政治，趋于国民政治；由官僚政治，趋于自治政治；此所谓立宪之潮流，此所谓世界之轨道也。吾国既不克闭关自守，即万无越此轨道逆此潮流之理。[1]

依据这样的历史观、文明观，陈独秀认为中国要想摆脱困境，必须紧跟时代“潮流”，在政治领域构建相似的制度、伦理，如：“民主国家，真国家也……真国家者，牺牲个人一部分之权利，以保全体国民之权利也”，[2]“自治的国民政治”，[3]“近世国家，无不建筑于国民总意之上”，[4]“庶政公诸舆论”“尊重人民自由”。[5]他的这些观点，已有许多论著对之进行表彰、阐发。笔者也承认，这些政治制度与政治伦理在近代中国国家建设中必须予以重视。问题的关键在于，陈独秀是否对其产生、巩固、传播的历史过程有较为清晰的认识。这不仅是学理上的考辨，更关乎能否认识到必须立足于中国的现实条件，让这些政治要素能名副其实地落地生根。

陈独秀认为：

法兰西革命以前，欧洲之国家与社会，无不建设于贵族特权之上，视人类之有独立自由人格者，唯少数之君主与贵族而已；其余大多数之人民，皆附属于特权者之奴隶，无自由权利之可言也。

[1] 陈独秀：《吾人最后之觉悟》，任建树主编：《陈独秀著作选编》第1卷，第203页。
[2] 陈独秀：《今日之教育方针》，任建树主编：《陈独秀著作选编》第1卷，第173页。
[3] 陈独秀：《吾人最后之觉悟》，任建树主编：《陈独秀著作选编》第1卷，第203页。
[4] 陈独秀：《答汪叔潜（政党政治）》，任建树主编：《陈独秀著作选编》第1卷，第222页。
[5] 陈独秀：《答汪叔潜（政党政治）》，任建树主编：《陈独秀著作选编》第1卷，第222页。

自千七百八十九年，法兰西拉飞耶特（美国独立宣言书亦其所作）之“人权宣言”刊布中外，欧罗巴之人心，若梦之觉，若醉之醒，晓然于人权之可贵，群起而抗其君主，仆其贵族，列国宪章，赖以成立。[1]

这段话体现了陈独秀对于“近世文明”演变的基本认识。当然，他或许没有想到，对近代西方文明进行一系列深刻解析的马克思，面对它的蒸蒸日上，指出：“统治阶级的思想在每一时代都是占统治地位的思想。这就是说，一个阶级是社会上占统治地位的物质力量，同时也是社会上占统治地位的精神力量。”[2]因此，在近代意义上，某一文明具有“普遍性”的过程应该是：

每一个企图取代旧统治阶级的新阶级，为了达到自己的目的不得不把自己的利益说成是社会全体成员的共同利益，就是说，这在观念上的表达就是：赋予自己思想以普遍性的形式，把它们描绘成唯一合乎理性的、有普遍意义的思想。[3]

在这样的意识形态操纵下，这一文明及其所代表的新的统治阶级，将会把自身成长壮大的历史，描绘成某一理念不断克服重重阻力，最终普照大地、成为进步之象征的历史，其中各种复杂的社会矛盾、军事冲突、权力交易、剥削手段、生产与分配方式，都将被纳入这一理念当中，成为用以证明其无上荣光的注脚，成为各种历史神话。

---

[1] 陈独秀：《法兰西人与近世文明》，任建树主编：《陈独秀著作选编》第1卷，第164页。

[2] 马克思、恩格斯：《德意志意识形态（节选）》，中共中央马恩列斯著作编译局编译：《马克思恩格斯选集》第2卷，北京：人民出版社2012年版，第178页。

[3] 马克思、恩格斯：《德意志意识形态（节选）》，中共中央马恩列斯著作编译局编译：《马克思恩格斯选集》第2卷，第180页。

当陈独秀开始在中国言论界显露头角之时，拉斯基也渐渐成为英美知识界的骄子。而当他经历了自一战以来西方一系列政治与经济变局之后，他开始重新思考陈独秀所歆羡的"近世文明"，从其历史进程来看，到底体现了哪些特征。他指出：

> 在超过四个世纪的时间里，资本主义已经逐渐利用国家的最高强制力，将这些权利渗透到了它所控制的社会的每一个角落的缝隙。法律、教育、宗教和家庭，这所有的一切都受到了它的影响。它的受益者不但出于历史上所有人类的习惯行事，而且还使他们赖以成长的机构适应社会基础的需求。他们真心实意地认为，对他们赖以生存的特权所进行的攻击，实际上就是对文明社会的基础的攻击。正如在法国大革命中英勇奋斗的人士，或是试图将列宁推离权力宝座的俄国资产阶级一样，他们也丝毫不怀疑自己的道德正确性。它们已经变成了捍卫传统社会观念的武装起来的思想。[1]

拉斯基这段话所揭示的，是这一"近世文明"如何将自己的主张扩散于社会各个领域，其最大的受益者是哪个群体，它如何在察觉自己可能面临挑战与危机时，迅速形成战斗意识，与挑战自己的政治势力展开对决。笔者征引这些，并不是在用后见之明来苛责陈独秀的西学功底，而是想借此说明，陈独秀向国人介绍西学、广开民智，确实具有重要的历史意义，但他却未能在此过程中践行自己早年的座右铭——"推倒一世豪杰，扩拓万古心胸"，不带迷信的情绪，以独立的眼光审视近代西方政治的运作逻辑，探寻它从"中古"到"近世"的演变过程中，哪

[1] ［英］拉斯基著，林冈、郑忠义译：《欧洲自由主义的兴起》，北京：中国人民大学出版社2012年版，第173页。

些社会力量在其中起了关键作用，各种政治口号背后的现实诉求是什么？[1]更为重要的是，这一历史巨变下所产生的政治与经济理念，对于中国来说，可能产生哪些真实的启示？

因此，当陈独秀用他所理解的西学来审视中国的政治问题时，他就很难做到像马克思分析近代西方那样，能够具体地揭示中国的社会结构、政治症结、内外情势，和《甲寅》时期他咒骂中国不足以让人爱类似，此刻他对中国现状的看法，依然还是情绪性多于反思性。他感觉到，“举凡吾之历史，吾之政治，吾之社会，吾之家庭，无一非暗云所笼罩；欲一一除旧布新，而不为并世强盛之民所兼、所攻、所食，固非冒万险，排万难，莫由幸致”。[2]这种对民族国家危机的担忧，自然无可厚非，但他却认为，造成这种情形的原因之一，除了“学说之为害”与“专制君主之流毒”，还在于中国历史上的政治统一：

列邦并立，各自争存，智勇豪强，犹争受推重。政权统一，则天下同风，民贼独夫，益无忌惮；庸懦无论矣，即所谓智勇豪强，非自毁人格，低首下心，甘受笞挞，奉令惟谨，别无生路。“臣罪当

[1] 需要说明的是，这其实与个人对西学认知的深入程度关系并不见得多么密切。一个很明显的例子，章太炎在清末虽然曾广泛阅读各种经由日本所编译的西学著作，但从今天的角度来看，其理论深度或许并不那么突出。只是在认知立场上，章氏1906年以后开始反思创始于近代西方的现代性要素，没有盲目崇拜彼方的心理特征。如此一来，他反而能根据自己对中国历史的了解，以及政治实践经验，通过冷静的分析，发现近代西方历史演变的些许特征。例如他认为近代的代议制肇因于中古时期的封建制社会结构，早期的议员皆为封建贵族，平民并无多少机会参与其中。代议制的出现，与西方中古以来的政治与社会情状息息相关。这与马克斯·韦伯、佩里·安德森对于近代早期西欧国家形态的研究，在结论上有极高的相似度。关于这一点，参见王锐：《历史国情与制度设计——章太炎〈代议然否论〉再解读》，《华东师范大学学报（哲学社会科学版）》2018年第2期，第97页。

[2] 陈独秀：《抵抗力》，任建树主编：《陈独秀著作选编》第1卷，第180页。

诛，天王圣明。”至此则万物赖以生存之抵抗力，乃化而为不祥之物矣。[1]

长时期的政治统一原来也是阻碍中国步入“近世文明”的绊脚石？在这里，陈独秀心中想象的，大概是欧洲中世纪以降封建割据、列国林立的历史画面。但从清末开始，有识之士之所以苦苦探寻救亡图存之道，不正是因为西方列强的入侵严重危害到了中国的疆域版图，也就是政治统一，让中国有惨遭瓜分之险？而许多对国家问题的分析与论辩，都基于如何维系历史中形成的统一之局。若没有这种强烈的救亡意识，时人哪里会孜孜不倦地探寻西洋诸国的富强之道？陈独秀此论，虽然在情绪上容易唤起青年人的瞩目，但却违背了近代中国关于国家问题思考的最主要前提。

可以说，通过自己所了解并推崇的西学，陈独秀在分析中国问题时，非但未能获得一个富于启发性的理论资源，反而由于以西洋为榜样，自己很难实事求是地探索在中国实现民主、独立的条件，很难真正认识到中国社会的主要矛盾，以及妨碍大多数民众个人权利的根本症结。他认为：“所谓立宪政体，所谓国民政治，果能实现与否，纯然以多数国民能否对于政治，自觉其居于主人的主动的地位为唯一根本之条件。”[2]从原理上说，此论自然不差。不过在观察中国“多数国民”的情况后，他又感到“中国政治所以至此者，乃因一般国民雅不欲与闻政治，群以为政治乃从事政治生活者之事业，所以国民缺乏政治知识，政治能力，如外人所讪笑者”。[3]所以他颇为绝望地说道：“欧美文明制度，如何乞灵于空文，强使尽行于至野蛮不识字无经济能力之豚尾民族

[1]　陈独秀：《抵抗力》，任建树主编：《陈独秀著作选编》第1卷，第181页。
[2]　陈独秀：《吾人最后之觉悟》，任建树主编：《陈独秀著作选编》第1卷，第203页。
[3]　陈独秀：《答顾克刚（政治思想）》，任建树主编：《陈独秀著作选编》第1卷，第364页。

哉！”[1]话虽如此，但总要给现实政治一个可行的解决方案。这样一来，陈独秀又回到了前文提到的章士钊式的思路了。他指出：

> 国家组织之作何态，实以国中有力分子若何分布以为衡。[2]

又言：

> 社会国家之进步也，其道万端，而始终赖为必要者，乃有大众信仰之人物，为之中枢为之表率。[3]

既然政治良莠与否，全靠“国中有力分子”如何作为，那么他又何必苦心焦虑地高呼“国民政治”？“国民政治”如何在中国生根，如何将真正占人口绝大多数的那个群体组织动员起来，或许这才是关乎国家前途的真问题，无奈陈独秀却未见及此。

看来，能让陈独秀进一步深入思考国家问题的契机，或许就在于他能否深刻反思自己所仰赖的“近世文明”。一战结束后，时任美国总统的威尔逊提出了十四点和平原则，主张世界各殖民地有权追求民族自决。这一宣传在中国的知识分子圈产生了极大的影响。当时正在中国各地旅行的杜威，观察到中国知识分子“对美国的信任是那么的天真无邪”，“中国在其绝望处境中创造了一个具备强烈民主意识、爱好和平的美国人的形象，后者尤其致力于为弱国确保国际的公理和正义”。对他们而言，美国担当了“一个拯救者的角色”。[4]这一观察颇为到位。

---

[1] 陈独秀：《时局杂感》，任建树主编：《陈独秀著作选编》第1卷，第352页。

[2] 陈独秀：《时局杂感》，任建树主编：《陈独秀著作选编》第1卷，第353页。

[3] 陈独秀：《时局杂感》，任建树主编：《陈独秀著作选编》第1卷，第353页。

[4] ［美］杜威著，马迅译：《在中国进行的国际对决》，顾红亮编：《中国心灵的转化——杜威论中国》，上海：华东师范大学出版社2017年版，第16页。

陈独秀在了解到威尔逊的政治主张之后就声称："美国大总统威尔逊屡次的演说，都是光明正大，可算得现在世界上第一个好人。"[1]当然，这也绝非中国一国的现象。彼时和中国处于相似境遇的国家，如印度、埃及、朝鲜，其本国知识分子也对威尔逊抱以极大的欢迎与期盼，甚至争相给后者写各种表忠心的信，表达自己如何热切盼望威尔逊替自己国家主持公道。[2]

但接下来巴黎和会上包括美国在内的列强之所作所为，却给像陈独秀那样的知识分子一个沉重的打击。按照一位现代外交史研究者的说法，在巴黎和会的会场上，"威尔逊的演讲充斥了用于医治和平和自由的空洞药方，令巴黎的政治现实潜流暗涌。这里是那些不可靠的政客们云集的巴黎，担负着重新描绘欧洲的政治版图以及规划世界经济复苏的重任的地方"。从结果来看，"受到过多次欢呼的威尔逊原则所倡导的公开外交，不啻是调停过程的一个早就埋下的隐患。显而易见，美国总统的空头支票'公开的和平公约，公开签署'很快变得只是意味着外交协定的最后文本应该予以公布"。[3]目睹这一情形，陈独秀感慨道："有一班人因为孙中山好发理想的大议论，送他一个诨名，叫做孙大炮。威尔逊总统的平和意见十四条，现在也多半是不可实行的理想，我们也可以叫他做威大炮。"[4]更让他感到难以理解的，是那个之前让自己为之歆羡的"法兰西文明"，如今却显露出另一种样态：

> 法兰西国民，向来很有高远的理想，和那军国主义狭义爱国心最热的德意志国民，正是一个反对。现在德意志不但改了共和，

[1] 陈独秀：《〈每周评论〉发刊词》，任建树主编：《陈独秀著作选编》第1卷，第453页。

[2] 关于这些地区知识分子的表现，参见［美］马内拉著，吴润璿译：《1919中国、印度、埃及和韩国，威尔逊主义及民族自决的起点》，台北：八旗文化出版社2018年版。

[3] ［美］科勒著，王宝泉译：《20世纪的世界：1900年以来的国家关系与世界格局》，北京：群言出版社2010年版，第24—25页。

[4] 陈独秀：《随感录・威大炮》，任建树主编：《陈独秀著作选编》第2卷，第37页。

并且执政的多是社会党，很提倡缩减军备主义。而法兰西却反来附和日本、意大利，为着征兵废止、国际联盟、军备缩小等问题，和英美反对，竟使威总统有主张将平和会议迁移他国的风传。不知理想高远的法兰西国民，都到那里去了？[1]

曾经亲历巴黎和会的经济学家凯恩斯，这样描述代表法国出席谈判的克列孟梭：“他所秉持的哲学就是：在国际关系中，是没有给‘多愁善感’留出任何位置的。国家是真实的存在，你热爱其中的一个，而对于其他那些，你则漠不关心，乃至心怀仇恨。你所热爱的这个国家的无上荣光，是值得追索的理想目的，但是，一般来说，你的邻国却需要为此付出代价。”[2]由此可见，在国际政治中，法国确实也坚持自己的“理想”，只是这一“理想”的内涵，远不同于陈独秀所想象的那样。当明白这一点时，他将会重新思考如何建设一个好的国家。

三、北方吹来十月的风：找到“新的政治”

在1919年12月1日出版的《新青年》杂志里，作为创办人的陈独秀，有感于“本志具体的主张，从来未曾完全发表。社员各人持论，也往往不能尽同。读者诸君或不免怀疑，社会上颇因此发生误会”。[3]其中关于政治问题，他说道：

我们虽不迷信政治万能，但承认政治是一种重要的公共生

---

[1] 陈独秀：《随感录·理想家那里去了？》，任建树主编：《陈独秀著作选编》第2卷，第49页。

[2] ［英］凯恩斯著，李井奎译：《〈凡尔赛条约〉的经济后果》，北京：中国人民大学出版社2017年版，第29页。

[3] 陈独秀：《〈新青年〉宣言》，任建树主编：《陈独秀著作选编》第2卷，第130页。

> 活；而且相信真的民主政治，必会把政权分配到人民全体，就是有限制，也是拿有无职业做标准，不拿有无财产做标准；这种政治，确是造成新时代一种必经的过程，发展新社会一种有用的工具。至于政党，我们也承认他是运用政治应有的方法；但对于一切拥护少数人私利或一阶级利益，眼中没有全社会幸福的政党，永远不忍加入。[1]

在此之前，《新青年》杂志的另一位主要作者李大钊已公开撰文宣传马克思主义，称赞十月革命“赤旗到处翻飞，劳工会纷纷成立，可以说完全是俄罗斯式的革命，可以说是二十世纪的革命”。[2]同时他与胡适就“问题与主义”展开论争，而后者依然是美式政治的忠实拥趸。如此一来，所谓“《新青年》阵营”在政治问题上就出现了分歧。陈氏此文，或许是为了避免读者对于这些政治分歧产生误解，于是希望寻找一个各方都能接受的最大公约数来体现作者同仁内部的基本团结，借此来正视听。不过虽说如此，该文仍透露出陈独秀此时在政治（国家）问题上，较之先前，有了新的思考。

在那一时期，欧洲大陆烽烟四起，列强之间鏖战正酣，远在中国的知识分子观察战争走向的同时，也在反思参战各国所象征的那种政治逻辑是否还具有合理性，象征着19世纪文明的资本主义体制，渐渐被人们重新加以审视，与之相连带的，便是探索一种新政治、新文明诞生在禹域的可能性。[3]只有在这个背景下，才能理解为何十月革命能对中国知识界产生如此巨大的冲击。与陈独秀一样同是老革命党人的吴

---

[1] 陈独秀：《〈新青年〉宣言》，任建树主编：《陈独秀著作选编》第2卷，第131页。

[2] 李大钊：《Bolshevism的胜利》，中国李大钊研究会编：《李大钊全集》第2卷，第367页。

[3] 汪晖：《文化与政治的变奏——战争、革命与20世纪10年代的“思想战”》，《短20世纪：中国革命与政治的逻辑》，香港：牛津大学出版社2015年版，第97—102页。

玉章这样回忆：

> 辛亥革命时，我们对掌握政权和改造国家机器太不注意了，当时为了迁就袁世凯而让出了政权。有些人（如宋教仁）还幻想用议会斗争的方式来控制住旧的国家机器，结果反动派就能够利用现成的政权和旧国家机器向我们进攻。布尔什维克认为：革命的根本问题是政权问题，工人阶级在革命中必须粉碎旧的国家机器，代之以新的国家机器，才能够巩固革命的胜利。这正是一个颠扑不破的真理。像中国这样一个几千年相传下来的以官僚制度为核心的旧国家机器，是许多罪恶的根源，其势力根深蒂固，即使经历许多次的革命风暴，但在官僚国家的荫庇下，万恶势力仍会死灰复燃。以往我也常想这个问题，模模糊糊地想不出一个道理。布尔什维克关于政权和国家的理论，解决了我的问题。[1]

其实和吴玉章一样，“政权与国家”也是陈独秀自清末以来不断思考的主要问题，并且他也曾苦恼于革命党人为何在“掌握政权和改造国家机器”方面屡遭挫败。不过在十月革命爆发前，他认为“社会主义，理想甚高，学派亦甚复杂。惟是说之兴，中国似可缓于欧洲。因产业未兴，兼并未盛行也”。[2]所谓“理想甚高”，透露出他依然是在前文所论的思想框架内思考国家问题。但与此同时，他对中国的政治现状愈发不满，认为民国成立以来，现状并无多少改观：“革命者，一切事物革故更新之谓也。中国政治革命，乃革故而未更新。严格言之，似不得谓之革命。”[3]不但国内如此，在国际政治中，陈独秀通过目睹中国在巴

[1] 吴玉章：《回忆“五四”前后我的思想转变》，中国社科院近代史研究所《近代史资料》编译室主编：《五四运动回忆录》，北京：知识产权出版社2013年版，第10页。

[2] 陈独秀：《答褚葆衡（社会主义）》，任建树主编：《陈独秀著作选编》第1卷，第283页。

[3] 陈独秀：《答卓鲁（革命问题）》，任建树主编：《陈独秀著作选编》第1卷，第366页。

黎和会中所遭受的待遇，终于清醒地认识到“现在还是强盗的世界！现在还是公理不敌强权的时代！”所以“要想免第三次大战争的痛苦，非改造人类的思想，从根本上取消这蔑弃公理的强权不可”。[1]总之，国内外的政治现实让陈独秀终于发现：

> 立宪政治在十九世纪总算是个顶时髦的名词，在二十世纪的人看起来，这种敷衍不彻底的政制，无论在君主国民主国，都不能够将人民的信仰、集会、言论出版三大自由完全保全住，不过做了一班政客先生们争夺政权的武器。现在人人都要觉悟起来，立宪政治和政党，马上都要成为历史上过去的名词了，我们从此不要迷信他罢。什么是政治？大家吃饭要紧。[2]

认为政治的关键之处在于“大家吃饭要紧”，可以说很大程度上转变了陈独秀一直以来思考国家问题的视角，提供了一个让他去认真探讨中国社会内部真实且复杂的情形之契机。如果说“国家不过是人民集合对外抵抗别人压迫的组织，对内调和人民纷争的机关”。[3]那么从“吃饭问题”入手，便可具体地分析列强借以压迫中国的方法与动机，特别是经济上的手段；以及去追问为什么会有“国内纷争”，难道仅仅是思想先进或落后吗？这种纷争背后是否凸显出政治与经济的严重不平等？按照周策纵教授的观点：“在当时的情况之下，中国必须正视的最严重问题是经济和社会问题；而自由主义者，像其他人一样，都不曾仔细研究这些刻不容缓的问题，也不曾提供任何假设或最后的解决方

[1] 陈独秀：《为山东问题敬告各方面》，任建树主编：《陈独秀著作选编》第2卷，第98页。

[2] 陈独秀：《随感录·立宪政治与政党》，任建树主编：《陈独秀著作选编》第2卷，第111页。

[3] 陈独秀：《我们究竟应当不应当爱国？》，任建树主编：《陈独秀著作选编》第2卷，第114页。

案。”此外，“他们似乎忽略了一个事实，即实验主义和自由主义可能的贡献不应仅限于吹毛求疵的批评”。[1]那么从另一个角度来看，陈独秀能够通过对现实的敏锐观察，以及具有反思自己的理论基础与价值倾向的意愿，遂能逐渐认识到这一“刻不容缓”的问题之严重性，就此而言，他思考问题的方向比“自由主义者”们切中要害多了。

胡绳认为，五四运动前后的中国知识分子之于社会主义，“对这个理论虽然还不明究竟，但接受了他，就明确了在中国要反对帝国主义，打倒军阀。而且使人有了一个远大的理想，要实现社会主义、共产主义。自辛亥革命以来，政治家们都是为小集团、为个人利益而奋斗，社会主义者则有一个超乎这些狭隘目的的伟大目标。这个目标使社会主义者有了高尚的追求和无私的奉献精神，使他们生气勃勃”。[2]早期的社会主义者能够从自己生活的知识分子圈里走出来，能够超越本阶层的利益诉求，将视野投射到占中国人口绝大多数的、在话语权上属于“失语”状态的、不少人沦于赤贫境遇的无产者身上，分析改变他们现状的可能性。[3]这一行为本身，较之时人眼里的民初官僚与依附于军阀的无良士人，在道德形象上已有天壤之别。而这种超越一己之狭隘目标的眼光，必须建立在对中国社会现实矛盾的深刻揭示，以及对中国所必须面对的那个“他者”——西方大致客观的认识之基础上。陈独秀无疑在不断地趋近这一点：

劳动者诸君呀！十八世纪以来的“德莫克拉西”是那被征服的新兴财产工商阶级，因为自身的共同利害，对于征服阶级的帝

[1] 周策纵著，陈永明等译：《五四运动史》，第219—220页。

[2] “从五四运动到人民共和国成立”课题组：《胡绳论“从五四运动到人民共和国成立”》，北京：社会科学文献出版社2001年版，第22页。

[3] 关于赤贫的“失语”者觉醒的文化与政治意义，参见汪晖：《阿Q生命中的六个瞬间》，上海：华东师范大学出版社2014年版。

> 王贵族要求权利的旗帜。现在宪法都有了，共和政体也渐渐普遍了，帝王贵族也逃跑或是大大让步了，财产工商业阶级要求的权利得到了手了，目的达了，他们也居于帝王贵族的特权地位了。如今二十世纪的"德莫克拉西"，乃是被征服的新兴无产劳动阶级，因为自身的共同利害，对于被征服阶级的财产工商界要求权利的旗帜。[1]

这段话堪称陈独秀转向社会主义之后，对近代西方历史发展的新认识。而这一认识，较之先前也更接近西方学者从现代学理（而非宣传）回溯自身文明发展过程而得出的相关结论。在19世纪西方历史编纂学的谱系里，基佐无疑具有十分重要的位置。他在史学领域的主要特点之一，便是强调社会活动的发展对文明史的巨大影响。因此，他特别重视从阶级斗争的角度，分析欧洲历史上不同政治与经济集团之间的冲突、妥协、斗争。这种阶级分析的视角，让基佐将法国大革命中登上历史舞台成为主角的那一群人，从历史上追溯至中世纪的"自治市民"，赋予其一以贯之的传统荣光，为他们"管理、复兴全世界"提供历史的合法性。[2]而到了马克思那里，这套理论却成为他解剖资本主义体制的病理，思考革命可能性的"武器"。在此视域下，他指出19世纪欧洲的问题"不是争论'共和国还是君主国'"，而是"资产阶级共和国在这里是表示一个阶级对其他阶级实行无限制的专制统治"。[3]而借由初步了解马克思的学说，陈独秀便能渐渐地用这一套理论分析框架，从历史演变的角度去认识今日之西方，并且在此基础上思考中国的国家问题。

---

[1] 陈独秀：《告北京劳动界》，任建树主编：《陈独秀著作选编》第2卷，第139页。

[2] ［法］基佐：《欧洲文明史》，北京：商务印书馆2005年版，第133页。

[3] 马克思著，中共中央马恩列斯著作编译局编译：《路易·波拿巴的雾月十八日》，北京：人民出版社2015年版，第17页。

关于陈独秀接受马克思主义的途径，据今人研究，主要来自日本与美国（维经斯基的帮助），其中包括了列宁关于无产阶级专政的学说。[1]通过运用这些理论资源，陈独秀开始将中国的国家问题置于一种新的历史观与内外视野之下进行分析。他指出：“现代世界上政治状况是怎样？不但中国，无论那国也都是军人、官僚、政客底世界。”在此基础上，他强调：

> 我们不是忽略了政治问题，是因为十八世纪以来旧的政治已经破产，中国政治界所演的丑态，就是破产时代应有的现象，我们正要站在社会的基础上，造成新的政治，新的政治理想。不是不要宪法，是要合乎二十世纪的时代精神能解决社会经济问题的新式宪法，而且要先在社会上造成自然需要新宪法的实质。至于凭空讨论形式的宪法条文，简直是儿戏，和实际社会没有关系。[2]

所谓“十八世纪以来”的政治，其要义不在于从宪法条文与政府组织模式去观察，而是分析在这种国家形态中由哪个阶级、群体来执政。陈独秀认为，相比于由“君主、贵族、僧侣、大地主”掌权的古代政治，“十八世纪以来”的政治实践主体乃“工商业资本家的官僚政客”，[3]即随着近代经济生产方式的变迁而出现的掌握大量经济资源的那个群体。其政治诉求，在表面上自然以“自由”“宪政”等名词为号召，“他们全都以为各民族应当是一个在独立立宪政府统治下的政治单位，这个政府将消灭专制贵族和教会的势力，使各个国民在最广泛的意义上

[1] 唐宝林：《陈独秀全传》，第230—235页。

[2] 陈独秀：《我的解决中国政治方针》，任建树主编：《陈独秀著作选编》第2卷，第237页。

[3] 陈独秀：《我的解决中国政治方针》，任建树主编：《陈独秀著作选编》第2卷，第237页。

切实运用政治上、经济上、宗教上和教育上的个人自由权”。但是他们之中大多数人的真实想法其实是，“政府应当是有产者的政府，因为其他的人民不知道他们自身的利益”。[1]透过政治口号的表象，去探究真正的政治获益者与政治操盘者，这才是真正明白怎么看政治。陈独秀在逐渐掌握这一要素。

因此，陈独秀认为“新的政治”应该祛除“游民政治”——“贵族、军人、官僚、政客”对政权的掌控。[2]在这里，“游民政治”这一概念或许是他借用了当时作为论战对手的杜亚泉之说法。在后者那里，“游民”除了地痞流氓之外，还包括了“过剩的知识阶级”，他们依附于官僚、武人这样的“游民首领之贵族化者”，成为后者的文化帮凶。杜氏呼吁：

> 若今后之智识阶级，犹不肯断绝其政治生活之希望，不置身于产业阶级、劳动阶级中与之结合，而惟与贵族化之游民为伍，则贵族势力与游民势力，将日益膨胀而不知制，何政治革命、社会革命之可言？[3]

杜氏此论，无疑补充了陈独秀的观点。如果说当时关于国家问题的思考多由知识分子来进行，那么这一群体能否与“劳动阶级”结合，从后者的立场出发思考如何建设一个好的国家，就显得尤为重要。如果站在“贵族势力与游民势力”一边，那么“政治革命”很难名实相副，甚至不会觉得“劳动阶级”的诉求值得一瞥。

---

[1] ［美］海斯著，帕米尔等译：《现代民族主义演进史》，上海：华东师范大学出版社2011年版，第124—125页。

[2] 陈独秀：《我的解决中国政治方针》，任建树主编：《陈独秀著作选编》第2卷，第239页。

[3] 杜亚泉：《中国政治革命不成就及社会革命不发生之原因》，《杜亚泉文选》，上海：华东师范大学出版社1993年版，第401页。

一般认为，陈独秀1920年9月发表的《谈政治》一文，是他转向马克思主义后的代表作。相比于民初他一度质疑国家存在是否有必要，这时的他显得成熟多了。在他看来，“你谈政治也罢，不谈政治也罢，除非逃在深山人迹绝对不到的地方，政治总会寻着你的；但我们要认真了解政治底价值是什么，决不是争权夺利的勾当可以冒牌的”。[1]顺带一提，从思想脉络上看，新文化运动之所以能引起强烈的反应，与时人对现实政治的极度失望相关，因此，尽管在言说上有暂时不谈政治、专注于文化建设的表达，但这种新文化的形塑，本身就带有极强的政治色彩，是借助探索新的“文化”，来构建新的“政治”。此外，当时还颇受李大钊、陈独秀影响的傅斯年，认为俄国十月革命是一场“社会革命”。他有感于“今日之社会，本其历史上之遗传性质组织，多有不适于现在者；或有仅有形式，更无灵性者；或有许多罪恶凭傅之而行者”。因此，在今日的中国，“俄国式的革命——社会革命——要到处散布了”。[2]如果说这里所谈的“俄国式革命”包括无产阶级专政的话，那么社会革命的最终目的是为政治革命奠定坚实基础，政治革命是社会革命的动力与保障。

谈到政治，则不能不涉及权力问题。陈独秀认为，政治强权显现何种特征，关键在于为谁所用。“我以为强权所以可恶，是因为有人拿他来拥护强者和无道者，压迫弱者与正义。若是倒转过来，拿他来救护弱者与正义，排除强者与无道，就不见得可恶了。由此可以看出强权所以可恶，是他的用法，并不是他本身。”就此而言，无政府主义者对所有权力一并深恶痛绝，这并不能真正消除不合理的强权，反而因为把抵抗的力量也污名化，致使不合理的支配没有了外部威胁，从而被固定化。对此陈独秀指出：

[1] 陈独秀：《谈政治》，任建树主编：《陈独秀著作选编》第2卷，第249页。
[2] 傅斯年：《社会革命——俄国式的革命》，欧阳哲生编：《傅斯年文集》第1卷，北京：中华书局2017年版，第115、116页。

> 从事实上说起来，第一我们要明白世界各国里面最不平最痛苦的事，不是别的，就是少数游惰的消费的资产阶级，利用国家、政治、法律等机关，把多数勤苦的生产的劳动阶级压迫在资本势力底下，当做牛马机器还不如。要扫除这种不平这种痛苦，只有被压迫的生产的劳动阶级自己造成新的强力，自己站在国家地位，利用政治、法律等机关，把那压迫的资产阶级完全征服，然后才可望将财产私有、工银劳力等制度废去，将过于不平等的经济状况除去。若是不主张用强力，不主张阶级战争，天天不要国家、政治、法律，天天空想自由组织的社会出现；那班资产阶级仍旧天天站在国家地位，天天利用政治、法律。如此梦想自由，便再过一万年，那被压迫的劳动阶级也没有翻身的机会。[1]

陈独秀很清楚，当一个阶级利用国家机器进行统治，制定各种有利于自身的法律，维护其社会与经济利益的时候，处于被压迫的阶级要想改变这种状况，必须从政治的角度展开形势分析，用“强力”将其推翻，建设一个更为平等、公平的新政权。“天天不要国家、政治、法律”，对于改变现状基本没有任何效用。这就像后来鲁迅所说的“Salon社会主义”——“坐在客厅里谈谈社会主义，高雅得很，漂亮得很，然而并不想到实行的。”[2]他敏锐地观察到：

> 劳动者自来没有国家没有政权，正因为过去及现在的国家、政权，都在资产阶级底手里，所以他们才能够施行他们的生产和分配方法来压迫劳动阶级；若劳动阶级自己宣言永远不要国家、不要政权，资产阶级自然不胜感激之至；你看现在全世界底国家对

---

[1] 陈独秀：《谈政治》，任建树主编：《陈独秀著作选编》第2卷，第252页。
[2] 鲁迅：《对于左翼作家联盟的意见——三月二日在左翼作家联盟成立大会上讲》，《鲁迅全集》第4卷，北京：人民文学出版社1981年版，第233页。

于布尔塞维克底防御、压迫、恐怖，比他们对于无政府党厉害的多，就是这个缘故。[1]

在此基础上，陈独秀便像列宁那样思考国家的问题：“资产阶级的国家，资产阶级统治所需要的国家机器在历史上是怎样产生的？在历次资产阶级革命进程中和面对着各个被压迫阶级的独立行动，国家机器如何改变，如何演变？无产阶级在对待这个国家机器方面的任务是什么？”[2]陈氏认为现代社会中处于支配地位的政治形态，其演变过程，不外乎“新兴的资本家利用自由主义，大家自由贸易起来，自由办起实业来，自由虐待劳动者，自由把社会的资本集中到少数私人手里，于是渐渐自由造成了自由的资本阶级，渐渐自由造成了近代资本主义自由的国家”。所以处于被压迫地位的人们必须明白，“枷锁镣铰分明是自由主义将他带上的；现在理想的将来的社会，若仍旧妄想否认政治是彻底的改造，迷信自由主义的万能，岂不是睁着眼睛走错路吗？”[3]置诸历史背景，陈独秀此论绝非无的放矢。杜威观察到，“中国把其刚起步的工业看作不受约束的社会开拓者的天堂”，在经济模式上“盲目地重复西方工业革命中最糟糕的一幕”。[4]而被今人归于所谓自由主义阵营的人，“很少有人严肃地考虑通过经济组织和实践，在中国实现民主主义的问题。对经济问题的忽略是自由主义的公众影响力日益衰微的主要原因之一”。[5]就此而言，一味地强调陈独秀的观点如何充满“暴力”的危险，而忽视了陈独秀所揭示问题的紧迫性，

[1] 陈独秀：《谈政治》，任建树主编：《陈独秀著作选编》第2卷，第252页。

[2] 列宁著，中共中央马恩列斯著作编译局译：《国家与革命》，北京：人民出版社2015年版，第30页。

[3] 陈独秀：《谈政治》，任建树主编：《陈独秀著作选编》第2卷，第253页。

[4] ［美］杜威著，郑玉国译：《工业中国》，顾红亮编：《中国心灵的转化——杜威论中国》第189页。

[5] 周策纵著，陈永明等译：《五四运动史》，第228页。

以及与陈独秀观点不同的人对于这些问题的异常冷漠，那么这种分析基本上是反历史的。借用陈独秀的话说："他们只有眼睛看见劳动阶级特权不合乎德谟克拉西，他们却没眼睛看见戴着德谟克拉西假面的资产阶级特权是怎样。他们天天跪在资产阶级特权脚下歌功颂德，一听说劳动阶级专政，马上就抬出德谟克拉西来抵制，德谟克拉西成了资产阶级底护身符了。"[1]

在这样的政治立场之下，陈独秀大概就不会再觉得"开口一个国家，闭口一个国家；这种浅薄的自私的国家主义爱国主义，乃是一班日本留学生贩来底私货"。[2]他当时在国家问题上的辩论对象，除了对被压迫阶级之生计漠然视之的"自由主义者"外，还有初衷极佳、理想高远的无政府主义者。[3]他希望后者明白，"我们无论如何反对我们所生存的社会制度，在我们未曾用我们的力量把现存的制度推翻以前，我们仍旧必然为现存的我们所反对社会制度所支配，除非自杀或是单独一人逃到深山穷谷没人迹的地方，绝对没有方法可以自由逃出；所以就是对于资本制度深恶痛绝的无政府党或社会党，在社会革命未成功以前，仍然是资本制度支配他们的生活，没有方法可以退出"。[4]因此，关键问题在于如何改变背后是强权的"资本制度"，释放出探讨国家问题的更多可能性。而这个改变过程，正如鲁迅所说："革命是痛苦，其中也必然混有污秽和血，决不是如诗人所想像的那般有趣，那般完美；革命尤其是现实的事，需要各种卑贱的，麻烦的工作，决不如诗人所想像的那般浪漫；革命当然有破坏，然而更需要建设，破坏是痛快的，但建设

---

[1] 陈独秀：《谈政治》，任建树主编：《陈独秀著作选编》第2卷，第256页。

[2] 陈独秀：《随感录·学生界应该排斥底日货》，任建树主编：《陈独秀著作选编》第2卷，第163页。

[3] 关于近代中国无政府主义的文化与社会诉求，参见[美]德里克著，孙宜学译：《中国革命中的无政府主义》，桂林：广西师范大学出版社2006年版。

[4] 陈独秀：《讨论无政府主义·答区声白的信》，任建树主编：《陈独秀著作选编》第2卷，第394页。

却是麻烦的事。”[1]

施米特认为，政治的概念包含“敌对性”，即特定的对立面，如果人们无法从阶级、主权、国家、社会等术语里“确切地知道要侵袭、战斗、反驳或否定的对象，那么，它们便根本无从把握”。[2]陈独秀正是在对“十八世纪旧政治”的不断质疑、对“新的政治”的不断深入了解的过程中，一步一步地认清了如何建设理想的政权，以及这个新的政权之阶级基础是什么。他明确地宣称：

> 我们主张救济中国，首在铲除这种割据的恶势力，断然不可怀苟且的心理，以为他们是已成的势力，来承认他助长他。铲除这种恶势力的方法，是集中全国爱国家而不为私利私图的有力分子，统率新兴的大群众，用革命的手段，铲除各方面的恶势力，统一军权政权，建设一个民主政治的全国统一政府；这样政府实现了，才有政治可言，才有从容制宪的余地。[3]

总之，国家问题解决的唯一办法，“是在用政治战争的手段创造一个真正独立的中华民国”。[4]如何在战争中锻造新政治、新政党、新人、新文化，便成了陈独秀说这番话之后，理解中国现代历史进程的主要切入点。[5]“知识分子如果不和工农民众相结合，则将一事无成。”[6]20世

---

[1] 鲁迅：《对于左翼作家联盟的意见——三月二日在左翼作家联盟成立大会上讲》，《鲁迅全集》第4卷，第233—234页。

[2] [德]施米特著，刘宗坤等译：《政治的概念》，上海：上海人民出版社2015年版，第37页。

[3] 陈独秀：《联省自治与中国政象》，任建树主编：《陈独秀著作选编》第2卷，第476页。

[4] 陈独秀：《造国论》，任建树主编：《陈独秀著作选编》第2卷，第480页。

[5] 汪晖：《二十世纪中国历史视野下的抗美援朝战争》，《短20世纪：中国革命与政治的逻辑》，第140—146页。

[6] 毛泽东：《五四运动》，《毛泽东选集》第2卷，北京：人民出版社1966年版，第523页。

纪那场波澜壮阔、改变了中国与世界面貌的革命运动，也就在这样的逻辑之下展开了。

四、结语

陈独秀关于国家问题的论述，一方面与他对中国历史和现实的认识息息相关，另一方面在于他如何理解近代西方，在不同时期比较青睐包括马克思主义在内的哪一种西学。对前者的具体感知，会影响到他对后者的取舍；而对后者理解的深浅，也会让他的中国认识形成不一样的图景。在这个意义上，陈独秀的可贵之处与历史缺憾皆由此而生。他的可贵之处在于，他对现实有极为敏锐的观察，有极强的了解现实变动趋势的动力，这一点十分难能可贵。犹有进者，在思考政治问题时，陈独秀能超越自己所处的阶层之眼界与立场，真心诚意从天下被剥削的人的立场出发，剖析各种十分迫切的时代真问题。子曰："毋意、毋必、毋固、毋我。"如果从一般意义上来理解这段话，可以说陈独秀继承了中国传统中这一极为优良的为政品质。

遗憾的是，在近代西学日渐压倒中学的背景下，陈独秀出于救国救民的急迫感，很难有条件全面深入地认识近代西方历史流变的复杂性。正当陈独秀反复提及中国文化与西方文化比较，前者如何相形见绌之时，按照施特劳斯的说法，西方其实已经开始陷入危机，即"西方渐渐不再确信自己的目标"。[1]其内部发生了巨大的歧异，过去所拥有的普遍目的不再具有效力。在此情形下，试想如果陈独秀早先能够较为冷静地分析西方，那么对于中国国家建设的思考，一定会减少许多不切实际的偏激之论与一厢情愿的幻想，并且提出更"接地气"的政治与文化

[1]　［德］施特劳斯著，李永晶译：《我们时代的危机》，刘小枫选编：《西方民主与文明危机》，北京：华夏出版社2018年版，第7页。

论述。

也正因为这样，对中国现代史上的革命者而言，能否实事求是地熟悉中国的现实状况，将远西之学内化为贴近中国问题的思想资源，便成为革命是否能成功的重要理论前提。关于此事，陈旭麓先生有一段十分精辟的论述：

> 毛泽东是第一个代表这种自觉选择的人。他在这个时期的一系列著作中最早阐发了国情与革命，说明了马克思主义的一般的个别、普遍与具体。半殖民地半封建的中国，微弱的资本主义经济和严重的地方农业经济并存。这种经济不平衡造成军阀割据的政治不平衡。由于经济不平衡，自给自足的农村经济可以提供武装割据的物质基础；由于政治不平衡，处于统治阶级矛盾间隙的农村可以成为革命首先胜利的地方。中国独特的政治和经济基础，提供了武装的中国革命从农村包围城市的可能性和必然性。因此，从城市向农村的退却又是一种历史的进军。在这种进军的过程里，以土地革命为内容结成了工农的武装联盟。由此，民主革命获得了农民阶级前所未有的自觉支持。正是这种支持，使革命在内战中屡仆屡起，濒绝而又复生。由于共产党的领导，新式的农民战争不同于旧式的农民起义；由于农民参加了革命，土地革命战争又比辛亥革命具有更强韧的生命力和深厚的社会基础。万里长征的艰难曲折和最后胜利，既显示了从事这一事业的人们圣洁的理想主义，又显示了中国农民在苦难中从容辗转的天性和精神。在陈独秀和王明跌倒的地方，毛泽东站了起来。[1]

陈先生不愧是亲历过革命且具有革命理想的史学家，一下子便

[1]　陈旭麓：《近代中国的新陈代谢》，北京：三联书店2017年版，第382页。

从看似复杂的历史现象中抓住了理解历史变局的关键点。陈独秀的国家观，包括他对中国政治问题的其他思考，正是在这里被继承与扬弃。

李大钊“新中华民族主义”的理论意涵

民族主义在近代中国具有十分巨大的影响力。近代中国的民族国家建设，首要任务在于维持秦汉以来的大一统国家政权，特别是清代形成的领土版图，动员广大的社会力量，抵抗帝国主义对中国领土与主权的侵蚀，进行各方面的现代化基础建设，让中国摆脱日益加剧的危机，走向独立自主、国富民强。许多现代性因素在中国的展开，都与这一时代主题息息相关，也只有促进了这一过程，才能具备基本的合法性。它“作为一种政治纲领，一种理论体系，一股社会思潮，绵延不断而又高潮迭起，在近代中国社会大变动中具有举足轻重的地位，发挥了异乎寻常的作用”。[1]可以说，近代许多政治势力、社会组织、文化团体、思想流派，都曾对民族主义的思想内容、表现形式、实践方法展开分析与讨论，并以此作为表达自身政治与文化主张的不证自明之基本前提。

在五四新文化运动期间，伴随着国内爱国者的民族屈辱感与海外留学人士的巨大改革热情，民族主义思潮更是风行一时。[2]尽管五四运动的思想言说中具有一面宣扬民族主义，一面憧憬世界主义的“两歧性”，[3]但正如论者所言，对五四一代知识分子而言，“民族主

---

[1] 姜义华：《论二十世纪中国的民族主义》，刘青峰编：《民族主义与中国现代化》，香港：香港中文大学出版社1994年版，第143页。

[2] 周策纵著，周子平等译：《五四运动：现代中国的思想革命》，南京：江苏人民出版社1999年版，第19—41页。

[3] 张灏：《重访五四：论五四思想的两歧性》，《时代的探索》，台北：联经出版公司2004年版，第132—136页。

义仍是理解他们言行的重要概念工具"，即便曾设想世界主义的未来图景，他们的"民族主义情感，或应说是潜藏而不是丧失"。[1]因此，"今天对五四思想的再认，不要太受民族主义观点的牢笼"[2]固然十分重要，但关于五四新文化运动期间的民族主义主张，较之力图用世界主义来稀释其意义与影响，或许更应深入具体文本，仔细解读其中的思想内核与理论意涵，以求更为深入地探讨近代中国民族主义的历史意义与时代特色，分析为何民族主义在近代中国具有如此大的影响力。[3]

在五四新文化运动期间的民族主义论述中，李大钊无疑是一位不容忽视的代表人物。不同于陈独秀曾经一度质疑国家的存在有无合法性，李大钊不但强调救亡图存的重要性，而且在1917年2月发表《新中华民族主义》一文，具体宣扬其民族主义主张。甚至有论者认为，李大钊"生活在有浓厚民族主义气氛的环境中，并且以直率的民族主义乃至沙文主义倾向著称"。同时认为"民族主义是促使李大钊响应布尔什维克革命和宣传马克思主义的主要因素"。[4]本文即以李大钊所提倡的"新中华民族主义"为切入点，分析他的民族主义主张之思想特色与理论意涵，并且探讨其民族主义思想与他的其他思想主张之间的复

[1] 罗志田：《理想与现实：清季民初世界主义与民族主义的关联互动》，许纪霖、宋宏编：《现代中国思想的核心观念》，上海：上海人民出版社2011年版，第366、353页。

[2] 张灏：《重访五四：论五四思想的两歧性》，《时代的探索》，第135页。

[3] 黄兴涛的《重塑中华》从近代以来"中华民族"观念的产生与流衍入手，通过爬梳不同时期、不同种类的文本，探讨近代中国民族主义的特点与影响，实为迄今为止关于近代中国民族主义研究中最为翔实且丰富的论著。参见黄兴涛：《重塑中华：近代中国"中华民族"观念研究》，北京：北京师范大学出版社2017年版。关于笔者对此书的具体评论，参见王锐：《思考近代中国关键问题的视角与方法——〈重塑中华〉读后》，"经略网刊"微信公众号。

[4] ［美］迈斯纳著，中共北京市委党史研究室编译组译：《李大钊与中国马克思主义的起源》，北京：中共党史资料出版社1989年版，第192页。按：作者在这里所言的李大钊思想中的"沙文主义"倾向是否成立，正是本文所要分析的主题之一。

杂关系。[1]

一、“新中华民族主义”的思想基调

自从参与政治论争开始，李大钊就一直在思考如何唤起广大民众的“自觉心”，通过共同的努力来改造中国政治，让中国走出动乱与衰败的颓势。1914年，陈独秀在《爱国心与自觉心》一文中宣称：“国家者，保障人民之权利，谋益人民之幸福者也。不此之务，其国也存之无所荣，亡之无所惜。”就这一点而言，“若中国之为国，外无以御侮，内无以保民，且适以残民，朝野同科，人民绝望”，因此实难让人心生爱戴之情。[2]他甚至认为“以吾土地之广，惟租界居民得以安宁自由”。[3]针对此论，李大钊强调：

> 自觉之义，即在改进立国之精神，求一可爱之国家而爱之，不宜因其国家之不足爱，遂致断念于国家而不爱。更不宜以吾民从未享有可爱之国家，遂乃自暴自弃，以侪于无国之民，自居为无建可爱之国之能力者也。夫国家之成，由人创造，宇宙之大，自我主宰，宇宙之间，而容有我同类之人，而克造国……是故自古无不亡

[1] 关于李大钊的“新中华民族主义”，黄兴涛曾揭示其不容忽视的思想遗产，正是受此启发，笔者开始注意李大钊的这一思想面向。参见黄兴涛：《重塑中华：近代中国“中华民族”观念研究》，第126页。此外，张三南、吕伟波曾对《新中华民族主义》进行“探析”，但其研究基本停留在文本介绍的层面，未能从思想史的角度展开讨论。参见张三南、吕伟波：《李大钊〈新中华民族主义〉探析》，《甘肃社会科学》2014年第4期，第51—54页。张治江通过分析李大钊的民族主义主张，探讨其如何影响到李大钊接受马克思主义。参见张治江：《李大钊民族主义思想研究——兼论民族主义对于中国知识分子接受马克思主义的作用》，《中共中央党校学报》2010年第2期，第108—112页。

[2] 陈独秀：《爱国心与自觉心》，任建树主编：《陈独秀著作选编》第1卷，上海：上海人民出版社2009年版，第150页。

[3] 陈独秀：《爱国心与自觉心》，任建树主编：《陈独秀著作选编》第1卷，第150页。

之国，国苟未亡，亦无不可爱之国，必谓有国如英、法、俄、美而后可爱，则若而国者，初非与宇宙并起，纯由天赐者。初哉首基，亦由人造，其所由造，又罔不凭其国民之爱国心，发挥而广大之，底于有成也。[1]

可见，李大钊固然承认中国当时存在许多不容忽视的弊病，但这并非抛弃国家观念的理由。他强调“国家之成，由人创造”，因此每一个国民能否产生祛除弊病，建设良好国家的“自觉”，实乃能否出现“可爱之国家”的关键。[2]在这里，李大钊将作为政治实体的国家之良莠建立在国民是否有“自觉心”上面，呼吁充分唤起广大民众对于改造国家的情感与能力，在这一参与国家建设的过程中锻造国民对于国家的基本政治认同。[3]

晚清以降，民族主义思潮涌入中国。按照时人的理解，“凡可以为国民资格者，则必其思想同，风俗同，语言文字同，患难同其同也。根之于历史，胎之于风俗，因之于地理，必有一种特别的固结不可解之精神”。[4]此处所言的“风俗”“历史”“语言文字”，意在强调民族主义思潮与过去延续的传统之间具有不可或缺的关联。也正因为如此，晚清许多历史论著，都强调如何在认识历史的过程中培育爱国思

[1] 李大钊：《厌世心与爱国心》，《李大钊全集》第1卷，北京：人民出版社2013年版，第250—251页。

[2] 按照罗志田的分析，中国人的民族认同长期处于潜藏心中的状态，如不出现大的内忧外患，基本就维持潜存的状态，一旦出现国家与民族危机，这种内心深处的认同感并不难被唤起而转化为政治力量。参见罗志田：《民族主义与中国近代思想》，台北：三民书局2011年版，序论第13页。由此入手，或许比较容易理解李大钊之所以强调“自觉心”的思想与社会基础。

[3] 关于李大钊对陈独秀回应的较为详细之分析，参见［日］近藤邦康著，丁晓强等译：《救亡与传统——五四思想形成之内在逻辑》，太原：山西人民出版社1988年版，第166—171页。

[4] 余一：《民族主义论》，张枬、王忍之编：《辛亥革命前十年间时论选集》第1卷下册，北京：三联书店1960年版，第487页。

想。[1]而这种从公民性与政治性着眼来强调“历史”与“传统”的做法，也是民族主义在近代西方（以及明治维新之后的日本）之所以能盛行的重要文化因素。[2]

与之不同，李大钊认为国民热爱国家的“自觉心”，不能主要依靠历史与传统的因素，而应唤起人们对建设新的政治与文化之热情。他认为“今日为世界再造之初，为中华再造之始”。因此，有志于从事救国事业者，必须“革我之面，洗我之心，而先再造其我，弃罪恶之我，迎光明之我；弃陈腐之我，迎活泼之我；弃白首之我，迎青年之我；弃专制之我，迎立宪之我；俾再造之我适于再造中国之新体制，再造之中国适于再造世界之新潮流”。[3]基于此，李大钊认为今世最能担当更新中国、再造国家之任者非青年莫属。他坚信“吾国今后之能否立足于世界，不在白首中国之苟延残喘，而在青春中国之投胎复活”。所以“凡以冲决历史之桎梏，涤荡历史之积秽，新造民族之生命，挽回民族之青春者，固莫不惟其青年是望矣”。[4]很明显，李大钊强调的个人突破旧因素的网罗，呈现出青春的各种样态，其主要目的是形塑新的政治实践主体，使其能够以新的理想与诉求投入改造中国的事业当中。[5]

关于这一点，有论者认为，在李大钊那里，作为个体的“小我”之价值在“大我”面前居于次席，甚至为了实现“大我”可以牺牲“小我”的

[1] 关于这一点，姜萌在《族群意识与历史书写——中国现代历史叙述模式的形成及其在清末的实践》（北京：商务印书馆2015年版）一书中有较为详尽的分析。

[2] ［英］史密斯著，王娟译：《民族认同》，南京：译林出版社2018年版，第106—114页。

[3] 李大钊：《民彝与政治》，《李大钊全集》第1卷，第287页。

[4] 李大钊：《青春》，《李大钊全集》第1卷，第313页。

[5] 石川祯浩认为，李大钊对于“青春”“青年”的重视，受到日本明治时代著名政论家茅原华山的影响。参见［日］石川祯浩：《李大钊早期思想中的日本因素——以茅原华山为例》，《社会科学研究》2007年第3期，第145—147页。无可否认，茅原的观点对李大钊有所启发。但面对中国的具体问题时，李大钊对“青年”抱以极大的期待，是希望他们能不同于民初政坛的各色政客，具有一种良好的政治德性。

利益。[1]从一种苏格兰启蒙运动式的自由主义后见之明来看，李大钊的思想或许有这样的特点。但如果从中国历史自身的脉络来看，个体价值与群体价值总体而言并非处于对立状态，从修身到治国平天下在逻辑上乃一以贯之的过程，个体为构筑一个更好的群体（家族、乡里、政权）有所贡献，才能在伦理与道德上符合"公"的标准，否则便沦为"私"之体现。相应地，某一类群体（家族、乡里、政权）实为个人在社会上形成较为稳定的认同，达到心之所安之重要对象，这就使得中国传统的思维方式具有极强的实践性格。[2]也正由于这样，恰如沟口雄三所论，近代中国对民权的诉求，在推翻一个不良的、专制的政治集团同时，要求参与者克服利己性，致力于巩固新的集团，以此实现"大众的"民权。[3]

李大钊的"新中华民族主义"，正是在这样的思想基调之上展开论述的。他强调：

> 吾族少年所当昭示其光华之理想、崇严之精神者，不在断断辩证白首中华之不死，而在汲汲孕育青春中华之再生；不再保持老大中华之苟延残喘，而在促进少年中华之投胎复活。盖今日世界之问题，非只国家之问题，乃民族之问题也。而今日民族之问题，尤非苟活残存之问题，乃更生再造之问题也。余于是揭新中华民族主义之赤帜，大声疾呼以号召于吾新中华民族少年之前。[4]

---

[1] 段炼：《寻求超越：五四时期李大钊的个人价值认同》，许纪霖、刘擎主编：《多维视野下的个人、国家与天下认同》，上海：华东师范大学出版社2013年版，第204页。

[2] 正如章太炎所言，中国人之"国民常性，所察在政事日用，所务在工商耕稼。志尽于有生，语绝于无验。人思自尊，而不欲守死事神，以为真宰，此华夏之民，所以为达"。参见章太炎：《驳建立孔教议》，《章太炎全集》，上海：上海人民出版社2014年版，第4册第200页。

[3] ［日］沟口雄三著，郑静译：《中国的民权思想》，《中国的公与私·公私》，北京：三联书店2011年版，第177页。

[4] 李大钊：《新中华民族主义》，《李大钊全集》第1卷，第477页。

突出青年的重要性，是李大钊在这一时期里反复强调的内容。[1]而他这里所言的民族问题乃当时世界的主要问题，可以放在一战爆发后中国知识分子对战局的观察这一背景下来理解。正如汪晖所指出的，在战争的第一阶段，《东方杂志》的作者们多聚焦于战争与民族国家体制的关系上。他们多认为在这一体制下，民族认同超越种族认同，导致不同民族国家之间发生激烈的战争。为了避免被殃及甚至瓜分的命运，必须唤起中国人的民族认同与民族自觉。[2]或许可以认为，李大钊树起“新中华民族主义”的旗帜，也和这一言说氛围息息相关。[3]

在李大钊看来，“十九世纪以还，欧洲大陆茁生于拿翁铁骑之下者，实为国民的精神”。[4]在民族主义思潮的鼓动之下，欧洲许多小国从过

---

[1] 这里必须注意的是，说起近代中国对“青年”“少年”抱有一种新的政治期待，梁启超的《少年中国说》无疑是具有代表性的文本。按照黄遵宪的说法，梁启超的文章“惊心动魄，一字千金，人人笔下所无，却为人人意中所有，虽铁石人亦应感动，从古至今文字之力之大，无过于此者矣”。参见黄遵宪：《致饮冰主人书》，丁文江、赵丰田编：《梁任公先生年谱长编（初稿）》，北京：中华书局2010年版，第138页。作为清末就开始思考中国现实政治的青年才俊，李大钊应该十分熟悉梁启超的这篇文章。当他对民初政局感到不满，希望有新的政治力量来改变时局，极有可能会借助梁启超式的思考方式，对青年一代寄予厚望。

[2] 汪晖：《文化与政治的变奏——战争、革命与1910年代的“思想战”》，《短20世纪：中国革命与政治的逻辑》，香港：牛津大学出版社2015年版，第57—58页。

[3] 在发表《新中华民族主义》一文之前，李大钊写了一系列与对德外交有关的文章，探讨一战爆发之后中国政府应对德国所采取的态度。他这些文章的基本着眼点是强调国家利益不可作为国内不同政治团体彼此政争的工具，对德断交乃国家意志的表现，属于“外交之曙光”。所以他在这之后，撰文系统论述“新中华民族主义”，很可能是针对当时的外交形势而言，即进一步阐明如何明确国家利益、凝聚民族意识。关于李大钊这段时间内的言行，参见朱文通主编：《李大钊年谱长编》，北京：中国社会科学出版社2009年版，第212—214页。但此书作者却认为李大钊的“新中华民族主义”是针对日本的“大亚细亚主义”而发的。参见朱文通主编：《李大钊年谱长编》，第214页。笔者不否认李大钊或许有此考虑。但他在同年4月专门以“亚细亚主义”为主题撰文，明确回应日本的这一宣传。按照常理，这篇文章才应该是针锋相对之作。而“新中华民族主义”之论述，更可能是他针对之前政局，对自己提倡的各种具体主张所做的理论性、总结性的宣言。

[4] 李大钊：《新中华民族主义》，《李大钊全集》第1卷，第477页。

去的帝国当中独立，旧有的政治合法性论述在民族主义的冲击下左支右绌。霍布斯鲍姆认为，在19世纪欧洲，“一旦国家能顺利将民族主义融入爱国主义当中，能够使民族主义成为爱国主义的中心情感，那么，它将成为政府最强有力的武器”。[1]对此李大钊亦十分清楚。他认为在近代，“发扬蹈厉以树立国民的精神，亿辛万苦，卒能有成者，则德意志帝国之建立、意大利之统一，其最著矣”。[2]在此风潮之下，“国民的精神既已勃兴，而民族的运动遂继之以起”。[3]李大钊注意到当时许多国家都在倡导一种具有本国特性的民族主义，如德国的“大日耳曼主义”、俄罗斯的“大斯拉夫主义”、英国的“大盎格鲁撒克逊主义”，甚至他把美国的“门罗主义”与印度的独立运动都视为全球民族主义运动的一环。虽然他并未辨析这些政治口号之间的差异，特别是帝国主义借民族主义来进行全球扩张，与殖民地及半殖民地国家运用民族主义口号展开独立运动之间截然不同的性质，但通过审视这一全球局势，李大钊认为如何建立中国的民族主义纲领，已然成为迫在眉睫的时代主题。

李大钊指出：“民族主义云者，乃同一之人种，如磁石之相引，不问国境、国籍之如何，而遥相呼应、互为联络之倾向也。”因此在具体的政治实践里，就有可能出现“或同一国内之各种民族有崩离之势，或殊异国中之同一民族有联系之情”的现象。[4]那么“新中华民族主义”能够实现的政治与文化基础为何？这更是李大钊必须要充分考虑的问题。

作为19世纪著名的民族主义阐释者，勒南认为民族精神有两个重要组成部分，首先是集体拥有的丰富回忆，其次是当下在一起生活的愿

[1] ［英］霍布斯鲍姆著，李金梅译：《民族与民族主义》，台北：麦田出版公司1997年版，第121页。

[2] 李大钊：《新中华民族主义》，《李大钊全集》第1卷，第477页。

[3] 李大钊：《新中华民族主义》，《李大钊全集》第1卷，第477页。

[4] 李大钊：《新中华民族主义》，《李大钊全集》第1卷，第478页。

望。[1]某种程度上李大钊对"新中华民族主义"的论述也体现出类似的思路。在他看来,"吾国历史相沿最久,积亚洲由来之数多民族冶融而成此中华民族,畛域不分、血统全泯也久矣,此实吾民族高远博大之精神有以铸成之也"。[2]可见,李大钊认为中国各民族之间长久的交往与联系、中国文化里"高远博大"的政治传统是构成"新中华民族"的历史基础。而他对"中华民族"的理解,也基本继承了清末梁启超、杨度等人提倡的整合各民族于一体的"大民族主义"理论。[3]在这一点上,显示出晚清思想对五四新文化运动具体而微的影响。

不过李大钊在论述"新中华民族主义"时,除了显示"中华"代表因"高远博大之精神"而形成的各地人民"畛域不分、血统全泯"这一历史与文化遗产,更为重视的是在当时中国政治与社会语境里,各民族所可能产生的休戚与共感:

> 以余观之,五族之文化已渐趋于一致,而又隶属于一自由平等共和国体之下,则前之满云、汉云、蒙云、回云、藏云,乃至苗云、瑶云,举为历史上残留之名辞,今已早无是界,凡籍隶于中华民国之人,皆为新中华民族矣。然则今后民国之政教典刑,当悉本此旨以建立民族之精神,统一民族之思想。此之主义,即新中华民族主义也。[4]

很明显,李大钊认为各民族在辛亥革命之后共处于"共和国体"之下,是"新中华民族"得以建立的根本原因。一个新的政治实体在中国

[1] [法]勒南著,黄可以译:《何为民族》,《法兰西知识与道德改革》,深圳:海天出版社2018年版,第186页。
[2] 李大钊:《新中华民族主义》,《李大钊全集》第1卷,第478页。
[3] 关于晚清思想论争中的"大民族主义"观念之详情,参见黄兴涛:《重塑中华:近代中国"中华民族"观念研究》,第60—65页。
[4] 李大钊:《新中华民族主义》,《李大钊全集》第1卷,第478—479页。

出现，为“新中华民族”成长壮大奠定了根本的政治前提。共同致力于“共和国体”的奠基与建设，是“新中华民族”能够形成稳固认同的情感与心理基础。借用韦伯的观点来理解，“这种政治命运的共同体，即生死与共的政治斗争共同体，会在各个群体当中产生共同的记忆，这种记忆往往比单纯的文化、语言或人种共同体的纽带具有更深远的影响”。[1]如果说近代中国的核心问题之一在于“确立起由人人自主而奠定的民族主权”，进而锻造一个“政治民族”，[2]那么李大钊“新中华民族主义”的核心要义即强调此主义之“新”，正在于打破过去长期存在的文化上、风俗上、语言上的区隔，不再将民族主义内涵单纯地借助于符号式的、本质主义式的“文化”，让在中国国土内生活的各族人民，在参与新政权的过程当中形成坚实稳固、具有共同政治理想的“政治民族”。[3]

二、“新中华民族主义”与“新亚细亚主义”

在《新中华民族主义》一文中，李大钊还强调：

以吾中华之大，几于包举亚洲之全陆，而亚洲各民族，尤莫不与吾中华有血缘，其文明莫不以吾中华为鼻祖。今欲以大亚细亚主义

---

[1] ［德］马克斯·韦伯著，阎克文译：《经济与社会》第2卷上册，上海：上海人民出版社2010年版，第1038页。

[2] 张志强：《一种伦理民族主义是否可能？——论章太炎的民族主义》，《哲学动态》2015年第3期，第10页。本文关于“政治民族”的定义，即借用此文中的观点。

[3] 黄兴涛认为，近代中国人谈论民族问题，“认可历史文化因素在民族构成中居于极为重要的地位”。但是，“近代中国人‘民族’概念的实际运用，又没有局限在历史文化的层面，而是同时实现了超越，引入了共同体成员平等的国民和公民政治身份的内涵并将其置于基础性地位”。参见黄兴涛：《重塑中华：近代中国“中华民族”观念研究》，第372、373页。笔者也正是在这个意义上，彰显李大钊“新中华民族主义”里“政治民族”的意涵，并认为此乃他针对中国近代具体历史语境而产生的思想倾向，而非试图以近代西方的历史流变为标准，审视李大钊相关见解是否符合西方意义上的“政治民族”。

> 收拾亚洲之民族，舍新中华之觉醒、新中华民族主义之勃兴，吾敢断其绝无成功……吾中华民族于亚东之地位既若兹其重要，则吾民族之所以保障其地位而为亚细亚主义之主人翁者，宜视为不可让与之权力，亦为不可旁贷之责任，斯则新民族的自觉尚矣。[1]

无可否认，李大钊在这里对中国面积之大与影响之广的具体描述，或许有溢出历史实相之处。[2]但他强调在审视亚洲问题之时，中国的地位至关重要，中国在历史上曾极大地影响周边地区的政治与文化形态，这一点却是不容置疑的事实。这显示出李大钊在论述“新中华民族主义”时，并非停留在中国内部展开思考，而是设想中国的政治与社会变化，会给周边地区带来哪些具体的影响。

因此，李大钊提倡“新中华民族主义”，必须面对当时另一种由日本所描述的亚洲政治图景——“亚细亚主义”。作为近代日本在面对西方势力东渐的危急时刻，围绕着“东洋”与“西洋”的认识问题而形成的特定的亚洲观及其政治思想与实践诉求，[3]“亚细亚主义”的主要议题之一便是如何看待中国，以及在此基础上应形成怎样的对华策略。随着明治维新之后日本海外扩张的野心日益膨胀，古典亚细亚主义中的那种认同东方文化，把亚洲视为一个整体并力求振兴亚洲的思想因素日趋衰亡，通过侵略中国等周边国家和地区来获取自身利益，维护日本政治与经济霸权的扩张型亚细亚主义甚嚣尘上，成为日本帝国主义意识形态的重要组成部分。[4]对此，在一战爆发之后，杜亚泉、章锡琛等人在《东方杂志》上频繁专文讨论这一思潮，一方面介绍日本舆论界对“亚细亚主义”的论述，一方面批评这一主张在学理上有不少缺陷，

[1]　李大钊：《新中华民族主义》，《李大钊全集》第1卷，第478页。

[2]　迈斯纳所言的“沙文主义”倾向，或许就是指此。

[3]　王屏：《近代日本的亚细亚主义》，北京：商务印书馆2004年版，第15页。

[4]　王屏：《近代日本的亚细亚主义》，第137—143页。

在实践上只能导致亚洲局势越发扑朔迷离、危机四伏。[1]

依李大钊之见，提倡一种区域联合的政治口号在当时实属必要，但其内容实质必须区别于日本为其对外扩张张目的"亚细亚主义"。[2]在这一点上，他认为在"新中华民族主义"口号之下唤起广大民众参与改造中国，能够给周边国家和地区提供一个设想新的区域联合之可能性：

> 以吾中国位于亚细亚之大陆，版图如兹其宏阔，族众如兹其繁多，其势力可以代表全亚细亚之势力，其文明可以代表全亚细亚之文明，此非吾人之自夸，亦实举世所公认。故言大亚细亚主义者，当以中华国家之再造，中华民族之复活为绝大之关键。[3]

近代中国之所以衰微，与帝国主义的侵略与掠夺息息相关。中国内部状况的巨变，本身就是对19世纪以来帝国主义所建构的国际体系的巨大冲击，象征着突破这一极不平等国际关系的尝试。就此而言，将"中华民族之复活"视为另一种"亚细亚主义"的曙光，并非单纯建立在古代中国不容忽视的文明辐射力之上，而是象征着20世纪亚洲反侵略、反殖民运动的重要一环，开启了一种新的"政治"，[4]即：

[1] 汪晖：《文化与政治的变奏——战争、革命与1910年代的"思想战"》，《短20世纪：中国革命与政治的逻辑》，第65—66页。

[2] 1917年4月，李大钊发表《大亚细亚主义》一文。此文主要的针对对象，是日本《中央公论》4月号刊登的《何谓大亚细亚主义》。此文从东西比较入手，强调要建设区别于充满掠夺行为的"西洋文明"之"东洋文明"。参见李大钊：《大亚细亚主义》，《李大钊全集》第2卷，第154页。

[3] 李大钊：《大亚细亚主义》，《李大钊全集》第2卷，第155页。

[4] 这里借用朗西埃对"政治"的定义，即"政治"旨在"打破界定组成部分与其份额或无分者的感知配置"，是在"重新配置用来界定组成部分、份额之有无的一系列空间活动中表现出来的"。参见［法］朗西埃著，刘纪蕙译：《歧义：政治与哲学》，西安：西北大学出版社2015年版，第48页。按照这一思路，中国突破帝国主义所设定的国际体系，就是在全球范围内打破原有的界定组成部分的方式，开启重新思考全球秩序的可能性。

“吾人但求吾民族吾国家不受他人之侵略压迫，于愿已足，于责已尽，更进而出其宽仁博大之精神，以感化诱提亚洲诸兄弟国，俾悉进于独立自治之域，免受他人之残虐，脱于他人之束制。”[1]正如汪晖所言，在这一分析视角里，“构成亚洲之为亚洲的不是从儒学或某种文明类型中抽绎出来的文化本质，而是亚洲国家在世界资本主义的体系中的特殊位置——这个特殊位置不是产生于对世界资本主义的解构性的叙述，而是产生于有关亚洲社会内部的阶级构成和历史传统的动态分析”。[2]

在此基础上，李大钊从中国的视角出发，批评日本式的“亚细亚主义”是“吞并中国主义的隐语”。[3]它采取的是帝国主义的逻辑，根本无助于亚洲的区域和平与平等。他指出：“日本国民而果有建立大亚细亚主义之理想之觉悟也，首当承认吾中华为亚洲大局之柱石，倘或有外来之势力横加凌制，不惟不可助虐，且宜念同洲同种之谊以相扶持相援助，维护世界真正之道义，保障世界确实之和平。若乃假大亚细亚主义之旗帜，以颜饰其帝国主义，而攘极东之霸权，禁他洲人之掠夺而自为掠夺，拒他洲人之欺凌而自相欺凌，其结果必召白人之忌，终以嫁祸于全亚之同胞。”[4]在另一篇文章当中，李大钊更是直言：“我主张的新亚细亚主义是为反抗日本的大亚细亚主义而倡的，不是为怕欧美人用势力来压迫亚洲民族而倡的。我们因为受日本大亚细亚主义的压迫，我们才要揭起新亚细亚主义的大旗，为亚洲民族解放的运动。亚洲民族解放运动的第一步，是对内的，不是对外的；是对日本的亚细亚主义的，不是对欧美的排亚主

[1] 李大钊：《大亚细亚主义》，《李大钊全集》第2卷，第155页。

[2] 汪晖：《亚洲想象的政治》，《亚洲视野：中国历史的叙述》，香港：牛津大学出版社2010年版，第29页。

[3] 李大钊：《大亚细亚主义与新亚细亚主义》，《李大钊全集》第2卷，第379页。

[4] 李大钊：《大亚细亚主义》，《李大钊全集》第2卷，第155页。

义的。”[1]

近藤邦康曾以民众作为帝制时期被统治的客体，如何经由清末民初知识分子的论述而逐步转化为革命主体为线索，来分析李大钊与晚清思想的内在联系。[2]其实李大钊在分析“新中华民族主义”与“新亚细亚主义”之关系时，也延续并发扬了晚清思想中的相关议题。章太炎1907年曾发起创办“亚洲和亲会”，旨在“反抗帝国主义，期使亚洲已失主权之民族，各得独立”。而中国在其中的意义，便是作为一个亚洲的大国，“幸得独立，则足以为亚洲屏蔽，十数邻封，因是得无受陵暴”。[3]换言之，章太炎所构想的亚洲区域体系，是要在各殖民地与被帝国主义压迫国家摆脱这种不平等的支配关系并各自独立的基础上，形成一种全新的、平等的政治格局。章氏希望中国的反清革命在其中能起到示范作用，带动周边地区的反帝运动。此外，他认为“中华民国”的“中华”，代表了特定疆域内创建各种政治与社会治理的制度，以及不断实践与完善这套制度的人，“中华”是对这一历史过程的承认与概括。正是拥有了数千年丰富的生产、交往与组织经验，“历史民族”才有可能成为具有自觉政治意识的“政治民族”。[4]可以说，李大钊关于“新中华民族主义”的论述，进一步继承、延续了章太炎对“中华民国”的性质与意义的分析，深化了清末革命的时代

[1] 李大钊：《再论新亚细亚主义（答高承元君）》，《李大钊全集》第3卷，第97页。迈斯纳认为李大钊提倡“新亚细亚主义”，很大程度上是受到托洛茨基设想的“欧洲联邦”的启发。参见［美］迈斯纳著，中共北京市委党史研究室编译组译：《李大钊与中国马克思主义的起源》，第201页。这一点从思想源流上来说或许可以成立，但也不能因此而忽视当时中国所面临的具体形势，即帝国主义问题与国内新政治力量的萌芽。李大钊的倡议，正是在这样的现实情形下所产生的。

[2] ［日］近藤邦康著，丁晓强等译：《救亡与传统——五四思想形成之内在逻辑》，第143—144页。

[3] 章太炎：《亚洲和亲会约章》，《章太炎全集·太炎文录补编（上卷）》，上海：上海人民出版社2017年版，第279、280页。

[4] 关于章太炎的这些观点，参见王锐：《一个新的政治共同体如何建立？——〈中华民国解〉中的国名性质、疆域版图与政治选举问题》（未刊稿）。

主题。[1]

前文谈到，李大钊认为践行“新中华民族主义”的最主要力量是中国的青年，“新中华民族主义”逐步实现的过程，也正是新的政治主体诞生、成熟的过程，这也是“新中华民族主义”之所以“新”的另一个重要因素。在此基础上，李大钊设想中国青年在从事更新中华的事业的同时，也应成为“新亚细亚主义”的重要参与者：

> 亚细亚的青年，就该打破种族和国家的界限，把那强者阶级给我们造下的嫌怨、隔阂，一概抛去，一概冲开，打出一道光明，使我们亲爱的兄弟们，在真实的光辉之下，开诚心，布公道，商量一个共同改造的方略，起一个共同改造的运动，断不可再受那些特权阶级的愚弄、挑拨、隔阂、遮蔽。中华青年应该和全亚细亚的青年联成一大同盟，本着全亚改造的方针，发起一联合大运动。[2]

在另一篇文章里，他又强调：

> 我们的“少年中国”观，决不是要把中国这个国家，作少年的舞台，去在列国竞争场里争个胜负，乃是要把中国这个地域，当作世界的一部分，由我们住居这个地域的少年朋友们下手改造，以尽我们对于世界改造一部分的责任。[3]

梁启超认为：“我国人向来不认国家为人类最高团体，而谓必须有

[1] 因为史料有限，今天无法判断李大钊是否读过章太炎在《民报》上发表的《中华民国解》与《亚洲和亲会约章》两篇文章。不过笔者关注的是，章太炎在清末所提出的观点，与李大钊在民初的论述有极强的相似性。这或许至少可以证明，在清末民初的历史语境下，思考中国问题的两代知识分子之间具有共同聚焦的政治思想命题。

[2] 李大钊：《亚细亚青年的光明运动》，《李大钊全集》第3卷，第229页。

[3] 李大钊：《“少年中国”的“少年运动”》，《李大钊全集》第3卷，第69页。

更高级之团体焉，为一切国家所宗主，是即所谓天下也。换言之，则我中国人之思想，谓政治之为物，非以一国之安宁幸福为究竟目的，而实以人类全体之安宁幸福为究竟目的。”[1]在第一次世界大战鏖战正酣之际，严复就预测：“欧战告终之后，不但列国之局将大变更，乃至哲学、政法、理财、国际、宗教、教育，皆将大受影响。”[2]当时不少中国知识分子都期待一战能一扫19世纪列强争霸之惨状，为缔造全球大同式的世界主义制造条件。[3]与很多人一样，李大钊在当时也对世界主义心向往之。他呼吁：“我们现在所要求的，是个解放自由的我，和一个人人相爱的世界。介在我与世界中间的家国、阶级、族界，都是进化的阻障、生活的烦累，应该逐渐废除。”[4]这一点表面上确实呈现出与“新中华民族主义”之间的“两歧性”。但如果分析“新中华民族主义”与“新亚细亚主义”之间的内在逻辑，即二者都旨在打破旧有的、不合理的束缚与压迫，突破不平等的内外体系，向往通过新的政治主体来实现新的联合形式；那么便可看到，从中国自身的视角出发，“新中华民族主义”堪称塑造一个新世界的起点，可以“打出一道光明”，提供了一个想象一种新的世界格局的可能性。而非苦恼于一厢情愿地把西方当成“世界”，但后者却并未把中国视为其中一员，因此只能沦为中西之间边缘人的窘境。[5]因此，李大钊思想中的民族主义与世界主义，是具有不少共通的理想与价值追求的。

---

[1] 梁启超：《国际同盟与中国》，夏晓红辑：《〈饮冰室合集〉集外文》中册，北京：北京大学出版社2005年版，第743页。

[2] 严复：《与熊纯如书》，王栻主编：《严复集》第3册，北京：中华书局1986年版，第619页。

[3] 罗志田：《六个月乐观的幻灭：“五四”前夕的士人心态与政治》，许纪霖选编：《现代中国思想史论》上卷，上海：上海人民出版社2014年版，第82—86页。

[4] 李大钊：《我与世界》，《李大钊全集》第2卷，第488页。

[5] 关于这一点，笔者借用罗志田描述。参见罗志田：《理想与现实：清季民初世界主义与民族主义的关联互动》，许纪霖、宋宏编：《现代中国思想的核心观念》，第361页。

三、从“新中华民族主义”到马克思主义

在比较中日近代民族主义思想时，丸山真男认为中国在晚清时期未能通过改组统治阶层的内部结构来实现现代化，因此遭受列强长期的侵蚀与渗透。但也正由于这样，中国的民族主义运动，为了能够最终反抗帝国主义，必须完成从根本上改革旧社会与旧政治体制的时代任务，所以民族主义与革命运动具有内在结合之特点。[1]回到历史现场，辛亥革命之后，列宁从全球革命形势变化的角度指出：“世界资本主义和俄国1905年的运动终于唤醒了亚洲。几万万受压制的、由于处于中世纪的停滞状态而变得粗野的人民觉醒过来了，他们走向新生活，为争取人的起码权利、为争取民主而斗争。”因此，“亚洲的觉醒和欧洲先进无产阶级夺取政权斗争的开始，标志着20世纪初所开创的全世界历史的一个新阶段”。[2]在这样的视野下，中国的民族主义思潮是全球反抗资本主义、帝国主义运动的重要一环。以此为切入点，也可以理解李大钊从提倡“新中华民族主义”到服膺马克思主义的思想历程。

李大钊的政治生涯，最开始主要与汤化龙、孙洪伊等进步党人关系密切，直至1917年，李大钊与高一涵还替孙洪伊起草地方自治法规。[3]章士钊则回忆，李大钊“及与余交，议论竟与《甲寅》沆瀣一气，当时高（按：即高一涵）、李齐名，海内号甲寅派，胡适之曾屡道之”。[4]但是目睹民初政治与社会的各种乱象，依李大钊之见，在内忧外患并存的现实

[1] ［日］丸山真男著，陈力卫译：《现代政治的思想与行动》，北京：商务印书馆2018年版，第156页。

[2] 列宁：《亚洲的觉醒》，中共中央马恩列斯著作编译局编译：《列宁选集》第2卷，北京：人民出版社2012年版，第316页。

[3] 高一涵：《回忆五四时期的李大钊同志》，人民出版社编：《回忆李大钊》，北京：人民出版社1980年版，第164页。

[4] 章士钊：《李大钊先生传序》，《章士钊全集》第8册，上海：文汇出版社2001年版，第82—83页。

条件下，中国之再生需要克服极大的困难："吾以老大衰朽之邦，风烛残年，始有新中华之孕育，先天遗传之病惰种子，在在皆足以沉滞新命发育之机能，甚且有流产胎殇之恐焉。故吾人于新命诞孕之中，所当尽之努力，所当忍之苦痛，尤须百倍于美、法、俄诸国之民。前路茫茫，非旦夕之间所能竟此大任。"[1]在此焦虑下，章士钊对于现政府的支持态度，让李大钊感到不满，而李氏经常对研究系进行攻击，章士钊也并不同意。二人之间，分歧日增。[2]因此，十月革命的成果，给予了李大钊一个彻底有别于进步党式的、新的分析中国问题与世界格局的视角，让他能够以此为出发点，去思考中国未来的道路。[3]他在《庶民的胜利》一文里谈到，十月革命"是资本主义失败，劳工主义战胜"。而"这劳工的能力，是人人都有的，劳工的事情，是人人都可以作的，所以劳工主义的胜利，也是庶民的胜利"。[4]既然"新中华民族主义"之"新"建立在新的政治实践者在共和政体下形成新的联合与认同，那么苏联的"庶民"作为革命的最主要参与者，他们通过打破列强所形塑的世界体系，创造一种新的政治联合，这无疑给李大钊思考如何在中国推翻由官僚与武人支配的政治、摆脱列强对中国的控制，提供了一个绝佳的借鉴与参考。质言之，"民主主义、劳工主义既然占了胜利，今后世界的人人都

[1] 李大钊：《此日——致〈太平洋〉杂志记者》，《李大钊全集》第2卷，第255页。

[2] 高一涵：《回忆五四时期的李大钊同志》，人民出版社编：《回忆李大钊》，第165页。

[3] 据与李大钊关系密切的高一涵回忆，李氏"早在东京留学时，他就接触到马克思的学说了。那时，日本东京帝国大学的经济学教授河上肇博士已将马克思的《资本论》译成日文，河上肇博士本人也有介绍马克思学说的著作。守常接触马克思主义，就是通过河上肇博士的著作"。参见高一涵：《回忆五四时期的李大钊同志》，人民出版社编：《回忆李大钊》，第165页。不过据今人研究，李大钊在日本留学期间，阅读的主要是河上肇关于经济学的论著，而非与马克思主义相关的文章。但是，他却颇受当时在早稻田大学任教的日本著名社会主义者安部矶雄的影响。参见朱文通主编：《李大钊传》，天津：天津古籍出版社2005年版，第72—73、80页。可见，无论具体因缘为何，李大钊接受马克思主义，是有其思想基础的。

[4] 李大钊：《庶民的胜利》，《李大钊全集》第2卷，第358页。

成了庶民，也都成了工人”。[1]如此一来，“新中华民族主义”不再寄希望于抽象意义上的“青年”或“青春之力量”，而是思考如何与广大被压迫的、长期处于“失语”状态的群体联系在一起。他们的翻身解放，才是中国摆脱民族危机的关键所在。因此，在《Bolshevism的胜利》一文里，他更是颇为激动地宣称：“赤色旗到处翻飞，劳工会纷纷成立，可以说完全是俄罗斯式的革命，可以说是二十世纪式的革命。像这般滔滔滚滚的潮流，实非现在资本家的政府所能防遏得住的。因为二十世纪的群众运动，是合世界人类全体为一大群众。这大群众里边的每一个人、一部分人的暗示模仿，集中而成一种伟大不可抗的社会力。”[2]对李大钊而言，马克思主义的主要意义正在于，它借助阶级、资本、帝国主义等概念，揭示了当时中国所面临的压迫与危机，以及在这种情势之下新的政治主体如何形塑、动员、组织。它使李大钊认识到，中国人不再将救亡的诉求寄托在旧式的武人政客与列强资助之上，而是寄托在被动员起来的广大工人与农民，依靠严格的组织纪律与清晰的政治经济纲领，重新改造国家与社会，真正摆脱孱弱贫穷的境地，同时获得巨大的政治与经济参与感。犹可注意者，李大钊思想的这番变迁，在当时绝非个案。杜亚泉与《东方杂志》的作者们目睹当时俄国革命与德国革命，也开始探讨资本主义制度的弊病与横暴，同时寄希望于“科学的劳动家”成为20世纪政治的新主人。[3]

在接受马克思主义之后，李大钊认为“democracy”一词应翻译为“平民主义”，其在精神上与社会主义相一致。他指出：“真正的德谟克拉西，其目的在废除统治与屈服的关系，在打破擅用他人一如器物的制度，而社会主义的目的，亦是这样。无论富者统治贫者，贫者统治富

[1] 李大钊：《庶民的胜利》，《李大钊全集》第2卷，第358页。

[2] 李大钊：《Bolshevism的胜利》，《李大钊全集》第2卷，第367页。

[3] 汪晖：《文化与政治的变奏——战争、革命与1910年代的“思想战”》，《短20世纪：中国革命与政治的逻辑》，第98—99页。

者；男子统治女子，女子统治男子；强者统治弱者，弱者统治强者；老者统治幼者，幼者统治老者，凡此种种擅用与治服的体制，均为社会主义的精神所不许。”[1]因此，为了让中国走出衰颓的境遇，必须铲除国内由权力、资本、帝国主义所造成的各种不平等支配关系。通过向国人介绍当时全球范围内风起云涌的社会革命与工人运动，李大钊呼吁："我们要知道这样大的问题，都是因为分配而起的。我们要知道，有生产才有分配，有生产的劳工才有分配的问题。像我们这种大多数人只想分配不想生产的国民，只想抢饭不愿做工的社会，对于这种世界潮流，应该怎么样呢？那些少数拿他们辛辛苦苦终年劳作的汗血，供给大多数闲人吮括的老百姓，应该怎么样呢？这大多数游手好闲不工作专抢干饭的流氓，应该怎么样呢？望大家各自拿出自己的良心来想一想！”[2]

五四一代的马克思主义者多将“中国的民族革命理解为具有世界意义的革命”。[3]这意味着在他们的政治视野里，中国自身的解放与改造离不开世界其他地区革命所带来的全球政经体系的变化。李大钊也正是在这个意义上，运用他所理解的马克思主义理论，将中国的民族主义运动与世界革命联系起来。他指出："受资本主义的压迫的，在阶级间是无产阶级，在国际间是弱小民族。中国人民在近百年来，既被那些欧美把成长的资本主义武装起来的侵略的帝国主义践踏摧凌于他的铁骑下面，而沦降于弱败的地位。我们劳苦的民众，在二

[1] 李大钊：《由平民政治到工人政治》，《李大钊全集》第4卷，第7页。

[2] 李大钊：《战后之世界潮流——有血的革命与无血的革命》，《李大钊全集》第2卷，第404—405页。迈斯纳认为在李大钊的马克思主义思想中，隐含着“在中国的外部敌人面前，中国内部的阶级矛盾已经消失”的假说。参见[美]迈斯纳著，中共北京市委党史研究室编译组译：《李大钊与中国马克思主义的起源》，第205页。但根据这两段引文，可以比较清楚地看到李大钊虽然强调国际帝国主义势力对中国的侵略，但并未因此忽视中国国内的阶级问题，而是把二者都视为需要有效解决的时代任务。

[3] 汪晖：《中国现代历史中的“五四”启蒙运动》，许纪霖选编：《现代中国思想史论》上卷，第70页。

重乃至数重压迫之下，忽然听到十月革命喊出的‘颠覆世界的资本主义’‘颠覆世界的帝国主义’的呼声，这种声音在我们的耳鼓里，格外沉痛，格外严重，格外有意义。”所以，“像中国这样的被压迫的民族国家的全体人民，都应该很深刻的觉悟他们自己的责任，应该赶快的不踌躇的联结一个‘民主的联合阵线’，建设一个人民的政府，抵抗国际的资本主义，这也算是世界革命的一部分工作”。[1]此处所谓的“世界革命”，就是要创造一个新的世界体系，民族主义固然是中国革命的主要动力，但其结果却并不仅是让中国国内的境况有所改观，而是以此为出发点，让中国革命具有世界意义，成为突破19世纪东西方列强所形塑的世界体系的重要起点。总之，由于接受了马克思主义对阶级、国家、资本、帝国主义的分析方法，李大钊的民族主义始终是在一种国际视野之下呈现出来的。

在这里，李大钊将“弱小民族”与“无产阶级”相提并论，认为都是受到政治与经济上的不平等支配的受害者。1924年他在北京大学政治学会演讲“人种问题”，便从阶级问题与民族问题的关系入手，分析晚近以来的全球局势，以及中国必须直面的时代课题。他指出，欧洲人秉持“文明论”的观念，认为白人支配全球理所应当，其余国家及其人民，“只有退化，只有堕落”。在此情形下，

> 白人在世界上居于引导文化的先驱，视异色人种为低下阶级而自居于高上的地位，因此人种问题在世界上也成为阶级的问题，于是世界上就形成了相对的阶级。人种的斗争于将来必定发生，这是可以断定的。而且这斗争或许为白色人种与有色人种的战争而与“阶级斗争”并行哩！[2]

[1]　李大钊：《十月革命与中国人民》，《李大钊全集》第4卷，第124页。

[2]　李大钊：《人种问题——在北京大学政治学会的演讲》，《李大钊全集》第4卷，第575页。

李大钊的这段话，表面上看似乎很容易被理解成“对极端的中国民族主义给予类似马克思主义的辩护”。[1]但如果将眼光放到整个19世纪西方垄断资本主义的发展与全球殖民主义的兴起的时代背景中，特别是亚洲与非洲在政治、经济、文化上日渐被帝国主义国家所瓜分、支配、殖民，[2]那么李大钊在这里谈到的人种问题在全球范围内本质上是阶级问题的观点就自有其合理性与针对性。基于此，李大钊强调民族之成立“要更兼有主观的事实，要在相互的意识之承认及精神上认为同族之后而民族才能成立”。所以，“我们如能使新的文化、新的血液日日灌输注入于我们的民族，那就是真正新机复活的时候”。同时“我们无论如何，都要猛力勇进，要在未来民族舞台施展我们的民族特性，要再在我们的民族史以及世界史上表扬显着我们的民族精神”。[3]就此而言，李大钊的民族主义思想一直存在确实是不争的事实，但马克思主义赋予他的，是较之先前更为广阔且有深度的分析视野，以及将理论与实践结合起来的政治学说。这预示着此后政治行动中的“民族特性”，已经融入了不容忽视的马克思主义色彩，要实现民族独立，离不开阶级解放。革命者们必须要思考，如何将这一因素更好地与中国革命实践相结合，在此基础上真正实现这一政治理想所要达到的目标。

四、结语

在一篇写于1923年的文章中，李大钊饱含感情地指出：“中华民族现在所逢的史路，是一段崎岖险阻的道路。在这一段道路上，实在亦有

---

[1] ［美］迈斯纳著，中共北京市委党史研究室编译组译：《李大钊与中国马克思主义的起源》，第206页。

[2] 关于这一历史过程，参见［美］斯塔夫里阿诺斯著，王红生等译：《全球分裂：第三世界的历史进程》上册，北京：北京大学出版社2017年版，第217—236页。

[3] 李大钊：《人种问题——在北京大学政治学会的演讲》，《李大钊全集》第4卷，第574、578页。

一种奇绝壮绝的景致，使我们经过此段道路的人，感得一种壮美的趣味。但这种壮美的趣味，是非有雄健的精神的不能够感觉到的。”他坚信“目前的艰难境界，那能阻抑我们民族生命的前进。我们应该拿出雄健的精神，高唱着进行的曲调，在这悲壮歌声中，走过这崎岖险阻的道路。要知在艰难的国运中建造国家，亦是人生最有趣味的事”。[1]秉持这样的态度，在五四新文化运动前后，李大钊颇致力于阐述“新中华民族主义”。在他看来，中国各民族在辛亥革命之后共处于“共和国体”之下，是“新中华民族”得以建立的根本原因。一个新的政治实体在中国出现，为“新中华民族”成长壮大奠定了根本的政治前提。“新中华民族主义”的核心要义即强调此主义之“新”，在于打破过去长期存在的文化上、风俗上、语言上的区隔，在参与新政权的过程当中形成坚实稳固、具有共同政治理想的“政治民族”。

犹有进者，李大钊在论述“新中华民族主义”的同时，还在积极设想一种不同于日本为了称霸东亚而故作标榜的“亚细亚主义”，能保证区域平等与和平的新的联合方式，他将此称为“新亚细亚主义”。他相信，实践“新中华民族主义”本身就是对全球不平等支配体系的冲击，如果中国的革命者能和周边地区的革命者充分合作，那么从“新中华民族主义”到“新亚细亚主义”，将提供一个想象一种新的世界格局的可能性。也正是在此基础上，李大钊设想借由锻造新的“政治民族”，再造中华，反抗帝国主义，实现一个平等无压迫的世界，凡此种种，提供了他接受马克思主义的契机。正如论者所言，五四运动以后，“中华民族独立和解放的神圣诉求，总是和打倒帝国主义的运动之政治、经济和文化的全面正当性之声张，以及在此名义下的民众动员紧密地联系在一起”。[2]马克思主义让李大钊得以更为直接且犀利地分析中国所面

[1]　李大钊：《艰难的国运与雄健的国民》，《李大钊全集》第4卷，第487、488页。
[2]　黄兴涛：《重塑中华：近代中国“中华民族”观念研究》，第136页。

临的国内外矛盾，让他能够从全球革命的角度思考中国的民族解放运动，特别是认识到广大的底层劳动者身上所蕴含的巨大政治能量。在他那里，民族独立与阶级翻身，可以说是一体之两面。可以说，从“新中华民族主义”到马克思主义，李大钊对中国问题的思考日趋清晰透彻。正是在这样的思想背景下，他开始走向政治行动，着手于理论与实践相结合，并深刻影响着下一代中国共产党人不断地探索、实践让中国摆脱民族危机、走向独立富强的方法与道路。[1]

[1] 迈斯纳曾提及李大钊的思想对毛泽东的影响，但论述过于简略，关于这个问题，或许可做更为细致的分析。参见［美］迈斯纳著，张宁等译：《马克思主义、毛泽东主义与乌托邦主义》，北京：中国人民大学出版社2013年版，第74页。

马克思主义视域下的古代民本思想

中国马克思主义史学自诞生之日始，就有两个十分明显的特征：首先，注重论述近代以来中国的经济生产方式变迁与资本主义世界的经济生产方式变迁，在此基础上动态地分析帝国主义对于中国的侵略，中国社会各阶级的基本状况，中国革命运动的动力、路线、目标与基本力量，通过研究历史的方式为当下的革命活动确立一个清晰且客观的时空坐标；其次，运用历史唯物主义的分析框架、秉持马克思列宁主义的基本立场，在大量占有史料的基础上，对中国数千年的历史传统进行新的评价，挖掘中国历史进程当中因具有“人民性”与“革命性”而值得阐扬的政治与文化传统，剖析带有明显的落后特征，长期压迫广大民众的政治、经济与意识形态因素，把历史主义与阶级分析结合起来，将中国历史的演进图景与基本特征呈现于世人面前。[1]

论及中国古代的政治传统，不能不重视儒家的民本思想。《尚书》曰：“天视自我民视，天听自我民听。”又曰：“民为邦本，本固邦宁。”随着汉代以来儒学被统治集团奉为官学，民本思想在中国古代影响深远。它既是历代政权彰显自身政治合法性的基本要素，又是一些儒生借以

[1] 关于中国马克思主义史学的总体特征与流变，参见胡逢祥等著：《中国近现代史学思潮与流派（1840—1949）》，北京：商务印书馆2019年版，第751—924、1077—1257页。

批判政治与社会弊病的理论武器。[1]近代以来，随着资产阶级民主思想（在清末民初的政治文献中常称为“民权”）传入中国，不少人或是出于宣传上的便利，或是为了提升民族自信，或是希望将中国传统与域外新知相结合，常从中国历代典籍之中寻找与资产阶级民主思想相似的因素，进而“论证”民主思想中国自古已有，只是由于各种历史原因隐而不彰，晚近与西洋学说相遇，实为将古典精义发扬光大的绝佳机会。其中，先秦时期孔孟的言说与明清之际顾炎武、黄宗羲等人的论著，经常被人们作为例证反复宣扬。关于前者，如孙中山在著名的《三民主义》里通过列举孔子与孟子的只言片语，宣称“由此可见，中国人对于民权的见解，二千多年以前已经早想到了”。“依我看来，中国进化比较欧美还要在先，民权的议论在几千年以前老早就有了。”[2]关于后者，在晚清民国知识界极具影响力的梁启超，在《中国近三百年学术史》中认为黄宗羲的《明夷待访录》“的确含有民主主义的精神”，并强调以自己为代表的这批从事政治活动的人，在戊戌年间读了这些著作之后，“觉得句句都餍心切理，因此从事于推翻几千年旧政体的猛烈活动”，晚清以来的思想变革堪称“残明遗献思想之复活”。[3]

由此可见，能否澄清古代民本思想的本来面目，能否剖析民本思想产生的社会历史根源，能否揭示先秦和明清之际相关政治言说的具体诉求，对于在思想层面普及名副其实的民主理论而言至为重要。这也是马克思主义中国化进程中亟须解决的理论课题。对此，作为对先秦学术与宋明儒学深有研究，在民国学界具有一定影响力的马克思主义学者，史家嵇文甫（1895—1963）在那一时期的一系列关于儒学的论著

[1] 关于中国古代民本思想流变，参见金耀基：《中国民本思想史》，北京：法律出版社2008年版。

[2] 孙中山：《三民主义》，《孙中山全集》第9卷，北京：中华书局1981年版，第262、263页。

[3] 梁启超：《中国近三百年学术史》，朱维铮校注：《梁启超论清学史二种》，上海：复旦大学出版社1985年版，第146、123页。

尤其值得关注。嵇文甫1926年加入中国共产党，不久之后，接受组织委派赴苏联留学，进入莫斯科中山大学，系统学习马列主义，因此具有扎实的理论功底。在他的学术论著中，时常体现出对时代思潮与学术热点的关注，其中就有不少内容是对中国古代“民本”思想的辨析。以他的论述为核心，兼及其他中国马克思主义史家并旁涉各种时代思潮，或可具体地呈现出中国的马克思主义者如何在近代变局之下辨析中国古代政治传统。

一、辨析先秦民本思想的时代特征

新文化运动以降，随着马克思主义史学进入中国，一些早期的中国马克思主义者开始运用历史唯物主义来分析中国传统思想。如在《由经济上解释中国近代思想变动的原因》一文里，李大钊认为：“凡一时代，经济上若发生了变动，思想上也必发生变动。”因此，儒家思想“是适应中国二千余年来未曾变动的农业经济组织反映出来的产物，因它是中国大家族制度上的表层构造，因为经济上有它的基础”。[1]作为具有一定旧学根底的马克思主义者，嵇文甫很自然地也会注意到这个领域。1924年，在一篇名为《人的问题》的文章里，他强调：“人不是个悬空的，抽象的，漫无着落的东西；他与他的社会、国家、周围的一切情状，都是息息相关的。我们不能除去一切社会关系，找出一个‘一空依傍’的‘人’。也不应该离去当前应做的事，笼笼统统的去故纸堆中捡出个做人的标准。”[2]他的这番话，无疑让人想起马克思那段更为著名的话：“人的本质不是单个人所固有的抽象物，在其现实性上，它是一切

---

[1] 李大钊：《由经济上解释中国近代思想变动的原因》，《李大钊全集》第3卷，北京：人民出版社2013年版，第185、187页。

[2] 嵇文甫：《做人问题》，《嵇文甫文集》上册，郑州：河南人民出版社1985年版，第26页。

社会关系的总和。”[1]可见嵇文甫在分析历史与现实问题的方式上已经基本掌握了马克思主义的基本原理，即将人以及人的思想置于具体的历史环境中审视，着重分析各种意识形态之所以产生的政治支配形式、社会矛盾与经济根源，即“我们不是从人们所说的、所设想的、所想象的东西出发，也不是从口头说的、思考出来的、设想出来的、想象出来的人出发，去理解有血有肉的人。我们的出发点是从事实际活动的人，而且从他们的现实生活过程中还可以描绘出这一生活过程在意识形态上的反射和反响的发展”。[2]在分析中国古代民本思想的过程中，嵇文甫就是本着这样的方法论来进行的。

大革命失败之后，为了探讨中国社会性质与革命动力问题，左翼知识界兴起了关于中国社会性质与中国社会史的论战，希望由此准确把握中国社会的基本性质，为寻找革命的基本力量、制定革命路线提供历史的参考。作为马克思主义者，嵇文甫自然坚信历史唯物主义在历史研究当中的指导意义，强调认识具体历史时期的经济基础与生产关系的重要性。在发表于1929年的《周末社会之蜕变与儒法两家思想上的斗争》一文里，嵇文甫认为：“一种学派或一个时代的思潮，都有社会经济的背景。所以我们要治思想史，必先要研究经济史。要用经济史观来治思想史，整理出来的结果才比较正确。”[3]而从社会形态上来说，周朝是封建社会，而“封建社会的基础，是建筑在贵族土地私有权上。当时的平民没有土地，天子垄断了土地而随意分封，平民只是做耕守土地的农奴。所谓井田制度，就是那个时代土地分配的方法”。[4]而总体上

[1] 马克思：《关于费尔巴哈》，《马克思恩格斯选集》第1卷，北京：人民出版社2012年版，第135页。

[2] 马克思、恩格斯：《德意志意识形态（节选）》，《马克思恩格斯选集》第1卷，第152页。

[3] 嵇文甫：《周末社会之蜕变与儒法两家思想上的斗争》，《嵇文甫文集》上册，第51页。

[4] 嵇文甫：《周末社会之蜕变与儒法两家思想上的斗争》，《嵇文甫文集》上册，第42页。

看，儒家思想便诞生于这样的经济基础之上，孔子所谓的“吾从周”，就是对春秋末期出现的颇为剧烈的社会转型深表不满，希望在政治与经济体制上回到西周时候的样貌。孟子的“为政不难，不得罪于巨室”也可以从这个角度来理解。因此，嵇文甫指出：“儒家代表贵族，主张贵族是特殊阶级，不与民争利；阶级的悬殊，儒家认为是应该的。”[1]只有把握了这个特征，才能从历史的角度来分析先秦儒学的政治思想，包括其中体现出强烈批判色彩的主张，因为一种学说是否带有批判性，不能只看它对于现状的抨击是否猛烈，更要看到它是从怎样的阶级立场出发来进行批判，它所描绘的理想的政治与社会状态是怎样的。在这一点上，嵇文甫指出：

> 儒家的政治原则是“修身齐家治国平天下”，把“家”看得很重。但是这个“家”，乃宗法社会贵族之大家。当时的一国，不过几个贵族之家耳。儒家把贵族之家看得很重要，能齐家就能治国平天下。这也是儒家拥护贵族政治的思想。[2]

具备了这样的认识基础，就可以较为系统地分析先秦儒家的民本思想了。马克思说，考察社会变革时必须正视“人们借以意识到这个冲突并力求把它克服的那些法律的、政治的、宗教的、艺术的或哲学的，简言之，意识形态的形式”。[3]但是在中国社会史论战当中，参与者多聚焦于历代的社会经济状况，而对作为上层建筑重要组成部分的意识形态问题缺少较为深入的辨析，这样难以有效回应新文化运动以来在

[1] 嵇文甫：《周末社会之蜕变与儒法两家思想上的斗争》，《嵇文甫文集》上册，第45页。

[2] 嵇文甫：《周末社会之蜕变与儒法两家思想上的斗争》，《嵇文甫文集》上册，第47页。

[3] 马克思：《〈政治经济学批判〉导言》，《马克思恩格斯选集》第2卷，人民出版社，2012年，第3页。

思想界、学术界具有较大影响的各种回护中国传统的论调，不易于在此基础上建立完整的马列主义文化领导权。或是有感于此，1932年，嵇文甫出版了《先秦诸子政治社会思想述要》一书，针对中国社会史论战当中“有些治中国社会史的，因为对于思想史缺乏充分的素养，所以每遇到思想史上的问题，总有些生吞活剥强作解人的情况”，嵇文甫强调“思想虽然是生活的反映，虽然是以一定物质条件为基础的上层建筑，但从生活到思想，从下层到上层，是一个复杂的过程，并不是才明彼即晓此的”，[1]因此需要在熟悉特定历史时期的政治与经济状况前提下，仔细分疏各派的思想言说，将其内在逻辑与本质特征明白揭示出来，既不简单套用理论公式，也不将思想抽离出其所产生的历史环境。

在书中分析儒家思想的部分，嵇文甫认为《左传》里的“君子勤礼，小人尽力，勤礼莫如致敬，尽力莫如敦笃”堪称儒家理想中的政治图景，即“庶民自从事于生产、贵族自从事于礼仪。老老实实，在有典有则的社会秩序中，过其安静和睦的生活，也可以算是仁而有礼了”。[2]因此，孔子对于时局的批评，主要还是针对新兴的统治集团破坏了这样“温情脉脉”的礼制，冲击着过去行之有效的等级与名分。当然，在这一过程中，不但旧日的贵族遭受了严重的打击，广大普通民众也饱受战乱与纷争之苦。

在这个意义上，以孔子之道传人自居的孟子充分继承了孔子的政治立场。孟子呼吁统治者应“以不忍人之心，行不忍人之政”，对当时诸侯国之间不断扩大战争规模深表不满，作为批判时局的一部分，孟子非常关注民生疾苦，呼吁“仁政”应能够保障一般民众的基本生活，实现“五亩之宅，树之以桑，五十者可以衣帛矣；鸡豚狗彘之畜，无失其时，七十者可以食肉矣；百亩之田，勿夺其时，数口之家可以无饥矣；谨

[1]　嵇文甫：《先秦诸子政治社会思想述要》，《嵇文甫文集》上册，第144页。
[2]　嵇文甫：《先秦诸子政治社会思想述要》，《嵇文甫文集》上册，第151页。

庠序之教，申之以孝悌之义，颁白者不负戴于道路矣。七十者衣帛食肉，黎民不饥不寒”（《孟子·梁惠王上》）的社会景象，强调要“保民而王”。这些言说，无论是批判战国时期的兼并与杀伐，还是作为一种政治传统影响于后世儒生，都是具有一定正面意义的。但嵇文甫要强调的是，如果因为孟子主张重视民生就将其主张与现代意义上的民主等而观之，无疑是错误的。尽管孟子说过“民为贵，社稷次之，君为轻”（《孟子·尽心章句下》），又说过“桀纣之失天下也，失其民也”这样的话，但结合先秦儒家的总体特征，应该认识到：

> 孟子重民，是很明显了。可是这就可以算民权思想么？恐怕靠不住。孟子无论怎样尊重民意，无论怎样反对暴君，但是他始终没有想到让民众自己支配政权。他所理想的社会，仍然是天子、诸侯、大夫、士、庶人，宝塔式组织的封建社会；他的政治哲学，仍是修身、齐家、治国、平天下的德化主义……治人是“君子”们的专业，一般劳力的“野人”是不容参与政权的。一方是治者，一方是被治者，这样的等级社会，与民权政治绝不相容。民权与君权，不是程度上的差别，乃是性质上的差别。君无论仁暴，而君只是君。尊重民意，体恤民隐，固是做圣君的必要条件，可是民权政治总还说不上。孟子称当时人君为“人牧”，又拿“今有受人之牛羊而牧之者”去比地方官受君之百姓而治之。可见人君无论怎样爱民，亦不过如牧人之爱其牛羊而已。[1]

在这里，要想进一步理解作为马克思主义者的嵇文甫的这些观点，必须把握马克思列宁主义对于民主的论述。恩格斯认为：“社会的经济进步一旦把摆脱封建桎梏和通过消除封建不平等来确立权利平等

[1]　嵇文甫：《先秦诸子政治社会思想述要》，《嵇文甫文集》上册，第187页。

的要求提上日程，这种要求就必定迅速地扩大其范围。”因此，“无产阶级抓住了资产阶级所说的话，指出：平等应当不仅仅是表面的，不仅仅在国家的领域中实行，它还应该是实际的，还应当在社会的、经济的领域中实行”。[1]列宁在革命斗争中继承了这一观点，指出在资本主义的生产关系下，所谓民主“实质上始终是少数人的即只是有产阶级的、只是富人的民主制度”。而“由于资本主义剥削制度的条件，现代的雇佣奴隶被贫困压得喘不过气，结果都‘无暇过问民主’，‘无暇过问政治’，大多数居民在通常的平静的局势下都被排斥在社会政治生活之外”。[2]所以说，要想实现名副其实的民主，“着重于实际保证那些曾受资本压迫和剥削的劳动群众能实际参与国家管理，实际使用最好的集会场所、最好的印刷所和最大的纸库来教育那些被资本主义弄得愚昧无知的人们”，[3]就必须废除私有制，让广大长期处于被压迫的人们能够充分参与到政治与经济生活中，在经济平等的基础上获取实实在在的政治权力。马列主义经典作家的这些观点，在五四新文化运动期间已经较为普遍地在中国传播开来了。如陈独秀在《谈政治》、李大钊在《Bolshevism主义的胜利》等流传极广的文章中皆有所介绍。嵇文甫对于民主政治的理解，基本上也是建立在这样的理论之上的。因此他着眼于考察先秦时期民本思想话语里，广大普通民众在社会生产关系中处于怎样的位置，是否具有真正管理与支配政权的权力，还是只作为被关怀对象，使统治者能够通过施以小惠来换取其服从，让其更有主动性地为统治者创造经济财富。基于此，在一份关于先秦诸子的讲义里，他提醒人们：“我们始终不要忘掉，儒家无论孔、孟、荀都主张王道政治。而所谓王道政治，既不是民主政治，也不是君主独裁制下的官僚政治，而实在就是理想化了的贵族政治。这种政治的社会背景，是自然经济，

[1] 恩格斯：《反杜林论》，北京：人民出版社2015年版，第111—112页。
[2] 列宁：《国家与革命》，《列宁选集》第3卷，北京：人民出版社1995年版，第189页。
[3] 列宁：《共产国际第一次代表大会文献》，《列宁选集》第3卷，第724页。

是宗法社会。”[1]及至晚年，他依然强调：“孟子学说中很富有人民性，所以清末搞民主运动的往往拿他做旗帜，很起了些宣传鼓动的作用。但是如果真以为孟子主张民主政治，那就错误了。因为孟子只是反对暴君，而想望仁君，他并没有主张，也不可能主张，变君主为民主，从政治制度上加以变革。”[2]

除此之外，嵇文甫还注意到孟子十分强调士人的操守。但他未像多数论者那样表彰孟子的相关言说，认为这有助于培养具有高尚人格的士大夫，而是由此出发看到孟子的重要思考前提就是认为一般民众比士人更为低等，因此后者称为“治人”者实属天经地义：

> “无恒产而有恒心者，惟士为能。”他（孟子）把“民”和“士”对立起来，“民”是受物质支配的，而“士”却不受物质支配；行于“民”里边的是一种理法，行于“士”里边的却另有一种理法。“以唯心论待己，以唯物论待人”；“以超人哲学待己，以唯物哲学待人”；我们的“亚圣”或者也是这种意思罢？然而，“士”于是乎高立于民众之上了。[3]

近代以来，为了彰显先秦儒家与现代民主思想之间的相似性，除了极力表彰孟子的“民贵君轻”之义，还把孟子对于士人政治地位的阐扬解读成其政治思想中对抗“君权”的因素。特别是近代知识分子群体大多脱胎于士阶层，因此孟子的这些言说更有利于他们拿来论证自己的政治与经济地位（或曰“特权”）。但在嵇文甫的分析框架里，孟子对于士人地位的论述是基于对民众政治地位更低一等的论述前提之下的。从民众的视角出发，士人与君主都是统治集团的成员，他们之间的

---

[1]　嵇文甫：《先秦诸子与古代社会（讲义）》，《嵇文甫文集》上册，第304—305页。
[2]　嵇文甫：《春秋战国思想史话》，《嵇文甫文集》下册，第213页。
[3]　嵇文甫：《先秦诸子政治社会思想述要》，《嵇文甫文集》上册，第192页。

权力分配与利益纠葛，只是统治集团内部的纷争而已，与名副其实的民权并没什么关系。这同样是辨析中国古代民本思想时必须要注意到的问题。

二、揭示明清之际民本言说背后的士绅立场

在近代中国，明清之际的历史、文化与思想是一个引起各派政治与文化力量持续关注的话题，形成了各种各样的观点。[1]特别是明清之际的著名儒者，如顾炎武、黄宗羲、王夫之、颜元等人的学说，自从清代前期考据学兴起之后，就广受关注；对他们的不同评价，既体现出不同学派之间的论争，又往往超出学术的范畴，与人们对世变的思考结合了起来。在晚清民初思想界，这几位大儒或是被诠释成带有革命性与现代性的思想先驱，或是成为西潮冲击下固守传统价值者所时常抬出的文化符号，或是被描绘成中国本土的民主思想先驱。特别是最后一点，几乎成为晚清自新文化运动以降不同思想流派之间的共识，其中的差别只在于用什么样具体的民主理论来套到顾、黄、王、颜身上。包括一些马克思主义史学家，由于认为明清之际中国社会结构与生产关系发生了巨大的变化，因此这种变化在思想文化上的体现就是顾炎武与黄宗羲等人的民本思想中具有朴素的民主主义因素。可以说，在民国学界，能否对明清之际的历史与思想提出具有原创性的见解，关系到能否在中国历史研究领域建立真正的权威。

长期参与当时思想界与学术界各种论争的嵇文甫自然十分了解这一点，因此他撰写许多关于明清之际思想与学术的论著。不过与以上所列举的那些观点不同，嵇文甫根据他对于马克思主义与中国传统

[1] 关于这一问题，参见秦燕春：《清末民初的晚明想象》，北京：北京大学出版社2008年版。

学术的认识，对明清之际的民本思想进行了颇为翔实的辨析。在撰写于1931年的《十七世纪中国思想史概论》一书中，他承认：“明末清初是中国地主阶级自救运动很紧张的时代，是经世致用思想极兴盛的时代。当时那班大师各本其对于中国社会中历史的认识，提出自己政治改革的方案。其审时度势，深思远览，所以为中国地主阶级定久安长治的大计者，实非一般浅智短见的陋儒所能想象得到。”[1]但关键在于，表彰这些先贤在中国思想史演进脉络中的杰出地位是一回事，认为其思想主张能够和现代民主理论接榫又是一回事。黄宗羲《明夷待访录》中的《原君》《原臣》《原法》《置相》《学校》诸篇，批判君主权力过于膨胀，强调君臣之间的关系应以道义为准则，反对大臣对君主的“愚忠”，建议在制度设计中提高宰相的政治地位，使之成为官吏之长，让相权在一定程度上成为君权的制约，创建具有稳定性与实效性的律令体系，在地方上将以士人为主体的学校改造成议政机构，借此来伸张士绅阶层的权力。嵇文甫指出，这些主张固然颇有见地，但究其实，“近代民权政治的原则‘民有，民治，民享’。‘民有’，‘民治’，梨洲都还说不到，只有‘民享’，总算慨乎其言之了。这种思想，我以为只可称为‘重民思想’，径称为‘民权思想’似乎还不大妥当”，因为其主张“总没有想到民众自己支配政权”。[2]

关于如何分析某一历史时期的思想，马克思与恩格斯指出：“每一个企图取代旧统治阶级的新阶级，为了达到自己的目的不得不把自己的利益说成是社会全体成员的共同利益，就是说，这在观念上的表达就是：赋予自己的思想以普遍的形式，把它们描绘成唯一合乎理性的、有普遍意义的思想。”[3]这段话的引申之义就是，在研究思想史时，在掌握

[1]　嵇文甫：《十七世纪中国思想史概论》，《嵇文甫文集》上册，第89页。
[2]　嵇文甫：《十七世纪中国思想史概论》，《嵇文甫文集》上册，第91页。
[3]　马克思、恩格斯：《德意志意识形态（节选）》，《马克思恩格斯选集》第1卷，第180页。

大量材料的前提下，不能毫无辨别地轻信各种思想与主张，而是要将其与言说者、宣传者的真实的政治与经济地位结合起来，考察言说者与宣传者如何通过这些表面上带有普遍性意涵的思想与言说来表达自己真实的诉求，进而在具体的历史环境中辨析这些诉求体现着怎样的社会关系，象征着怎样的历史趋势。

作为一名马克思主义者，嵇文甫在研究黄宗羲等人的民本思想时正是践行这样的方法论。在《明夷待访录》中，黄宗羲对于君主权力过于膨胀之危害有着极为辟透的分析，认为这不但容易导致政治体系紊乱，而且违背了古人重视"公"的政治伦理，因此他建议在未来的制度设计中抬高相权与地方士绅的权力。对此，嵇文甫指出，不能像晚清民初的不少人那样，将黄宗羲的这些主张视作是一种超出历史语境、具有普遍意义的"反抗君权"，而是应该注意到，"这种倾向表示什么意义呢？作这种主张的是站在什么立场上说话呢？我以为丞相是士大夫的领袖，丞相政治是一种士大夫政治，也就是一种变相的贵族政治，这正是当时地主阶级意识的表现"。[1]他一针见血地指出：

> 然而我们必须知道，梨洲的学校是士大夫集团，他是要以士大夫集团的力量监督政府的。士大夫是代表地主利益的知识分子。由士大夫掌握的政治，终归是劳心者统治劳力者的政治……在这样的等级社会中，会有民权政治之可言吗？不管梨洲说得多么漂亮，他总是没有超越了士大夫统治的理想。丞相是士大夫，学校中所教养的也都是士大夫。他以为只要把政权公开给士大夫，不由君主及其左右近习恣意妄为，政治就清明了。这只可谓之绅权政治，而不可谓之民权政治。绅权政治是由贵族政治脱化而来，当时诸大师都抱此理想，而梨洲所言最带急进色彩，可算是当时绅

[1] 嵇文甫：《十七世纪中国思想史概论》，《嵇文甫文集》上册，第98页。

权论的左翼。但是无论怎样左，也没有左到民权主义。[1]

不管士绅集团如何批判君主权力过于膨胀，但自宋代以来，士绅的经济基础主要建立在对土地的占有与对佃农的剥削之上。就此而言，士绅集团固然与皇权会有一定的冲突，但在支配土地、控制主要经济与文化资源、役使大多数民众这一点上，绅权与皇权的利益一致性远大于分歧。[2]因此，嵇文甫的这个观点，不但有助于全面把握明清之际民本思想的内涵，而且有助于认识到近代借黄宗羲之名来宣传“民主政治”的一些本质属性。前文谈到，梁启超回忆早年从事政治活动，经常借黄宗羲的论著来普及自己的政治主张。早在戊戌之前，西方近代资产阶级议会体制传入中国，不少中国士人觉得应效仿其法，以收“通上下之情”之效。关于议员资格，按照王尔敏的研究，时人“大致趋于上下院之制，而上院则以宗室勋戚及各部卿相为议员，构成贵介议院。下院则用下级官吏与练事之绅商为议员，取其老成硕德，才识卓异，以构成清流议院”。[3]戊戌变法期间，在湖南参与新政的梁启超，认为政治上的变革，当务之急应“复古议，采西法，重乡权”，践行类似于地方自治的举措。他认为当时中国一般民众严重缺乏政治能力，所以“必先使其民之秀者，日习以公事，然后举而措之裕如也”。而所谓“民之秀者”，非地方乡绅莫属。因此欲兴民权，先兴绅权，“绅权固当务之急矣”。[4]在这样的背景下，黄宗羲的相关主张自然很容易让提倡改革的人士作

[1] 嵇文甫：《十七世纪中国思想史概论》，《嵇文甫文集》上册，第100页。后来沟口雄三用更为翔实的材料，进一步论证了嵇文甫的这个观点。参见［日］沟口雄三著，龚颖等译：《所谓东林派士人的思想》，《中国历史的脉动》，北京：三联书店2014年版，第1—189页。

[2] 关于这个问题，参见费孝通、吴晗等著：《皇权与绅权》，北京：三联书店2013年版。

[3] 王尔敏：《晚清士大夫对于近代民主政治的认识》，《晚清政治思想史论》，桂林：广西师范大学出版社，2005年，第213页。

[4] 梁启超：《论湖南应办之事》，吴江等点校：《饮冰室文集点校》第1集，昆明：云南教育出版社，2001年，第96、97页。

为思想资源与宣传工具。“他（黄宗羲）主张加重宰相的职权，而造成一种虚君制；又主张以学校监督行政。这都是他的苦心孤诣，欲以济君主专制之穷。倘若他的理想竟能实现，或者会成一种绅权政治。”[1]“相权也罢，士权也罢，都只能算作绅权，而不能叫民权。”[2]由嵇文甫的这一观点出发，则更能看清从明清之际到晚清，中国的士绅阶层对于伸张自身权力之诉求的连续性，以及如何将这种诉求不断地学理化、普遍化，同时也可洞悉这样的诉求与名副其实的大众民主之间的根本性差别。

与之相似，在《日知录》讨论历代制度变迁的部分，以及《生员论》《郡县论》等文章中，顾炎武基于民本的立场，也提出了他自己对于政治问题的主张。他认为在广土众民的环境下，由中央派遣官吏治理地方，在行政上会带来诸多不便，由于官吏不熟悉本地情状，往往需要借助长期生活在地方、具有“地头蛇”色彩的胥吏的帮助，这就给了后者假借政治权力来欺压百姓、中饱私囊的机会。为了让民众不受彼辈的侵扰，顾炎武认为要在郡县体制下注入先秦时期的封建因素，即在一定范围内允许地方官员世袭，这样由于他们与本地的兴衰命运与共，并且十分熟悉当地的政治与经济状况，因此就可以发挥更大的主动性来治理地方，不但能够庇护民众，而且还能组织力量、御寇自卫。顾炎武的这些设想，在晚清也被一些主张改革的人士视为地方自治理论的先驱，借此来削减皇权对地方的支配。但嵇文甫通过征引顾炎武《裴村记》中所说的“予尝历览山东、河北，自兵兴以来，州县之能不至于残破者，多得之豪家大姓之力，而不尽恃乎其长吏”，[3]指出：

---

[1] 嵇文甫：《中国历史上曾有过民权思想么？》，《嵇文甫文集》上册，第472页。

[2] 嵇文甫：《〈黄梨洲文集〉序言》，《嵇文甫文集》下册，第256页。

[3] 顾炎武：《裴村记》，刘永翔校点：《亭林诗文集》，上海：上海古籍出版社2012年版，第159页。

他（顾炎武）的意思只是要充实地方上的自卫力量……为防止“不虞之变”起见，只有采取封建遗意，使地方权力强大，足以自卫，即所谓“寓封建之意于郡县之中”，这正是当时地主阶级所需要的一种自救方策。但亭林巩固地主阶级统治的方策犹不止此。他不仅要加强地方官的权力，并且要加强豪家大姓的权力。他很明瞭当时政权是建筑在豪家大姓之上，他很明瞭豪家大姓是当时国家的柱石。[1]

因此，在分析顾炎武的政治思想时，不应忽视他所寄希望于改变政治现状的那个群体的基本特征。在中国历史流变中，豪族大姓具有怎样的特点，其经济支配方式对于社会有何影响，这从历代儒者反复抨击“富者连阡陌，贫者无立锥”的现象，以及反复强调“抑兼并”“恤贫民”的呼声中，或从历代农民起义不断打出“均贫富”的口号中，或可窥见一二。远的不说，在顾炎武生活的时代，晚明官僚豪绅集团变本加厉地占有土地、压榨剥削农民，让许多自耕农变为地主阶级的佃户，就是导致明末农民起义的重要原因。[2]如果说民本思想在覆盖面上应尽可能地兼顾到更多的人，那么顾炎武的这些主张，反而使民本思想中“民”的范围大为缩减。总之，嵇文甫强调，顾炎武“当创巨痛深之后，深感社会失去中坚组织的危险，故重守令，重氏族，皆所以救其弊。他最卓绝的地方，在认识社会势力，不仅注意政治的表面，而知道抓住其社会基础。此之谓‘识治本’，‘达治体’。为东方式老封建帝国的君主策治

[1] 嵇文甫：《十七世纪中国思想史概论》，《嵇文甫文集》上册，第105页。当然，类似的主张并非从顾炎武才出现，宋代以来已经有不少关于“富民”“豪民”为国家基础的论调，并反对儒家政治传统里的“均贫富”主张。参见叶坦：《富国富民论——立足于宋代的考察》，北京：北京出版社1991年版，第85—92页。林文勋：《保富论：一种充分体现时代特征的崭新经济思想》，《唐宋社会变革论纲》，北京：人民出版社303—327页。

[2] 袁良义：《明末农民战争》（修订本），北京：社会科学文献出版社2019年版，第16—24页。

安者，大概没有比这再深切的了”。[1]这一观点，无疑有助于洞彻顾炎武政治思想的主要是为哪个社会力量呐喊的，而不会将一些对于现代政治的期许投射到古人的思想上面。

三、余论

值得注意的是，在20世纪30和40年代的学术界，除了嵇文甫，其他马克思主义史家也对中国古代民本思想有所关注。比如在《中国政治思想史》中，吕振羽认为孔子的思想“最符合‘士’的要求，所以自始便取得这一阶层的热烈欢迎与拥护。因而孔丘便以这一阶层为基础去策动其政治活动”。[2]秉承此志，孟子虽然同情民众的疾苦，批判战国君主的杀伐，但究其实，“他解释‘臣’对于‘君’的忠实程度，是以‘君’对‘臣’的信托与知遇如何以为转移，这是完全没有原则性的，在本质上仍是绝对主义。后来儒家主张无原则的对君主个人尽忠，孟轲的这几句话是有影响的”。因此，认为孟子思想具有民权特征，“可以说是对孟轲的绝大误会”。[3]与吕振羽较为负面的评价不同，曾翻译过《资本论》、对马克思主义原典十分熟悉的侯外庐在《中国古代思想学说史》中则从与西方早期历史的对比出发，认为战国时期象征着古典的“城市国家”日趋崩解，氏族单位日渐消失，新兴的社会阶级开始成为历史舞台的主角。类似于亚里士多德所倡导的市民与贵族属于天生的“政治动物”，孟子的民本思想本质在于扩大政治参与面，让新兴的“国人自由民”能够成为统治集团的一分子，以挽救日趋腐败没落的贵族政治。[4]

---

[1]　嵇文甫：《十七世纪中国思想史概论》，《嵇文甫文集》上册，第106页。

[2]　吕振羽：《中国政治思想史》上册，北京：人民出版社2008年版，第81页。

[3]　吕振羽：《中国政治思想史》上册，第174页。

[4]　侯外庐：《中国古代思想学说史》，张岂之主编：《侯外庐著作与思想研究》，长春：长春出版社2016年版，第184—185页。

而在著名的《十批判书》里，身处抗战时期大后方意识形态斗争氛围里的郭沫若为了证明孔子与墨子之间，前者在当时具有“革命性”，后者则为“保守派”，他强调作为民本思想核心要素的孔子的“仁”观念是一种“由己及人的人道主义”，从历史进程来看“这种所谓仁道，很显然的是顺应着奴隶解放的潮流的。这也就是人的发现。每一个人要把自己当成人，也要把别人当成人，然后自己才能成为人”。[1]对于《论语》里饱受质疑的“民可使由之，不可使知之”，郭沫若则强调此处的“可”应为“能够”之意，这段话放在历史语境里理解，应为“人民在奴隶制时代没有受教育的机会，故对于普通的事都只能照样做而不能明其所以然，高级的事理自不用说了”。[2]因此，孔子这段话是在对历史现象做一个描述，并非在表明自己的政治主张。与之形成对照的是，在《中国通史简编》这一中国马克思主义史学通史编撰的代表之作里，范文澜认为分析包括民本思想在内的先秦儒家思想，必须从社会形态变革的角度出发认识到士阶层的两重性：“士处在社会中间阶层，看不起老农、老圃，当然不愿吃苦劳动。但在贵族阶层里，又没有士的地位，很少有机会取得大官。因此他们憎恶世卿把持，要求登进贤才。”[3]因此，先秦儒家政治思想里固然有批判的一面，但本质上都在主张“人民应该服从统治者”。必须承认，这些研究在具体观点上并不完全一致，这一方面与他们对马克思主义理论的不同理解有关系，另一方面也和他们根据各自掌握的马克思主义理论对中国历史与中国社会的不同剖析息息相关，更体现出了他们对当时现实的政治斗争形势的不同分析。从今天的角度看，这些差异性反而表明了早期中国马克思主义史学内部繁荣而多元的面貌，以及不同学者基于不同的时代考量，对中国历史展开的颇具各自学术特色的研究。

---

[1] 郭沫若：《十批判书》，北京：人民出版社2012年版，第69页。

[2] 郭沫若：《十批判书》，第76页。

[3] 范文澜：《中国通史简编》上册，北京：三联书店2014年版，第129、143页。

与以上那些观点相比，嵇文甫在这个问题上的研究无疑显得更为细致且全面，堪称那个时代的马克思主义史家里，能从马克思主义中国化的立场出发，对中国传统思想有较为精深且持久研究的代表。在发表于1934年的《中国历史上曾有过民权思想么？》一文里，他将前文谈到的那些观点用精简的方式叙述了一遍，并强调："旧日的中国，长期停留在半自然经济小商品经济的社会中，人民大都过着简单的散漫的农业生活。他们只希望圣明天子，并没有意思去自己支配政权。他们有时候受不住压迫了，则发而为无组织的群众暴动。暴动幸而成功，则旧朝变而为新朝，却不是君权变而为民权。中国历史上，只有'吊民伐罪'的'义兵'，而没有真正的平民革命；只有浪漫的无治思想，而没有切实可行的民治主张。"[1]这一结论虽然被后来不少的中国思想史研究进一步论证，但嵇文甫对于中国古代民本思想的辨析，值得注意的地方在于他由具体历史时期的政治与经济结构入手，深入分析各种政治批判主张的基本立场、所指的现象、分析的逻辑、解决的方案，而拒绝仅从那些主张的"批判性"表面看起来是否激烈判定其高下。尤其是他十分关注那些思想主张所设计的理想蓝图里，哪一个阶级或群体最能受益，与此同时是否有意或无意遮蔽了其他更具普遍性的社会经济矛盾。在他的分析框架里，贯彻着历史唯物主义把"抽象的人转到现实的、活生生的人，就必须把这些人作为在历史中行动的人去考察"的特征[2]，在研究范式上超越了对中国传统形式主义的肯定或否定。这既体现了嵇文甫对于马克思主义理论的熟练掌握，又显示了他对于时代学术与文化思潮的高度敏感性，在研究过程中不断与不同观点展开对话，使中国的马克思主义史学更为"接地气"。

此外，嵇文甫强调："知道思想是生活的反映，是群众的产物，而具

---

[1] 嵇文甫：《中国历史上曾有过民权思想么？》，《嵇文甫文集》上册，第474页。

[2] 恩格斯：《路德维希·费尔巴哈与德国古典哲学的终结》，北京：人民出版社2014年版，第36页。

有阶级性，则思想与社会的关系密切，思想随着社会的转变而转变，当可洞悉无疑。因为所谓社会转变，就是群众生活的转变，就是阶级关系的转变，而这种转变自然会反映到思想上去的。”[1]他对于中国古代民本思想的解析，则用具体的例子向人们展示了马克思主义者应该如何对待中国传统思想。具体言之，对于中国传统，必须根据历史唯物主义方法论进行历史的分析，揭示它在历史中产生的政治与经济背景，分析它在历史进程中起到的正面或负面作用，以及这些思想在现实生活中代表了哪些群体或阶级的利益；并根据之前与之后的历史发展状况，综合评估这些思想的历史意义。而非脱离具体的历史背景，用后见之明赋予这些思想超出其本来面目与所源自的历史阶段的正面价值或负面批评。这一点尤具学术与现实启示。

最后，作为一名革命者，嵇文甫研究历史的主要目的之一就是告诉世人社会发展的规律与剖析具体时代社会诸要素的方法；进而促进革命理论的传播，让世人能够运用相似的方法来分析当下的社会状况，形成正确的政治路线与良好的斗争策略——这也是革命战争年代里大多数马克思主义史家的共同特征。如果说在嵇文甫生活的年代，古代民本思想容易让人混淆其与名副其实的民主政治之间的本质差别，那么对于今天而言，面对后冷战时代全球霸权意识形态话语里的资本主义民主理论，也需要继承嵇文甫对于中国古代民本思想的辨析的方法与范式来进行一番剖析，尤其要注意到在表面上无比华美的词汇背后，其所蕴含着的对于阶级状况、经济基础、实际支配格局的基本假设。如被视为资本主义政治理论家里代表人物之一的熊彼特就声称，资本主义的民主政治“并无意味也不能意味人民真正在统治——就‘人民’和‘统治’两词的任何明显意义而言——民主政治的意思只能是：人民有机会接受或拒绝将来要统治他们的人的机会”。就此而言，“民主政

[1]　嵇文甫：《先秦诸子与古代社会（讲义）》，《嵇文甫文集》上册，第277页。

治就是政治家的政治”。[1]在这个过程中，广大民众完全处于被动的地位，只是在投票之时就早已被“政治家”安排好的政治格局进行形式主义的投票而已。对于这样的西方政治体制及其意识形态话语，在今天同样需要进行当年嵇文甫式的辨析，然后才能更好地思考未来的制度建设问题。

[1] ［美］熊彼特著，吴良健译：《资本主义、社会主义与民主》，北京：商务印书馆1999年版，第415页。

《帝国主义与中国政治》的启示

一

“海内如今传战斗。”在最近一段时间里，所谓“修昔底德陷阱”一词在中国十分流行。许多人在谈论如今的中美关系能否避免“修昔底德陷阱”。不过更引起笔者兴趣的是，这个概念的发明者艾利森在《注定一战：中美能避免修昔底德陷阱吗？》一书里，建议美国政府在制定对华政策时应充分注意历史的维度。他提到自己曾和史家尼尔·弗格森提议白宫应成立一个“历史顾问委员会”，倡导“应用历史”，这样有助于“从当前的选择或困境开始，分析历史记录，以提供观点、激发想象力，找到揭示未来可能发生的状况的线索，提出合理的干预措施，并评估可能出现的效果”。[1]在他看来，这个机构的主要任务之一便是研究中国，即从长远的角度来看“我们是如何迎来我们现在所称的‘中国挑战’的？”[2]在笔者看来，这本书对中国而言，最为关键的或许不在于跟随作者所创造的概念亦步亦趋，以至于在战略思考上丧失主体性，而是应当重视作者所提倡的思考当前国际形势的切入点，即从历史的角度来理解中国，理解中美关系。

---

[1] ［美］艾利森著，陈定定、傅强译：《注定一战：中美能避免修昔底德陷阱吗？》，上海：上海人民出版社2018年版，第295页。

[2] ［美］艾利森著，陈定定、傅强译：《注定一战：中美能避免修昔底德陷阱吗？》，第296页。

话又说回来，其实作者的这个主张对中国人而言并不陌生。中国有着十分悠久的历史编纂传统，留下了浩如烟海的历史典籍。中国人对历史的重视与喜爱，可以说在世界文明史上罕有其匹。更为重要的是，正如中国古代史学的典范之作《资治通鉴》的书名所昭示的那样，古人研究历史、叙述历史，固然是在追寻一个时期历史的本相与全貌，但同时也希望借助历史的智慧来“资治”。比如就对外关系而言，从《史记》的《匈奴列传》《大宛列传》，到《通典》中的《边防》，及至清代道咸时期盛行一时的西北史地之学，前贤叙述这些史事，主要目的就是试图通过历史的梳理，为当前如何处理边疆地区的政务提供参考与借鉴。

到了近代，这一情形体现得更为明显。对时代变动有极强敏感性的梁启超，在撰于1901年的《中国史叙论》一文里指出：“自乾隆末年以至于今日，是为世界之中国，即中国民族合同全亚洲民族，与西人交涉竞争之时代也；又君主专制政体渐就湮灭，而数千年未经发达之国民立宪政体，将嬗代兴起之时代也。”[1]换言之，近代中国遭逢西方势力的入侵，为了振衰起微，必须在政治上有所兴革，以此建立富强之基，来与“西人交涉竞争”。这表明，随着中国日渐被卷入由近代东西列强帝国主义扩张所形塑的世界体系，时人已经逐渐认识到，思考中国问题必须同时思考同一时期的欧洲与全球问题，以辨别中国在全球关系中所处的地位，并提供一种比较性的全球视野，单纯地从中国自身历史轴线上思考中国问题已不复可能。[2]这就要求人们必须对近代以降的世界形势有一个比较准确的整体把握。

因此，今天分析中国的内外局势、探索未来发展的战略与道路，就

[1] 梁启超：《中国史叙论》，吴松等点校：《饮冰室文集点校》，昆明：云南教育出版社2001年版，第3集第1627页。

[2] 汪晖：《世纪的诞生——20世纪中国的历史位置（之一）》，《开放时代》2017年第4期，第29页。

必须具有完备的历史眼光，特别是对近代中国所面临的危机与挑战有充分的体认。甚至可以说，具有怎样的近代史史观，大体上决定了对中国当前局势的基本认识。当代史学的基本状况，想来读者诸君也有所了解，因此在这里毋庸多言。今天一些人对以美国为首的资本主义世界的各种想象与青睐，很大程度上与他们所接受的中国近代史图景息息相关。举例来说，1922年，在回应中国共产党发表的关于反对帝国主义的宣言时，胡适声称：“我们要知道，外国投资者的希望中国和平与统一，实在不下于中国人民的希望和平与统一。”比如在民初，“外人所以捧袁（即袁世凯），大部分是资本主义者希望和平与治安的表示。我们可以说他短见，但不能说这全是出于恶意”。在巴黎和会之后，列强又召开了华盛顿会议，“中国的国民外交和美国的舆论竟能使华盛顿会议变成一个援助中国解决一部分中、日问题的机会”。而列强之所以干涉中国内政，是由于“国际投资所以发生问题，正因为投资所在之国不和平，无治安，不能保障投资者的利益和安全”。所以，“我们现在尽可以不必去做那怕国际侵略的恶梦。最要紧的是同心协力的把自己的国家弄上政治的轨道上去。国家的政治上了轨道，工商业可以自由发展了，投资者的正当利益有了保障了，国家的投资便不发生问题了，资本帝国主义也就不能不在轨道上进行了”。[1]正所谓太阳底下无新鲜事，这样的观点，在当前不是依然改头换面地在一些人口中不断宣扬吗？只是其中添进了更为新颖、时髦的名词与概念罢了。

二

依笔者之见，如若前文所言不虚，那么胡绳出版于1948年的小册

[1] 胡适：《国际的中国》，欧阳哲生编：《胡适文集》，北京：北京大学出版社1998年版，第3卷第383、384、385页。

子《帝国主义与中国政治》，在今天或许具有颇为重要的意义。经过1947年的解放战争，国民党政权的败象日益显露，中共的力量不断壮大，中国未来向哪里去已经不再是一个模糊不清的疑问，而是有了越发清晰的答案。[1]毛泽东在1947年岁末指出："中国人民解放军已经在中国这一块土地上扭转了美国帝国主义及其走狗蒋介石匪帮的反革命车轮，使之走向覆灭的道路，推进了自己的革命车轮，使之走向胜利的道路。这是一个历史的转折点。"[2]在这一背景下，胡绳希望"集中写一条主线，帝国主义和中国革命的关系，而这条线索确实是中国近代史的主要的东西"。[3]关于写作这本书的问题意识，据他晚年回忆：

> 帝国主义和中国革命的关系，这也是当时的一个现实问题。很明显的，革命战争很快就要取得对蒋介石的彻底胜利，在这时候发生一个关键问题，是美国怎么样，它会采取什么手段来对付中国革命。从这个观点出发，反过来考察美国历史上向来对中国采取的政策是有意义的。[4]

可见，胡绳之所以要论述百年来帝国主义对中国政治、经济与社会的影响，是因为在当时美国已经成为在华帝国主义国家的代表，研究历史与思考现状、展望未来是相通的。如果说"打倒帝国主义"是解放战争的主要目的之一，是具有鲜明政治诉求的口号，那么运用马克思列宁主义基本原理分析帝国主义的在华史，就从学理层面将这一政治口号

---

[1] 关于1947年中国政治与军事的变化，参见金冲及：《转折年代——中国·1947》，北京：三联书店2017年版。

[2] 毛泽东：《目前形势和我们的任务》，《毛泽东选集》第4卷，北京：人民出版社1967年版，第1188页。

[3] 胡绳：《笔耕丰歉说当年》，《胡绳全书》第7卷，北京：人民出版社2003年版，第172页。

[4] 胡绳：《笔耕丰歉说当年》，《胡绳全书》第7卷，第172页。

进一步深化，赋予其厚重的历史感，通过历史叙事来更为深刻地论证其基本合法性，并争取更多饱受帝国主义欺压的进步力量与广大人民群众的支持。[1]

作为分析现实的基本概念之一，“帝国主义”在辛亥革命前十年已经被零星使用，日本社会主义者幸德秋水的《二十世纪之怪物——帝国主义》被留日学生介绍到国内来。到了五四运动之后，随着马克思列宁主义广泛地在中国传播，日益被早期中国共产党人所采用。列宁的《帝国主义是资本主义的最高阶段》被译介到中国之后，对中共党人探讨国内外状况产生极大的影响。1922年，远东各国劳动者代表大会在莫斯科召开。据出席此次会议的张国焘回忆，“这次大会把帝国主义与中国的反动势力联结在一起。我们讨论的结果，确认中国的反动势力只是外国帝国主义的工具。中国革命运动要能有成就，必须从反对帝国主义下手”。[2]同一年，中国共产党在“二大”宣言中明确指出：“帝国主义的列强既然在中国政治经济上具有支配的实力，因此中国一切重要的政治经济，没有不是受他们操纵的；又因现尚停留在半原始的家庭农业和手工业的经济基础上面，工业资本主义化的时期还是很远，所以在政治方面还是处于军阀官僚的封建制度把持之下。军阀们一方受外国资本帝国主义者的利用唆使，一方为自己的利益把中国割据得破碎不全，张作霖之占据东三省，便是一个最明显的例子。这样的情形，即是中国政治上一切纠纷内讧的复杂基础。”[3]在这之后，像李大钊、瞿秋白、蔡和森等人，都广泛地运用列宁对帝国主义的基本分析，来论述当时中国的社会性质是半殖民地半封建社会，以及在此基础

[1] 当然，这也是20世纪40年代左翼史学的整体特征。相关研究参见李孝迁：《革命与历史：中国左派历史读物》，《中共党史研究》2017年第5期，第33—46页。

[2] 张国焘：《我的回忆》，北京：东方出版社2004年版，第177页。

[3] 《中国共产党第二次全国大会宣言》，《六大以前——党的历史材料》，北京：人民出版社1980年版，第7页。

上所遭受的各种压迫与剥削，并号召广大工人与知识青年加入革命队伍，推翻帝国主义及其在华代言人的统治。[1]例如在《帝国主义侵略中国之各种方式》一文里，瞿秋白指出帝国主义的侵略方式有“强辟商场”“垄断原料”“移植资本”“文化侵略”。他简要地概述了从鸦片战争以来直到1923年，不同的帝国主义国家如何运用这些手段掠夺中国的资源，侵犯中国的主权，培植其在华的政治与经济代言人。特别是他注意到政治与经济的手段背后，新兴的帝国主义国家美国更为重视文化上的操控：

> 他（美国）能有这么大的“度量”放弃庚子赔款，无意之中造成亲美派留学生的政治势力，遍处设立教会学校，办他那假惺惺的慈善事业；不但现时他能控制中央政府，做侵略全中国的事业，而且还能改制中国人的心肺，赂买整个儿的阶级，预备做他将来的“代理统治者”；他能有很大很多的机关报，“洋大人”的舆论每每足以影响中国日常的政治生活；凡此一切都足以“威临中国之人心”，挟制日本，卸罪于日本，诬蔑赤俄，减杀中国真民主派的势力。[2]

这番话，从后来的历史发展与今日的种种景象来看，不能不承认具有很深的洞察力。胡绳晚年就回忆自己在苏州上中学的时候，“苏州的教会学校读英文是读狄更斯的《双城记》，就是讲法国大革命如何残暴，这实际上是一种政治教育，就是说革命是可怕的”。[3]

---

[1] 毕玉华：《建构与调试：中共革命意识形态中的“帝国主义”概念》，《近代史研究》2018年第5期，第30—32页。

[2] 瞿秋白：《帝国主义侵略中国之各种方式》，《瞿秋白文集（政治理论编）》第2卷，北京：人民出版社2016年版，第79页。

[3] 金冲及：《一本书的历史：胡乔木、胡绳谈〈中国共产党的七十年〉》，北京：中央文献出版社2014年版，第126页。

到了20世纪30年代，由于中国社会史论战的巨大影响，左派史学蓬勃发展。一些左派史家开始尝试以帝国主义问题作为切入点，去叙述中国近代史中的相关部分，以此回应“九一八”事变之后日益加剧的民族危机，引导国人去思考救国救民之道。比如在《近代中国经济史》一书里，钱亦石强调：“近代中国的经济，完全受列强帝国主义的支配。帝国主义者以对华输入商品和输入资本的方法，变革了中国的经济结构与经济生活。”其所造成的结果是，“帝国主义在中国经济生活、政治生活及一般社会生活中，成了一个重要的要素而且是基本的要素。帝国主义与中国经济完全打成一片，结成一个有机的关系”。[1]以此为切入点，钱氏分析近代中国国民经济的各个部门，如何被卷入帝国主义支配下的全球经济体系之中，并且对中国内部的经济与社会结构带来哪些影响。此外，在《中国外交史》一书里，他指出：“外交并不是它自身能够单独存在的东西，它只是某一种政治系统之下，在邦交关系上运用一种手段来完成这个政治任务的策略。如果要离开政策来讲外交，就绝无外交可言。”[2]具体到分析中国外交史，就必须“从帝国主义方面来研究他们侵略政策、压迫政策的变迁，以及这变迁的根据，这变迁对于中国的影响”。[3]通过这样的历史叙述，“一方面要看清楚帝国主义对我们侵略压迫是怎样在变迁，变到哪里去，我们有什么对付的方法，另一方面是要看清楚中国在他们侵略压迫之下，已陷入怎样的地步，在国际上已处在怎样的一个位置，要怎样才能从这种地位解放出来。这样我们就很可以从帝国主义侵略中国、压迫中国的历史中研究出一个总的趋势来，在这总的趋势之下看出目前的国际新形势，自己的新环境，来决定我们对自己利益怎样就可以保全以至向前发展的一个总的政

[1]　钱亦石：《近代中国经济史》，北京：知识产权出版社2015年版，第54、55页。

[2]　钱亦石：《中国外交史》，上海：生活书店1937年版，第2页。

[3]　钱亦石：《中国外交史》，第12页。

策，而外交政策自然可以从此产生”。[1]

另一方面，作为早期中国近代史研究的实践者，蒋廷黻对帝国主义问题也颇为关注。他晚年回忆自己在美国留学期间阅读霍布森的名著《帝国主义》后，感到“深获我心，使我对帝国主义得以明了”。[2]他谈及当时自己的想法：“作为一个中国人，我对殖民或帝国主义并不深恨，因为我感到中国如果愿意，同样有资格能产生与欧洲相同的组织力、相同的政治、相同的经济水准以及资源。改良中国生活方式，根除无效率、涣散的习性，就能建立有效率的生活方式。”[3]

蒋廷黻的这种心态与立场，在后来出版的《中国近代史》一书里以学术的方式表达出来。他认为：“资本主义可变为帝国主义，也可以不变为帝国主义。未开发的国家容易受资本主义的国家的压迫和侵略，也可以利用外国的资本来开发自己的富源，及利用国际的通商来提高人民的生活程度。”而帝国主义，“据我们所知，历史上各种政体，君主也好，民主也好；各种社会经济制度，资本主义也好，封建主义也好，都有行帝国主义的可能”。[4]在这里，蒋氏刻意淡化近代西方资本主义对中国的破坏，同时将左翼史学时常强调的帝国主义，定义成一种并非近代世界所独有的现象，联系到他当时亲英美的政治立场，这一叙述方式的“现实感”是很强的。如果说前文提及的胡适是在政论中有意消解帝国主义对中国的危害，那么蒋廷黻则将这一观点以建立在大量档案整理之基础上的历史叙事的形式表现出来。[5]

因此，胡绳的这本书，在学术源流上继承了先前中国马克思主义者

[1] 钱亦石：《中国外交史》，第13—14页。

[2] 蒋廷黻：《蒋廷黻回忆录》，长沙：岳麓书社2017年版，第88页。

[3] 蒋廷黻：《蒋廷黻回忆录》，第89页。

[4] 蒋廷黻：《中国近代史》，上海：上海古籍出版社1999年版，第54页。

[5] 蒋廷黻曾在1930年编撰出版了《近代中国外交史料辑要》一书。他声称：“历史学自有其纪律。这纪律的初步就是注重历史的资料。”参见蒋廷黻编著：《近代中国外交史料辑要》上册，北京：东方出版社2014年版，自序第1页。

的传统，用帝国主义的概念去分析近百年来中国政治、经济与社会的变迁，剖析中国内部的阶级状况与社会矛盾，以及帝国主义者在不同时期的对华策略与彼此之间错综复杂的关系。在此基础上，形成一套较为完整的、具有内在逻辑的近代史叙事。另一方面，从现实斗争的角度而言，正如胡绳在晚年所提及的，胡适“根本问题是不反对帝国主义”。[1]因此，在《帝国主义与中国政治》这本书中，他必须回应胡适、蒋廷黻等人对帝国主义问题的刻意忽略、曲解，进而模糊当时中国的主要矛盾。用历史的方式呈现自己的观点，用大量的史实来说明问题，是一种较为有效的言说策略，可以使人们对时局与历史的认识更为清醒，进一步明确斗争的目标，特别是让当时的“中间势力”认清中国的基本状况，放弃幻想，坚持斗争，走到革命队伍中来。[2]总之，正如胡绳自己说到的：

> 帝国主义列强与半殖民地中国之间的政治关系，是帝国主义侵略者怎样在中国寻找和制造他们的政治工具，他们从中国统治者与中国人民中遇到了怎样不同的待遇，并且说明一切政治改良主义者对于帝国主义者的幻想曾怎样损害了中国人民的革命事业，等等。[3]

这段话意思十分明确，无须再做过多解读。而另一位左派史学代表人物范文澜在1958年曾指出，在中国的历史编纂传统里，“史书有多种体裁，自然有各种不同的写法。有些表现出明显的政治性，有些表现得不那么明显或完全与政治无关，不论表现的形式如何，归根都是当时

[1] 金冲及：《一本书的历史：胡乔木、胡绳谈〈中国共产党的七十年〉》，第48页。

[2] 胡绳晚年特别注意解放战争中“中间势力”的向背，在他看来，“革命能胜利，是因为我们党把中间势力拉过来了，如果中间势力都倒向国民党，共产党就不可能胜利”。参见“从五四运动到人民共和国成立”课题组：《胡绳论“从五四运动到人民共和国成立”》，北京：社会科学文献出版社2001年版，第3页。

[3] 胡绳：《帝国主义与中国政治》，北京：三联书店2012年版，序言第1页。

政治生活的一种反映。但是，明显地反映出当时政治生活的历史著作，究竟是史学的正常状态，是史学的主流，自《春秋》以至《国粹学报史篇》都应是代表各个时期的历史著作”。[1]在笔者看来，这番话无疑道出了古今历史著作之良莠的深层次标准。当然，或许有人会鄙夷这段话写于一个火红的年代，因此不是“纯学术”，没有“学人范儿”。但不要忘了，被视为专业实证主义史学先驱者的兰克，一生撰写了许多近代早期欧洲诸大国之间纵横捭阖的外交史。在他看来，“如果没有对现在的熟悉，那么对过去的知识也是不完全的”。[2]一部好的历史著作，一定是体现了具有深度与广度的现实感，能够使人在古今之间展开思索。就此而言，《帝国主义与中国政治》确实具有浓厚的政治意识，但也正因为如此，这本书才体现出深刻的洞见，因为对于现代中国而言，帝国主义虽然多次改头换面，但从未真正远去。

三

《帝国主义与中国政治》一书从鸦片战争写起，直至1925年国共合作的前夕。重点叙述了鸦片战争前后、英法联军与太平天国运动、洋务运动、戊戌变法、庚子事变、清末新政与民初政局、五四运动之后的中国政治经济状况这些历史时期里，不同的帝国主义国家对中国的侵略与控制、中国各个时期的掌权者对帝国主义的态度、改良主义者对时局的担忧以及对帝国主义势力的幻想、广大人民反抗帝国主义的斗争与挫败。这样的叙述方式，在很长时间内成为研究中国近代史的经典范式之一，因此或许也比较为人所熟知。不过在胡绳自己看来，这本书的一

[1] 范文澜：《历史研究必须厚今薄古》，中国社会科学院近代史研究所编：《范文澜史学论文选集》，北京：中国社会科学出版社1979年版，第224页。

[2] ［德］兰克著，易兰译：《历史、政治及哲学之间的关系》，《世界历史的秘密：关于历史艺术与历史科学的著作选》，上海：复旦大学出版社2012年版，第152页。

个特色在于:"从前我们习惯说,帝国主义和中国的封建势力结合起来,实际历史也是这样的。但是一开始帝国主义来到中国,倒不是马上利用封建势力,而是感到这种落后势力阻碍它在中国发展。所以在鸦片战争时敌视清朝政权,要打它,打得它服下来。到太平天国时发生了一个变化,帝国主义从太平天国和清朝政府之间慢慢选择了清朝政府,至少有一部分洋人考虑过太平天国,但最后还是考虑清朝政府好。清朝政府也经过一个过程,开始怕洋人,感到洋人对自己不利,慢慢才看出来,洋人的力量可以依靠。"[1]帝国主义列强与中国内部腐朽政治势力结合的过程,就是近代中国国势衰微、民族危机不断加剧的过程。由此出发,一方面可以进一步分析帝国主义列强在不同时期如何在利用中国国内某些政治势力的基础上对中国进行控制与侵占,另一方面也可更为深入地探讨近代中国救亡图存运动所遭受到的困境与挫败。

正如论者所言,近代中国之所以处于"三千年未有之大变局",首先是"中国的政制传统面临前所未有的挑战",其次是"中国面临从未面对过的国际政治格局"。[2]所以依笔者之见,这本书对今天而言更为重要的意义在于重新打开我们对于近代以来的国际关系的理解。虽然胡绳所倡导的近代史研究方式曾经在1949年至1979年十分盛行,但晚近以降,这一范式已被不断冷落,甚至在一种巧妙的话语装置之下,被意欲取而代之者不断宣扬为此乃"政治",而非"学术"。而在今天中国与世界格局都发生深刻变化的时刻,胡绳通过思考历史而得出的相关论点,值得人们重新予以重视,甚至在此基础上对近代以来的中外关系进行更为细致的梳理与分析。

在胡绳看来,在18世纪工业革命之前,"欧洲各国的从事'开拓事业'的'殖民家'们,虽然在所至之处对于土著的落后人民从事抢掠与

[1] 胡绳:《笔耕丰歉说当年》,《胡绳全书》第7卷,第172页。
[2] 刘小枫:《毛泽东与中国的"国家理由"》,《百年共和之义》,上海:华东师范大学出版社2015年版,第3页。

残酷的暴行，但对于远东这一个有着悠久文化传统的大帝国还不能不有所顾忌，只能在可能的范围内进行欺诈性的有利贸易。但是自十八世纪中叶以后的英国的做法不同了：新兴的工业资本家们有了更大的财富与实力来扩充向外开拓的事业，同时他们有着推销不完的商品，亟望着能使远东这个大国家成为自己的市场”。[1]鸦片战争之后列强对于中国的态度，很大程度上与他们的这一远东战略息息相关。而到了19世纪后期，“正是欧美各资本主义国家国内工业生产飞速发展，独占金融资本的统治渐次形成的时期。由此他们进入资本帝国主义的阶段，对殖民地有了更进一步的要求。几乎全部非洲已为他们所瓜分，亚洲的极大部分也已成为他们的殖民地。对于中国，过去虽已取得充分的政治特权，以保障其商品倾销和经济掠夺，现在他们觉得不能满足，因此自中日之战后，五六年间，列强在中国展开了获取‘租借地’、划分‘势力范围’并向中国投资的大竞争”。[2]这些总括式的论述，对进一步理解近代中国所处的外部环境极有助益。在这样的时空坐标之下，人们或许可以更为恰当的、实事求是地思考中国的自处之道，而非抱有各种不切实际的幻想。

早在大革命时期，关于帝国主义列强的对华策略，王若飞曾如是分析：“历次的内战，并不仅是几个军人权利地盘之争，但是军阀的冲突，是不能持久扩大，是不能抵抗民众的革命力量。军阀所需要的饷源与军械，无一非仰给帝国主义者之援助不可，帝国主义者又非结合中国军阀作其爪牙不能统治中国，二者实互相为用。不过军阀终是附属于帝国主义者，帝国主义者有力操纵军阀的命运，有力制造中国的内乱，其实每次的内战，都是表示帝国主义间在华权利不平衡之冲突，也就是一幅世界战争的缩影；不过这个战争，仿如傀儡演戏，由帝国

[1] 胡绳：《帝国主义与中国政治》，第4页。
[2] 胡绳：《帝国主义与中国政治》，第111页。

主义者牵线，反正都以中国民众作牺牲罢了。”[1]因此，对于帝国主义者而言，有效支配中国的方式不在于把中国变为像非洲地区那样的殖民地，而是通过树立一个徒有其表的政权，来协调各个帝国主义之间的关系，同时减少控制中国的成本。作为近代政治的重要概念，“主权”的意义毋庸多言。而在近代中国，复杂之处恰恰在于清政府虽然长期作为名义上的主权者，但其内涵却被不断地掏空。甚至这一被用各种形式掏空的过程，也被形塑为帮助中国步入“文明”国家的行列里。这一点在庚子事变之后表现得尤为明显。对此胡绳指出：“很清楚的，帝国主义列强之要清政府存在，并加以支持，就因为他是一个共同的好奴才。对于媚外主义的清政府，帝国主义主人怎不会报答以保全主义呢？中国在这样的政府下维持着形式上的独立，既可以有助于列强在某种程度内调节他们相互间的矛盾冲突，而且为了使中国人民相信中国到底还没有亡国，在列强看来，也非有这样一个政府不可。如果这个政府再能披上一件‘立宪’的外衣，因此而使中国人民对它抱着希望，加以拥戴，忘记了帝国主义列强已成为中国主人的事实，那岂不是最好没有的事么？”[2]在这样的叙述之下，近代中国主权问题的基本困境就凸显出来了。即一个表面上从事各种“文明”事业、符合主流话语霸权标准的政权，实际上很大程度是被列强所控制，主权所包含的许多要素其实是在不断地在丧失。因此国家独立与民族解放对于近代中国而言，绝非一句被建构出来的口号，而是在历史进程中不断遭受挫败之后所呈现出的基本诉求，也是近代中国所有政治行为的根本合法性基础。[3]

[1]　王若飞：《国民军失败后帝国主义者向中国民众进攻的新战略》，《王若飞文集》，北京：人民出版社2014年版，第90页。

[2]　胡绳：《帝国主义与中国政治》，第170—171页。

[3]　关于独立自主对于现代中国的意义，参见汪晖：《自主与开放的辩证法——写在中华人民共和国六十周年之际》，《短20世纪：中国革命与政治的逻辑》，香港：牛津大学出版社2015年版，第305—310页。

就此而言，帝国主义列强在华的控制手段，除了扶持一个傀儡式的政府，还有着其他更为隐蔽的手法。在叙述五四运动之后的中国政治时，胡绳特别提道：

> 帝国主义在中国有两个武器——武力与财力。他们用这两个武器支持他们的代理人——反动的军阀统治者，也用这两个武器压迫中国人民和阻挠中国革命……使用财力来压迫中国革命，说得明白一点，就是用钱来收买革命阵营中的不稳定的参加者及其变节的领袖。自清政府以来的反动政府造成了一个传统，非靠外债不能解决财政问题。一个革命的政府如果不能坚决打破这传统，依靠广大人民来自力更生，那就不免在帝国主义的金光炫目的财力的诱惑下屈服。辛亥革命的南京政府纵不能说是被收买，也确是因帝国主义不借钱而吓倒了的。[1]

近代帝国主义列强用武力来侵略中国，这一点早已为人所熟知，而且意图不难察觉。但前者却并非仅有武力作为后盾，而是通过垄断资本主义的力量，逐渐控制中国的金融与财政，扶持符合其利益的政治集团。在此情形下，“中国政府的一切财政收支均须向银行团报告，任银行团来查问，对于一切官员的任免，银行团都有权过问，于是这样的一个中国政府实际上就成为银行团的代理人，对这样的政府，银行团自然是愿意尽力使之‘巩固’并加以‘维护’”。[2]这一特点，在辛亥革命成立之后以及北洋政府时期表现得尤为明显。[3]所以胡绳感叹：“如果南方政府是建立在革命人民的基础上，自力更生，撇开对帝国主义的一切

[1] 胡绳：《帝国主义与中国政治》，第312—313页。
[2] 胡绳：《帝国主义与中国政治》，第279—280页。
[3] 关于这一点的较新的研究，参见章永乐：《“大国协调”与“大妥协”：条约网络、银行团与辛亥革命的路径》，《学术月刊》2018年第10期，第91—109页。

幻想，那么帝国主义在经济上的示威也就不能有什么作用，无奈南方政府并不如此！”[1]晚清民国时期中国的经济一直难以摆脱各种困境，民生问题始终得不到有效解决，内地农村日趋凋敝，广大民众成为赤贫的无产者，都可以从这里找到根源。胡绳此论，揭示出近代中国所面临的国际政治格局中更为深层次的问题。

胡绳此书除了揭示帝国主义列强对中国的侵略手段之外，还着重阐述究竟哪一支力量可以让中国真正摆脱此危局。蒋廷黻在那本著名的小册子《中国近代史》中，虽然也通过分析历史来寻找救亡之道，但他书中的主角却是林则徐、曾国藩、李鸿章，直到能够继承所谓“总理遗教”的蒋介石。正如论者所言，“蒋氏对现代化精英的赞赏，与他对普通大众的文盲、无知、迷信的描绘形成鲜明对比”。就此而言，“毫不奇怪，蒋通常蔑视晚清的民众暴力”。[2]所以，作为一位马克思主义者，胡绳必须回应这种对待广大人民的态度。他强调：“在帝国主义已经对中国建立了强盛的支配势力时，任何中国国内的政治运动，如果不是以广大人民的力量为基础，就总不免会幻想从帝国主义者方面去寻找支持力量。”[3]在这些史事当中，因教案而引起的民间暴动尤其值得重视。近代西方传教士在华传教，本身就是伴随着不平等条约而出现的，所以“他们中纵然有极少数并不是有意识地做着帝国主义侵略的先锋，但无例外地是借列强国的威风而自居于优越的地位”。[4]义和团运动便是中国广大底层大众反抗这种特权式行为的总爆发。如何评价义和团，其实也就关乎如何评价中国近代史上农民群体具有怎样的政治作用。对此胡绳明确指出：

[1] 胡绳：《帝国主义与中国政治》，第197页。

[2] 李怀印著，岁有生、王传奇译：《重构近代中国——中国历史写作中的想象与真实》，北京：中华书局2013年版，第51页。

[3] 胡绳：《帝国主义与中国政治》，第130—131页。

[4] 胡绳：《帝国主义与中国政治》，第82页。

> 帝国主义者不能知道，他们对中国的蚕食压迫的行动已经在中国人民中深深培植下了仇恨的种子。在他们不知道义和团运动虽是幼稚的组织，却蕴含着深厚的人民力量。他们轻视中国人民的力量，不知道这种力量一旦爆发起来，就有惊天动地的声势。他们更没有料及，驯服的清政府，因为它的腐败和昏庸，将禁不起这人民力量的激荡，一心为求避免人民的锋芒，竟至方寸全乱，自己也不知道自己要干些什么。[1]

义和团的历史意义不在于他们成功抵抗了帝国主义，而在于通过自发的、大规模的抗争，让列强知道除了孱弱的清廷之外，中国大地上还有更为深厚、巨大的力量存在。一旦他们获得更为先进的武器，被充分地组织、动员起来，那么一切帝国主义者及其在华代言人都将被彻底推翻，中国将真正实现独立自主。就此而言，抵抗帝国主义与中国内部的阶级翻身、阶级自觉其实是同步进行的，近代的反帝运动不仅仅是一般意义上的民族主义风潮，而且伴随着对政治平等与大众解放的深刻诉求，在历史舞台上锻造新的政治主体。

四

按照前文的分析，胡绳在《帝国主义与中国政治》一书中，体现出很强的政治意识与现实感。这本书并不是一本饾饤史事、识辨古昔的考史之作，而是通过叙述近代史上的关键问题来昭示人们未来的行动方向，同时强调正确的政治路线与斗争策略。对胡绳而言，他对晚近历史的认识很大程度上来源于他观察中国现状而产生的政治意识，而在历史写作中，他又将这种政治意识体现在对历史问题的分析之中。在

[1] 胡绳:《帝国主义与中国政治》,第150页。

这里，政治与历史并非截然对立，而是处于一种相互交融并进的状态。也正因为如此，《帝国主义与中国政治》体现出带有时代感的史识与洞见。他指出：“对于这一个帝国主义或那一个帝国主义，对于帝国主义所选出这一个人物或那一个人物，如果寄以希望，寓以幻想，那就会对于中华民族和中国人民的解放事业造成严重的损害——这是几十年来用血换得的惨痛教训。”[1]帝国主义与中国政治之间故事的终点，应该是正义的解放力量彻底将帝国主义者赶出中国，让帝国主义不再能够支配中国的政治与经济。犹有进者，放在19世纪以降的全球历史之中，考茨基、列宁、霍布森、霍布斯鲍姆、萨米尔·阿明等人都曾对帝国主义问题进行过颇具深度的研究，胡绳此书，堪称从中国的视角与经验出发，对帝国主义问题进行的中国式叙述，为世人剖析、反抗帝国主义提供了中国自己的方案。

斗转星移。这本书初版于1948年，在那之后中国与世界都经历了一系列深刻而巨大的变化。在胡绳晚年，中国又一次要面对复杂的国际环境，又要重新思考主权与开放的问题。当许多异样的声音在禹域流行之际，胡绳认为近代中国的历程可以给人们许多重要启示。20世纪下半叶，随着经济全球化的增强，西方世界开始鼓吹新自由主义，意在借由以西方阵营为主导的经济手段来形成全球资本主义体系链，各种横跨国家间的经济与金融组织作用越发突出。在此背景下，一些人宣扬民族国家为过时之物，其重要性在逐渐减弱。这一观点置诸当时的全球政治格局之下，很明显是在为西方资本主义国家新一轮的经济全球扩张制造意识形态说辞。针对这一现象，胡绳强调在当今世界，主权国家之间的平等至为重要，主权观念完整反映了客观实际。他指出：“世界范围殖民体系的粉碎，成百个独立主权国家的建立，恰恰是在第二次世界大战之后，是在本世纪的后半叶，而不是在本世纪的前半

[1] 胡绳：《帝国主义与中国政治》，第330页。

叶，更不是在19世纪。完全应当说，这是20世纪后半叶世界历史上值得大书特书的重大的成果之一。还要看到，这件事的意义不仅在于结束殖民统治的黑暗过去，更重要的是在于开辟了未来。它使占世界人口大多数的人民，获得了在本世纪后期和21世纪以至更长时期内，独立自主地把自己发展起来的舞台。这同国际交流和合作的加强，同世界经济的国际化，不仅不矛盾，而且正是后者得以健全发展的必不可少的条件。"[1]20世纪中国共产党所领导的革命，就是打碎了帝国主义列强形塑的世界体系，为第三世界国家争取民族独立树立了良好榜样，中国革命的经验成为二战后全球反殖反霸运动中的重要理论参考。包括中国在内的第三世界国家拥有完整主权，才是未来促进全球政治与经济平等的重要环节。而中国近代史上革命运动的全球史意义，也由此凸现出来。

在这样的背景之下，1991年在与人谈及党史写作问题时，胡绳认为中美关系在历史与现实之间具有极大的相似性。对于如何认识美国，他指出："理论界要解释两方面的问题，一个它是帝国主义国家，一个要同它做生意，要利用它的投资，和它来往。社会主义可以利用资产阶级来得到好处。这方面的解释，理论界多少讲了一些。但是虽然要开放做生意，世界毕竟是资本主义占优势的世界，它对社会主义又要搞和平演变，对第三世界要控制。后一个方面，理论界说得很少。"[2]在这里，所谓"说得很少"，凸显出当时理论界、学术界的某种风气，即有意淡化帝国主义理论对于分析历史与现实问题的重要性。针对这一现象，胡绳强调："王忍之说现在应该写一本新的《帝国主义与中国政治》。费正清的《美国与中国》就讲胡绳的书是教条主义。事实证明，这个'教条'还有些用。美国要用不同的手段，对新的变化要有新的解

---

[1] 胡绳：《为了世界的和平和发展》，《胡绳全书》第3卷上册，第104、105页。

[2] 金冲及：《一本书的历史：胡乔木、胡绳谈〈中国共产党的七十年〉》，北京：中央文献出版社2014年版，第125页。

释。到底帝国主义在世界上是怎么回事？现在我们的文章连帝国主义也不太说了。旧殖民主义的体系是没有了，但帝国主义还存在，有些新的变化。”[1]

通过这些谈话可以看到，胡绳承认在不同的历史时期资本主义世界体系的面貌发生了变化，但这并不表示帝国主义理论不再适用。而是需要人们根据新的时代特征，从先前的理论出发，进一步加以完善、转化，让理论能够和新的实际情况相符合，分析资本主义的新动向，就像列宁将马克思、恩格斯关于无产阶级专政的学说加以新的阐释，使之更具生命力一样。刻意“连帝国主义也不太说了”，并非由于人们的理论水平流于荒芜，而是受到资本主义意识形态的影响，将带有帝国主义特征的国家视为“文明的”“进步的”，象征人类未来历史走向的，进而认为帝国主义理论不再具备有效的解释性。这一点正是胡绳深感忧虑的。在为《从鸦片战争到五四运动》一书撰写再版序言时，他从当代全球史的角度论及帝国主义的影响，认为：“从帝国主义主人的利益出发，各种妨碍民族进步发展的前资本主义的社会关系被有意识地保留下来。资本主义在那里是有所发展，但只是在有限的范围内，而且得到好处的只是殖民地主人和当地人民中的极少数人，在取得独立以后这些国家无一例外地都处于贫穷落后的状况。”[2]这就进一步彰显了近代中国反帝斗争的历史意义，它让中国彻底地摆脱外部势力的控制，对内形成具有普遍性的政治平等，对外能够独立自主地制定国际战略。此乃当代中国繁荣发展的重要根基。因此，帝国主义理论在分析历史与现实问题上并未过时，借用文章开头援引的艾利森的观点，这是当代中国自己的“应用历史”，并且是有过成功经验的“应用历史”。虽然它已经被一些人忽视，甚至鄙夷很长时间了，但今天却需要把它给找回来。

---

[1]　金冲及：《一本书的历史：胡乔木、胡绳谈〈中国共产党的七十年〉》，第125页。

[2]　胡绳：《〈从鸦片战争到五四运动〉再版序言》，《胡绳全书》第6卷上册，第9页。

第四部分

国家治理的历史脉络

儒法传统与中国古代政治

在今天，为了实现国家治理能力的现代化，在理论层面，一方面需要总结中国共产党在革命战争年代与社会主义建设年代的制度建设与政治实践经验，并以一种自信的、平等的眼光去审视近代以来世界各国的制度建设与政治实践经验；另一方面则需要全面认识中国古代的政治传统，尤其是秦汉以来郡县制国家的政治制度、政治思想与政治实践。从晚清开始，面对西方资本主义国家的冲击，有识之士强调要“开眼看世界”，同时开始反思中国传统的政治制度，认为制度的“落后”是导致近代中国屡遭危局的主要祸首。这样的论述有其时代意义，但在今天其实已经不太适用了。秦汉以降，华夏大地上出现了以皇帝制度、郡县制度为核心的政治体，虽然在这当中有各种各样的曲折与动荡，但总体而言，这一套政治运作机制保证维系了广土众民、地域差异极大的辽阔国土；构建了具有普遍性与长久性的思想学说与社会文化；一定程度上促进了社会经济的发展，形成了彼此之间联系紧密的商贸网络。因此，分析中华文明的基本特征，离不开对中国传统政治文明的深入探寻。如果按照近代以来西方中国观的影响而将中国传统政治文明简单否定，那么中华文明的核心根底将缥缈难寻，中华文明的历史与现实价值也将大打折扣，只能沦为物质消遣层面的“小玩意”或带有极强“东方主义”色彩的博物馆之物。而要把握中国传统政治文明的核心要素，窃以为必须充分理解中国历史上的儒法传统，以及根据这一政治传统而形成的古代政治。它既促进了中国大一统政治局面的实现与巩固，并担负着一系列政治、社会、经济与文化上的功能，同时在历史的流变中，也体现出一些十分明显的症结。

一、“儒法传统”的几个基本特征

从《韩非子·显学》剖析儒家的基本特征开始，儒法之间的异同、儒法思想在中国历史上的各种表现形式就一直备受关注。总体来说，这些论争主要呈现出以下几种观点：首先，认为儒家讲求道德伦理，法家强调严刑峻法，因此后者有助于巩固君权，但难以行之久远，前者具有一定“人文性”，更适合作为统治学说。而在实践当中，“儒生”也比“法吏”更有“理想主义”与精神追求。其次，儒家自从汉武帝时期被奉为官学开始，虽然对社会发展起到了一定作用，但容易滋生守旧、为官僚特权辩护、反对改革等弊病，因此，需要法家学说作为调剂，改革政治运作当中的各种缺失，重振政治纲常、优化政治效率。复次，把儒家学说与“士人政治”相结合，认为此乃帝制时代对抗君权的重要思想资源，反复表彰很大程度上是被建构出来的士人与君权之间的“冲突”。与之相应，则将法家贬低为“统治术”，继承了西汉以来儒生对法家的负面评价，同时把“专制”“独裁”等近代政治学里的词汇添加进来，以助声势。最后，从一种所谓“启蒙主义”的角度出发，将儒法二家视为替“专制政体”服务的一丘之貉，认为二者虽然表面上各有侧重，相互间屡有冲突，但实际上在思维方式、政治主张、理想蓝图等方面具有极强的相似性。因此，都属于应被清理的历史垃圾。这一点在晚清以降关于中国古代政治传统的各种论述中表现得尤为明显，至今余音不绝。

这些观点虽然结论不同，但其实都有助于人们从不同角度来理解中国古代政治传统，并且也起到了相应的时代作用，但如果将儒法传统视为形塑中国古代政治体制的重要思想资源，并且承认从历史的角度来看，中国古代政治对中国的发展与稳定起到重要作用的话，那么就需要从中国自身的历史演进脉络出发去分析儒法传统在历史流变中体现出来的特征。换言之，用古代学术话语来讲，即从“史”而非从“经”入手；用现代学术话语来讲，即避免拿基于西方历史经验总结而成的各种政治理论简单套用至中国古代政治传统之中。

先看法家。吕思勉谓：“法家贵综覆名实，故其所欲考察者，恒为实际之情形。”[1]法家学说诞生于战国时期，彼时各诸侯国之间征战频繁，许多实力较弱的诸侯国被吞并，形成七雄并立局面。为了应付规模日趋扩大的战争，各国都致力于更为有效地汲取境内各种经济资源，动员组织更多的军事力量，挖掘并任用具有治国与打仗的专门人才。法家学说很大程度上既是对先前这类政治实践的总结与升华，又进一步从理论层面分析如何更好地设官分职、建立制度、提高君权、抑制世袭贵族、管理民众、奖励军功、汲取赋税。因此，法家学说具有极强的战备色彩，有助于在竞争之世不断优化政治组织、提升行政效率、动员并整合各种政治经济资源。

秦始皇统一中国之后，法家成了政治活动中的主要指导学说，郡县体制的背后有着极强的法家因素，比如强调主要不依靠血缘、出身，而要以客观存在的、经得起考核的政绩作为政治铨选的重要标准，即章太炎所谓的“问其师学，试之以其事，事就则有劳，不就则无劳”[2]；还强调政治文化中应“以吏为师”，将国家的法典，以及与这些法典紧密结合的伦理规范作为主导的政治意识形态；更为重要的是，由国家统筹规划，集中权力，进行书同文、车同轨、行同伦、统一度量衡、打击地方豪强、杜绝世袭政治集团、收缴各地兵器等等从各个方面促进、维系大一统政权的工作。因此，通过《商君书》《韩非子》《管子》这些文献，以及

[1]　吕思勉：《先秦学术概论》，《吕思勉全集》第3卷，上海：上海古籍出版社2015年版，第419页。

[2]　章太炎：《国故论衡·原道中》，上海：上海古籍出版社2003年版，第112页。

考察秦政的历史流变，可以很清楚地看到法家传统的基本特征，即：在古代的社会条件下实现国家能力的迅猛提升；巩固君权，消灭各种潜在的、有可能危及君权的政治势力；通过重视制度建设、严明法令、制定完备严谨的铨选标准，使政治组织能够有效地运作起来，保证统治集团的行政效率与客观性；同时在一定条件下扩大的政治基础，符合战国社会转型背景下那些具备治国征战才能的人士渴望获取政治地位的诉求。而这样的制度设计、行政规范、政治文化，恰恰有助于打破各种血缘、地域的限制，克服物质上的局限，保证一个幅员辽阔的王朝能够在较短的时间里建立基本的政治权威，实现政治权力对社会的覆盖。

再看儒家。儒家和周代的礼乐文明关系密切。虽然孔子修正了不少本来主要适用于周代贵族阶层之间的伦理原则，使之具有更为广阔的适用范围，并且设坛讲学，有教无类，将原本主要由贵族垄断的六艺之学普及于大众；但在政治主张和理想社会蓝图方面，孔子向往的仍旧是肇始于西周初年，以“亲亲”“尊尊”为核心要义的礼制社会。到了战国时期，面对激烈的社会转型，孟子痛斥各诸侯国国君为了私利彼此征战，以民人填丘壑，并且提出要本于“仁心”而施“仁政”。这些观点置于当时，固然极具道德色彩与批判性，并且孟子在申说从心性修养到具体施政的过程时，从“形而上”的方面深化了儒家学说的基本内容，使之更有体系，可是孟子一方面认为战国乱局应“定于一”，另一方面却并未论述一套较有系统性的政治与社会方案，特别是缺少从制度层面与治理层面思考问题的内容。这导致其仁政理想只能在较小的共同体中实现，其心性之学只能塑造一些具备高尚道德品质的个体，却难以落实到疆域广袤的政治体之中。

这一缺陷，很大程度上是由荀子补足的。荀子目睹战国中后期大规模政治集团兴起，统一的趋势越来越明显，因此修正了不少之前儒家政治思想的内容。荀子也强调礼制，但他从凝聚“群”的角度出发，将礼制从较小共同体的行为准则，扩大为支撑一个等级分明、分工明确的庞大政治体的制度根基，使“礼”兼具了“法”的政治与社会功能。并以礼为基础，通过强调后天的“学”（而非单纯的心性修养）的重要性与士人的主体意识，树立起了大一统政权的主导意识形态。清人汪中认为，儒家经典多由荀子后学保存、传播，从主导意识形态的建立与普及的角度而言，这一观点很有道理。近人李源澄尝言：“荀卿明王道、述礼乐，因世所需，大畅厥辞，儒家之用，于是乎咸在，举而措诸天下不难。”[1]可以说，正是由于有荀学，儒家思想才有可能成为后世大一统王朝的主导学说。否则，即便儒家学说与中国古代的乡村基层社会如何契合，也难以有效提供大一统王朝所需的足够理论资源与施政纲领。

因此，所谓“儒法传统”，其理想模式或许就是以主要源自法家的制度设计与政治运作机制为基盘，以儒家的施政原则与价值理念为核心内容，在具体的政治行为中既体现儒家的民本、亲亲、长幼有序等政治理想与伦理准则；又彰显法家式的循名责实、量能受官、“宰相必起于州部，猛将必发于卒伍”等政治原则，维持大一统政权的基本政治运作。当然，在中国漫长的历史流变中，这些因素能实现多少，以怎样的形式实现，是代有不同的。

二、儒家的政治整合功能及其限度

关于儒家在中国古代历史上的作用，陈寅恪指出：“儒者在古代本为典章学术所寄托之专家。李斯受荀卿之学，佐成秦治。秦之法制实儒家一派学说之所附系。《中庸》之‘车同轨，书同文，行同伦’（即太史公所谓‘至始皇乃能并冠带之伦’之‘伦’），为儒家理想之制度，而于秦始皇之身而得以实现之也。汉承秦业，其官制法律亦袭用前朝。遗

[1]　李源澄：《诸子概论》，林庆彰、蒋秋华主编：《李源澄集新编》第1册，成都：四川大学出版社2017年版，第193页。

传至晋以后，法律与礼经并称，儒家《周官》之学说悉采入法典。夫政治社会一切公私行动莫不与法典相关，而法典为儒家学说具体之实现。故二千年来华夏民族所受儒家学说之影响最深最钜者，实在制度法律公私生活之方面。”[1]正如其言，儒家学说对中国传统政治影响极大。在这当中，尤需关注儒家对于古代政权实现政治整合——即将各种政治与社会力量有效地纳入统一的政治框架之中，确保在一定的历史条件下实现政治稳定与政治认同——所起到的巨大作用。

首先，从汉代开始，儒学以经学为基本形态，成了官学，构建了一套在古代社会里大体完备且能够自洽的国家意识形态，深刻影响着各项政治活动，并将其普及至各地，成为教育领域的核心内容，这样有助于实现政治稳定。正如李源澄所论：“经学者，统一吾国思想之学问，未有经学以前，吾国未有统一之思想。经学得汉武帝之表彰，经学与汉武帝之大一统政治，同时而起。吾国既有经学以后，经学遂为吾国之大宪章，经学可以规定私人与天下国家之理想。圣君贤相经营天下，以经学为规模；私人生活，以经学为楷式，故评论政治得失，衡量人物优劣，皆以经学为权衡。无论国家与私人之设施，皆须于经学上有其根据。”[2]犹有进者，作为官学的儒学，其实高度吸收了先秦各家学说的内容，不断充实、深化儒学自身的体系，使之能够适应新的政治局面。例如对汉代政治儒学影响极大的董仲舒，其学术“虽以儒为本，实有取于各家而成其汉代之新儒家。五行之说取之最多，意在证明儒术，非阴阳家也。于道法两家，取其权术以行其仁义，其根本精神仍为儒家。仲舒欲建立宗教政治学术合一之学说，故有取于墨家之天志学说。墨子言天志，故言兼爱，仲舒于其兼爱说亦有所取，但用之于政治，不用之于私人，此其

[1] 陈寅恪：《冯友兰中国哲学史下册审查报告》，《金明馆丛稿二编》，上海：上海古籍出版社2020年版，第251页。
[2] 李源澄：《经学通论》，林庆彰、蒋秋华主编：《李源澄集新编》第1册，第6页。

所以异也”。[1]

其次，孔子说：“为政以德，譬如北辰，居其所而众星共之。”而这一“德”要想在疆域广袤的政治体中实现，离不开一套完整而详细的礼仪制度，然仅凭礼治，难以充分达到约束、惩戒之效，故需以刑法律令为辅弼。对此，瞿同祖的分析极为精当：“礼是借教化及社会制裁的力量来维持的，一个人有非礼的行为，他所得的反应不外乎舆论的轻视、嘲笑、谴责或不齿，《礼记》所谓‘在执者去，以众为殃’，可以说是一种消极的制裁。法律则借法律制裁来执行，可以说是一种积极的或有组织的制裁。但礼亦未尝不可以法律制裁来维持、来推行，而无损其为礼。同一规范，在利用社会制裁时为礼，附有法律制裁后便成为法律。成为法律以后，既无害于礼所期望的目的，也不妨害礼的存在。”[2]以儒学为指导的政治实践，将德治、礼治与法治有机地结合起来，能够在树立基本政治规范的前提下，保证政治行为与社会伦常高度契合，既能促进政治凝聚力与向心力，又能给各级为政者以无形的监督，使其在政治活动中有所惕惧。这样就在古代的经济基础之上实现了政治整合的效果。

最后，由于儒家主张“有教无类”“选贤与能”、广兴教化，因此从汉代开始，历代王朝都较为重视人才选拔与官吏任用（两晋南北朝的门阀制度除外）。儒家经典成为有志于进入政坛之人的必要知识储备，这一方面能够不断扩大王朝的统治基础，让更多的出类拔萃之士通过进入政权来实现阶层流动，另一方面又能在普及教育的过程中让更多地区（尤其是边疆地区）、更多群体接受基于儒家学说的伦理规范，成为这些规范的主动践行者与维持者，形成具有高度同质性的文化认同，进一步巩固社会秩序。特别是宋代以来，随着印刷技术的提升，越来越多的儒家典籍可以在社会上流行，统治集团主动采取重视文教的政策，

[1]　李源澄：《秦汉史》，成都：巴蜀书社2019年版，第265页。
[2]　瞿同祖：《中国法律与中国社会》，北京：中华书局2003年版，第348页。

科举制度进一步完善，地方士人也大力兴建书院、社学等教学场所。而魏晋南北朝以来形成的门阀贵族势力在五代十国纷乱之局中消亡殆尽，使社会流动成为可能。今人所谓的作为宋代官僚政治根基的“出身寒微的非身份性地主和官僚，不享有士族的种种封建特权，不能够世官世禄”的“庶族地主”群体，就是在这样的背景下大量出现的。[1]而明清时期盛行于基层社会的乡约、善书，使民间的礼教秩序与王朝的政治秩序有机衔接起来，由服膺儒学的士绅作为地方精英维持秩序，从政治整合的角度来看，大大节约了治理成本。

当然，必须看到，儒家的政治整合功能也有其内在弊病，当这些弊病表现得尤为明显，并且难以制定克服之道，便是统治秩序遭遇危机之时。儒家讲求礼治，而礼治的核心就是等差有序，强调政治等级与社会等级存在的必要性。这固然有助于在古代社会条件下维持基本秩序，但如果这些依礼制而形成的等级导致分化严重的经济差别，一部分位于较高等级的群体攫取大量社会财富，位于较低等级的群体连实现温饱都困难时，就会激化社会矛盾，最终引起民变。加之儒家学说里固然有维系基本秩序的一面，同时也有批判社会现实的一面。从直指社会财富分配不均的“均贫富”“正经界”，到承认政权更替之合理性的“汤武革命”论与“异姓改代，天命靡常”说，每当社会危机到来之时，这些指向鲜明的思想就弥漫于社会。例如明代的皇室与勋贵霸占大量土地，驱使自耕农成为其佃户，并且兴贩牟利、怙势豪夺，垄断了大量社会财富，[2]最终激化社会矛盾，是促成明末农民起义的重要原因之一。

此外，从汉代开始，以儒学为主导的政治秩序，离不开士绅阶层的辅助。毛泽东指出：“如果说，秦以前的一个时代是诸侯割据称雄的封

[1]　朱瑞熙：《宋代社会研究》，《朱瑞熙文集》，上海：上海古籍出版社2020年版，第28页。

[2]　王毓铨：《明代的王府庄田》《明代勋贵地主的佃户》《明代勋贵兴贩牟利怙势豪夺》，《王毓铨史论集》上卷，北京：中华书局2005年版，第395—609页。

建国家，那么，自秦始皇统一中国以后，就建立了专制主义的中央集权国家；同时，在某种程度上仍旧保留着封建割据的状态。在封建国家中，皇帝有至高无上的权力，在各地方分设官职以掌兵、刑、钱、谷等事，并依靠地主绅士作为全部封建统治的基础。”[1]士绅阶层在古代社会里固然有其重要的政治、社会与文化功能，但这一群体之所以能够成为精英，很大程度上依靠着垄断文化资源、掌握经济资源。从汉代的累世经学之家，到魏晋南北朝时期的门阀贵族，再到明末权势极大的地方乡绅，虽然其支配形式与经济基础各有差异，但其权势常常足以武断乡曲、兼并土地，使政府的编户人数减少，同时垄断政治资源，扰乱政治秩序，最终造成政治动荡。

三、法家传统对中国古代政治的影响

虽然秦亡之后，法家学说屡受历代儒者批评，但作为一种政治传统，其在中国历史流变中依然具有影响。正如萧公权所言，从中国古代政治的整体面貌来看，“古人所谓‘法’是指整个的政治制度。其精神与‘礼’有异，而其范围则与礼相同。孔子政治哲学包含了一个正名的原则，荀子传之而为礼治，韩非李斯再传而变为法治。古代亲亲的宗法社会既转变而为战国以后贵贵的政治社会，礼治当然会随之转变而为法治。假使秦汉以来二千余年之中没有法家所立的学术及制度，虽有孔孟的道德仁义，恐怕是‘徒善不足以为政’。中国人民虽未必弄到‘披发左衽’的地步，中国社会必然难免江翻鼎沸的危险。照这样看来，法家之功真不在禹下”。[2]例如汉代虽奉儒学为官学，但律令之学

[1] 毛泽东：《中国革命与中国共产党》，《毛泽东选集》第2卷，北京：人民出版社1991年版，第624页。

[2] 萧公权：《诸子配孔议》，《迹园文录》，北京：中国人民大学出版社2014年版，第154页。

依旧流行。不少儒者兼习经学和律令，用治经之法治律令，汉廷选拔官吏，也以是否明律令为重要标准，因此各地私家传授律令之风甚为普遍。[1]

《商君书·赏刑》曰："所谓壹刑者，刑无等级，自卿相将军以至大夫庶人，有不从王令、犯国禁乱上制者，罪死不赦。"《韩非子·有度》曰："法不阿贵，绳不挠曲。法之所加，智者弗能辞，勇者弗敢争。刑过不避大臣，赏善不遗匹夫。"相比于重视礼治的儒家要么强调要"原心定罪"，要么主张根据不同身份等级制定不同的惩处标准，法家的治理风格体现出古代社会里难得的平等精神。这正如吕思勉所论："法家之义，则全绝感情，一准诸法。法之所在，丝毫不容出入。看似不能曲当，实则合全局，通前后观之，必能大剂于平也。"[2]

此外，吕思勉又言："凡为国家社会之害者，非把持则侥幸之徒。把持谓已得地位之人，侥幸则未得地位，而思篡取之人也。法术家务申国家社会之公利，故于此曹，最为深恶痛绝。"[3]法家的这种施政风格，在古代社会里一定程度上能够体现公平，保障平民利益。章太炎认为，从中国古代职官变迁来看，上古治民之官，独有士师，随后士师权分为二，长民者谓之吏，治事者谓之司，法吏之职，由是焉出。因其擅长书契文史，故听讼决狱，亦有兼顾，公牍往来，润色文字，尤非法吏莫能为，久而久之，其地位在整个职官体系中愈显重要。后世法吏，临民理政，"必身历其壤，手写其图，持筹以计之，著籍以定之，上之长官，以知地域广轮、户口多少之数"。[4]此一强调综核名实、行事判狱一准于法的特点，影响着后世有心为民请命的官员。因此，"铺观载籍，以法律为《诗》《书》

[1] 邢义田：《秦汉的律令学——兼论曹魏律博士的出现》，《秦汉史论稿》，台北：三民书局2019年版，第235—295页。

[2] 吕思勉：《先秦学术概论》，《吕思勉全集》第3卷，第418页。

[3] 吕思勉：《先秦学术概论》，《吕思勉全集》第3卷，第419页。

[4] 章太炎：《官制索隐》，《章太炎全集》第8册，上海：上海人民出版社2017年版，第92页。

者，其治必盛；而反是者，其治必衰。且民所望于国家者，不在经国远猷，为民兴利，特欲综核名实，略得其平耳。是故韩、范、三杨为世名臣，民无德而称焉。而宋之包拯、明之况钟、近代之施闰章，稍能慎守法律，为民理冤，则传之歌谣，著之戏剧，名声吟口，愈于日月，虽妇孺皆知敬礼者，岂非人心所尚，历五千岁而不变耶？”[1]从历代致力于打击豪强、摧抑权贵、保全民众利益的官吏身上，可以看到颇为明显的法家风格。而也正由于有着这样的政治传统，因儒家影响而形成的一些政治弊病才得到较为有效的消除。

相似地，每当历代王朝出现较为明显的利益集团，进而导致政治风气败坏、政治效率低下、中央权威丧失、法令形同具文、经济与社会资源屡遭中饱之徒侵吞等现象时，时人多从法家传统中寻求挽救改良之道。如东汉中期以后，世家大族屡屡干预朝权，地方上的豪强兼并土地、欺凌百姓，铨选制度漏洞百出，请托结党之风盛行，政治危机愈发明显。崔寔目睹斯景，认为：“盖为国之道，有似理身，平则致养，疾则攻焉。夫刑罚者，治乱之药石也；德政者，兴平之粱肉也。夫以德教除残，是以粱肉理疾也。”[2]主张统治者师法汉文帝，“以严致平，非以宽致平”。[3]尽管东汉政权由于外戚干政、宦官专权，早已病入膏肓，因而未能实现崔寔、王符等人倡导的依据法家之道振衰起微，但曹操在北方明赏罚、立纲纪、兴屯田，诸葛亮在蜀地打击当地豪强，建立政治秩序，都是在运用法家的政治传统。可以说，从东汉末期，到三国鼎立，是一个法家大行其道的时期。曹操与诸葛亮虽然并未统一全国，但至少在较大的范围内实现了政治与社会稳定，为恢复经济生产创造条件。

犹有进者，章太炎指出：“法家者流，则犹西方所谓政治家也，非

[1] 章太炎：《官制索隐》，《章太炎全集》第8册，第92—93页。
[2] 孙启政校注：《政论校注 昌言校注》，北京：中华书局2012年版，第66页。
[3] 孙启政校注：《政论校注 昌言校注》，第71页。

胶于刑律而已。”[1]要想践行法家之道，就要求为政者具有良好的政治素养、精湛的政治能力、高尚的政治道德，能够驾驭纷繁复杂的政治局面，能够应对盘根错节的特殊利益集团。因此，法家传统虽然强调法令典章的重要性，但其实对为政者本身的要求是极高的。这在逻辑上反而与儒家强调的“以不忍仁之心，行不忍仁之政”“徒法不能以自行”颇为相似。比如晚明重臣张居正力行改革，颇具法家之风。他对友人言：“二十年前，曾有一弘愿：愿以其身为蓐荐，使人寝处其上，溲溺之，垢秽之，吾无间焉。此亦吴子所知。有欲割取吾耳鼻，我亦欢喜施与，况诋毁而已乎？”[2]他主理朝政之后，自言：“自仆受事以来，一切付之于大公，虚心鉴物，正己肃下。法所宜加，贵近不宥；才有可用，孤远不遗。务在强公室，杜私门，省议论，核名实，以尊主庇民，率作兴事。亦知绳墨不便于曲木，明镜见憎于丑妇；然审时度势，政固宜尔。且受恩深重，义当死报，虽怨诽有所弗恤也。”[3]其风尚之高，于此可见。

但也正因为这样，其实在中国历史流变中也就很难出现真正秉持公心力行法家之道者。法家主张“治吏不治民”，而一旦要触及政治体系中的中饱群体，必然会导致一系列政治斗争，这不但需要审时度势、雷厉风行，还需不计毁誉，以天下苍生为念，持之以恒地坚持下去。总之，其对理想为政者的标准不亚于儒家所向往的圣君贤相。但在政治活动中，真正能做到这些的人其实寥寥无几。而如果不具备这些品质，法家所论述的“法”“术”“势”很可能就沦为假公济私、以权行恶的工具。汉代的张汤、杜周之所为，就是很明显的例子。

最后，“凡法家，以为人性忮骍，难与为善，非制之以礼，威之以刑，

---

[1] 章太炎：《訄书（重订本）·商鞅》，《章太炎全集》第3册，第263页。

[2] 张居正：《答吴尧山言弘愿济世》，《张太岳集》中卷，北京：中国书店2019年版，第100页。

[3] 张居正：《与李太仆渐庵论治体》，《张太岳集》中卷，第114页。

不肃”。[1]法家对人性的认识颇为悲观，因此着眼于设置各种制度与法令，运用赏刑二柄，保证政治秩序之稳定。这样一来，必然会使政治权力覆盖于社会。而在古代农业社会，地方上有各种宗族与乡里组织，虽然可以通过任命官吏或倚靠地方精英来治理，但政治权力与乡里秩序之间依然有着不同的运作逻辑，强行将前者纳入后者，难免不引起矛盾冲突。更有甚者，法家式的政治对行政效率与动员组织能力要求极高，在短时间内秉此治国，或许能收循名责实、整军经武之效，但行之日久，则会导致过度消耗社会资源，致使民众疲惫不堪。对此，章太炎在《国故论衡》之《原道篇》里指出："政之所行与俗之所贵，道固相乏，所赏者当在彼，所贵者当在此。"[2]法家强调综核名实，容易流于严刑峻法，在动员大量社会资源的同时忽视民众由长期文化积淀而形成的生活习俗与心理诉求，而后两者正是政治活动之外大多数人不断在日常活动里践行的行为准则。这样，“有虎狼之民、牛马之士，国虽治，政虽理，其民不人”。所以法家政治传统的最主要缺点就是“有见于国，无见于人；有见于群，无见于孑”。[3]秦之所以速亡，历代行法家之政者难以持久，原因或许正在于此。

四、余论

历史上的中国不仅仅是一些海外学者与港台学者所说的那样，只是一个没有政治实体意涵的“文化”，而是有着一套延续两千余年的政治与社会治理体系；并且随着历史的演进，在具体实践中，这一体系在应对各种时代危机之时，不断完善自身，丰富其政治内涵，是一项十分宝贵的历史遗产。此乃今日认识儒法传统的基本前提。而儒法传统各

[1] 章太炎：《訄书（重订本）· 学变》，《章太炎全集》第3册，第143页。
[2] 章太炎：《国故论衡 · 原道下》，第115页。
[3] 章太炎：《国故论衡 · 原道下》，第115页。

有特点,共同塑造了中国古代政治的基本特征,并在较长的历史时期里维系着广土众民的政权,实现基本的政治与社会稳定。要想较为全面地认识中国传统政治,儒法二家各自的影响皆应重视,不可偏废。与此同时,也应注意到它们各自存在的一些症结。

如果将眼光转移到近代西方,自从文艺复兴以来,西方(主要是西欧)传统的封建体制开始瓦解,各个政治实体之间战争不断,统一的民族国家应运而生。这使得中央政府具有极大的权力,过去各种割据的、分裂的地方特权渐渐被中央权力所整合。其次,新出现的民族国家具有极强的政治与经济汲取能力,主要表现在动员领土内的大量民众成为战斗兵员,以及具备了比较完善的税收能力。而新兴民族国家为了证明自己的政治合法性,诉诸民族主义的宣传,宣扬所有国民皆属于同一民族,具有平等的政治身份,以此来获取广大民众的支持,以及形成比较有效的政治动员与政治整合能力。因此,对于今天的中国而言,在如何有效动员与组织广大人民成为时代的主要课题之际,能否根据实践提出一套自洽的治国之道,将儒家的民胞物与和法家的循名责实容纳其中,保证执政团队的道德品质与理想信念,克服行政组织的各种痼疾,实为身处百年未有之大变局的国人必须直面的大问题。

“宰相必起于州部，猛将必发于卒伍”何以可能？

一、从毛泽东的思考说起

1973年8月，正在思考重建中国政治秩序的毛泽东与身边的人谈起法家。[1]他说：“历代有作为、有成就的政治家都是法家，他们都主张法治，厚今薄古；而儒家则满口仁义道德，主张厚古薄今，开历史倒车。”不久之后，他指示有关人员注释柳宗元的《封建论》、章太炎的《秦政记》等数篇带有明显法家色彩的文章。[2]对于熟读中国历史的毛泽东而言，谈及法家，则必须讨论到以法家之学为立国宗旨的秦朝。1973年9月，他在会见埃及副总统时专门提到：

> 秦始皇在中国是有名的，就是第一个皇帝。中国历来分两派，讲秦始皇好的是一派，讲秦始皇坏的是一派。我是赞成秦始皇，不赞成孔夫子。因为秦始皇是第一个统一中国的，统一文字，修筑宽广的道路，不搞国中有国而用集权制，由中央政府派人去各个地方，几年一换，不用世袭制度。[3]

---

[1] 关于毛泽东在20世纪70年代的政治思考，参见姜义华：《毛泽东晚年改革国家治理体制的构想与实践》，刊于“文化纵横”公众号。

[2] 中共中央文献研究室编：《毛泽东年谱》第6卷，北京：中央文献出版社2013年版，第491—492页。

[3] 中共中央文献研究室编：《毛泽东年谱》第6卷，第500页。

在这里，毛泽东表彰以秦始皇为象征的“秦政”，主要着眼于两点，一是其开创了中国的统一之局，设官分职，广修驰道；二是制止了地方上带有世袭性质的割据势力，在古代（而非现代）的社会条件下，保证了基本的社会流动。所谓“百代皆行秦政法”，单从历史遗产的角度来理解，应该指的是这两个方面。特别是后一点，在那一时期出版的一本讨论法家学说的著作里，作者指出：

> 秦国在商鞅变法时，就曾大力推行郡县制，建立三十一个县，使秦国政权、军权和财权都集中在国君手中，有力地打击了没落的奴隶主贵族的特权，破坏了分裂割据的旧统治秩序，为秦以后建立专制主义的中央集权封建国家奠定了基础。秦始皇统一中国以后，在中央一级的国家机构上，废除了奴隶主贵族“世卿世禄”的世袭等级制度，贯彻“宰相必起于州部，猛将必发于卒伍”的按功受爵制。建立起一套适应于封建的中央集权的国家机构。在皇帝之下设丞相、太尉、御使大夫以掌管行政、军事、刑法等事，以及设立相应的各种官职。秦“立百官之职，汉因循而不革”。在我国两千多年的封建社会中，所实行的一套封建国家政权机构，基本上是沿袭秦王朝所建的这一套制度。[1]

很明显，在作者看来，毛泽东所说的秦政之下“由中央政府派人去各个地方，几年一换，不用世袭制度”，正是践行了《韩非子・显学》中的“宰相必起于州部，猛将必发于卒伍”这句话。这样的政治路线，使得秦朝能够打破先前的“世袭等级制度”，扩大了统治基础，让具有才干的各阶层人士得以担任相应的政治职务。这是理解中国古代政治传

[1]《秦始皇金石刻辞》注释组：《秦始皇金石刻辞注》，上海：上海人民出版社1975年版，第4页。

统的要义之一。

毋庸讳言，那一时期的古史研究，在今天被赋予这样或那样的负面评价。与之相伴的，则是一些人对秦政和法家学说进行带有近代“文明等级论”与当代新自由主义色彩的猛烈批判。不过曾经以“历史终结论”影响了不少中国知识人的福山，在最近出版的一本新书里却认为：“秦朝凭借政治权力所建立的强大现代制度，不但活过了汉初的贵族复辟，而且在事实上定义了中国文明。”[1]这段话的重点与其说是叙述秦政的历史遗产，不如说是将其定义为“现代制度”。毕竟，在晚近流行的历史书写脉络里，“现代制度”这一美名只能被代表所谓“普世价值”的近代的盎格鲁—撒克逊国家所独享，大概除了昙花一现的北洋政权，中国古今政治基本无缘于此。不过在福山看来：

> 如果要研究国家的兴起，中国比希腊和罗马更值得关注，因为只有中国建立了符合马克斯·韦伯定义的现代国家。中国成功发展了统一的中央官僚政府，管理众多人口和广阔疆域，尤其是与地中海的欧洲相比。中国早已发明了一套非人格化和基于能力的官僚任用制度，比罗马的公众行政机构更为系统化。[2]

福山在这里所说的“中国早已发明了一套非人格化和基于能力的官僚任用制度”，其实章太炎在发表于1910年的《秦政记》中就已经谈到了。他同样根据“宰相必起于州部，猛将必发于卒伍”这句话，认为：

> 汉武之世，女富溢尤，宠霍光以辅幼主。平生命将，尽其嬖幸

[1] ［美］福山著，毛俊杰译：《政治制度的起源：从前人类时代到法国大革命》，桂林：广西师范大学出版社2012年版，第126页。

[2] ［美］福山著，毛俊杰译：《政治制度的起源：从前人类时代到法国大革命》，第21页。

> 卫、霍、贰师之伦。宿将爪牙，若李广、程不识者，非摧抑，乃废不用。秦皇则一任李斯、王翦、蒙恬而已矣。岂无便僻之使，燕昵之谒耶？抱一司契，自胜而不为也。[1]

依章太炎之见，秦政践行了韩非所倡导的用人之道，官僚系统与军事系统中的高层官员皆提拔于最基层，只要在基层岗位上做出成绩，不论出身皆可循序升迁。并且在铨选过程中杜绝了偏心于身边的亲信与宠幸。这较之汉武帝滥用外戚、打压功臣宿将，良莠之间，高下立判。[2]

"宰相必起于州部，猛将必发于卒伍"的完整表述是：

> 明主之吏，宰相必起于州部，猛将必发于卒伍。夫有功者必赏，则爵禄厚而愈劝；迁官袭级，则官职大而愈治。[3]

对于今天而言，这句话的总体思想意涵、其之所以出现的历史背景、得以维系的基本政治与社会条件、在一些历史时期会失效的原因等问题，都十分值得展开分析，由此总结中国传统中一些可供今之以政治为业者思考的基本特征。

二、"宰相必起于州部，猛将必发于卒伍"原则之所以出现的历史背景

西周封建制建立在"亲亲"与"尊尊"的基础上，虽然在行政

[1] 章太炎：《秦政记》，《章太炎全集》第8册，上海：上海人民出版社2018年版，第65页。

[2] 关于对《秦政记》的详细解读，参见王锐：《大一统国家的存续之道——章太炎〈秦政记〉的政治文化意涵》，《东方学刊》2019年第2期，第86—99页。

[3] 《韩非子》校注组编写，周勋初修订：《韩非子校注》，南京：凤凰出版社2009年版，第573页。

领域有了一些专门化的职官，但总体而言政治资源基本上被各级世袭贵族所掌控，血缘身份成为政治晋升的主要标准。除了周天子直接控制的“王畿”，各地的诸侯国皆有直接听命于自己的“陪臣”，周天子几乎不能干预诸侯国的内部事务。那一时期的学校教育，也基本上是为世袭贵族服务的，主要是培养他们的后代掌握相关的礼仪与知识。总之，政治开放程度和参与程度十分有限。从春秋中后期开始，中国社会与政治领域发生了比较明显的变革。随着生产力水平的不断提高，出现了土地私有制的萌芽，为了汲取更多的资源，诸侯国的赋税制度也随之变化，所谓的“初税亩”，等于说变相地承认了新的土地使用者对于土地的支配与所有权。在此背景下，各级封建贵族的经济基础受到动摇。此外，伴随着各个诸侯国内部一系列激烈的政治斗争，许多世袭贵族的社会地位遭受严重打击，甚至有沦为底层平民者。到了春秋晚期，“陪臣执国政”的现象屡屡出现，建立在“亲亲”与“尊尊”基础上，依靠一套繁复的礼仪制度来维系的政治架构出现了巨大的危机，孔子所批评的鲁国季氏“八佾舞于庭”，就是一个颇具代表性的例子。最终，田氏代齐、三家分晋、实力较小的诸侯国遭到吞并，中国历史进入了战国时代。

顾炎武曾如是描述战国时期的总体社会状况：

自《左传》之终以至此（按：指战国），凡一百三十三年，史文阙轶，考古者为之茫昧。如春秋时犹尊礼重信，而七国则绝不言礼与信矣，春秋时犹宗周王，而七国则绝不言王矣。春秋时犹严祭祀，重聘享，而七国则无其事矣，春秋时犹论宗姓氏族，而七国则无一言及之矣。春秋时犹宴会赋诗，而七国则不闻矣，春秋时犹有赴告策书，而七国则无有矣。邦无定交，士无定主，此皆变于一百三十三年之间。史之阙文，而后人可以意推者也。不待始皇之并天下，而文武之道尽矣。[1]

从今天的角度来看，顾炎武所描述的这些现象之所以出现，主要是因为先前用来维系贵族世袭统治的礼制在政治、社会与经济的巨大变革之下日趋崩解，如此一来，礼制所蕴含的道德与伦理规范，及其背后的上下支配关系必也难以为继。许多先前只被世袭贵族掌握的知识与学问也开始流入民间，私家讲学之风日炽，平民出身的人只要具备了一定的经济基础，就可以有机会受到教育。这就为新的社会流动提供了可能性。

此外，战国时期，七雄争霸，作为政治权威的周天子的地位越来越受到忽视；七雄之间也不像春秋的诸侯国那样虽然有现实的利益纷争，但依照周朝的宗法制度彼此多能攀上亲戚，所以战争规模还比较小、比较克制。对于战国时期的战争形态，赵鼎新称其为“全民战争”，具体言之：

这一时期的战争之所以被称为“全民战争”，是因为与以往的战争相比，这些战争不但持续的时间更长，投入的物质资源更多，而且将一个国家中很高比例的成年男性人口卷入了进来。新旧战争之间的差异还表现在领土扩张取代霸主争夺成为战争的首要目标。由于大规模地杀死对方士兵不仅能够打击敌军的士气，而且能够显著地减少敌国的作战人口，于是，越来越多的士兵在冲突中伤亡甚至惨遭屠戮。[2]

在这样的战争形态下，各国在政治上必须做出相应的改革。首先，

[1] 顾炎武著，黄汝成集释：《日知录集释》中册，上海：上海古籍出版社2006年版，第749—750页。

[2] 赵鼎新著，夏红旗译：《东周战争与儒法国家的诞生》，上海：华东师范大学出版社2011年版，第102—103页。

随着战争规模的扩大，进行每一次战争需要更多的物资与装备，这就要求诸侯国在包括赋税、征粮等方面的汲取能力要有较大的提高，统治阶级的命令能够得到较好的贯彻与执行；其次，战争规模的扩大意味着夺取胜利需要更为周密的策划与指挥，这就要在将领的选择上不能只看出身，更要考察其是否精通与战争相关的各种知识与技能，换言之，为了获得战争的胜利，相关职能部门的专业化水平也必须提高；复次，战阵规模的扩大还意味着各个诸侯国不得不动员、组织更多的兵力，这就要求对于各诸侯国内部的户籍状况，特别是青壮年男性的数量有较为精确的统计，而要进行这项工作，需要一批掌握相关专业知识、具备一定数字管理能力的官吏；最后，为了应对纷繁复杂的诸侯国之间的关系，各国统治阶级需要注入一些具有政治能力的新鲜血液，世袭贵族把持政治资源的情形必须有所变化，这样才能保证统治者在纵横捭阖的政治环境里维系自己的权力与地位。一言以蔽之，量能授官、以功定赏，不断扩大政治参与的范围，政治治理愈发专业化，已成大势所趋。按照蒂利的观点，17世纪以来持续不断的战争迫使欧洲国家不断提高自己的汲取、动员与组织能力，现代国家也伴随着暴力而出现。[1]那么早在战国时期，中国大地上就已经出现了福山所说的具有“现代制度”之内涵的政治体了。[2]

只有大量的历史现象不断出现，才会产生“宰相必起于州部，猛将必发于卒伍”这样描述、总结、升华这些现象的理论主张。许倬云在研究春秋战国时期的社会流动时指出：“在公元前464年以前，出身不明者平均占到了总人数的26%，但此后的平均数则达到了55%。这说明

[1] ［美］查尔斯·蒂利著，魏洪钟译：《强制、资本和欧洲国家（公元990—1992年）》，上海：上海人民出版社2012年版，第81—115页。

[2] 就此而言，如果有朝一日中国自己的思想话语体系具有强劲的辐射力，到那时人们在叙述欧洲民族国家兴起时，是不是就可以称这一历史过程为欧洲国家之“法家化”呢？

公元前464年以后，大多数历史人物都是出身寒微，白手起家的。这种趋势，与春秋晚期卿大夫阶层的衰落一起，不仅可以表示战国初期各阶层间的更多流动，而且可以显示出前一时期占主流的卿大夫阶层已经完全崩溃。那些旧家族的消失可能是许多更老、更小的国家被几个更新的国家兼并以后的结果。小国被兼并后，其家族被解散，而融入更大的家族中去了。然而，如果原来的社会秩序仍旧起作用，新的强宗巨室应当在这些大国的朝廷中出现。对战国时期不同执政人物的背景分析后发现，即使有这样的家族，也是微乎其微。简言之，在战国时期，所发生的不仅仅是社会阶层间更自由的流动，而且是原有社会阶层分化的消失。”[1]如果说这样的社会流动是在具体的政治斗争背景下出现的话，那么这一政治斗争的主要内容便是君主与世袭贵族之间的权力斗争。假如后者依然占据了大量政治资源，能够形成难以被撼动的特权集团，那么在当时的历史条件下，社会流动将难以实现。因此，“只有当权威集中在君主手中时，他才真正可以选任自己满意的大臣。这种君主权力的转变，即没有哪一家重要贵族存在特别长的时间，政府的关键职位几乎总是在君主的近亲属或虽与公室无关但特别能干的人中间选择。君主可能认为前者可靠，而后者则不仅有用，而且由于他们在社会上是无名小卒，更依赖君主的宠信，因而可能较那些此前的世袭大夫更忠于君主。另外，关注于防范自己权力衰微的君主不得不抢先阻止任何新贵族的成长。绝大多数的公室都是权力斗争中的老手，深知允许在国内同时存在多个权势集团的危险。因此，这就解释了没有任何国家的宗室能建立长久、兴盛家族的原因”。[2]

关于这一点，最有历史代表性的事件莫过于商鞅变法。《史记·商君列传》记载变法内容：

[1] 许倬云著，邹水杰译：《中国古代社会史论》，桂林：广西师范大学出版社2006年版，第45—46页。

[2] 许倬云著，邹水杰译：《中国古代社会史论》，第114页。

令民为什伍，而相牧司连坐。不告奸者腰斩，告奸者与斩敌首同赏，匿奸者与降敌同罚。民有二男以上不分异者，倍其赋。有军功者，各以率受上爵；为私斗者，各以轻重被刑大小。僇力本业，耕织致粟帛多者复其身。事末利及怠而贫者，举以为收孥。宗室非有军功论，不得为属籍。明尊卑爵秩等级，各以差次名田宅，臣妾衣服以家次。有功者显荣，无功者虽富无所芬华。[1]

正如论者所言，"历史上的任何变法，必然是利益的再分配，它当然会涉及贵族官僚这个既得利益的阶层。变法能否成功，那就要看执政者能不能大刀阔斧地排除一切贵族官僚们的阻挠"。[2]在这个意义上，联系到当时秦国贵族宗室的力量还比较强大，商鞅变法能否成功，新的力量能否进入政治集团，社会流动能否实现，关键在于能否真正做到"宗室非有军功论，不得为属籍"，以及"有功者显荣，无功者虽富无所芬华"，进而打破原有的政治支配格局，让宗室贵族遵守新制定的法令。从这个角度来审视《商君书》中所提到的"法者，君臣之所共操也"；"立法明分，而不以私害法，则治"，[3]其针对性是十分明显的。而所谓的"圣人之为国也，壹赏，壹刑，壹教"，[4]从在复杂的政治环境里打击世袭贵族集团的角度来看，也是有一定历史合理性的。[5]

正因为商鞅变法触动了秦国既得利益集团的利益，在秦孝公去

[1] 司马迁：《史记·商君列传》，北京：中华书局2013年版，第2696页。

[2] 朱永嘉：《商鞅变法与王莽改制》，北京：中国长安出版社2018年版，第31页。

[3] 高亨：《商君书注译》，北京：清华大学出版社2011年版，第120页。

[4] 高亨：《商君书注译》，第135页。

[5] 当然，这并不能作为一个长期持续的状态。《商君书·壹言篇》曰："圣人之为国也，不法古，不修今，因世而为之治，度俗而为之法。"（高亨：《商君书注译》，第95页）这就要求必须时刻注意到"世"与"俗"的变法，一旦形势变化，原来的矛盾不存在，而新的矛盾却出现，那么相应的治理原则也应该有所变革，避免出现新的"率由旧章"之举。

世之后，商鞅遭到后者反攻倒算，惨遭车裂之刑。这显示出要想在政治领域实现“宰相必起于州部，猛将必发于卒伍”，必然伴随着异常激烈的政治斗争，甚至会出现形式各样的复辟举动。对此，《韩非子·八奸》曰：

> 明主之为官职爵禄也，所以进贤材劝有功也。故曰：贤材者处厚禄，任大官；功大者有尊爵，受重赏。官贤者量其能，赋禄者称其功。是以贤者不诬能以事其主，有功者乐进其业，故事成功立，今则不然，不课贤不肖，不论有功劳，用诸侯之重，听左右之谒，父兄大臣上请爵禄于上，而下卖之以收财利及以树私党。故财利多者买官以为贵，有左右之交者请谒以成重。功劳之臣不论，官职之迁失谬。是以吏偷官而外交，弃事而亲财。是以贤者懈怠而不劝，有功者隳而简其业，此亡国之风也。[1]

可见，在政治铨选方面，“诸侯”“左右”“父兄”“大臣”“财利多者”这些具有特殊利益的团团伙伙经常会介入其中，动用各种关系与特权将自己的亲信、友朋、下属安插到政府中去，导致真正的“贤材者”“功大者”难以得到应有的提拔。在《韩非子》看来，这是导致政治败坏的主要原因，如果达到一定的严重程度，就堪称“亡国之风”。因此，能否在政治上、经济上打击这些团团伙伙，关乎政治组织的完备与政治秩序的稳定。

此外，经济学家奥尔森指出，在较大规模的政治与经济生活中，由于利益分配长期固定，很容易出现“特殊利益组织”。其基本行为逻辑是：“在一个社会中进行集体行动的典型组织，如果只代表非常少的一部分人的利益，将很少或不会为了社会利益做出巨大牺牲；他们会通

[1] 《韩非子》校注组编写，周勋初修订：《韩非子校注》，第62页。

过获取社会产品的更大份额服务于成员利益。而且，即使分配改变造成的社会成本超过再分配的数量很多倍，这样做也是有利的。”[1]对于这个问题，长期思考如何建立新的政治秩序的韩非也早有涉及。《韩非子·外储说右下》曰：

薄疑谓赵简主曰：“君之国中饱。”简主欣然而喜曰：“何如焉？”对曰：“府库空虚于上，百姓贫饿于下，然而奸吏富矣。”[2]

这里所谓的“奸吏”，联系上下文，指的应该是具有一定核算与管理才能，区别于世袭贵族的新式官吏。韩非虽然主张打击世袭贵族，但他也未尝忽视警惕新的官僚群体成为又一特权阶级。“中饱”一词就十分形象地定义了彼辈利用职务便利来获取私利的行为。他警示当世之统治者：

亡国之廷无人焉。廷无人者，非朝廷之衰也；家务相益，不务厚国；大臣务相尊，而不务尊君；小臣奉禄养交，不以官为事。[3]

针对这些新特权集团，他强调：“闻有吏虽乱而有独善之民，不闻有乱民而有独治之吏，故明主治吏不治民。”[4]总之，要想保证“宰相必起于州部，猛将必发于卒伍”，除了要打击世袭贵族，更要警惕新式官僚集团，因为后者更有可能在新的历史环境下成为政治与经济垄断群体，不断侵蚀国家资源、妨害民众利益。

[1] ［美］奥尔森著，李增刚译：《国家的兴衰：经济增长、滞涨和社会僵化》，上海：上海人民出版社2018年版，第57页。
[2] 《韩非子》校注组编写，周勋初修订：《韩非子校注》，第402页
[3] 《韩非子》校注组编写，周勋初修订：《韩非子校注》，第37页。
[4] 《韩非子》校注组编写，周勋初修订：《韩非子校注》，第397页。

三、从汉代历史看“宰相必起于州部，猛将必发于卒伍”原则的维系条件与失效原因

面对战国时期的社会与政治转型，“宰相必起于州部，猛将必发于卒伍”式的主张不仅为法家所宣扬。战国时期儒家的代表人物荀子也主张：“虽王公士大夫之子孙，不能属于礼义，则归之庶人。虽庶人之子孙也，积文学，正身行，能属于礼义，则归之卿相士大夫。”[1]在选拔人才方面，“人主欲得善射，射远中微者，县贵爵重赏以招致之。内不可以阿子弟，外不可以隐远人，能中是者取之，是岂不必得之之道也哉！虽圣人不能易也”。[2]

因此，汉代的士人虽然时常用“过秦”作为政治表达的方式，从汉武帝开始儒学被奉为官学，但在制度设计上，汉承秦制还是比较明显的，这就保证了“宰相必起于州部，猛将必发于卒伍”的原则依然能够在汉代得到延续。对此，史家严耕望总结道：

> 汉代仕宦途径以郎吏为基点，凡百卿相，显明朝列者，大多出于此。然地方小吏考绩优等察举孝廉者，又为补郎之最主要途径，则谓地方小吏为达官之初阶可也。汉世下吏之与宰辅，虽地位悬绝，但阶品不繁，高才异等，报迁至速，多有地方小吏察孝廉，为郎官，十余年中四五迁而至公卿者。故有远志者必自近始，人才布于四方，群以绩效自见，品操自励，不自菲薄，望跻公卿。此绝非后世任何朝代所能及者。而朝廷公卿之除拜，又常以曾否治民为先决条件；故治民之职，人皆乐任，藉显长才。地方小吏既达宦之

[1] 楼宇烈主撰：《荀子新注》，北京：中华书局2018年版，第141页。
[2] 楼宇烈主撰：《荀子新注》，第248页。

初阶，郡国守相又卿相之坦途，韩子曰“明主之吏，宰相必起于州部”，汉实有之矣。故其时地方官吏，上起守相，下至佐史，多能奋发，以期上考。汉世地方吏治之优良，为读史者所乐道，此当为主要原因之所在。[1]

汉代的铨选制度，在古代的社会条件下，既促进了社会流动，扩大了统治基础，又能以客观的绩效作为考核标准，还能大体上保证身居高位者具有比较丰富的地方行政经验，以及在“郎吏”职位上熟悉中央各个部门的日常运作情形，其根本目的，是选拔出最具政治能力者担任要职。这样制度设计平衡了中央与地方、政治知识与行政经验等关系，并形成一种良性的激励与奖惩机制，是“宰相必起于州部，猛将必发于卒伍”在大一统政治格局下的具体展开，堪称中国古代政治智慧之结晶。而其中的要义，用严耕望的话来说，就是“以法治之体制，寓儒家之精神”。[2]

但是，随着历史的推移，“宰相必起于州部，猛将必发于卒伍”的原则也面临着许多挑战。具体言之，这一原则能够实现的一个基本社会前提就是兼并之风被有效地抑制，贫富差距不至于过分悬殊，此外，政治上必须能够保持一定的开放性，而不要被少数寡头集团所垄断。西汉初年奉行黄老政治，强调与民休息，这固然有助于恢复生产，但在国家治理上施行放任政策，很容易使地方上的豪强势力崛起，造成新的社会等级。从社会后果来看，汉初经济处于恢复阶段，社会上的政治差别还未体现出来，多数平民与其说受到政治权力的压榨，不如说是颇受豪强兼并之苦。吕思勉认为，西汉一朝的贫富问题与阶级问题始终十分突出，《史记》等典籍所记载的西汉文帝、景帝时期的富足景象只是表

[1] 严耕望：《秦汉地方行政制度（中国地方行政制度史 甲部）》，北京：北京联合出版公司2020年版，序言第5页。

[2] 严耕望：《秦汉地方行政制度（中国地方行政制度史 甲部）》，序言第5页。

明生产从先前的战乱中恢复而已，从分配的角度而言，官僚、商人与豪强占据了大量社会财富，农民时常处于破产的边缘。因此对于西汉初期所谓奉黄老之学而实施的无为政治，不应予以过高评价。他指出："大抵什么时代都有个不受人注意的阶级，他就再苦熬，大家还是不闻不见的。所谓政简刑清，所谓家给人足，都只是会开口的、受人注意的阶级，得些好处罢了。"[1]因此，地方豪强兼并土地、商贾巨富垄断财富，以及在此基础上的平民先沦为赤贫，进而为前两者所役使，一直是汉代社会经济发展中的痼疾，也是困扰统治集团的难题。因为一旦地方政务为豪强所支配，或是地方官吏与之相互勾结，那么将很难让真正有政治能力的地方低级官吏有机会得到提拔。

汉代统治者也意识到了这一点。汉武帝统治时期，设置由中央派遣巡视地方的刺史制度，重点监察的内容为以下六点：

> 一、强宗豪右田宅逾制，以强凌弱，以众暴寡。
>
> 二、二千石不奉诏书，遵承典制，倍公向私，旁诏守利，侵渔百姓，聚众为奸。
>
> 三、二千石不恤疑狱，风厉杀人，怒则任刑，喜则淫赏，繁扰苛暴，剥戮黎元，为百姓所疾，山崩石裂，妖祥讹言。
>
> 四、二千石选署不平，苟阿所爱，蔽贤宠头。
>
> 五、二千石子弟恃怙荣势，请托所监。
>
> 六、二千石违公下比，阿附豪强，通行货赂，割损政令。[2]

很明显，这些内容主要指向地方守令的不法活动、地方豪强对平民

[1] 吕思勉：《中国政治思想史十讲》，《中国文化思想史九种》下册，上海：上海古籍出版社2009年版，第787页。

[2] 颜师古注引《汉官典职仪》，班固：《汉书·百官公卿表》，北京：中华书局2012年版，第683页。

的剥削，以及权贵子弟的为非作歹。联系到西汉时期的社会状况，这六条内容是很有针对性的。而当时也确实有不少地方上的干吏在打击豪强、遏制兼并、伸张正义等方面做出了比较明显的成绩。[1]

但另一方面，到了西汉中后期，朝堂之上，外戚与宠臣成为政治的实际支配者。在地方上，土地兼并的情形越来越严重。并且出现了不少集拥有土地、掌握知识、担任官职为一体的所谓“累世经学之家”，他们不但能够干涉地方的日常行政，而且培养了一批门生，在政治上颇具话语权。在此情形下，政治选拔的客观性大打折扣。更为严重的是，虽然西汉的制度设计一定程度上保证了“宰相必起于州部，猛将必发于卒伍”原则，但正如钱穆所言，“汉自文景以来，虽称郅治，然其郡县长吏，大率自郎出补。而郎选则以朝臣子弟及富赀二者为主。固不能得贤才”。[2]通俗地说，制度设计再完美，也经不住“官二代”与“富二代”们不断侵占各种政治资源，这不但违背了“宰相必起于州部，猛将必发于卒伍”原则，更是在慢慢地腐蚀汉王朝的统治根基。或许是有感于此，钱穆甚至从“江山变色”的角度来评价西汉历史的流变。他说：“汉初高惠文景之治，乃真所以代表社会下层一种俭约恭谨之平民，诚有以易夫古者贵族世袭之传统。而武帝则代表平民社会中一种骄奢纵肆之资产阶级，遂以成此后之新统也。”[3]

由于刘秀在西汉灭亡之后的群雄混战中主要依靠南阳一代的地方

[1] 这里还涉及如何理解西汉时期的“循吏”和“酷吏”。关于这一点，笔者认为邱立波的解释极有见地。所谓“循吏”，其特征在于“‘无所变更’民间秩序的前提下，尽最大可能地顺遂那套秩序所固有的逻辑来行事。法律和职守当然还是要的，但不必表现得那么咄咄逼人，而是力求与民间秩序相互谅解，和平共处”。所谓“酷吏”，则表现出“完全以君主、以可见的实定法为转移”。此外，“当法律的推动力遭民间秩序阻拦的时候，他会以一种非常强悍的姿态来保证法律的施行，绝不给地方秩序丝毫的空间”。参见邱立波：《礼法与国体：两汉政治的历史与经验》，北京：中央编译出版社2018年版，第50—51页。

[2] 钱穆：《秦汉史》，北京：三联书店2018年版，第207页。

[3] 钱穆：《秦汉史》，第193页。

豪强的支持，并且在夺取政权的过程中联合了其他地区的大姓豪族，因此地方豪强势力过大就成为东汉政权所要面对的严峻问题。对此，刘秀在登基之后，裁撤了早已被地方豪强所裹挟的地方吏职，在天下尚未安定的背景下就废罢郡国兵，防止出现新的地方割据势力。同时继承了王莽时期的做法，继续放免奴婢，恢复其庶人的身份，削弱豪强对当地人口的控制。这些举措虽然取得一定效果，但难以根本扭转豪强势力过大的局面。因此，刘秀所采取的进一步的措施就是加强吏治，鼓励地方官吏严厉打击豪强势力。这一政策被之后的明帝所继承，致使后人认为东汉初年的政治风气是盛行“苛暴”之政。当然，这样的政策在打击了豪强的同时，也伤及不少无辜百姓，造成比较多的冤狱。[1]

但另一方面，正如陈苏镇的分析：“东汉王朝的最高统治集团，是刘秀家族同若干外戚结成的豪族婚姻集团。前者须借助后者维持统治地位，后者也须利用前者扩大家族势力。它们紧密结合，表现出明显的排他性，而内部又矛盾重重，阴谋和政变不断发生。矛盾最初形成于郭、阴两家外戚之间，并引发了光武、明、章时期一系列重大事件。和帝以降，窦、邓、阎、梁等外戚家族相继专权，形成东汉中期百年外戚政治格局，而郭、阴两家的影响和纠葛仍贯穿其间。质言之，东汉外戚政治是豪族社会的产物，是豪族政治的一种表现形式。”[2]在这样的政治环境下，政治选拔长期沦为几个豪族之间权力斗争的产物。“宰相必起于州部，猛将必发于卒伍”原则很难有机会得到实践。

此外，汉章帝以降，刘秀在位时盛行的严厉打击地方豪强的政策渐渐地被“禁苛暴，尚宽厚”的政治路线所替代。如此一来，地方豪强又恢复了之前的支配地位。在汉代，举孝廉是人们进入政权担任职务的重要步骤。邢义田通过统计东汉时期史籍所载的孝廉的家庭出身，指

---

[1] 陈苏镇：《〈春秋〉与“汉道”——两汉政治与政治文化研究》，北京：中华书局2020年版，第610—625页。

[2] 陈苏镇：《〈春秋〉与“汉道”——两汉政治与政治文化研究》，第629页。

出:“东汉孝廉家世背景中最引人注目的莫过于他们有一半以上来自仕宦之族,而且大部分还是累世高宦之门。所谓累世是指家族仕宦三四代以上,高宦为任官在二千石以上者。世宦之族有财力也有传统,能为子弟提供较好的教育环境,又有盘根错节的政治关系,协助子弟进入仕途。因此世宦子弟经教育成为俊秀和入仕的机会,都不是其他背景的人所能及。或许因为有家族势力可以托庇,世宦子弟谋一孝廉须从州郡小吏干起的就比较少。大体而言,从东汉初到顺帝朝,孝廉出自仕宦家族的愈来愈多,显示士族垄断地方察举的情形有加无已。”[1]很明显,一旦主要入仕途径都被仕宦子弟所垄断,“宰相必起于州部,猛将必发于卒伍”原则只会沦为一句空话。

总之,作为中国历史上第一个持续时间极长的大一统郡县制王朝,汉代在官吏铨选方面的制度设计,为了维系这套制度而在社会结构方面所采取的政策,以及到了后来“宰相必起于州部,猛将必发于卒伍”原则很难有机会得到实践的根本原因,对于今天而言,都是十分宝贵的历史遗产与历史教训。

四、余论

综上可见,先秦法家的“宰相必起于州部,猛将必发于卒伍”原则是在一定的历史背景下出现的,要想将其践行,更需要一定的政治、社会与经济前提,而一旦维系这一原则的前提遭到破坏,那么这句话很容易流于空论。

回到文章开头提到的毛泽东的思考。在撰于1939年的《中国革命与中国共产党》一文里,毛泽东指出:

---

[1] 邢义田:《东汉孝廉的身份背景》,《秦汉史论稿》,台北:三民书局2019年版,第177页。

> 如果说，秦以前的一个时代是诸侯割据称雄的封建国家，那么，自秦始皇统一中国以后，就建立了专制主义的中央集权国家；同时，在某种程度上仍旧保留着封建割据的状态。在封建国家中，皇帝有至高无上的权力，在各地方分设官职以掌兵、刑、钱、谷等事，并依靠地主绅士作为全部封建统治的基础。[1]

在近代中国，人们经常聚焦于中国历史上的“专制主义的中央集权国家”，并且运用各种域外知识展开一系列的剖析与批判，尽管从学理上来看，其中不无可商榷之处，[2]但这大概也是现代大众民主兴起之后的必经过程之一，因此其“历史合理性”也不应被轻易否定。但相较而言，人们对毛泽东这段话中强调的另一个内容——“某种程度上仍旧保留着封建割据的状态”似乎比较容易忽视。甚至在今天的一些历史书写中，古代王朝“依靠地主绅士作为全部封建统治的基础”非但不被视为一种更为广泛的剥削形式，反而被赋予许多属于新自由主义与右翼保守主义范畴的“正面评价”。但在毛泽东看来，正是不同历史时期的“地主绅士”在地方上拥有各种各样的特权，才导致“某种程度上仍旧保留着封建割据的状态”得以出现，并且大量的“地主绅士”的存在很大程度上决定着政权的基本性质。而这一点，恰恰是有碍于实现“宰相必起于州部，猛将必发于卒伍”原则的。

当然，在中国古代历史进程与法家的学说体系中，“宰相必起于州部，猛将必发于卒伍”的维系条件基本上还只是涉及君权与官僚集团、地方豪强之间的权力博弈，但在毛泽东的视域里，新的历史条件下另一个重要政治力量就是人民。只有将这一维度引入政治思考与政治实践

[1] 毛泽东：《中国革命与中国共产党》，《毛泽东选集》第2卷，北京：人民出版社1991年版，第624页。

[2] 关于“专制”这一话语在近代中国的传播，参见侯旭东：《中国古代专制的知识考古》，《近观中古史——侯旭东自选集》，上海：中西书局2015年版，第310—343页。

中来，才能真正在现代中国实现具有现代意义的“宰相必起于州部，猛将必发于卒伍”。因此，对于广大党员干部而言，基层锻炼的要旨就在于坚持群众路线，同人民群众打成一片：

> 我们共产党员，无论在什么问题上，一定要能够同群众相结合。如果我们的党员，一生一世坐在房子里不出去，不经风雨，不见世面，这种党员，对于中国人民究竟有什么好处没有呢？一点好处也没有的，我们不需要这样的人做党员。我们共产党员应该经风雨，见世面；这个风雨，就是群众斗争的大风雨，这个世面，就是群众斗争的大世面。“三个臭皮匠，合成一个诸葛亮”，这就是说，群众有伟大的创造力。中国人民中间，实在有成千成万的“诸葛亮”，每个乡村，每个市镇，都有那里的“诸葛亮”。我们应该走到群众中间去，向群众学习，把他们的经验综合起来，成为更好的有条理的道理和办法，然后再告诉群众（宣传），并号召群众实行起来，解决群众的问题，使群众得到解放和幸福。[1]

此外，要想践行“宰相必起于州部，猛将必发于卒伍”原则，必须有效杜绝政治生活中出现各种各样的特权集团，在古代的社会条件下，这主要靠制度设计更为优化与中央权力得到贯彻。但毛泽东认为在现代中国更需要使人民的力量成为政治生活中的重要组成部分，真正实现“劳动者管理国家、管理军队、管理各种企业、管理文化教育的权利”。[2]认识到“在劳动生产中人与人的关系，也是一种生产关系。在这里，例如领导人员以普通劳动者姿态出现，以平等态度待人，改进规章制度，干部参加劳动，工人参加管理，领导人员、工人和技术人员三结合，等

[1] 毛泽东：《组织起来》，《毛泽东选集》第3卷，第933页。

[2] 毛泽东：《读苏联〈政治经济学教科书〉的谈话（节选）》，《毛泽东文集》第8卷，北京：人民出版社1999年版，第129页。

等，有很多文章可做”。[1]更为重要的是，要认识到“社会主义的发展过程中，还有一个问题值得注意，这就是‘既得利益集团’的问题”。[2]在此基础上探索如何依靠广大人民群众的力量，从政治上、经济上、意识形态上杜绝这样的“既得利益集团”在中国大地上出现。

最后，在发表了关于法家与秦政的谈话后不久，身体越发衰弱的毛泽东不无忧虑地谈到，在民主革命之后，“一部分党员却不想前进了，有些人后退了，反对革命了。为什么呢？作了大官了，要保护大官们的利益。他们有了好房子，有汽车，薪水高，还有服务员，比资本家还厉害”。[3]由此出发，是不是可以更为深入地理解他为何在晚年重新评价久已成历史尘埃的先秦法家（以及包括其他的一系列思考）？奥尔森认为，20世纪后半段不少社会主义国家都进行了经济改革，但由于国内普遍存在各式各样的小型利益团体，许多改革难以为继。只有毛泽东逝世之后的中国，“没有接近于像苏联和欧洲共产主义国家那样多的地位稳固的行政管理人员小团体”，使改革的进程不会受到小型利益团体游说活动的破坏，改革者们的路线“占据了主导地位”。[4]对于这个观点，其实可以再做更为细致的辨析，但如何看待中国传统，从哪个角度、怎样的立场出发来吸收、借鉴、反思中国传统政治遗产，中国的古代传统与社会主义“新传统”之间是怎么样的关系，如何在此基础上更为“接地气”地思考中国的政治与经济问题，这些都是值得人们不断探索的问题。就此而言，“宰相必起于州部，猛将必发于卒伍”，既是一个中国古代史的问题，更是一个关乎国家治理体系与治理能力的现实问题。

---

[1] 《毛泽东读社会主义政治经济学批注和谈话（简本）》，北京：中华人民共和国国史学会2000年版，第246页。

[2] 《毛泽东读社会主义政治经济学批注和谈话（简本）》，第182页。

[3] 毛泽东：《毛主席重要指示》，《建国以来毛泽东文稿》第13册，北京：中央文献出版社1998年版，第487页。

[4] ［美］奥尔森著，苏长和、嵇飞译：《权力与繁荣》，上海：上海人民出版社2018年版，第177—178页。

重思清末的地方自治

——兼论辛亥革命之后的绅权问题

一、引言

第一次鸦片战争之后，面对中国所遭遇的时代危机，不少人开始思考如何从制度层面与社会结构层面入手，建立可以让中国摆脱困局与危局的政治与社会体制，于是出现了各种各样关于中国未来发展的政治设计方案。有的只是流于空谈，有的被尝试付诸实践。在这当中，就包括了滥觞于清末，至民国仍有不小回响的地方自治思潮。

随着国民党统治在大陆的覆亡，除了在学术研究当中出现，地方自治已经很少被人提起了。但是在最近30年来，这一在中国现代史上早已被证明大体失败的制度构思及其实践，被赋予了许多沾染着新自由主义与保守主义的“新评价”。说起新自由主义，自然不能不提起哈耶克。在他那里，所谓的自由主义政治秩序就是强调要想方设法“限制”国家的权力，保护“个体”的权利，尤其是“私有财产权”，并防止国家权力“干预”所谓的“社会自发秩序”，因为后者才能实现“自由”。与其同时，还要反对“分配正义”，反对国家运用政治与经济手段来实现社会公平，认为此乃一种导致“通往奴役之路”的乌托邦；而宣称要按照社会自发的“市场秩序”来进行资源分配，设置法律主要也是为了保障“市场秩序”得以“正常”运行。在公共服务方面，国家固然要承担一定责任，但只要相关的内容可由私人企业提供，则国家理应“让贤”，将相应内容交给私人企业负责。[1]这样的政经主张，在20世纪90年代同旨在寻找区别于国家政权、具有自治与自由因子的市民社会理论相结合，成为当代中国一种较为流行的评判近现代历史的意识形态话语，简言之，即一种披着中式外衣的辉格主义史学。[2]

此外，虽然哈耶克本人声称自己并非保守主义者，[3]但他的一些观点还是与保守主义非常相近。尤其是近代西方保守主义思潮在当代中国的流行，主要由我国台湾地区一些曾经与哈耶克有所交往的学者来传播介绍，因此，这二者在当代中国的语境里往往被视为相辅相成之物。保守主义反对激烈的政治与社会变革，尤其对新兴阶级掌握国家权力、运用政治手段改造社会结构深恶痛绝。在保守主义的话语里，那些存在时间长久、掌握着大量政治与经济资源的世袭显贵与乡绅阶层乃社会稳定的中坚力量，他们有着“成熟”的政治视野，能够保存传统当中的诸多“美德”，拒绝实践那些与传统看起来截然不同的政治主张。因此，保守主义反对政治力量改变社会结构，就是为了维护这些群

[1] 关于哈耶克的政治思想之梗概，参见［英］哈耶克著，邓正来译：《民主向何处去？——哈耶克政治学、法学论文集》，北京：首都经济贸易大学出版社2014年版。

[2] 在冷战时代，哈耶克非常推崇所谓辉格主义史学。他相信“历史学家在直接支配公众意见的方面至少要比理论家预先一步”。因此，他反对“许多现代历史学家都把自己装扮成了纯粹的科学研究者，而且还把自己装扮成了完全没有政治偏见的研究者”(按：此处的“装扮”一词，用得颇为精妙)。他如是鼓吹辉格主义史学：“尽管‘辉格史学’并不是在所有的方面都符合现代史学研究的标准，但是它却肯定使那些在其影响下成长起来的数代人真正意识到了他们的先辈为他们争取到的政治自由所具有的价值，而且还在他们捍卫并维续这项成就的过程中为他们提供了指导。”(参见［英］哈耶克：《历史学与政治学》，邓正来译：《作为一种发现过程的竞争——哈耶克经济学、历史学论文集》，北京：首都经济贸易大学出版社2014年版，第126、127页)哈耶克的这番议论是否在当代西方世界实现，或许还值得进一步讨论，但不可否认的是，他的这些言说的中国版本，却对最近30年来中国的思想学术与大众文化产生了十分巨大的影响。

[3] ［英］哈耶克：《我为什么不是一个保守主义者》，邓正来译：《作为一种发现过程的竞争——哈耶克经济学、历史学论文集》，第169—189页。

体的基本利益。一个良好的政治与社会秩序，据称理应由这样的精英阶层所掌控，他们的财富是保证他们政治上成熟稳健的重要基础。[1]

在这两种意识形态话语的作用下，包括地方自治思潮在内的清末立宪史，就成为“反思”20世纪的革命运动对中国社会造成的冲击的对照物，甚至成为一些人眼中探索中国发展的所谓“另一种可能性”的重要历史参考。[2]但正如马克思指出的，分析一个时期的政治问题应当注意到：

> 人们在自己生活的社会生产中发生一定的、必然的、不以他们的意志为转移的关系，即同他们的物质生产力的一定发展阶段相适合的生产关系。这些生产关系的总和构成社会的经济结构，即有法律的政治的上层建筑竖立其上并有一定的社会意识形式与之相适应的现实基础。[3]

具体到近代中国的政治概念。毛泽东在谈及清末民初影响极广但解释各异的“国体”概念时指出：

> 这个国体问题，从前清末年起，闹了几十年还没有闹清楚。其实，它指的是一个问题，就是社会各阶级在国家中的地位。资产阶级总是隐瞒这种阶级地位，而用“国民”的名词达到其一阶级专政的实际。[4]

[1] 关于对以伯克为代表的近代西方保守主义的表彰式研究，参见［美］柯克著，张大军译：《保守主义思想》，南京：江苏凤凰文艺出版社2019年版。

[2] 相关论著俯拾即是，不必细举。

[3] 马克思：《〈政治经济学批判〉导言》，《马克思恩格斯选集》第3卷，北京：人民出版社2012年版，第2页。

[4] 毛泽东：《新民主主义论》，《毛泽东选集》第2卷，北京：人民出版社1991年版，第676页。

可见，这两位革命家提醒人们，在看待各种政治制度与政治思想时，要善于从历史的复杂过程出发，透过表面的制度条文与学说话语，揭示出在历史过程中践行这些制度条文与学说话语的主要社会群体，这样的社会群体在社会结构中处于怎样的位置，他们与其他社会群体的政治、经济、文化关系是怎样的，在那些受到他们支持与鼓吹的制度条文与学说话语背后体现着哪些具体的政治与经济诉求。以此为出发点，为了更好地澄清一些历史问题，为了更好地探索当下的地方治理问题，需要重新回到历史现场，对清末的地方自治思潮及其在辛亥革命之后的延续形式进行一番探讨。

二、清末地方自治思潮的主要特点：以康梁的言说为例

在《论美国的民主》一书里，托克维尔对美国的乡镇治理赞誉有加，认为“乡镇组织之于自由，犹如小学之于授课”。“新英格兰居民之爱慕乡镇，并不是因为他们生于那里，而是因为他们认为乡镇是一个自由而强大的集体。”他感叹：“这样的乡镇生活，使社会产生了一种勇往直前而又不致打乱社会秩序的稳步运动。”[1]或许是与托克维尔有着相似的认知，在向中国士人宣传美国政治制度的《大美联邦志略》一书里，传教士裨治文在介绍美国各州概况时，经常提及当地的乡镇组织与治理架构，特别是地方官吏的选举与任用之法。[2]这让第一次鸦片战争之后苦苦寻觅振衰起微之道的中国士人对地方自治有了初步的认识。因此，在魏源、徐继畬、梁廷枏等人编撰的概述世界历史与现状的著作里，都提到了美国的地方治理，并多持较为正面的评价。19世纪

[1] ［法］托克维尔著，董果良译：《论美国的民主》，北京：商务印书馆2017年版，第84、85页。

[2] ［美］裨治文著，李彬校注：《联邦志略》，广州：南方日报出版社2018年版，第65—128页。

下半叶，在记录出使英国见闻的《英轺纪闻》里，刘锡鸿对英国的地方治理颇为关注，并认为英国地方乡绅掌握较大权势乃一种良善之政：

此制与汉之三老、明之里老略同。然其所举者富民，官不复参预其事。惟所举者富，故无贪渎之忧；惟举之者富，故无贿嘱之患。惟官不预其事，故无仰承俯注之难。以民治民，事归公议。有不获，则合绅耆之众以图之；有不当，则绅耆商诸美亚而改之。[1]

相较于其他欧洲列强，美国乃新兴之国，并且在19世纪下半叶并未对中国有过军事侵略行为。而作为后起的列强，为了能够达到对华利益最大化，美国政府也比较注意其在中国官绅眼里的形象，因此美国的地方自治经验，很容易受到晚清士人的重视，成为后者心目中刷新吏治、祛除积弊的重要借鉴。此外，英国作为19世纪称霸全球的强国，其内部制度安排与社会状况自然会受到当时许多处于困境的国家的知识分子群体关注。而且，英国在对外扩张的同时运用文明等级论进行意识形态宣传，强调如晚清中国那样的国家只有效法英国的政治与文化，才有可能臻于文明之域，否则就会长期沦为“半文明”或“不文明”的状态。因此像郭嵩焘等相对而言有着较多域外知识的士人很容易就对英国的政治与社会状况产生好感，而彼处的地方自治也就被早期致力于开眼看世界的中国士人极力宣扬，或是被视为与中国古代的良法美制有异曲同工之处，或是被塑造成可以医治晚清以来官场陋习与地方治理痼疾，实现通上下之情、提高行政效率、唤起士阶层政治责任感的良方。不过值得注意的是，刘锡鸿却并未意识到，他极力表彰英国富人

[1] 刘锡鸿：《英轺纪闻》，朱维铮、王立诚编校：《郭嵩焘等使西记六种》，北京：三联书店1998年版，第259页。

阶层主导地方自治，正当英国资本主义发展过程中阶级矛盾极为尖锐的时刻，广大的无产阶级沦为除了出卖自己劳动力之外一无所有的劳动者，在十分恶劣的工作环境里劳作。恩格斯在《英国工人阶级状况》中描绘的场景，似乎并未引起刘锡鸿的过多关注。

到了甲午之战后，康有为、梁启超师徒面对战败的残酷现实而痛定思痛，力倡变法更张，形成了广泛的影响力。正是由于有了这些思想渊源，加上受到日本出版的关于地方自治的著作之影响，[1]他们很快即将地方自治视为使中国实现富强的重要举措。在发表于1899年的《商会议》一文里，在舆论界已经声名鹊起的梁启超这样论述地方自治：

> 西人论国之政体有二端：一曰中央集权，二曰地方自治。中央集权者，一国有一国之政府，综揽国之大事，整齐而画一之是也。地方自治者，每府每州每县每乡每埠，各合其力以办其本府本州本县本乡本埠所应办之事是也，西人亦目之为国内小国。集权与自治二者，相依相辅，相维相系，然后一国之体乃完，如车之两轮，鸟之两翼，缺一不可。就天下万国比较之，大抵其地方自治之力愈厚者，则其国基愈巩固，而国民愈文明。何以故？盖国也者，积民而成者也，积府州县乡埠而成者也。如人身合五官百骸而成，官骸各尽其职效其力，则肤革充盈，人道乃备。有一痹废，若失职者，则体必不立。惟国亦然。欲国之强，必自全国之民各合其力以办其所当办之事始。地方自治者，民生自然之理也。[2]

[1] 康有为在出版于1898年的《日本书目志》中的“行政学”门类里，列举了许多明治维新之后日本学者撰写或译介的关于地方自治的书籍。参见康有为：《日本书目志》，姜义华、张荣华主编：《康有为全集》第3集，北京：中国人民大学出版社2007年版，第332—333页。

[2] 梁启超：《商会议》，吴松等点校：《饮冰室文集点校》第3集，昆明：云南教育出版社2001年版，第1321页。

1906年，随着清廷宣布实行预备立宪，梁启超等人看到实现政治抱负的希望，开始成立团体，鼓吹君主立宪。因此立宪派组织的结社与请愿活动在海内外如火如荼地展开。康有为、梁启超在幕后组织，马良出面领导，在东京成立政闻社，宣传“实行国会制度，建设责任政府”，[1]督促清廷进行政治改革，并密谋扳倒袁世凯，开展请愿速开国会运动。[2]在《政闻社宣言书》中，梁启超再次提到地方自治，称其为政闻社四大政纲之一。具体言之：

地方团体自治者，国家一种之政治机关也。就一方面观之，省中央政府之干涉及其负担，使就近而自谋，其谋也必视中央代谋者为易周。此其利益之及于地方团体自身者也。就他方面观之，使人民在小团体中为政治之练习，能唤起其对于政治之兴味，而养成其行于政治上之良习惯，此其利益之及于国家者，盖益深且大。世界诸立宪国，恒以地方自治为基础，即前此久经专制之俄罗斯，其自治制亦早已颁布，诚有由也。[3]

梁启超反复强调地方自治可使中央与地方的关系处于更为良好的状态，并且能培养民众的政治能力与政治意识，在此基础上巩固国家根基。但他并未明确说明，这些言说当中所指的“民”，究竟是绝大多数中国普通民众，还是其他社会群体。理解这一点，对于理解梁启超的地方自治设想极为重要。

戊戌年间，梁启超受湖南维新派的邀请，到长沙时务学堂任教，并撰写了不少文章来指导湖南的变法事业。在《论湖南应办之事》一文

[1] 梁启超：《政闻社宣言书》，吴松等点校：《饮冰室文集点校》第4集，第2237页。

[2] 张玉法：《清季的立宪团体》，台北：“中研院”近代史研究所1985年版，第353—356页。

[3] 梁启超：《政闻社宣言书》，吴松等点校：《饮冰室文集点校》第4集，第2238页。

里，他认为："欲兴民权，宜先兴绅权"，强调"绅权固当务之急矣"，即扩大地方士绅的政治与经济力量，使他们成为变法运动的中坚力量。[1]当然，从逻辑上来讲，固然可以认为当时中国的普通民众，特别是占人口绝大多数的农民"政治素质"着实有限，因此不能立即赋予其政治权利，而应从作为社会精英阶层的士绅入手，使他们成为政治现代化的先驱，然后再"循序渐进"。

但是，正如瞿同祖的研究所揭示的，清代的士绅在地方上具有许多政治与经济上的特权，这一方面来自和皇权的合作关系，另一方面更来自将许多赋税与劳役负担转嫁到普通民众身上，并利用司法与身份的因素不断为自己的家族捞取更多的权益。虽然绅权与皇权之间偶有冲突，但这不能理解为所谓"社会"对抗"国家"，而是应注意到此乃同一权力集团内部的冲突，官绅之间需要互相依赖来维持统治，他们有着共同的政治、经济与文化利益。[2]此外，萧公权认为，绅士阶层在清代常常打着为"民"的旗号，利用儒家民本思想谋取个人私利，同时不去挑战清王朝的权威。他们把自己的利益同清王朝的利益等同起来，并扮演着"民"之代言人的角色。不过，在皇权与绅权互相绑定的情形下，真正在地方上获利的仍然是士绅阶层，民众最多只能分一杯残羹而已。[3]

从这样的历史视野出发，那么可以看到，梁启超所谓的在地方上"兴绅权"，很大程度上成为开启士绅阶层捞取更多的权力的绝佳契机。或许也正是因为对士绅阶层寄予许多期待，1906年前后，当革命党人在宣传三民主义中的民生主义之时，梁启超极力驳斥其中关

---

[1] 梁启超:《论湖南应办之事》，吴松等点校:《饮冰室文集点校》第1集，第95、97页。

[2] 瞿同祖著，范忠信等译:《清代地方政府》，北京：法律出版社2011年版，第265—311页。

[3] 萧公权著，张皓、张升译:《中国乡村——19世纪的帝国控制》，北京：九州出版社2018年版，第608页。

于社会革命，特别是运用国家力量来"平均地权"的主张。他声称："今一旦剥夺个人之土地所有权，是即将其财产所有权最重要之部分而剥夺之，而个人之勤勉殖富之动机将减其泰半。"[1]并诋毁革命党人的社会革命论为"利用此以博一般下等社会之同情，冀赌徒、光棍、大盗、小偷、乞丐、流氓、狱囚之悉为我用，惧黄巾、赤眉之不滋蔓延，复从而煽之不已"。[2]如果意识到当时士绅阶层最主要的经济基础就是通过占有土地来收租放贷，那么对梁启超的这番言论就不会感觉到奇怪了。

与自己的弟子相似，康有为也极力宣传地方自治。在讨论未来中国制度建设的《官制议》一书里，康有为认为中国应实现"公民自治"，这样可以增进爱国之心，可以收守望相助之效，可以培养良好的政治道德，可以广开民智。虽然他在理论层面声称公民自治需达到"人人有议政之权，人人有忧国之责"的境地，[3]但在现实操作层面，他却这样设计：

> 今中国举公民之制，凡居住经年，年二十以上，家世清白，身无犯罪，能施贫民，能纳十元之公民税者，可许为公民矣。凡为公民者，一切得署衔曰公民，一切得与齐民异，如秦、汉之爵级然矣。既为公民，得举其乡、县之议员，得充其乡、县、府之议员，得举为其乡、市、县、府之官。不为公民者，不得举其乡之议员，不得举充乡、县、府、省之议员，不得举充乡、市、县、府之官。一切权利，不得与公民等。[4]

---

[1] 梁启超：《再驳某报之土地国有论》，吴松等点校：《饮冰室文集点校》第3集，第1539页。

[2] 梁启超：《杂答某报》，吴松等点校：《饮冰室文集点校》第3集，第1510页。

[3] 康有为：《官制议》，姜义华、张荣华主编：《康有为全集》第7集，第267页。

[4] 康有为：《官制议》，姜义华、张荣华主编：《康有为全集》第7集，第269页。

很明显，在康有为的视域里，要想成为地方自治之重要参与者的“公民”，必须要有一定的财产基础。成为“公民”之后，在社会地位上就能够实现“一切得与齐民异”，成为新的政治与社会精英。而那些没有条件成为“公民”的人，就必须承受“一切权利，不得与公民等”的后果。在这样的设计之下，所谓“人人有议政之权，人人有忧国之责”根本无从实现，只能制造一批新的拥有政治与经济特权的群体。

康有为似乎也并不否认这一点。他声称：“地方自治法，吾中国固已行之。”为何这样说？因为地方上的“绅士、乡老、族正”经常承担公共服务与调节民间纠纷的职能。在治理层面，“局绅皆由绅举而官允许者，亦有不请于官者。有大事，则凡列绅士者得预议焉，甚类于各国议员。其大局则规模章程具备，纯乎地方自治之制矣”。[1]据今人研究，晚清以来广东普遍建立由士绅主导的“公局”来管理地方的社会与经济秩序，他们一方面为了保护自己的利益而时常与官府发生纠纷；另一方面为了巩固其统治，免不了时常盘剥、欺压下层民众。可以说，参与“公局”事务的士绅乃名副其实的手握特权的地方精英。[2]由此可见，或许当时在广东普遍存在的士绅支配格局，给予了康有为思考地方自治方案极大的启发。

三、清末预备立宪运动中的地方自治实践

前文以康梁为例，分析了鼓吹地方自治的言说。而在实践层面，庚子事变之后，清廷为了扭转颓势，开始施行“变法”，宣称要借鉴各国良法美制，更张国内相关事项。日俄战争之后，不少官绅受到当时舆论的影响，认为日本之所以能战胜俄国，是因为前者施行立宪，后者依然专

---

[1]　康有为：《官制议》，姜义华、张荣华主编：《康有为全集》第7集，第273页。

[2]　邱捷：《晚清广东的“公局”——士绅控制乡村基层社会的权力结构》，《晚清民国初年广东的士绅与商人》，桂林：广西师范大学出版社2012年版，第75—89页。

制，制度上的优劣导致了战场上的胜败。于是1905年，清廷下令派遣大臣出洋考察各国政治，为施行立宪做准备。次年9月，清廷以光绪的名义颁布上谕，告知天下“时处今日，惟有及时详析甄核，仿行宪政，大权统于朝廷，庶政公诸舆论，以立国家万年有道之基”，自此开启了预备立宪的进程。[1]

在这股立宪运动当中，地方自治自然是其中的重要组成部分。不少清廷官员受到时代思潮的影响，相信地方自治是医治中国政治弊病的良方。如内阁中书刘坦就认为列强之所以崛起，与行地方自治颇有关系：“读各国立宪史，观其组织立宪之际，必与议院相维，人民朝考夕稽，地方自治之制早已完密，英国当七世纪，他文瑟布勒定地方自治制度，为立宪机关之基础。中国人民尚无选举议员之知识，亦无可任议员之人才，则先行地方自治为教育陶铸之法。盖地方自治之议会组织及投票选举，实为议院之权舆，人民之知识，因练习而渐熟，不难养成适于立宪国民之资格。请饬政务处速定地方自治规则，颁发各省，克日举行，则数年之后，立宪之基础定矣。”[2]又如两江总督端方建议清廷：“江南地方开通最早，士绅智识开明，自奉明诏预备立宪，群情鼓舞，望治尤殷，诚如慈谕，亟宜择地试办地方自治，以为人才历练之地，以速实行立宪之期。”[3]时任出使俄国大臣的胡惟德甚至为清廷设计好了地方自治架构：“一曰设立府县议会、参事会。每县设一会，以本县人民选举议员组织之，每府设一参事会，以府县守令及由县会议员中选举参事会员组织之。县会议员额数，视一县人口多寡而定。选举人及被选举人资格，视财产职业而定。其议事权能，则预算一县岁出入，稽核决算报告，及

[1] 《宣示预备立宪先行厘定官制谕》，故宫博物院明清档案部编：《清末预备立宪档案史料》上册，北京：中华书局1979年版，第44页。

[2] 《内阁中书刘坦条陈预备立宪之法呈》，故宫博物院明清档案部编：《清末预备立宪档案史料》上册，第120页。

[3] 《两江总督端方等奏江宁筹办地方自治局情形折》，故宫博物院明清档案部编：《清末预备立宪档案史料》下册，第722页。

关于地方公益一切应办之事。”[1]

这些奏议其实都提到了一个问题，即地方自治应该主要由哪个群体来实践？无论是端方笔下的江南士绅，还是胡惟德强调的应以财产职业划分是否具有选举权和被选举权，在他们的思考范围里，大概觉得地方自治离不开士绅阶层，所谓的通过地方自治来形成“民意”，指的主要也就是“绅意”。

在清末立宪的过程中，实际上承载地方自治主张的机构乃1907年清廷命各省成立的咨议局。按照《各省咨议局章程》的规定，咨议局的主要任务就是“为各省采取舆论之地，以指陈通省利病，筹计地方治安”。[2]而所谓的“舆论”与“利病”究竟应如何定义？哪些建议可视为“舆论”，不同事项之“利病”何在？这些固然和当时整体的政治氛围有关，但更与有资格成为咨议局中一分子的群体特征息息相关。正如论者指出，咨议局议员的选举资格十分苛刻，要求中学以上学校毕业或举贡生员以上出身，曾任文官七品、武官五品以上且未被参革，在本省有5 000元以上营业资本或不动产的。实际上能满足这些要求的只有非富即贵的上层士绅，许多省份符合这些条件的“合格选举人”只占全省人口的0.5%左右，这就导致占人口99%以上的人并无参与其事的资格。[3]张朋园这样总结清末咨议局议员的总体特征：“咨议局议员大多数为具有传统功名之士绅；若干士绅同时又曾接受过新式教育；大多数为有产阶级；高层士绅中多曾在中央或地方担任过官职，有一些政治经验，对政府有所认识。”[4]

---

[1] 《出使俄国大臣胡惟德奏请颁行地方自治制度折》，故宫博物院明清档案部编：《清末预备立宪档案史料》下册，第716页。

[2] 《各省咨议局章程》，故宫博物院明清档案部编：《清末预备立宪档案史料》下册，第670页。

[3] 高放等著：《清末立宪史》，北京：华文出版社2012年版，第255页。

[4] 张朋园：《中国民主政治的困境：1909—1949晚清以来历届议会选举述论》，上海：上海三联书店2013年版，第67页。

因此，地方咨议局的成立，很大程度上就为清代以来已经颇有势力的绅权披上一层更为厚实的合法化外衣，其结果便是导致地方士绅的话语权进一步扩大，使地方自治成了“地方绅治”。正如论者所言，“新政开始以后，绅士们在办学堂、警察、工商，以及筹办地方自治等各项事务中发挥了很大的作用，以至有舆论称此为‘绅士得志之时代’。城镇乡地方自治使绅士参与地方事务有了组织化、制度化的平台，极大地激发了他们的参与热情”。[1]作为亲历者，对于清末的政治风潮，冯友兰回忆道：

我现在想起来，当时的斗争，是绅权和官权的斗争。在当时的封建社会中，官和绅本来是一样的人。知识分子经过科举做了官，在他做官的地方他是官，回到他原籍他就是绅。在清朝末年，实行了一些新政。在新政中，往往用了些本地绅士，特别是教育一项，官是无能为力的。在教育界，绅权很快就发展起来了。父亲在武昌的时候，我听见他同母亲商议，说他有些朋友劝他辞去湖北的官，回河南当绅，说绅比官有前途。[2]

在传统社会里，士绅固然承担了一些地方上的公共职能，并且一定程度上促进了地方社会网络的正常运作。但作为特权阶层，他们在社会生产关系中处于剥削者与支配者的地位，当需要获取更多的经济资源以巩固自己的社会地位时，就会伤害下层民众的基本利益。这样的特点，在咨议局成立之后依然存在，甚至有变本加厉之嫌。例如在被端方视为“士绅智识开明”的江苏省，清廷成立地方咨议局后，1910年，江苏海州等地发生严重饥荒，饥民向地方士绅开办的实

[1]　刘伟：《清季州县改制与地方社会》，北京：北京师范大学出版社2019年版，第315页。

[2]　冯友兰：《三松堂自序》，上海：东方出版中心2016年版，第36—37页。

业公司求食，出现焚抢事件，公司遂向饥民开枪射击，造成人员伤亡。两江总督张人骏派员前往调查，将处事乖方的地方官与下令开枪的公司经理一并革职，并缉拿放枪之人与滋事饥民。但江苏省咨议局闻后，却不顾饥民遍野、生计无着的事实，指责张人骏未严惩闹事饥民，无视咨议局，违背法律，未经其同意就单独处理此事，并强调闹事饥民乃匪徒。由此可见，在当时的社会经济结构下，一旦成立议会，所谓民权是有特定范围的，一般升斗细民基本无缘于此。[1]参与了清末不少政治活动的沈曾植在当时甚至认为："西人立宪实以限制民权，谓之限制君权者表面语耳"，他自信这一观点"窥见彼中政治家隐微"。[2]与其说他这是在分析近代西方政治思想，不如说是对当时极力效仿西洋法政之学的清廷官员的劝告，让他们明白搞君主立宪究竟是为了什么。

或许是意识到绅权的这些特点，1907年《申报》上刊登了一篇名曰《论绅权》的文章。作者指出："中日战后，外患迭增，民穷财尽之余，又颇以横征暴敛为苦。识时之士，遂议授权于绅，为沟通上下，保全民生之计。此其用意固属至善，但十年以来，若学界，若军界，若实业界，无处不有绅士之迹，而竟无事能食绅士之福。"[3]之所以如此，作者认为主要由于士绅阶层与官僚队伍关系紧密，后者基本出自前者，前者的权力也基本由后者所授予，所以并不能真正代表广大民众的利益，而是仗着预备立宪之后有官权撑腰，变本加厉地盘剥民众，并且将许多官场陋习延续到基层治理之中，加剧了社会冲突。总之，在作者看来，"盖官场之与绅士，未有不狼狈为奸者也"。[4]

---

[1] 关于这一事件详细本末，参见李细珠：《地方督抚与清末新政——晚清权力格局再研究》，北京：社会科学文献出版社2012年版，第303—305页。

[2] 沈曾植：《与吴庆坻（1906年1月）》，许全胜整理：《沈曾植书信集》，北京：中华书局2021年版，第247页。

[3] 春：《论绅权》，《申报》1907年2月23日，第2版。

[4] 春：《论绅权》，《申报》1907年2月23日，第2版。

因此，对于清末的地方自治的一些本质特征，革命党人刘师培在当时的观察就颇有见地：

> 今中国议院虽未设立，然倡立宪之论者，均谓国会与地方自治相表里，复以地方自治为代议政体之基，一若此制苟行，则民权骤伸。此实大谬不然之说也。夫代议制度，较之官吏之专制，其害尤深。何则？中国自近世以来，贪官污吏，所在多有。纳贿敛财，视为惯技。然官吏既非土著之人，即幕客、门丁，亦来自千里之外，民之情伪，安克周知？舞弊之方，亦非谙悉。凡狱讼、征科诸巨事，其有舞文曲法者，必绅耆为之通关节，书吏为之作爪牙。其有悉索贿赂，致小民荡产倾家，或虐遇无告之民，严刑以逞，则出于隶役所为。夫绅耆、书吏、隶役，均土著之民也，而贻害于民，至于此极。是则为小民者，罹官吏之害尚浅，罹土民之害尤深。而官吏之害民，又必假土民之手。此固证之各省而皆然者也。若地方自治之说昌，操其柄者，非退休之官吏，即殷实之富民；为之役者，则又一物不知之新党。虽曰土著之民，必卫桑梓，然昔日之为民病害者既为土民，今又假治事之名，以行武断把持之实，适实成一豪民之政治而已。况昔日土民之害，出于间接，今则以直接之法害民；昔日小民之受制，仅官吏数人，今则于官吏压制外，更增豪民之压制。始也，假振兴公益之名，以敛民财。至其实际，则绅民之权日伸，平民之权日削；邑民之权日伸，乡民之权日削。此则少数人民之利，岂多数人民之利哉！若夫国会之制，其弊尤增。试观君主立宪之国，为议员者，半属贵族；民主立宪之国，为议员者，尽属资本家。其有欲博多数选举者，必以资财运动；及被举以后，则又纳贿招权。况中国政以贿成，匪伊朝夕，其有不蹈此弊者几希。且即近日各省之情观之，各省省垣，咸有学会；大邑通都，咸有商会；即路、矿诸政，亦有设立总局者。其总理之员，均由省民公举。然为之总

理者，或以阀阅，或以官阶，或以资产。舍是三者，别无被选之人。即任分会会长、评议员者，亦必视其资格之若何，方克入选。援是以推，即他日议员制度成立，各省所举之议员，即系今日之总理，此固无待蓍龟者也。平民之利权，果安在耶？不过受绅民之迫责，以增纳租税而已！[1]

四、辛亥革命之后的绅权问题

1911年，武昌起义爆发，清政府被推翻。从表面上看，这场革命运动推翻了君主统治，建立了共和体制。但关于辛亥革命的本质，冯友兰认为："我现在觉得辛亥革命的一部分动力，是绅权打倒官权，就是地主阶级不当权派打倒地主阶级当权派。三民主义中的民权主义和民生主义，不但当时的一般人不懂，当时革命队伍中的人也不是都很懂的。我也主张辛亥革命是资产阶级民主革命。但我也认为，当时的资产阶级力量是很软弱的。所谓官权与绅权的斗争，正是表现了当时地主阶级内部的矛盾，辛亥革命一起来，绅权便自然成为革命的一个同盟军，一起反对当权的地主阶级，即以清朝皇帝为代表的地主阶级当权派的统治。"[2]亲历了辛亥革命在四川的蒙文通也回忆，在清代统治被推翻以后，"出现所谓民权之说，这个民权，实际上就是绅权"。[3]而根据汪荣祖老师的研究，辛亥革命期间，"在许多地区，革命党人必须仰赖士绅的政治与经济支持，才能宣布独立"。作为革命者，"革命党未能指导群众运动，更无论动员人民。即使是最激进的

[1] 刘师培：《论新政为病民之根》，万仕国辑校：《刘申叔遗书补遗》上册，扬州：广陵书社2008年版，第795—796页。

[2] 冯友兰：《三松堂自序》，第37页。

[3] 蒙文通：《中国封建社会地主与佃农关系初探》，蒙默编：《蒙文通全集》第3册，成都：巴蜀书社2014年版，第292页。

革命党人，多半出身寒微，较能同情下层社会的弱势族群，却也不知组织愤怒乡民的重要性”。与之相反，“革命之后，民国的各级地方政府几全赖士绅的经济支持，根本不能冒犯包括‘劣绅’在内的士绅阶级”。[1]在湖南，辛亥革命之后，士绅阶层迅速占据了主要的权力机构，并在经济上加紧对农村的搜刮，使农民并未在这场革命中获得实质性的益处。[2]在广东，经历了短暂的动荡之后，原先的士绅阶层卷土重来，再次控制了基层的权力机关，一些参加了革命运动的革命党人，也如法炮制，成为新的士绅。他们利用原来就普遍存在的社会关系网络，继续对地方进行支配。[3]在中央层面，张朋园统计，民国第一届国会中的议员非富即贵，属于上层社会，以维护自身的经济利益与社会特权为主要政治立场。[4]在此背景下，正如民初政治的亲历者李剑农所述，当时所有政治团体“都是没有民众作基础的政团，政团不过是读书绅士阶级的专用品”。因此参议院中的政党“都与民众不生关系，都成了水上无根的浮萍”。[5]可以说，辛亥革命虽然表面上推翻了帝制，但实际上却为实践清末以来甚嚣尘上的“兴绅权”之论大开方便之门。

当然，辛亥革命之后，各省军阀势力膨胀，新政权已经很难由士绅阶层所独掌。对此，陈志让认为：“一九一二年以后，军人的势力壮大，中国的行政机构从上到下，却变成了军人领导绅士的政权。北京的总统、总理、国务院、国会受军人操纵；各地方的县长、乡长也受军

---

[1] 汪荣祖：《论辛亥革命的三股主要动力》，《读史三编》，上海：上海人民出版社2019年版，第260、261页。

[2] 周锡瑞著，杨慎之译：《改良与革命：辛亥革命在两湖》，南京：江苏人民出版社2007年版，第310—314页。

[3] 邱捷：《民国初年广东乡村的基层权力机构》，《晚清民国初年广东的士绅与商人》，第96—97页。

[4] 张朋园：《中国民主政治的困境：1909—1949晚清以来历届议会选举述论》，第103页。

[5] 李剑农：《中国近百年政治史》，武汉：武汉大学出版社2006年版，第283—284页。

人操纵。这种政权我们叫作‘军–绅政权’。”[1]在此情形下，士绅阶层在中央层面与省一级层面的权力被大为削弱，很多情况下只能依附于大小军阀。杜亚泉称这一现象为士绅阶层的“游民化”。而那些“实际上握政权之官僚或武人，大率为游民首领之贵族化者”。[2]因此，当时的士绅阶层以及脱胎于此的新式知识分子群体，“往往同一人也，拂逆则显游民性质，顺利则显贵族性质；或表面上属游民性质，根柢上属贵族性质”。[3]他强调此乃中国政治革命有名无实的根本原因。

另一方面，在地方上，辛亥革命之后军权兴起，基层社会的暴力化倾向越来越浓厚。加之随着资本主义生产方式在国内的普及，士绅阶层过去赖以维系其地位的经济基础被不断削弱，许多士绅及其后代长期居住在城市，与基层社会的联系愈发稀薄，这导致士绅支配的格局虽然在基层社会依然存在，但有着十分明显的“劣绅化”倾向。过去那些乡土社会里表面上的温情脉脉也不复存在，许多豪绅地主兼任当地团练头领，凭借暴力来控制一方。对此，瞿秋白在大革命时期指出：“乡村之中的土豪劣绅，实际上是乡村里的小政府：一省的督军是一省的军阀，一村的乡绅便是一村的军阀，这些土豪乡绅在农村之中包揽一切地方公务，霸占祠堂庙宇及所谓慈善团体、公益团体的田地财产，欺压乡民，剥削佃农，作威作福，俨然是乡里的小诸侯；军阀的政权自然是经过他们而剥削农民的，他们替军阀、县官包揽捐税，勒索种种苛例；他们可以自己逮捕农民，私刑敲打，甚至于任意杀戮，如活埋、烧死等等惨剧，都是他们的惯技。军阀所用以统治

---

[1] 陈志让：《军绅政权——近代中国的军阀时期》，北京：三联书店1980年版，第4页。

[2] 杜亚泉：《中国政治革命不成就及社会革命不发生之原因》，田建业等选编：《杜亚泉文选》，上海：华东师范大学出版社1993年版，第400页。

[3] 杜亚泉：《中国政治革命不成就及社会革命不发生之原因》，田建业等选编：《杜亚泉文选》，第402页。

农民的力量，正在于有土豪乡绅的宗法政权做他们的根基。而且土豪乡绅，除军阀的军队以外，还有自己的武装，例如广东的民团，湖南的团防，以及其他各省的乡村军队，往往以防御土匪为名，而事实上是压迫农民的武器。”[1]

1924年国民党改组之后，在中国共产党的影响下开始重视农民运动，进一步深化孙中山三民主义中关于平均地权的思想。本年，廖仲恺对广东香山县农会代表说：“你们应该从速团结起来，组织起来，预备好你们的力量。旧农会本来是有的，但这是同你们农民无关的，是一班绅士学者组织的。你们要自己组织起来一个真正的农民协会。”[2]这番话其实已经开始反思晚清以降的将民权等同于绅权的做法，并尝试让农民自己组织起来，成立维护自身利益的团体。但是，在1927年蒋介石发动所谓“清党”运动之后，正如王奇生分析的那样，虽然国民党发动“清党”的初衷或许并不是让土豪劣绅与不法分子从中获益，但在“清党”过程中，“不少真正有信仰有理想有革命热情的党员受清洗，被淘汰，有的因同工农群众打成一片而被当作共产党惨遭杀害”。与此同时，“又有成千上万的投机分子、腐化分子和土豪劣绅涌入国民党内，部分填充了共产党和国民党左派青年被清洗之后所留下的组织空缺”。[3]这让那些在国民革命中遭受损失的土豪劣绅有了一个重新崛起并把控基层政权的机会。[4]

因此，虽然南京国民政府成立之后，国民党政权仍然宣称要贯彻民

---

[1] 瞿秋白：《农民政权与土地革命》，《瞿秋白文集（政治理论编）》第4卷，北京：人民出版社2013年版，第562页。

[2] 廖仲恺：《农民解放的方法》，广东省社会科学院历史研究所编：《廖仲恺集》，北京：中华书局2011年版，第197页。

[3] 王奇生：《党员、党权与党争——1924—1949年中国国民党的组织形态》，上海：上海书店出版社2009年版，第97、98页。

[4] 关于1927年以后地方士绅的支配情形及其造成的民怨，参见林济：《近代乡绅与宗族社会》，章开沅、马敏、朱英主编：《辛亥革命前后的官商绅学》，武汉：华中师范大学出版社2011年版，第377—385页。

生主义，但是由于基层政权依旧被士绅阶层控制，许多政策根本无法落实。例如按照国民党的宣传，要在农村实行“二五减租”，改善农民生活。但即便在当时国民政府还能大致控制局面的浙江省，这一政策仍遭到地主乡绅的激烈反对，甚至公然袭击奉命执行这项政策的官员，导致根本无法推行，而省主席张静江为了平息这些地方精英的怨气，决定取消“二五减租”。[1]亲历其事的萧铮回忆：

> 那时我认为清党以后，必须一面加强民众运动，尤其是组织农会以巩固本党下层基础；一面要求政府实行党的政策，更要实行二五减租以实践我们革命时的诺言。但地方上的旧势力和腐败分子（清党以后乘机抬头）却竭力反对，他们利用张静江先生来遏阻我们的工作。张在清党之后来浙江正式成立政治分会，主张以许宝驹为省党部农民部长，许系杭州世家，拥有资财之大地主。要他做农民部长，就是要停止减租运动。[2]

由此可见，虽然南京国民政府成立之后，由于军人与留学生大量加入政府，士绅阶层在中央层面的影响不断减小；[3]但因为清党之后，大量地方土豪地主加入国民党，成为基层党部的主导力量，国民党政权的性质也就与国民革命时期大不相同，一定程度上成了地方士绅（甚至是劣绅）的代言人。因此，据时人观察，当国民政府打算推行现代化建设时，“就过去几年情形而论，一切减轻封建剥削的改良政策，比较容易得到中央和若干省政府的同情，但很难得到县政府

---

[1] 关于此事之详情，参见金德群主编：《中国国民党土地政策研究（1905—1949）》，北京：海洋出版社1991年版，第192—193页。

[2] 萧铮：《萧铮回忆录：土地改革五十年》，台北：中国地政研究所1980年版，第18页。

[3] 鲁卫东：《民国中央官僚的群体结构与社会关系（1912—1949）》，北京：中国社会科学出版社2017年版，第139—140页。

尤其是区乡长的拥护。中央政府所决定的改良政策，往往传到省政府时打了一个折扣，传到县政府时再打一个折扣，落到区乡长手里的时候，便已所剩无几。譬如‘减轻田赋，废除课杂’，中央虽然三令五申，但到县政府和区乡长的手里时候，就会把一部分的田赋变成税捐，把一部分的税捐变成摊派，换汤不换药地敷衍过去。又如以前浙江省实行二五减租的时候，省政府和省党部所颁布的法令虽然十分严密；但是许多县政府和区乡长竟阳奉阴违，甚至‘伪造政府训令’，宣称‘实行二五减租即以共匪论罪’。许多负责推行二五减租政策的党务工作人员，往往会被地主控告，以至于受警局的逮捕和拘禁。这说明地方政府尤其是乡村政治组织充满着豪绅封建势力，很难希望它来忠实执行反封建的改良政策”。[1]在这样的情形下，从晚清以来延续至民国的绅权，非但不能让国民党政权建立牢固的统治根基，反而导致其不断丧失民心。在一本由国民党方面编撰、出版于抗战期间的关于中国农村土地问题的著作里，作者承认在当时“我国各地佃租制度极不一致，其最大的弊害在租额过重、租期无定和租约苛刻”，在地主阶级的各种剥削之下，“佃农生活大多陷于极穷困的境地，土地利用、农业生产受到了很大的影响”。[2]这背后显示的就是地主劣绅在农村当中有着极强的支配力，使得农村的经济分配现状极不合理，致使广大农民陷于穷困。到了1948年，在国民党军队溃败的前夕，张治中向蒋介石提交了一份《对当前国是之检讨与建议》。他指出农村里土豪劣绅把持政权、农民受尽剥削，是导致国民党失败的重要原因：

虽本党之政纲政策悉以三民主义为内容，然一切未付实施，

[1] 益圃：《新土地政策的实施问题》，薛暮桥、冯和法编：《〈中国农村〉论文选》上册，北京：人民出版社1983年版，第313—314页。

[2] 朱子爽：《中国国民党土地政策》，重庆：国民图书出版社1943年版，第12、13页。

如同废纸。此二十年来，除对抗日为遵循民族主义之行动以外，所谓民权，实际上则为官权绅权与土劣之权。基层农村直接领导人民以至代表民权之分子，悉为土豪劣绅、流氓地痞。君子道消，小人道长，善良侧目，道路嗟怨。人民对本党政权之失望，已达极点。此为职在家乡身历其境所得之印象，绝非过甚其词。至于民生主义，首重平均地权，主要之目的在解决土地问题亦即农民问题，而使耕者有其田。直至今日，不但对此一目标杳不可即，甚至最初步之办法——二五减租，亦碍难实行。而豪强兼并，变本加厉，贫农之痛苦日深，思乱日甚。[1]

这番话，不但是对国民党执政历程的一份检讨，也可视为清末地方自治思潮及其在辛亥革命之后的表现形式的一个总结。越过那些充斥着现代性话语外表的言说，从实际的历史进程中，或许更能看清所谓地方自治及其真正的实践主体，在近代中国的真实面貌究竟是怎样的。

五、结语

关于各种现代性话语在政治转型中的实际作用，亨廷顿认为：

在一个现代化之中的君主政体中，主要的政治分野是在君主及其官僚支持者和宗教及贵族反对派这二者之间。后者的目的是维护传统社会和他们在该社会中的特权地位。在为达到此目的而进行的斗争中，尽管他们的利益是传统和保守的，但这种利益最终却将迫使他们拥护并鼓吹自由、宪政和代议制政府这样一些现代

[1]　张治中：《张治中回忆录》，北京：华文出版社2014年版，第291页。

价值观念，并以此来反对君主的改革和集权目标。[1]

这一观点非常适合用来分析清末的地方自治思潮及其实践。虽然这一思潮的鼓吹者不断地运用各种现代性话语，宣扬实行地方自治将会给中国带来许多好处；但在具体的实践中，真正能从这些主张当中获益的基本还是清代以来在地方上掌控政治、经济与文化资源的士绅阶层。从历史进程来看，他们非但无助于实现政治整合，提高国家的政治组织与动员能力，进而抵御外辱，实现富强，反而使自己的这些特权被赋予了新的合法化外衣。及至辛亥革命之后，由于中央政权疲软无力，地方士绅依旧能延续其支配形式，并且伴随着整个政治社会的失序，在获取资源方面更为粗暴，显示出“劣绅化”的特征。这让南京国民政府很难推行孙中山三民主义当中与民生主义相关的政策，严重损害了其政治合法性。国民党统治与绅权相伴，最终导致其在大陆的覆亡。这其实是一个十分深刻的历史教训，由此也从另一个角度证明了中国共产党领导的土地改革运动与集体化运动的历史必要性。而即便按照保守主义的立场，一个成熟的社会也需要继承那些宝贵的传统；那么在中国历史上，儒家的“仁政必自经界始”“不患寡而患不均”，以及由此衍生出来的“抑兼并”“摧豪强”主张，批判“富者连阡陌，贫者无立锥”，这些也是影响深远的传统。如何在新的形势下用各种新的治理方式（包括立法的形式）实现这些古圣先贤所提倡的理想，切实保障新中国成立之后广大人民群众获得的政治与经济权利，同时避免那些曾经在近代史上出现的不良现象改头换面以新的新式再次出现在中华大地上，实为地方治理当中必须要正视的问题。

[1] ［美］亨廷顿著，王冠华等译：《变化社会中的政治秩序》，上海：上海人民出版社2015年版，第132页。

重建中国历史的“大一统”叙事

自秦汉以降，中国大地上出现了规模巨大的政治体。《春秋公羊传》中所言的“大一统”理想，基本成为后代王朝不断努力实现的目标，即便处于分裂割据状态，各个统治阶层基本上也以追求重新统一、强调正统地位作为政治合法性的根本。在《国史大纲》中，钱穆更是强调这种政治上的大一统性格乃中国历史区别于西方历史的主要特征：

> 秦、汉大一统政府之创见，已为国史辟一奇迹。近人好以罗马帝国与汉代相拟，然二者立国基本精神已不同。罗马乃以一中心而伸展其势力于四围。欧、亚、非三洲之疆土，特为一中心强力所征服而被统治。仅此中心，尚复有贵族、平民之别。一旦中上层渐趋腐化，蛮族侵入，如以利刃刺其心窝，而帝国全部，即告瓦解。此罗马立国之形态也。秦、汉统一政府，并不以一中心地点之势力，征服四围，实乃由四围之优秀力量，共同参加，以造成一中央。且此四围，亦更无阶级之分。所谓优秀力量者，乃常从社会整体中，自由透露，活泼转换。因此其建国工作，在中央之缔构，而非四围之征服。罗马如一室中悬巨灯，光耀四壁；秦、汉则室之四周，遍悬诸灯，交射互映；故罗马碎其巨灯，全室即暗，秦、汉则灯不俱坏光不全绝。因此罗马民族震铄于一时，而中国文化则辉映于千古。我中国此种立国规模，乃经我先民数百年惨淡经营，艰难缔构，仅

而得之。[1]

在这里，钱穆为了论述中国古代政治的特性，有意将罗马帝国作为比较对象，这就显示了在现代中国这一古今东西碰撞激烈的时代，如何论证中国自身的特点，如何叙述中国的历史流变，已经不能单从中国内部进行分析，必须注意到西学（或曰“西方经验”）对于中国知识体系的巨大冲击。甚至可以这样说，除了钱穆等少数坚持中国历史具有自身特性，同时强调这种特性的正面意义值得阐扬的人，这一时期绝大多数的文化人在认识中国的历史与现实问题时，往往不是从中国自身状况出发，而是把某些域外理论作为基本准则来衡量中国的各个方面，以他人之是非为是非，裁量中国历史，视此为“融入世界”、接受所谓“普世价值”的必备条件。这在很大程度上导致了现代中国历史叙述的某种“失语”状态。

在这样的背景下，钱穆所称赞的大一统政治格局是否还具有优越性，在现代中国就成了一个答案并不那么明确的事情。在近代西方启蒙运动的论述里，中国往往是一个负面的形象，用来论证所谓“专制政体”如何不堪。而在对近现代中国知识界影响极大的孟德斯鸠看来，专制政体的出现还与统治疆域的广袤关系紧密：

> 一个广大帝国的统治者必须握有专制的权力。君主的决定必须迅速，这样才能弥补这些决定所要送达的地区的遥远距离；必须使遥远的总督或官吏有所恐惧，以防止他们的怠忽；法律必须出自单独的个人，又必须按照所发生的偶然事件，不断地变更。国家越大，偶然事件便越多。[2]

---

[1] 钱穆：《国史大纲》上册，台北：台湾商务印书馆1995年版，引论第13—14页。

[2] ［法］孟德斯鸠著，张雁深译：《论法的精神》上册，北京：商务印书馆2004年版，第150页。

因此，既然是广土众民，那么“中国是一个专制的国家，它的原则是恐怖。在最初的那些年代，疆域没有这么辽阔，政府的专制精神也许稍微差些；但是今天的情况却正好相反”。[1]在这样的论述下，中国秦汉以来的大一统格局就成了中国长期处于专制政治的帮凶，成为施行“恐怖”统治的根源，广土众民变成了一种负面形象。

此外，在同样对近现代中国知识界影响极大的卢梭眼里，政权疆域过大，“人民对他们根本见不着面的首领，对他们看起来如同异域的祖国，对大部分不相认识的同胞，也更加缺乏感情。要使那么多风俗习惯和自然条件迥然不同的省份都遵守同一种法律，接受同一种治理方式，那是不可能的”。此外，“在这样一种由一个至高无上的行政权威聚集在一起而彼此又互不认识的人群里，人们的才智必然会被埋没，他们的美德无人知晓，他们的恶行也不会受到惩罚”。更有甚者，由于公务繁忙，“政府没有余力来关心人民的幸福，甚至在紧要关头几乎连用来保卫它自己的力量也没有了”，最终“一个躯体过大的共同体就会在它自身的重压下遭到削弱和毁灭”。[2]可见，在卢梭的政治视野里，疆域广袤的政治体的存续问题是极为严峻且不乐观的，如何治理大国，可以说超出了他对于何谓良好政治的理解范围。

孟德斯鸠、卢梭等人的政治学说，在晚清经由日本知识界的译介，对近代中国文化人产生了巨大的影响。而他们对于大国治理的否定性态度，也很快成为清末民初知识分子用来批判中国传统政治文化的重要理论依据。在风行一时的《新民说》中，梁启超直接强调中国的大一统格局实为中国“进化”受阻之祸首：

竞争为进化之母，此义殆既成铁案矣。泰西当希腊列国之时，

[1] ［法］孟德斯鸠著，张雁深译：《论法的精神》上册，第153页。
[2] ［法］卢梭著，李平沤译：《社会契约论》，北京：商务印书馆2018年版，第52—53页。

政学皆称极盛。洎罗马分裂，散为诸国，复成近世之治，以迄于今，皆竞争之明效也。夫列国林立，不竞争则无以自存。其所竞者，非徒在国家也，而兼在个人，非徒在强力也，而尤在德智。分途并趋，人自为战，而进化遂沛然莫之能御……此实进步之原动力所生也。中国惟春秋战国数百年间，分立之运最久，而群治之进，实以彼时为极点。自秦以后，一统局成，而为退化之状者，千余年于今矣，岂有他哉，竞争力销乏使然也。[1]

相似地，在《论中国与欧洲国体异同》一文里，梁启超认为"欧洲诸国常分立，而中国全域常统一"。至于其影响，梁氏声称：

凡列国并立者必相争，使天下无罪之民，肝脑涂地。又凡封建贵族之国，持国权者必极骄倨，奴视其民，民不堪命。故论安民之政，则列国必不如一统，斯固然也。虽然，列国并立者，以有所争竞，故其政府不能不励精图治，以谋国家之进步，求足与他国相角，而不至堕落，如是则国政必修；其国民常与他国相遇，常与战事相习，则其敌忾好胜之心，自不得不生，如是则民气必强。国政修，民气强，而国民之文明幸福，遂随之而日进，此列国并立之效用也。若我中国以数十代一统之故，其执政者枵然自大，冥然罔觉不复知有世界大局，惟弥缝苟且以偷一日之安，务压制其民，以防乱萌，而国政之败坏萎弱，遂至不可收拾；其国民受压既久，消磨其敌忾之心，荡尽其独立不羁之气，以至养成不痛不痒今日之天下。此则二千年一统之国势所影响也。[2]

---

[1] 梁启超：《新民说》，北京：商务印书馆2016年版，第122—123页。

[2] 梁启超：《论中国与欧洲国体异同》，吴松等点校：《饮冰室合集点校》第2集，第771页。

梁启超的这种论述，不但在晚清甚为流行，到了五四新文化运动期间，依然是活跃于思想界的领袖们借以否定中国历史文化的主要方式。面对民初政局的混乱、民生的凋敝，陈独秀在1915年痛陈："举凡吾之历史，吾之政治，吾之社会，吾之家庭，无一非暗云所笼罩；欲一一除旧布新，而不为并世强盛之民所兼、所攻、所食，固非冒万险，排万难，莫由幸致。"[1]这种对民族国家危机的担忧，自然无可厚非，但他却认为，造成这种情形的原因之一，除了"学说之为害"与"专制君主之流毒"，还在于中国历史上的政治统一：

> 列邦并立，各自争存，智勇豪强，犹争受推重。政权统一，则天下同风，民贼独夫，益无忌惮；庸懦无论矣，即所谓智勇豪强，非自毁人格，低首下心，甘受笞挞，奉令惟谨，别无生路。"臣罪当诛，天王圣明。"至此则万物赖以生存之抵抗力，乃化而为不祥之物矣。[2]

长时期的政治统一原来也是阻碍中国步入"近世文明"的绊脚石？在这里，陈独秀心中想象的，大概是欧洲中世纪以降封建割据、列国林立的历史画面。其实从具有极高行政效率的现代国家角度来看，任何传统的"大帝国"在政治能力与政治文化上都有"苟安"之态，这是现代国家与古代王朝之间的本质区别，而非由于中国广土众民。更有甚者，从清末开始，有识之士之所以苦苦探寻救亡图存之道，正是因为西方列强的入侵，严重危害到了中国的疆域版图，也就是政治统一，让中国有惨遭瓜分之险。而许多对国家问题的分析与论辩，都基于如何维系历史中形成的统一之局。若没有这种强烈的救亡意识，时人哪

[1] 陈独秀：《抵抗力》，任建树主编：《陈独秀著作选编》第1卷，上海：上海人民出版社2009年版，第180页。

[2] 陈独秀：《抵抗力》，任建树主编：《陈独秀著作选编》第1卷，第181页。

里会孜孜不倦地探寻西洋诸国的富强之道？总之，这种源自西方近代启蒙运动论述的否定中国大一统政治格局的观点，在今天应该予以反思，避免其成为人们认识中国古代政治流变的习以为常的标准。

此外，晚近开始流行的另一种否定中国历代大一统政治格局的叙事，就是带有极强解构主义色彩的所谓“地方性”叙事、反国家叙事。柯文在检讨美国汉学研究之时，认为要想形成所谓“中国中心观”，一个可行之道就是，“把中国从空间上分解为较小的、较易于掌握的单位。在这个意义上，这种取向并不是以中国为中心，而是以区域、省份或是地方为中心。采取这种做法的主要依据是因为中国的区域性与地方性的变异幅度很大，要想对整体有一个轮廓更加分明、特点更加突出的了解——而不满足于平淡无味地反映各组成部分间的最小公分母——就必须标出这些变异的内容和程度”。[1]对外国研究者而言，中国历史悠久、典籍繁复，没有那种长期生活于此而形成的历史与现实感，自然难以进入中国的文化情境之中。因此，选取一个切面，或许能够较为便利地理解中国历史基本特征。如此这般并无不可。但如果作为中国研究者，因为出于对美国的某种文化想象而把柯文此论看作治学要义，遗弃对中国历史的整体性、全局性把握，甚至认为钱穆所言的大一统格局是历代史书所“建构”之物，那么恐怕将很难理解中国历史的一些核心要素。毕竟，“剑外忽传收蓟北，初闻涕泪满衣裳”，“西北望长安，可怜无数山”，“王师北定中原日，家祭无忘告乃翁”，这样的诗词能够传诵千古，流传至今，不正说明了在中国历史文化里，对于何谓治世、何谓道德、何谓良好社会秩序的基本态度么？刻意突出“地方性”，用后现代理论“论证”大一统叙事乃“权力书写”，这到底是在搞实证研究，还是在搞意识形态话语？

[1] ［美］柯文著，林同奇译：《在中国发现历史——中国中心观在美国的兴起》（增订本），北京：中华书局2002年版，第178页。

进一步而言，晚近对于大一统历史叙事更有“冲击力”的莫过于基于无政府主义立场的反国家理论，其代表人物便是如今在中国图书市场颇受青睐的詹姆斯·C.斯科特的著作。在他看来，“前现代化国家在许多关键方面几乎近似盲人”，它对于统治疆域内的人口总数、土地状况知之甚少，缺乏统一的施政标准与度量衡。[1]而现代国家的最主要特征则是将许多极具差异性的事物“简单化”，用单一标准去进行统治，导致对所谓“多样性”与“差异性”的粗暴剪裁。因此，国家的形象自然是负面的：

> 社会的清晰性提供了大规模展开社会工程的可行性，而极端现代主义的意识形态提供了愿望，独裁的国家则有实现这一愿望的决定权和行动能力，而软弱的公民社会则提供了等级社会作为其实现的基础。[2]

在《国家的视角》一书里，斯科特特别批判了十月革命之后苏联的社会主义建设，认为此乃列宁根据主观理念而制定的政治经济方针，是一种极端的“现代主义”，它通过强制性的权力来推行，忽视了社会实为一个复杂的有机体，因此诸如农业集体化这样的大规模现代化建设就显得漏洞百出，代价极大。“除了列宁所高度赞扬的极端现代主义农业的表象外，国家根本不能实现任何目标，其根本原因在于国家强大的能力可以废除农村生产者的制度、将自己的意愿强加给农民。”[3]虽然作者声称“我反对特定的某一类国家，并不表明我主张弗雷德里

[1] ［美］詹姆斯·C.斯科特著，王晓毅译：《国家的视角——那些试图改善人类状况的项目是如何失败的》，北京：社会科学文献出版社2019年版，第2页。

[2] ［美］詹姆斯·C.斯科特著，王晓毅译：《国家的视角——那些试图改善人类状况的项目是如何失败的》，第6页。

[3] ［美］詹姆斯·C.斯科特著，王晓毅译：《国家的视角——那些试图改善人类状况的项目是如何失败的》，第296页。

希·哈耶克和米尔顿·弗里德曼所推动的政治上自由的市场协作”，[1]但是不难想象，既然作者对苏联的经济建设大加抨击，那么一定会引起不少有心之士欢呼雀跃，将作者对于国家的否定拿来套用在论述中国的历史与现实当中。或许是感觉到了自己的观点在中国将引起某一类人的重视，作者专门对中国读者写道：

> 我最近发现，《水浒传》中充满了真知灼见，它表明在国家的压迫下，人迹罕至的山地如何成为人们避难和复兴的场所。这一经验在很多方面也适用于我所研究的东南亚大陆山地与河谷之间的关系。[2]

多么有趣的论调！作者也许并不知道，《水浒传》里的诸好汉之所以聚义梁山，是因为他们受到贪官污吏、地方豪强不同程度的迫害，因此才选择“落草为寇”。而梁山泊的旗帜“替天行道”，表明他们并不是为了逃避国家机器，避秦于人迹罕至之地，而是处江湖之远则忧其君，用另一种方式来除暴安良，维系政治上的正统。换言之，他们的所作所为依然是为了让朝廷变得更好，于是才有后来的接受招安，替北宋王朝东征西讨。也正因为如此，毛泽东才认为《水浒传》给后人的教训就是“投降”，是“只反贪官，不反皇帝”。更有甚者，梁山泊内部也有颇为明确的政治与军事分工，所谓的“英雄排座次”就显示出某种政治秩序与权力等级的存在。总之，要么是斯科特根本没有仔细读过《水浒传》，要么是他的知识积累还无法理解这部伟大的中国古典文学作品。换言之，他很可能并不怎么了解中国的历史与文化。总之，对于这

[1] ［美］詹姆斯·C.斯科特著，王晓毅译：《国家的视角——那些试图改善人类状况的项目是如何失败的》，第10页。

[2] ［美］詹姆斯·C.斯科特著，王晓毅译：《国家的视角——那些试图改善人类状况的项目是如何失败的》，中文版序言第1页。

样的政治与文化心态，陈旭麓先生主编的一本近代通史有着十分精辟的剖析：

> 无政府主义者的这些狂言乱语，充分证明了列宁的论断："无政府主义是绝望的产物。它是失常的知识分子或游民的心理状态，而不是无产者的心理状态。"这些人既狂妄，又无知。一时心血来潮，就得意忘形，自命不凡，把他们的小团体说成是"生命的结晶""人类的救星"；然而，稍受阻挫，就意志消沉，焦躁不安，犹如丧家之犬，四处逃窜，改换门庭，卖身投靠。[1]

因此，在思考中国历史与现实问题时，如何理解大一统国家的意义，恐怕还是得从中国历史自身的脉络中展开。张光直指出，政治文明的高度发达是中国上古历史演进的主要特色。"在中国古代，财富的积累主要是通过政治手段，而不是通过技术手段或贸易手段。所以中国文明产生中的许多新成分是人与人之间关系变化的结果。""经过巫术进行天地人神的沟通是中国古代文明的重要特征；沟通手段的独占是中国古代阶级社会的一个主要现象；促成阶级社会中沟通手段独占的是政治因素，即人与人关系的变化；中国古代由野蛮时代进入文明时代过程中主要的变化是人与人之间关系的变化，而人与自然的关系的变化，即技术上的变化，则是次要的。"[2]所谓人与人之间的关系，从宏观层面来讲，就必须涉及政治组织、社会分工、权力分配，中央权威的重要性也就随之凸现出来。张光直甚至认为，世界上古文明的演进有两种路径，一种是"世界式"或"非西方式"的，主要代表就是中国；另一种则是西方式的。前者的主要特点是连续性，即从野蛮社会到文明社

[1] 陈旭麓主编：《五四以来政派及其思想》，上海：上海人民出版社1987年版，第159页。

[2] 张光直：《青铜挥麈》，上海：上海文艺出版社2000年版，第202、204页。

会的过程里，许多文化与社会成分延续下来，成为政治文明一以贯之的要素。后者则由于技术、贸易等新因素的出现而发生对既有系统的突破。[1]如若此论可以成立的话，中国古代的国家传统在人类文明演进史上的意义不可低估，而其中的统治疆域不断扩大，组织方式不断理性化，更应该是认识中国古代政治史的主要切入点。

此外，秦代形成了大一统的郡县制国家。汉承秦制，延续了这份政治遗产。大一统国家对中国历史而言，意义远不止于政治层面。许倬云认为，从汉代开始，中国精耕细作的小农经济开始大规模出现，并日渐成熟。在这一过程中，“影响最深远的，还是汉朝政府发展一个繁荣的农业，为官僚制帝国奠定基础的持续努力”。[2]其结果是，不但农业生产水平不断提高，耕作技术越发成熟，而且形成了“一个农业社会，但却是重商性的农业社会。它将个体农民编织进了一个庞大的经济网络里。这种格局与普遍所认为的那种由无数分散的、孤立的、自给自足的农户细胞所构成的古代中国农业社会的图景相去甚远”。在这当中，“活跃的交易是以政治秩序的稳定为依托的。在国家统一、道路通畅、旅途安全的时候，区域间的专门化生产会促使村落里的个体农民参加到巨大的市场网络中去”。[3]可以说，中国古代经济格局的形成、中国社会保持基本稳定、人口与经济增长得以持续，都离不开统一的政治秩序。而带有所谓“地方性”的社会经济模式，也离不开全国范围内的生产与交换网络。总之，“这一现象，也使得帝国体制在经济层面笼罩全国，使政治与经济彼此辅翼，发挥了强大凝固力。中国历史上，这一全国相互依赖的经济网络，即使在国家分裂时，还能发挥经济一体的功能；中国常常分裂，然而分久必合，就是因经济上的互依，创造了促成

[1] 张光直：《青铜挥麈》，第206页。

[2] 许倬云著，程农、张鸣译：《汉代农业：早期中国农业经济的形成》，南京：江苏人民出版社2019年版，第146页。

[3] 许倬云著，程农、张鸣译：《汉代农业：早期中国农业经济的形成》，第150页。

国家复合的契机”。[1]

就此而言，在研究中国历史时，不是要不要讲大一统叙事，要不要强调国家的重要性，而是思考如何讲好大一统叙事，如何全面地认识国家的作用。在说明《中国通史教程》的编撰思路时，姜义华老师特别指出：

> 中国历史发展阶段形成的过程还表明，国家既是阶级压迫的工具，同时又是进行社会控制与社会协调的有效体系，是社会安全与社会稳定的重要保障。正因为如此，作为国家形态的中国形成与发展的过程表明，历史的中国尽管经常为剥削阶级所控制，但是除去维护剥削者的特殊利益外，它存在的合法性真正基础是要建立共同秩序，为已经社会化的人群提供公共服务，处理共同事务，在社会物质生产、精神生产以及人们生活实际中，对纷繁复杂的经常相互冲突的各方有效地进行社会控制和社会协调，有力地提供社会安全与社会稳定的保障。除去政策上的措施外，其活力更源于制度上的、体制上的、机制上的一系列具有原创性的贡献。[2]

如果说此乃国家本身所体现出来的意义的话，那么对于中国历史而言，更值得注意的是，“早在两千多年前，已经形成了幅员广阔的统一国家，其后，纵使出现过这样那样的分裂割据，却未能改变追求与维护国家统一这一强固传统。近代以来，中国虽屡遭列强侵凌割据，经历一次又一次瓜分风潮与国土沦丧，但经过全民族不屈不挠的抗争，作为一

[1] 许倬云：《华夏论述：一个复杂共同体的变化》，台北：远见天下文化出版公司2015年版，第87—88页。

[2] 姜义华：《“通古今之变，成一家之言”——〈中国通史教程〉几个问题的说明》，《信史立国——瞥观中国近现代历史的新探寻》，上海：上海人民出版社2012年版，第250页。

个独立自主的大国又不可动摇地重新屹立于世界的东方”。[1]在这里，值得进一步进行探讨的，或许就是为何中国的国家疆域能够“幅员广阔”，它是如何维系的？分裂割据为何在中国历史流变中不具备政治与文化合法性？而近代中国人对帝国主义者展开“不屈不挠”抗争的内在精神动力又在哪里？

在《中华文明的经脉》一书里，作者对于这些问题进行了更为详尽且全面的思考。首先，针对近代以来对中国传统政治制度的各种批判，作者指出：“中国之所以能长时间处于大一统格局下，很重要的一点是，我们有一整套的制度建设，形成了以郡县制为中心的官僚治国体系。从汉代选举贤良孝廉，到隋、唐推行科举制，它的核心是从社会各阶层中选拔出精英，由他们变成职业官员，负责国家治理。”这样的制度安排，“使得‘公天下’从理想变成了现实，把国家变成了‘公器’，由选拔出来的精英负责国家治理”。[2]这里值得注意的是，过去人们常把“公天下”简单理解为最高统治者的继承规则是“传子”抑或“传贤”，但如果从政治秩序是否能良好运作的角度来看，正如亨廷顿所言，“复杂社会共同体的发展水平取决于其自身政治机构的力量和广度”，因此，“随着社会成员不断增多，结构日趋复杂，活动就越发多样化，要想建立并维系一个高水平的共同体就更需依赖于政治机构”。“在复杂社会里，只有政治行为才能造就共同体，也只有政治机构才能维系它。”[3]中国古代的政治设计，能够不断吸纳各地的贤良之士进入政治组织当中，并用国家的力量去推行统一的文字、观念、伦理，使一种共同体意识不断增强，让相距万里之遥的人们具有基本相同的政治与文化认同，进而

---

[1] 姜义华：《“通古今之变，成一家之言”——〈中国通史教程〉几个问题的说明》，《信史立国——瞀观中国近现代历史的新探寻》，第245页。

[2] 姜义华：《中华责任伦理的形成与演进》，《中华文明的经脉》，北京：商务印书馆2019年版，第152、153页。

[3] ［美］亨廷顿著，王冠华等译：《变化社会中的政治秩序》，上海：上海人民出版社2015年版，第9页。

保证了大多数人能够较为安定地生活、劳动、交往、繁衍。就此而言，中国秦汉以降的郡县制、官僚制，在很大程度上体现了一种符合大多数人利益的“公”。

其次，荀子曰：“人有气、有生、有知亦且有义，故最为天下贵也。力不若牛，走不若马，而牛马为用，何也？曰：人能群，彼不能群也。人何以能群？曰分。分何以能行？曰义。故义以分则和，和则一，一则多力，多力则强，强则胜物。”[1]强调人禽之别在于是否能“群”，体现了中国古代政治思想的核心特征，即“中华文明从古代以来，就把个人与家庭、乡里、社会等各种联系结合到一起。一个人不能孤立地存在，家庭中有父母、祖父母，下面还有子女，周边还有他的兄弟姐妹。每一个人都是非常广泛的社会联系中间的一分子，都是非常复杂的社会联系网络中间的一个环节。所以，每一个人必须对社会负责，对社会联系中间的其他各个环节负起自己的责任来”。[2]这形成了具有中国特色的“责任伦理”，使中国的社会形态具有“家国共同体”的特征。[3]正是因为认识到个体与一个广阔的共同体之间具有紧密联系，于是便产生了休戚相关、荣辱与共之感，近代以来中国仁人志士不断寻求救亡图存之道，其根本动力也正在于此。中国大一统国家能够在近代变局之下得以维系，从精神层面来说，这一点至为重要。

最后，在近代变局之下，“人们在抨击以家长制为核心的封建家族宗法制度的黑暗与残酷时，连带否定了传统家国共同体这一社会结构与经济结构巨大的社会凝聚力、平衡力与再生力，以及它在稳定和重建大一统国家中的基础性作用”。[4]因此，今天在分析中国近现代史时，一个不容忽视的重点就是如何叙述现代中国的政治整合与国家建设，

[1] 北大哲学系注释：《荀子新注》，台北：里仁书局1983年版，第153页。
[2] 姜义华：《大一统国家治理的历史与现实》，《中华文明的经脉》，第172—173页。
[3] 姜义华：《中华责任伦理的形成与演进》，《中华文明的经脉》，第154页。
[4] 姜义华：《中华文明的多样性与整体性》，《中华文明的经脉》，第9页。

这关乎如何审视中国政治的古今之变，以及能否形成贴近于当代实践的大历史观。亨廷顿认为：

> 在那些传统政治制度或崩溃或软弱或根本不存在的政治体中，政党的作用就完全不同于那些生存于具有传统政治制度延续性的政体中的政党了。在这种情况下，强大的政党组织是唯一能最终排除腐化型的或普力夺型的或群众型的社会动乱的选择。政党不仅仅是个辅助性组织，而且是合法性与权威的来源……不是政党反映国家意志，而是政党缔造国家，国家是党的工具。政府的行动只有反映了政党的意志才是合法的。政党是合法性的根基，因为它是国家主权、人民意志或无产阶级专政的制度化身。[1]

想要理解现代中国的国家建设与国家能力等问题，就不能离开对于中国共产党的深入分析。“中国共产党是代表了现代先进工业文明的政党。中国共产党成功的秘诀，恰恰在于它创造性地将现代先进的工业文明和中国传统的农耕文明有机地结合起来，通过农耕文明内在力量的激发与重组，使之成为中国建成现代先进工业文明最有力的推动者，而这一点可能正是中国共产党所开辟的中国道路，所创立的中国模式真正的基本点。”[2]在战争年代，以毛泽东为代表的中国共产党人开辟了一条农村包围城市的革命道路，将阶级翻身与民族独立这两大政治诉求有机结合起来，形成了极强的动员能力与组织能力，最终建立了新中国，使中国的面貌焕然一新。在建设年代，“毛泽东等中国共产党人通过土地改革和农业互助化运动，又一次将广大农民动员起来，在新的基础上用新的形式重建了中国的大一统政治秩序，实现了国家的

---

[1] ［美］亨廷顿著，王冠华等译：《变化社会中的政治秩序》，第69页。

[2] 姜义华：《中国传统文化：在批判中继承，在创新中发展》，《中华文明的经脉》，第99页。

统一，各民族的团结，并为中国向现代工业文明全面转型提供了不可或缺的物质条件和极为宝贵的经验。这可以称作第二次农村包围城市。这也是实践主义认识论、人民主体本体论以及革命辩证法的伟大胜利”。[1]在《论十大关系》中，毛泽东说：“我们的国家这样大，人口这样多，情况这样复杂”，[2]在这样的背景下，新中国的各项建设取得如此伟大的成就，让中国从一个落后的农业国变成一个具有强大综合国力的工业国，这段历史也应成为思考中国大一统叙事时不可或缺的重要组成部分。

当然，正如毛泽东在《中国革命与中国共产党》中指出的，“如果说，秦以前的一个时代是诸侯割据称雄的封建国家，那么，自秦始皇统一中国以后，就建立了专制主义的中央集权的封建国家；同时，在某种程度上仍旧保留着封建割据的状态”。[3]由于社会结构、技术条件、经济生产水平等原因，中国历代王朝内部都有各种各样的特权集团的存在，侵蚀着中央权力，形成某种政治上、经济上的割据状态。对此情形，田余庆曾如是概括：

> 国家又是一个具有相对独立性的实体，它需要保障自己得以存在的物质条件，这不一定与每一个地主的眼前利益完全相符。但是获得这些条件，国家可以强大一些，而从国家强大得到好处的，首先就是地主阶级……他们要求有一个强大的国家，一个稳定的王朝，来保护地主阶级整体的长远的利益……封建政权得以维持的先决的物质条件，是维持赋税兵徭的来源，因此需要控制人

[1] 姜义华：《中国传统文化：在批判中继承，在创新中发展》，《中华文明的经脉》，第99页。

[2] 毛泽东：《论十大关系》，《毛泽东文集》第7卷，北京：人民出版社1999年版，第31页。

[3] 毛泽东：《中国革命与中国共产党》，《毛泽东选集》第2卷，北京：人民出版社1991年版，第624页。

> 丁。而地主阶级的发展，正是要从国家编户齐民中不断地分割人丁。这样，矛盾就产生了。如果分割人口的过程是一个渐进的过程，那么矛盾的发展还不至于骤然破坏相对平衡的局面，不致引起政治动乱。否则平衡破坏，矛盾激化，封建政权就会由于地主阶级内部的利益之争而呈现险象，加剧经常存在的阶级矛盾。[1]

今天的问题恰恰在于，在叙述中国历史时，恐怕无人会否认田余庆所论述的这一现象，而是如何理解与评价它。出于对近代西方自由主义与保守主义的某种想象，一些人刻意把中国历史上这些占有大量土地、与皇权处于博弈状态的群体，视为所谓的反抗专制权威，具有类似于近代早期欧洲特权阶级的作用，甚至用一种十分简单化的社会与国家对抗视角来分析其历史状况。如何回应这一观点？恐怕需要再一次借用亨廷顿的理论：

> 在一个现代化之中的君主政体中，主要的政治分野是在君主及其官僚支持者和宗教及贵族反对派这二者之间。后者的目的是维护传统社会和他们在该社会中的特权地位。在为达到此目的而进行的斗争中，尽管他们的利益是传统和保守的，但这种利益最终却将迫使他们拥护并鼓吹自由、宪政和代议制政府这样一些现代价值观念，并以此来反对君主的改革和集权目标。[2]

可见，在分析那些表彰古代特权集团如何对抗君权的论述时，必须注意到这种对抗的真正目的是什么，其结果是否更为巩固了一些腐朽的、落后的特权，芸芸众生在这种情形下究竟是获利，还是进一步被压

---

[1] 田余庆：《秦汉魏晋南北朝人身依附关系的发展》，《秦汉魏晋史探微》（重订本），北京：中华书局2011年版，第95页。

[2] ［美］亨廷顿著，王冠华等译：《变化社会中的政治秩序》，第132页。

迫。虽然中国历史上并无类似于西方的宗教势力与贵族势力，但道理其实是相通的。这或许也能显示出，为何当下一些文化人如此厌恶大一统，如此喜好表彰中国古代通过占有大量土地、剥削佃农、收取高额地租的士绅集团。荀子曰："王者富民，霸者富士，仅存之国富大夫，亡国富筐箧，实府库。"在儒家的政治传统里，一个好的政权必须要尽量让所有人都能过上好日子。那种西方保守主义论述里强调的贵族特权如何重要，政府通过各种方式实现经济平等如何虚妄，很明显不符合中国古代政治传统。就此而言，今天中国的不少保守主义论述，究竟是要维护哪一种传统，必须得到清晰的分辨。因为此事关乎国本。

后　记

迄今为止，我对中国社会的许多基本认识，深受2006—2013年在华中师范大学读书期间经历与见闻的影响。尤其是本科四年，初入社会，面对来自四面八方的人，面对各种不同性质的事，很能增长见识，启发思考，锻炼心智。直到最近，每次回到桂子山，走在依然十分熟悉的校园里，总能在不同的地方，勾起特定的回忆。唯一遗憾的是，随着通讯方式的不断变化（从手机短信、QQ、校内网，直至微信），以及我硕士毕业之后就离开了武汉，不少当初很熟悉、往来颇密切的人，如今已找不到最新的联系方式了。少年子弟江湖老，悠悠往事随流水，这大概就是表现形式之一吧。

这本书里收录的文章，从讨论的内容来看，基本源自那时读书思考所特别留意者，虽然分析那些问题的方法、角度、立场已经变化不少。因此，尽管这本书讨论的话题如此“严肃”、如此“公共”，但从个人角度而言，却基本上属于追忆性质：追忆每天登录校内网看天南地北的同龄人讨论国家大事，追忆在桂子山周边的书店里淘书，追忆因各种焦虑而不断自我加码的读书与思考。

最后，2017年工作以来，得到了许多师长与朋友的帮助和支持，在此虽不一一具名，但将永远铭记于心。祝大家身体健康，工作顺利，万事如意。虽然难免天各一方，但是还要保持联系。此外，感谢华东师范大学历史系的出版支持，感谢东方出版中心出版本书，感谢责任编辑刘鑫老师的悉心编校。

王锐

2021年8月于华东师范大学